한국어 보조 용언
구성 연구

한국 언어·문학·문화 총서

16

한국어 보조 용언 구성 연구

유현경·박효정·박혜진·가르드잡 바야르마·김지영·다르위시 살마
범홍·정해윤·오세원·천성호·김미선·이수빈·고희준

보고사
BOGOSA

이 책의 집필은 2022년 2학기에 열렸던 연세대학교 국어국문학과 대학원 강의에서 비롯되었다. 연세대학교 대학원에서는 4단계 BK21 사업의 일환으로 학문 후속 세대에게 강의 기회를 제공함으로써 경험을 통한 교육 역량 강화를 할 수 있는 기반을 마련하고자 LT(Learning by Teaching) 과목 개설을 지원하였다. 2022년 2학기 대학원 강의는 LT 과목 개설 지원을 받아 교수와 학문 후속 세대의 팀티칭으로 진행되었다. 강의의 주제는 한국어 보조 용언 구성이었는데 강의 시작 전부터 단행본 공동 집필을 구상하여 강의 계획을 수립하였다. 한 학기 동안 강의에 참여한 교수와 학생들, 그리고 연세대학교 국어국문학과 4단계 BK21 교육연구단의 연구 교수가 함께 모여 한국어 보조 용언 구성 연구의 이론과 실제, 그리고 응용에 대한 단행본을 기획하고 집필하였다.

책의 도입부인 1장은 유현경의 집필 부분으로, 한국어 보조 용언 구성 연구에 대한 전반적인 논의를 하였는데 제1부에서 제3부까지의 서술이 서로 어떠한 관련성을 갖고 있으며 쟁점이 어떻게 펼쳐지는지 전체적인 조망을 보여 주려 하였다. 이어지는 제1부는 한국어 보조 용언 구성의 정의와 특성, 기능, 구조, 범위 등 이론적인 논의를 다루었다. 제1부의 2장은 오세원, 3장은 김미선, 4장은 천성호, 5장은 김지영이 집필하였다. 제2부와 제3부는 제1부의 이론적 논의를 기반으로 하여 기술되었다. 제2부는 개별 보조 용언 구성 및 남북한 문법 비교에 대한 연구를 모았다. 제2부의 6장은 정해윤, 7장은 고희준, 8장은 박혜진, 9장은 박효정이 각각 집필하였다. 제3부는 한국어 보조 용언 구성의 대조언어학적 연구와 교육에서의 응용 가능성을 다루었는데 10장은 이수빈, 11장은 가르드잡 바야르마(Garidjav, B.), 12장은 다르위시 살마(Darwish, S.), 13장은 범홍(Fan, H.)이 집필하였다.

한국어 보조 용언 구성은 최현배『우리 말본』(1937) 발간 이후에 한국어 문법 체계 안으로 들어왔지만 공통적인 문법 기능도 부재하고 정의, 특성도 뚜렷하게 밝혀지지 않았다. 이에 따라 보조 용언 구성의 목록도 논의에 따라 차이가 큰 편이다. 이 책에서는 정의와 특성, 기능, 범위 등을 함께 살펴봄으로써 선행 연구에서 드러난 문제점을 해결하고자 하였다. 보조 용언 구성의 대조 언어학적 연구나 남북한의 문법 비교를 통하여 보다 객관적인 관점을 제시하려 하였다. 그럼에도 불구하고 한국어 보조 용언 구성의 전모가 밝혀졌다고 볼 수는 없으므로 앞으로도 이에 대한 후속 연구가 더욱 활발하게 진행되어야 한다는 것이 필진들의 생각이다.

교육과 연구는 서로 다른 특성을 가지고 있으면서도 상호 보완적이다. 가르치고 배우는 과정이 연구의 시작이 될 수 있다는 것을 이번 집필 과정에서 우리는 다시 한 번 깨달았다. 학생들이 강의의 과정에서 생산한 자신의 글을 완성하여 세상에 내어놓는다는 것 자체가 가장 좋은 교육이므로 연구는 교육의 결과로 환원될 수 있다. 이 책은 이러한 과정을 보여주는 구체적인 산물이다. 한국 학생뿐 아니라 외국인 학생들도 있고 박사 학위 소지자부터 박사 과정생, 석사 과정에 있는 학생들까지 모여 만들어낸 결과물이므로 그 결이 같을 수는 없지만 그것 또한 문제 삼지 않을 정도로 책을 만들어가는 과정은 소중하고 의미가 있었다. 이 자리를 빌려 책이 나올 수 있도록 지원해 준 연세대학교 국어국문학과 4단계

BK21 교육연구단과, 촉박한 제작 일정에도 수고를 아끼지 않은 보고사의 편집팀에 감사의 마음을 전한다.

2023년 1월
저자를 대표하여 유현경 씀

차례

제2부
보조 용언 구성 연구의 실제

제3부
보조 용언 구성의 응용적 연구

▪1장▪
보조 용언 구성 연구의 쟁점들

　보조 용언 구성은 최현배(1937) 이후 한국어 문법 체계 안에서 논의되어 왔다. 보조 용언 구성은 다른 문법 범주와 달리 단일한 문법 형태소가 아닌 우언적 구성으로 이루어져 있다. 부정이나 상(aspect)의 경우에도 우언적 구성이나 어휘적 요소들이 문법 범주를 표현하는 수단으로 사용되기는 하지만 부정과 상 등은 특정한 문법적 기능이 공통되어 있다는 점에서 보조 용언 구성과 다르다. 조사나 어미, 품사 등 형태·통사론적 단위들이 문법 범주를 이루기는 하나 보조 용언 구성의 경우는 공통적인 문법 기능이 부재하여 외연의 공통점을 가지고 있지 않다는 점에서 하나의 문법 범주로 볼 수 있는지에 대한 의문이 존재한다. 그럼에도 불구하고 보조 용언 구성을 인정하지 않을 경우 이러한 구성들이 드러내는 문법적 기능을 기술할 때 여러 가지 문제점이 야기되기 때문에 보조 용언 구성에 대한 논의는 여전히 필요하다고 할 수 있다. 보조 용언 구성에 대한 선행 연구를 살펴보면 정의나 특성에 대한 기술도 일치하지 않고 이에 따라 보조 용언 구성의 목록 선정에 있어서도 그 범위가 폭넓게 펼쳐져 있는 실정이다.

　보조 용언 구성은 어떠한 범주인가? 보조 용언 구성은 상이나 피동과 사동 등의 태(voice), 부정, 양태에 이르기까지 여러 문법적 기능을 나타내는데 이들을 형식적인 공통점으로 묶은 특이한 범주이다. 보조 용언 구성의 핵심적인 특징은 '본용언 + 연결소 + 보조 용언'이라는 공통적인 형식을 가진다는 점이다. 즉 하나의 문장에 서술어가 될 수 있는 둘 이상의 용언이 존재하고 그 중 하나는 문장의 구조를 결정하는 본용언이며 나머지는 문법적 기능을 담당한다는 것이 보조 용언 구성의 전형적인 특징이라고 할 수 있다. 본용언과 보조 용언을 이어주는 연결소에는 연결 어미, 종결 어미, 전성 어미 등 여러 가지가 있고 이에 따라 하위 유형이 나누어지기도 한다. 보조 용언 구성은 경계 범주에 있는 구성이 많다는 것도 그 특징으로 들 수 있다. 보조 용언 구성은 문법화 과정을 거쳐 문법 기능을 획득하게 됨으로써 하나의 형태가 여러 가지 문법화 단계에 있는 경우가 있다. 이러한 이유로 문법화 과정에 있는 보조 용언 구성은 논의에 따라 보조 용언 구성에 포함되기도 하고 그렇지 않기도 한다. 이러한 점은 보조 용언 구성에 대한 연구에서 고려해야 하는 부분이기도 하다.

최현배(1937) 이후 보조 용언 구성에 대하여 양적, 절적으로 괄목할 만한 업적이 쌓였음에도 불구하고 아직도 보조 용언 구성의 정의나 특징, 구조, 범위에 있어서 합의점을 도출하지 못하고 있다. 학교 문법에서도 보조 용언 구성에 대하여 간략하게만 언급하고 있어 한국어 문법 체계에서 많은 문법 기능을 부담하고 있는 중요성을 고려해 볼 때 보조 용언 구성에 대한 거시적, 미시적 고찰이 필요하다는 문제를 제기할 수 있다.

보조 용언 구성 연구의 쟁점은 이론적 관점과 응용적 관점으로 나누어 살펴볼 수 있다. 이론적인 관점에서의 쟁점은 첫 번째로 보조 용언 구성의 정의 및 특성에 관련된 것을 들 수 있다. 보조 용언 구성은 공통적인 문법 기능을 가지고 있지 않기 때문에 정의하기가 쉽지 않다. 보조 용언 구성은 한 문장에 둘 이상의 용언이 있다는 점과 이 두 용언을 이어 주는 연결소의 존재, 보조 용언의 의존성, 그리고 보조 용언 구성이 드러내는 문법적 기능 등 보조 용언 구성이 공통적으로 지니고 있는 특성으로 정의될 수 있다. 보조 용언 구성의 특성에 의한 정의는 보조 용언 구성의 외연을 확정하는 데에도 도움을 줄 수 있다. 즉 이러한 특성을 주요 특성과 부수적인 특성으로 나누어 적용하면 전형적인 보조 용언 구성과 주변적인 보조 용언 구성의 목록을 확정할 수 있게 될 것이다.

두 번째로 보조 용언 구성의 기능과 관련된 쟁점을 살펴보자. 보조 용언 구성의 기능으로 가장 먼저 언급되는 것은 상(相 aspect)이다. 상이야말로 한국어 문법 기술에서 보조 용언 구성을 정립하는 데 있어서 가장 중요한 기능일 것이다. 상은 '-고 있다, -아/어 있다, -아/어 가다, -아/어 버리다' 등 전형적인 보조 용언 구성들이 가지는 기능이다. 현재 한국어의 상에 대한 연구가 상당히 축적되었음에도 불구하고 보조 용언 구성이 나타내는 상의 기술은 1980년대에서 크게 나아간 바가 없어 한국어 상에 대한 그간의 연구 결과가 보조 용언 구성의 상 기술에도 반영될 필요가 있다.

피동과 사동 등 태(態 voice)를 드러내는 보조 용언 구성은 '-아/어지다, -게 되다, -게 하다' 등이 있다. 보조 용언 구성에는 서술어가 될 가능성이 있는 둘 이상의 용언이 존재하지만 대부분 단문 구성으로 볼 수 있는데 사동의 경우 두 개의 사태가 전제되는 기능의 특성상, 복문 구성이면서 사동을 나타내는 '-게 하다' 등을 보조 용언 구성에 포함할 수 있을지가 문제된다. 피동의 보조 용언 구성은 '피동'만을 나타내지 않고 다른 의미 기능까지 나타내는 경우가 있다. 특히 본용언이 형용사일 때 피동이 아니라 다른 의미를 가지게 되는데 이를 어떻게 기술할지가 관건이 된다.

'-지 아니하다, -지 못하다, -지 말다' 등 부정을 나타내는 보조 용언 구성이 있는데 '부정(否定 negation)'이라는 범주는 다른 문법 범주와 달리 의미론적인 면이 강하고 부정 부사 등 어휘적인 요소가 관여하기 때문에 문법 범주로 다룰 수 있는지에 대한 의문이 있다. 이러한 이유로 논의에 따라 부정의 보조 용언 구성은 목록에서 제외되기도 한다.

그동안 대부분의 문법서에서 상이나 피사동, 부정 등은 보조 용언이 나타내는 주요 문법 기능으로 기술되어 왔으나 그밖에 추측, 수혜, 시행, 희망, 시행, 강세, 시인 등은 상위의 문법 범주 없이 개별 보조 용언이 나타내는 의미 기능으로 간주되어 왔다. 그러나 최근 양태를 의미 범주가 아닌 문법 범주로 보는 논의가 증가함에 따라 이러한 의미 기능들은 양태라는 상위 범주로 묶을 수 있게 되었다. 양태를 문법 범주로 보는 논의에서는 양태의 문법 체계 구성에 우언적 구성이 중요한 표지로 언급되면서 보조 용언 구성의 양태적 의미를 확정하고 이를 체계화하는 것이 매우 중요해졌다. 즉, 양태 연구와 보조 용언 구성 연구는 상호 보완적인 면이 있다.

보조 용언 구성을 기능에 따라 분류하고 체계화하는 작업은 보조 용언 구성의 범주로서의 정체성을 정립하는 데에 기여할 수 있다. 이러한 점에서 보조 용언 구성의 기능을 상, 태, 부정, 양태 등 주요 문법 범주별로 나누어 체계적으로 기술하는 것은 보조 용언 구성 연구에 매우 중요하다. 보조 용언 구성의 기능에 대한 기술은 보조 용언 구성의 외연을 확정하는 데에도 도움을 줄 수 있다.

기존의 문법서에서 문법 범주별로 기술하는 것이 일반적인데 문법 범주로 기술할 때는 하나의 형태나 구성이 드러내는 기능에 초점을 맞추게 되기 때문에 문법 형식이 가지는 다양한 의미 기능을 다 기술하지는 않는다. 예를 들어 보조 용언 구성 '-아/어지다'는 피동태뿐 아니라 상이나 양태 등의 기능을 나타내기도 하지만 피동의 범주 기술에서는 '-아/어지다'의 기능 중 태의 기능만을 집중해서 언급하게 된다. 문법 기능이 아니라 보조 용언 구성이라는 형식을 중심으로 보게 되면 '-아/어지다'의 피동과 다른 의미 기능 간의 관련성을 기술할 수 있게 된다.

보조 용언 구성의 이론적 연구의 세 번째 쟁점은 구조에 관한 것이다. 보조 용언 구성에서 보조 용언은 본용언과 달리 논항 구조를 결정하지 않기 때문에 단문 구조로 볼 수 있다. 그러나 한국어가 후핵 언어라는 점을 고려하면 조사나 어미 등과 같이 보조 용언도 문법적인 핵(核 head)으로 볼 가능성이 있다. 이때 보조 용언이 선행하는 요소를 논항으로 취하는 구조로 해석할 수 있다는 것이다. 이러한 시각은 조사나 어미 등의 문법 요소를 핵으로 보는 관점과 맞닿아 있다. 그러나 이는 문법을 보는 관점과, 이에 따른 기술의 문제일 수 있다. 보조 용언 구성의 구조를 어떻게 보는 것이 체계 기술에 더 적합한가의 문제인 것이다. 양비론(兩非論)이 아니라 양시론(兩是論)의 입장에 보면 보조 용언 구성의 구조는 단문 구조와 복문 구조 모두가 가능해질 수 있다.

앞에서 보조 용언 구성의 정의와 기능에 대한 쟁점을 살펴볼 때 보조 용언 구성의 범위, 즉 외연 확정에 대한 것을 언급한 바 있다. 보조 용언 구성의 이론적 쟁점 중 네 번째로 살펴볼 것은 범위에 관한 것이다. 아마도 보조 용언 구성의 이론적 쟁점 중 가장 어려운 문제가 범위를 확정하는 것일 것이다. 선행 연구를 분석한 바에 의하면 보조 용언 구성은 많은 경우 70여 개를 목록에 포함하고 있으며 논의에 따라 4~5개만을 보조 용언 구성으로 보는 경우까지 있다. 이러한 상황은 보조 용언 구성이 한국어 문법 체계에서 아직 제대로 자리잡고 있지 못하다는 것을 방증한다. 보조 용언 구성이 공통된 문법 기능을 갖고 있지 못하고 형식적인 측면에서도 정제화되지 못한 것과 관련이 있다. 그래서 보조 용언 구성의 범위 확정은 정의, 기능, 구조 등과 밀접하게 연관되어 있다.

최근 보조 용언 구성뿐 아니라 문법 기능을 담당하는 우언적 구성에 대한 관심이 높아지면서 조사나 어미에 대당하는 우언적 구성이 새롭게 조명되는 경우가 많아지고 있다. 앞서 언급한 바와 같이 보조 용언 구성에는 하나의 문장 안에 둘 이상의 용언이 있는바, 우언적 구성 중 용언이 두 개 이상 개입하는 구성들 중에서 보조 용언 구성에 편입될 가능성이 있는 것들이 있을 수 있다. 그동안 보조 용언 구성의 목록은 선행 연구에서 언급된 것들을 기반으로 하고 있는데 이에 더하여 새로운 구성이 추가될 가능성이 있다는 것이다. 이러한 점들은 보조 용언 구성의 외연을 확정하는 데에 어려움이 있다는 것을 보여준다. 보조 용언 구성의 범위가 어느 정도 확정되면 이를 유형화하는 작업이 뒤따라야 할 것이다. 보조 용언 구성의 하위 유형은 앞에서 언급한 바와 같이 문법적 기능을 기준으로 분류할 수 있다. 또한 본용언과 보조 용언 사이에 개입하는 연결소의 유형에 따라 형식적인 측면을 기준으로 분류하기도 한다. 보조 용언 구성에서 본용언과 보조 용언 사이에 소위 보조적 연결 어미라고 하는 '-아/어, -게, -지, -고'가 개입된 경우가 전형적인 구성이다. 이 외에도 종결 어미가 개입된 경우, 명사형 어미 등 전성 어미가 연결소로 기능하는 경우 등이 있다. 보조 용언 구성의 하위 유형이 체계화된다면 형식적인 기준으로 분류한 유형과 기능 사이의 관련성이 밝혀질 수도 있을 것이다. 보조 용언 구성에서 본용언과 보조 용언은 공통적인 요소이고 연결소가 매개 변수인데 연결소의 유형과 기능의 관련성은 뚜렷이 밝혀진 바가 없다. 이에 대한 연구도 필요할 것으로 보인다.

보조 용언 구성 연구의 이론적 쟁점 중 네 번째로 살펴볼 것은 문법화에 관한 것이다. 보조 용언은 대부분 본용언에서 문법화 된 것이기 때문에 문법화의 관점에서 바라볼 필요성이 있다. 문법화의 문제는 개별 보조 용언을 통시적, 공시적으로 세밀히 살펴야 비로소 논의가 가능하다. 개별 보조 용언의 문법화를 상세하게 고찰한 후 전체 보조 용언 구성을

거시적 관점에서 논의하여 방향성을 살펴보는 것이 중요할 것으로 생각
된다.

보조 용언 구성 연구에서 빠뜨리지 말고 살펴봐야 할 쟁점 중 하나는
북한 문법에서 보조 용언을 어떻게 기술하고 있는지이다. 남한과 북한의
문법은 한국어를 대상으로 하지만 기본적인 전제가 다르기 때문에 같은
대상에 대한 기술에도 차이가 있다. 남한의 문법과 비교하여 북한 문법
의 기술을 살펴보는 것은 우리가 놓치고 있는 것이 무엇인가를 알게 해
준다.

앞에서 보조 용언 구성의 이론적인 쟁점을 살펴보았는데 이러한 이론
적 연구는 개별 보조 용언에 대한 고찰이 출발점이면서 목표점이기도
하다. 즉 보조 용언 구성의 정의, 특성, 기능, 구조 등에 대한 이론적
고찰이 개별 보조 용언 연구에 기반이 되기도 하지만 결국 개별 보조
용언에 대한 연구 결과는 다시 이론적인 연구에 중요한 논거로 사용되기
때문이다.

이론적 쟁점에 이어 보조 용언 구성의 응용적인 연구에 대하여 논의해
보기로 하겠다. 보조 용언 구성에 대한 응용적 연구는 우선 한국어 교육
과 같은 교육적 영역에서 보조 용언 구성을 어떻게 교수할 것인가를 생
각해 볼 수 있겠다. 이를 위해서는 교육용 목록 확정이 필요하고 이를
다시 숙달도별로 분류하는 작업이 필요하다. 또한 한국어 보조 용언 구
성을 대조 언어학적으로 비교하는 연구도 유용할 것으로 생각된다. 한국
어 보조 용언 구성과 유사한 범주가 존재하는 언어도 있고 그렇지 않은
언어도 있을 것인데 이 두 경우 모두 대조적 연구가 가능하다. 보조 용언
구성에 대한 대조 언어학적 연구의 결과는 한국어 보조 용언 구성에 대
한 객관적인 기술을 가능하게 해 줄 수 있다.

1장에 이어 전개되는 글들은 한국어 보조 용언 구성의 이론과 실제,

그리고 응용 등 세 부분으로 이루어져 있다. 제1부는 보조 용언 구성의 이론적인 부분에 대한 고찰이다. 여기에서는 보조 용언 구성의 정의 및 특성, 기능, 구조, 범위 등에 대하여 살펴보게 된다. 앞서 언급한 바와 같이 이론적인 논의는 서로 연관되어 있어 어느 하나도 소홀하게 다룰 수 없다. 제2부와 제3부는 제1부의 이론적인 논의 결과를 기반으로 하여 기술된다. 제2부는 개별 보조 용언 구성에 대한 논의와 남북한 문법 기술 비교에 대한 연구이다. 제3부는 보조 용언 구성의 응용적인 연구로 한국어 교육과 대조 언어학적 관점에서 보조 용언 구성에 대한 논의를 진행할 것이다. 이러한 다각적인 논의를 통하여 우리는 한국어 보조 용언 구성의 실체에 조금 더 다가가게 될 것이다.

제1부

보조 용언 구성에 대한 이론적 고찰

한국어 보조 용언의 정의와 특성

1. 들어가기

여기에서는 한국어의 '보조 용언'이라는[1] 문법 범주를 다룬 다양한 선행 연구들을 살펴봄으로써, 보조 용언을 어떻게 정의할 수 있는지, 그리고 보조 용언의 특성들을 어떻게 정리할 수 있을지에 대해서 살펴볼 것이다.

보조 용언(혹은, '조동사')이라는 문법 범주는 해외의 선교사들이 쓴 한국어 문법서나 근대 시기의 몇몇 문법서에서 부분적으로 언급된 바가 있다고 알려져 있다(호광수 1994; 손세모돌 1996; 배수자 2007 등). 한편, 보조 용언이라는 문법 범주를 최초로 체계화하고 집대성하여 한국어의 문법 기술에 전면적으로 등장시킨 학자가 최현배라는 사실에는 이론의 여지가 없는 듯하다. 따라서 우리는 최현배의 『우리말본』 이후의 한국어 문법서들, 그리고 현대 한국어의 보조 용언에 대해 나름의 체계를 설정

---

1 이 글에서는 '선행 어미+보조 용언'을 보조 용언 구성이라고 칭하고 선행 어미를 제외하고 용언만을 지칭할 때에는 보조 용언이라고 칭한다. 또한 보조 용언 구성이 사용된 전체 문장을 가리키면 보조 용언 구문이라고 서술하였다. 그러나 인용한 원전에서 구분 없이 사용한 경우에는 그대로 따랐다.

하려고 한 저작들을 두루 살피면서, 그들이 보조 용언을 어떻게 정의했는지, 또 그들이 보조 용언의 어떤 특성에 주목했는지 살펴볼 것이다.

우선 보조 용언의 정의에 대해서 살펴보도록 한다. 우리는 선행 연구들의 한국어 보조 용언 정의문을 분석하고, 보조 용언을 정의하는 데 필요한 요소들로는 어떤 것이 있는지 알아볼 것이다.

2. 보조 용언을 정의하는 요소

2.1. 보조 용언의 의존성

선행 연구들에서 보조 용언이라는 문법 범주를 정의하기 위해 강조한 여러 요소 중 가장 눈에 띄는 것은 바로 보조 용언의 의존적인 성격이다. 이는 '보조 용언에는 자립성이 없다'는 말로도 풀이될 수 있다(최현배 1937; 허웅 1983; 서정수 1994; 임홍빈·장소원 1995; 김승곤 1996; 민현식 1999; 이관규 1999/2003; 배수자 2007; 고영근·구본관 2008; 이규호 2010; 구본관 외 2015; 유현경 외 2018; 남기심 외 2019; 이주행 2019 등). 다시 말해, 보조 용언은 홀로 문장의 서술어가 될 수 없다.

> (1) 가. 움직씨는, 그 뜻과 쓰힘을 따라, 으뜸 움직씨와 도움 움직씨의 두 가지로 나누느니라. … 도움 움직씨란 것은 <u>제홀로는 완전히 풀이가 되지 못하고</u>, 항상 으뜸 움직씨의 뒤에 붙어서 그 풀이하는 일을 돕는 것을 이름이니. … 그림씨는, 또 그 풀이힘으로 보아, 으뜸 그림씨와 도움 그림씨와의 두 가지로 가르느니라. … 도움 그림씨는, <u>그 풀이힘이 완전하지 못하여서</u>, 항상 다른 풀이씨 뒤에 쓰이며, 그를 도와 한 월의 풀이말이 되는 그림씨를 이름이니.
>
> — 최현배(1937/1991), 『우리말본』

나. 풀이씨는 자립성에 따라 으뜸풀이씨와 매인(도움)풀이씨로 나뉜다. 으뜸풀이씨는 다른 풀이씨에 기대지 않고도 능히 뜻을 똑똑히 나타낼 수 있는 것이고, 매인풀이씨는 <u>으뜸풀이씨에 기대어야 그 뜻이 똑똑해지는 것</u>이다.

– 허웅(1983/2012), 『국어학: 우리말의 오늘·어제』

다. 주용언은[2] 흔히 우리가 말하는 용언으로서 단독으로 서술 기능을 드러낼 수 있는 것이다. 보조 용언은 <u>반드시 주용언과 더불어 쓰이면서</u> 그 서술 기능을 보완하는 구실을 한다.

– 서정수(1994), 『국어 문법』

라. 보조용언은 문장에서 자립적으로 쓰여 서술어의 기능을 하는 본용언에 상대되는 용어이다. 이와 같이 <u>다른 서술어에 기대어</u> 그 말의 문법적인 의미를 더해 주는 용언을 보조 용언이라 부른다.

– 고영근·구본관(2008), 『우리말 문법론』

마. 보조 동사는 다른 동사의 바로 뒤에 놓여 문법적인 의미를 나타내고 … 보조 형용사는 일반적으로 본형용사나 본동사의 뒤에 놓여 본형용사나 본동사와 <u>필수적 공존 관계를 맺고</u> …

– 이주행(2019), 『알기 쉬운 한국어 문법론: 신정판』

(1)에서 인용한 정의문들은 보조 용언의 의존적인 성격을 잘 보여 준다. 보조 용언은 '도움풀이씨', '매인풀이씨' 등의 용어로 나타나기도 하며, '의존용언(민현식 1999)'이라는[3] 용어로 풀이되기도 하였다. (1마)는 다른 문법서에서는 볼 수 없는, "필수적 공존 관계"라는 독특한 표현을 사용하기도 했다. 이 역시 보조 용언이 반드시 본용언을 필요로 하는 현상을

---

2 '주용언'은 서정수(1994)의 용어로, '본용언'과 같은 뜻을 나타낸다.

3 민현식(1999: 119-120)은 '보조 용언'이라는 용어 대신에 '의존용언'이라는 용어를 사용한다. 이는 비자립형식들이 발달한 한국어의 구조적 특징을 드러내고, '의존 명사'와의 동질성을 강조하기 위한 처리 방식이다.

풀이한 것으로 이해된다.

우리는 형태소의 의존성과 자립성에 대해서 논의한 이선웅·오규환 (2017)을 따라서, 보조 용언의 의존성을 세 가지 차원에서 이해해 보고자 한다. 이선웅·오규환(2017)은 의존성이라는 개념이 ①형태적 의존성, ② 통사적 의존성, ③의미적 의존성이라는 세 가지 차원으로 분류될 수 있 다고 설명한 바 있다. 형태적 의존성이란 반드시 다른 요소와 어울려야 만 음운론적 단어를 이룰 수 있는(혹은, "발화를 이룰 수 있는") 성질을 뜻한 다.[4] 통사적 의존성이란 반드시 다른 요소와 어울려야만 문법적인 문장 의 재료가 될 수 있는 성질을 뜻한다. 의미적 의존성이란 반드시 다른 요소와 어울려야만 그 개념이 온전히 나타날 수 있는 성질을 뜻한다.

> (2) 가. 나는 사과를 <u>먹어 본다</u>. [시행]
>   나. 나는 사과를 먹는다.
>   다. *나는 사과를 본다.

이제 실제 문장을 통해 보조 용언의 의존적 성격을 이해해 보도록 하자. (2가)는 [시행]의 의미를 나타내는 보조 용언 구성 '-아/어 보다'가 사용 된 구문이다. '-아/어 보다'에 선행하는 동사 '먹다'는 문장 (2가)의 본용 언이 된다. (2나)처럼 본용언만 쓰인 문장은 정문이다. 이는 본용언 '먹

---

4   또는, 접사가 어기를 요구하는 것처럼, 형태적인 결합 관계에서 관찰되는 의존성도 여 기에 해당된다. 이선웅·오규환(2017)은 박진호(1994: 22-25, 이선웅·오규환(2017) 에서 재인용)에서 분류한 "음운론적 의존성"과 "형태론적 의존성"을 묶어 "형태적 의 존성"이라는 개념으로 설명하고 있다. "음운론적 의존성"과 "형태론적 의존성"은 개념 적으로만 구분할 수 있을 뿐, 이 둘은 실제 관찰을 통해서는 구분될 수 없는 것으로 보았기 때문이다. 그렇기 때문에 이선웅·오규환(2017)의 "형태적 의존성"은 이처럼 다층적인 뜻(그러나 이 설명들은 모두 같은 현상을 가리킨다)을 갖게 되었다.

다'가 최현배(1937)의 설명처럼 '제홀로 완전한 풀이'가 가능하기 때문이다. 한편, 보조 용언만 쓰인 (2다)는 비문이다. 얼핏 보기에는 문장이 성립하는 것처럼도 보이지만, 우리가 처음에 의도했던 [시행]의 의미로는 읽히지 않는다. (2다)의 '보다'는 오직 그 본용언으로서의 쓰임인 [見]의 의미로만 읽힐 뿐이다.

이를 통해서 우리는 보조 용언의 의존성이 다음과 같이 드러남을 알수 있다. ① 보조 용언은 단독으로 발화될 수 없다. 보조 용언은 반드시 본용언과 함께 발화되어야 한다. 따라서 보조 용언은 형태적으로 의존적이다. 보조 용언과 비슷한 형태적 의존성을 보이는 한국어의 문법 범주로는 의존 명사가 있다. 몇몇 문법서들은 보조 용언의 의존성이 의존 명사가 보이는 의존성과 비슷한 것이라고 언급하기도 하였다(민현식 1999: 119-120; 고영근·구본관 2008: 101; 남기심 외 2019: 108-109).[5] ② 보조 용언은 (2다)와 같이 홀로 나타날 때 비문이 된다. 따라서 보조 용언은 통사적으로 의존적이다. ③ 보조 용언은 본용언과 어울렸을 때만 그 의미가 드러난다. (2다)에는 보조 용언으로서의 '보다'의 의미인 [시행]의 의미가 드러나지 않는다. 따라서 보조 용언은 의미적으로 의존적이다.

이처럼 보조 용언은 그 의존적인 성격으로 인해 문장에서 홀로 등장하여 서술어로 쓰일 수 없다. 각각의 명칭에 등장하는 '보조', '도움', '매인', '의존'이라는 말은 보조 용언의 이러한 의존적인 성격이 고려된 것이다. 보조 용언은 보조하거나 도와줄, 혹은 매여 있거나 의존할 본용언

---

5 그러나 의존 명사가 보이는 의존성과 보조 용언이 보이는 의존성이 완전히 같은 것은 아니다. 반드시 다른 말에 기대어 나타난다는 것은 의존 명사와 보조 용언이 보이는 공통점이지만, 보조 용언은 '먹어를 본다', '가지는 않는다'와 같이 보조사에 의해서 본용언과 분리되기도 한다. 이러한 현상들에 근거한다면, 보조 용언의 형태론적 의존성은 의존 명사의 그것에 비해 그 강도가 약한 것으로(다시 말해, 의존 명사보다는 자립성이 강한 것으로) 이해할 수 있다(이선웅·오규환 2017).

이 없으면 문장에서 사용될 수 없다.

한편, 보조 용언의 이러한 의존성에도 불구하고, 우리의 어문 규정은 보조 용언의 어휘적 기능을 중시하여, 이를 완전한 의존 형식으로 보지 않고 준자립 형식으로 처리하는 방식을 택하고 있다. 따라서 보조 용언은 본용언에 붙여서 쓰지 않고 띄어쓰기를 하는 것이 원칙이다.[6]

2.2. 보조 용언의 기능

선행 연구들에서 보조 용언을 정의할 때 주목한 또 다른 주요 요소는 보조 용언(또는 보조 용언 구성)의 기능이다.[7] 보조 용언은 본용언과 달리 문장 속에서 어휘적인 의미(실질적인 의미)가 아니라, 이보다 더 추상화된 문법적인 의미를 담당하는 것으로 알려져 있으며, 이는 많은 선행 연구들에서 전반적으로 동의하고 있는 사실이다(최현배 1937; 서정수 1994; 임홍빈·장소원 1995; 김승곤 1996; 민현식 1999; 배수자 2007; 고영근·구본관 2008; 이규호 2010; 구본관 외 2015; 유현경 외 2018; 남기심 외 2019; 이주행 2019 등). 한편, 문법서들에 등장한 보조 용언 정의문들을 검토한 결과, 보조 용언의 '특별한 기능'은 2.1.에서 살펴본 보조 용언의 의존성보다는 적게 언급되는 것을 확인할 수 있었다.

---

6   『한글 맞춤법』의 제3절 제47항에서 관련된 내용을 확인할 수 있다: "보조 용언은 띄어 씀을 원칙으로 하되, 경우에 따라 붙여 씀도 허용한다." 관련된 내용은 3.1의 앞부분에서 한 번 더 후술하도록 한다.

7   사실상 어떠한 특정한 문법적 기능 또는 의미를 가지는 것은 보조 용언이 아니고 선행 어미와 보조 용언이 통합된 보조 용언 구성이지만, (3) 등에서 다룬 선행 연구에서는 보조 용언 구성과 보조 용언의 구분 없이 '보조 용언의 기능'으로 통칭하고 있으므로 이와 같이 기술하였다. 아래의 내용도 이와 마찬가지이다.

(3) 가. 보조 용언은 본용언에 대한 상대적 개념으로, <u>원래 가지고 있던</u>
      <u>뜻이 변하거나 약해져서 단독으로 용언의 기능을 발휘하지 못하</u>
      <u>고 본용언 뒤에서 본용언의 뜻을 도와</u> 완전한 문장이 되게 하는
      용언이다.　　　　　　　　　 － 임홍빈·장소원(1995),『국어문법론1』
      나. 이들은 의존용언 구성으로 … 본용언은 원의미가 살아 있으나 의
      존용언은 <u>의미가 특수화되어 주로 문법범주 기능어로 의존, 보조</u>
      <u>하는 구성이며</u> …　　　　　　　　 － 민현식(1999),『국어 문법 연구』
      다. 용언 중에서 혼자서는 쓰이지 못하고 반드시 다른 용언 뒤에서
      <u>앞말에 특별한 의미를 더해 주는 것이 있는데</u>, 이를 보조 용언이
      라 한다. 보조 용언 앞에 실현되는 자립적인 용언을 본용언이라
      고 한다.　　　　　　　　　　　　 － 이규호(2010),『학교 문법』
      라. 문장 안에서 독자적으로 서술어의 기능을 하는 용언을 본용언,
      <u>본용언과 함께 쓰여 흔히 문법적인 의미를 더해 주는 용언을 보</u>
      조 용언이라 한다.　　　　　 － 유현경 외(2018),『한국어 표준 문법』
      마. 이렇게 다른 말에 기대어 쓰이면서 <u>그 말에 문법적 의미를 더해</u>
      <u>주는 용언</u>을 보조 용언이라 하고 품사를 구별하여 보조 동사, 보
      조 형용사라 한다. 한편, 보조 용언의 도움을 받는 선행 용언은
      본용언이다.　　　　　 － 남기심 외(2019),『새로 쓴 표준국어문법론』

(3)의 정의문들은 한국어 문법서들이 보조 용언의 기능을 어떻게 이해하
고 있는지를 잘 보여 준다. 이처럼 보조 용언은 본용언의 실질적 의미와
는 다른, 어떤 '특별한 의미'를 나타내는 것이 그 특징이다. 이는 앞선
문법서에서 '본용언을 돕는다(최현배 1937)', '서술 기능을 보완한다(서정
수 1994)', '그 앞의 본용언에 의존하여 어떤 뜻을 나타낸다(김승곤 1996)',
'화자의 심리 상태를 나타낸다(이관규 1999/2003)'와 같이 표현되기도 하
였다. 최근의 문법서로 올수록 보조 용언의 특별한 의미는 문법적 의미
라는 용어로 풀이되고 있다. 또한 이러한 문법적 의미에는 상이나 양태

등의 의미가 포함되는 것으로 이해된다(배수자 2007; 구본관 외 2015; 이주행 2019 등).[8]

(4) 가. 아침 햇빛이 점점 밝아 온다. [진행]

    cf. 집으로 온다.

나. 지금 편지를 쓰고 있다. [진행]

    cf. 책상 위에 편지가 있다.

다. 인수는 운동장으로 나가 버렸다. [종결]

    cf. 벌써 쓰레기통에 버렸다.

라. 조카에게 종이배를 만들어 주었다. [봉사]

    cf. 조카에게 연필을 주었다.

마. 하루에 꼭 한 알식 먹어야 한다. [당위]

    cf. 우리는 하루에 한 시간씩 일을 한다.

바. 금강산에 가고 싶다. [희망]

    cf. (본용언으로서의 쓰임 없음)

(4)의 예시는 남기심 외(2019: 110-113)에서 보조 용언 구성의 의미를 설명하면서 든 예시 중에서 일부를 그대로 발췌한 것이다. [ ] 안의 용어 역시 남기심 외(2019)에서 제시한 것을 그대로 따랐다.[9] (4)의 예시에서 볼 수 있는 것처럼, 보조 용언 구성이 나타내는 의미는 일반적인 어휘의 실질적 의미와는 달리 문법 형태소의 의미에 가깝다고 할 수 있을 정도로 문법적인 것들이다. (4가-다)는 상과 관련된 의미라 할 수 있고, (4라

---

8   한편, 김석득(1992), 김선혜(2019)와 같은 논의에서는 이와 같은 보조 용언의 문법적 의미가 한국어의 어미(김석득의 용어로는 '굴곡가지')의 기능에 대당하는 것이라고 보기도 하였다.

9   한편, 남기심 외(2019: 110)에서도 이 의미들의 명명 방식은 전통 문법에서 사용되던 것을 따른 것이라고 밝히고 있다.

2장_한국어 보조 용언의 정의와 특성 **31**

-바)는 양태와 관련된 의미라 할 수 있다. 보조 용언 구성의 이러한 문법적인 의미는 보조 용언과 같은 형태가 본용언으로 쓰였을 경우와 비교해 보면 더 잘 드러난다. 호광수(1994)에서는 이렇게 '본용언으로서의 쓰임과 전혀 다른 의미를 가지'는 보조 용언의 특징을 '의미의 자립성'이라는 용어로 설명하기도 하였다. 각 예문의 아래에 참고로 제시한 예문들(해당 보조 용언이 본용언으로 쓰인 경우)을 함께 살펴보면 그 차이가 확연히 드러나는 것을 알 수 있다.

2.3. 보조 용언의 어순

많은 문법서들에서 보조 용언을 정의하면서 앞서 논한 두 가지 요소, ① 의존성과 ② 문법적 기능만을 언급하고 있었다. 그러나 반드시 언급되어야 할 보조 용언만의 또 한 가지 중요한 특징이 있는데, 그것은 보조 용언이 언제나 본용언의 뒤에 등장한다는 사실이다. 보조 용언의 고정된 어순을 언급한 문법서들(최현배 1937; 김승곤 1996; 민현식 1999; 임병민 2009; 이규호 2010; 구본관 외 2015; 이주행 2019 등)의 내용 중에서 일부를 살펴보도록 하자.

(5) 가. 움직씨는 그 자립성 여부에 따라서 으뜸움직씨와 매인움직씨의 두 가지로 가른다. … 자립성이 없으면서 <u>그 앞의 움직씨에 매여서</u> 어떤 뜻을 나타냄과 동시에 그 앞 움직씨와 함께 풀이말이 되는 움직씨를 매인움직씨라고 한다. … 그림씨는 제 홀로 풀이힘이 있고 없음에 따라 으뜸그림씨와 매인그림씨의 둘로 가른다.
　　　　　　　　　　　　　　　　　　 – 김승곤(1996), 『현대 나라 말본』
　　 나. 보조 용언은 <u>본용언에 후행하는</u> 보조동사와 보조형용사를 아우르는 용어.　　　　　　　 – 임병민(2009), 「국어의 보조 용언 연구」
　　 다. 서술어는 일반적으로 하나의 용언 혹은 '체언+이다'로 이루어지

나 둘 이상의 용언이 결합하여 이루어지는 경우도 있다. 이때 가
장 앞에 있는 용언을 본용언, <u>뒤따르는 용언</u>을 보조 용언이라 한
다. 가장 앞의 용언이 문장의 명제적 의미에 핵심적이고 뒤따르
는 용언(들)이 상이나 양태 등의 특수한 의미를 덧붙이는 역할을
하기 때문이다.   － 구본관 외(2015), 『한국어 문법 총론 1』

　보조 용언이 언제나 본용언의 뒤에 온다는 사실은 한국어의 보조 용언
체계를 최초로 정립하려고 시도한 최현배(1937/1991)의 정의문에서도 언급
되어 왔다(2.1.의 (1가)를 보라). 정의문에서 보조 용언의 출현 위치를 설명하
는 방식은 크게 두 가지가 있다. 하나는 본용언을 기준으로 보조 용언이
이에 후행한다고 설명하는 것이고, 또 다른 하나는 보조 용언을 기준으로
본용언이 이에 선행한다고 설명하는 것이다. 어느 쪽이 됐든지 보조 용언은
본용언보다 먼저 나타날 수 없으며, 먼저 나타날 경우 비문이 된다.[10]

> (6) 가. 세원이는 세윤이에게 책을 <u>읽어 준다</u>.
> 　　나. *세원이는 세윤이에게 <u>준다</u> 책을 읽어.
> 　　다. 너는 공부를 <u>하지 않는다</u>.
> 　　라. *너는 공부를 <u>않는다</u> 하지.

우리는 (6)의 예문을 통해 보조 용언의 어순이 고정되어 있음을 살펴볼
수 있다. 이처럼 고정된 보조 용언의 어순으로 인해, 보조 용언이 포함된
서술어가 문장 속에서 자리 바꿈을 할 때는 항상 '본용언+보조 용언' 구성
전체가 함께 움직여야 한다. 또한 보조 용언은 본용언에 후행하면서, 동시에
반드시 정해진 어미를 요구한다. '-아/어 주다' 대신에 '*-고 주다'를 사용

10　민현식(1999: 122)는 이러한 특징에 근거하여 보조 용언은 역행 수식 구성을 취한다
　　고 이해하기도 했다.

한다거나, '-지 않다' 대신에 '*-아/어 않다' 따위를 사용하면 비문이 된다. 관련된 내용은 3장에서 좀 더 자세히 다룰 것이다(3.1.의 (10)과 (11)을 보라).

2.4. 보조 용언의 형태·통사론적 성격

보조 용언이 지금까지의 한국어 연구에서 수많은 논쟁거리를 낳았던 이유는 이것이 형태론과 통사론의 경계에 걸쳐 있는 문법 범주이기 때문이다. 본용언과 보조 용언 전체를 합성 동사의 하나로 처리하려는 이론이나 보조 용언 구문을 복문으로 처리하려는 이론 모두가 보조 용언 구성을 만족스럽게 설명하지 못한 이유는 보조 용언 구성의 이러한 성격 때문인 것으로 생각된다.[11] 우리가 살펴본 문법서 중에서는 김석득(1992)와 민현식(1999)가 보조 용언 구성의 이러한 형태·통사론적 성격을 언급하고 있었다.

(7) 가. 도움풀이씨는 특정한 말본의 범주를 돕는 노릇을 하는 도움법으로 쓰인다. 그런데 도움법으로 쓰이는 도움풀이씨는 한편 통어적 특성(독립된 낱말을 이룸)과 다른 한편 형태론적 특성(앞풀이씨에 매임)을 가지고 있으므로 <u>그것은 형태·통어적 특성을 가진 것</u>으로 이해된다.　　　　　　　– 김석득(1992), 『우리말 형태론: 말본론』

　　　나. 이들은 의존용언 구성으로 … 본용언 뒤에서 보조하는데 본용언은 원의미가 살아 있으나 의존용언은 의미가 특수화되어 주로 문법범주 기능어로 의존, 보조하는 구성이며 상술한 두 구조의[12] 절충 구조인바 <u>통사·형태론적 구성의 성격을</u> 가진다.

　　　　　　　　　　　　　　　　　– 민현식(1999), 『국어 문법 연구』

11　달리 이야기하자면, 보조 용언이라는 하나의 문법 범주를 서로 다른 두 가지 이론으로 설명하려는 시도가 있을 수 있었던 이유도 바로 보조 용언이 두 분야의 경계에 위치한 문법 범주이기 때문이다.

12　여기서의 "상술한 두 구조"란 "접속용언(예. 골목을 <u>돌아서 가는데</u>…)"과 "복합용언(예. 그가 <u>돌아갔다</u>)"을 이른다.

보조 용언은 본용언과 긴밀한 관계를 맺지만, 그렇다고 해서 본용언과 완전히 분리할 수 없는 대상은 아니다. 본용언과 보조 용언은 서로 독립된 어휘들이다. 그럼에도 불구하고 보조 용언은 본용언 없이는 출현할 수 없다. 이러한 형태·통사론에 걸친 중간적 성격으로[13] 인해 보조 용언 구성은 여러 가지 다양한 특성들을 갖게 된다. 따라서 보조 용언 구성의 형태·통사론적 성격에 대한 언급은 보조 용언을 이해하는 데 반드시 필요하다고 생각되므로, 이러한 성격을 보조 용언의 정의에 포함시키는 것이 바람직하다.

2.5. 요약

지금까지 우리는 여러 문법서들에서 보조 용언을 어떻게 정의했는지 살펴보면서, 보조 용언의 정의에 필요한 네 가지 요소인 ① 보조 용언의 의존성, ② 보조 용언의 기능, ③ 보조 용언의 어순, ④ 보조 용언의 형태·통사론적 성격을 확인하였다. 이를 바탕으로 보조 용언을 다음과 같이 정의할 수 있을 것이다.

> (8)   한국어의 용언 중에는 홀로 서술어로 쓰일 수 없는 의존적인 성격으로 인해 반드시 앞선 본용언에 뒤이어 출현하며, 문장에서는 문법적

---

13   최현배(1937/1991: 408)에서도 이와 관련된 언급이 등장한다. 최현배(1937/1991: 408)은 "잡이2"에서 "으뜸 움직씨와 도움 움직씨가 서로 어울러서 한 씨 – 으뜸 움직씨를 이룬 것들이 있나니: 이를테면,
'나다'하고 합한 것: 달아나다, 들어나다, 늘어나다, 나타나다
'지다'하고 합한 것: 떨어지다, 넘어지다, 엎어지다, 끊어지다, 쓰러지다, 부러지다의 따위이니라."라고 기술한다. 이는 공시적으로는 보조 용언이 독립적으로 분리되는 단위처럼 여겨지지만, 그 의존적인 성격으로 인해 어느 순간에는 형태론의 재료가 될 수 있음을 언급한 것으로 생각된다. 즉, 보조 용언의 중간적 성격을 간접적으로 보여 주는 예시를 제시한 것이다.

인 기능을 담당하는 용언들이 있다. 이들은 앞선 본용언에 매여 있으면서도 독립적인 단어의 지위를 갖는, 형태·통사론적으로 중간적인 성격을 보인다. 이런 종류의 용언을 보조 용언이라 부른다.

추가적으로, 한국어의 품사 구분에서 용언이 동사와 형용사로 나뉘는 것처럼 보조 용언도 역시 보조 동사와 보조 형용사로 나뉜다. 이러한 구분은 보조 용언 자체의 활용 방식을 보고 이루어져야 한다(김석득 1992: 705-706; 이규호 2010: 132-133 등). 본용언이 동사라고 해서 보조 용언이 반드시 보조 동사인 것은 아니다. 형용사의 경우도 마찬가지이다.

> (9) 가. 현창이는 과자가 먹고 싶다.
>   나. 새로 살 노트북의 무게는 가벼워야 한다.

(9가)는 본동사 '먹다' 뒤에 보조 형용사 '싶다'가 이어진 경우이고, (9나)는 본형용사 '가볍다' 뒤에 보조 동사 '하다'가 이어진 경우이다. 보조 용언이 본용언에 의존적이기는 해도 그 나름대로의 어휘적 자립성을 보이기 때문에 정확한 품사 구분을 위해서는 보조 용언만을 관찰해야 한다.

3. 보조 용언의 특성

이번 장에서 우리는 보조 용언의 특성을 하나씩 살펴볼 것이다. 보조 용언을 정의하는 요소들처럼, 어떤 특성은 많은 문법서에서 언급되고 있고, 또 어떤 특성은 상대적으로 적게 언급되고 있었다. 하지만 우리는 문법서에서의 출현 빈도에 무게를 두지 않고, 일단 언급된 특성들이라면 한데 모아서 종합하고 또 자세히 살펴볼 것이다. 보조 용언은 다양한 특성들을 보이는데, 여기에서는 이 특성들을 발생시키는 요소에 따라서 이들을 분류해 보도록 한다. 우리는 ① 보조 용언의 의존성, ② 보조 용언의 문법적 기능, ③ 보조 용언의 통사적 핵 기능, ④ 보조 용언의 문법화, 총 네 개의 요소들에 대하여 논의를 진행할 것이다.

3.1. 보조 용언의 의존성과 관련한 특성들

우리는 앞서 보조 용언의 의존성(혹은, 보조 용언의 준자립성)이 보조 용언을 정의하는 데 반드시 언급되어야 할 요소임을 알아보았다. 보조 용언이 형태·통사론적으로 중간적인 성격을 보이는 문법 범주이기 때문에 보조 용언의 의존성 역시 이중성을 띤다. 먼저, 보조 용언의 의존성은 보조 용언 구성이 형태론적 구성의 성격을 일면 가지고 있다는 증거이다(김석득 1992: 668; 백낙천 1999; 임병민 2009: 41 등). 그렇다고 해서 보조 용언 구성이 정말로 합성 동사와 같은 형태론적 통합체인가 하면 그렇지는 않다. 보조 용언은 그 자체로 무시할 수 없는 어휘적 기능을 가지고 있기 때문에(서정수 1994: 542-543), 보조 용언 구성은 각각의 낱말이 독립성을 갖는 통사론적 연쇄이다(김석득 1992: 666; 안희제 2017: 64-65 등).[14] 이렇듯 의존적이면서 독립적인 보조 용언의 성격은[15] 현대 한국어 정서법에도 반영되어 있어서, '-아/어지다', '-아/어하다'를 제외한 모든 보조 용언은 선행 어미와 띄어쓰기 하는 것이 원칙이지만, 붙여서 쓰는 것도 허용

---

14 한편, 김선혜(2019)와 같은 논의에서는 보조 용언만 생략하거나 대용화할 수 없는 보조 용언의 특성을 근거로 하여 보조 용언이 어휘 범주가 아닐 수도 있음을 지적하고 있다. 그러나 우리는 보조 용언의 어휘적 자립성을 인정하여 우선 보조 용언을 어휘 범주의 하나로 보기로 한다.

15 임병민(2009: 48-49)의 경우, 의미의 측면에서는 의존적이지만 형태나 활용의 측면에서는 일반 용언에 가까운 보조 용언의 특성을 고려하여, 보조 용언을 '준문법범주'로 설정할 수 있다고도 보았다.

하고 있다.

보조 용언이 본용언 뒤에 이어지기 위해서는(본용언에 의존하여 나타나기 위해서는) 어미가 필요하다. 현대 한국어는 용언의 어간과 어간이 직접 결합하는 것을 허용하지 않기 때문이다. 그런데 보조 용언은 반드시 정해진 어미의 뒤에만 나타난다(허웅 1983; 김석득 1992; 서정수 1994; 임홍빈·장소원 1995; 이익섭·채완 1999; 이관규 1999/2003; 고영근·구본관 2008; 임병민 2009; 구본관 외 2015; 안희제 2017; 유현경 외 2018; 남기심 외 2019; 이주행 2019 등). (10)을 통해 이를 살펴보도록 하자.

> (10) 가. 원준이는 밥을 먹고 있다. [진행]
> 나. *원준이는 밥을 먹게 있다.
> 다. 원준이는 책을 읽어 두었다. [보유]
> 라. *원준이는 책을 읽고 두었다.

[진행]의 의미를 나타내기 위해서 '있다'는 반드시 어미 '-고' 뒤에 연결되어 '-고 있다'의 형태로 나타나야만 한다. 다시 말해 [진행]의 의미는 '있다'에 있는 것이 아니라 '-고 있다'에 있는 것이다. [보유]의 의미 역시 마찬가지이다. '-아/어 두다'의 형태로 나타나야만 [보유]의 의미가 드러난다. 만약 특정한 문법적 의미가 '있다'나 '두다'에만 있었다면, 앞에 어떤 어미가 오든지 큰 영향을 받지 않았을 것이다. 하지만 보조 용언은 반드시 특정한 어미와만 어울려 쓰인다. 그러므로 보조 용언이 나타내는 문법적 의미는 보조 용언에만 있는 것이 아니라 '선행 어미+보조 용언' 통합체, 즉 보조 용언 구성에 있는 것으로 이해되어야 한다.[16] 또

---

16 김석득(1992: 666)에서도 이를 '이음소(연결 어미)와 도움움직씨(보조 동사)가 공존하여 제3의 뜻을 생성한 것'으로 풀이하였다. 여기에서도 역시 이러한 입장을 받아들인다.

한, '선행 어미+보조 용언' 통합체는 반드시 출현 순서가 지켜져야만 한다. 우리가 앞서 2.3.의 (6)에서 살펴본 것처럼, 보조 용언은 결코 본용언보다 먼저 등장할 수 없다. 보조 용언이 본용언보다 먼저 등장하게 되면, 그 문장은 비문이 된다.[17]

이와 관련하여, 보조 용언이 포함된 서술어는 문장 속에서 그 위치를 이동할 때 반드시 '본용언+보조 용언'이 함께 움직여야 한다(민현식 1999; 배수자 2007; 안희제 2017; 남기심 외 2019 등).

> (11) 가. 준범이는 은색 포크를 <u>사 두었다</u>.
> 나. 준범이는 <u>사 두었다</u>, 은색 포크를.
> 다. <u>사 두었다</u>, 준범이는, 은색 포크를.
> 라. *준범이는 <u>두었다</u> 은색 포크를 <u>사</u>.
> 마. *<u>두었다</u> 은색 포크를 준범이는 <u>사</u>.

(11)에서 볼 수 있는 것처럼, '사 두었다'가 함께 이동한 (11가), (11나), (11다)는 정문으로 인정된다. 그러나 '사'와 '두었다'가 따로 이동한 (11라), (11마)는 비문으로 판정할 수밖에 없다.[18]

---

17 김석득(1992: 667-668)에서는 보조 용언의 어순이 고정되어 있다는 것을 인정하면서도, 다음과 같은 예문을 들며 [부정]의 보조 용언에 한해서는 어순이 바뀌는 예외가 있다고 하였다.

　(ㄱ) 그가 뛰지 아니한다. → 그가 아니(안) 뛴다.

그러나 우리는 이를 어순의 문제가 아니라, 문장 구조 자체가 변형된 것이라고 생각한다. 따라서 어순이 고정되어 있다는 보조 용언의 특성은 어느 보조 용언에나 예외 없이 적용되는 것으로 보아야 한다.

18 키타무라 타다시(1998)은 '도치에 의한 분리 불가능성'을 보조 용언 판별을 하는 데 있어 아주 중요한 기준으로 다루고 있다. 기타무라 타다시(1998)에서 제시한 보조 용언 판별 기제는 단 두 가지인데, 하나는 '도치에 의한 분리 불가능성'이고 다른 하나는 '본용언 자리에 위치한 용언의 단독 대용 가능성'이다.

또한 보조 용언은 이어진 문장에서 단독으로 생략될 수 없다. 생략을 위해서는 항상 '본용언+보조 용언' 구성 전체가 생략되어야 한다(민현식 1999; 배수자 2007; 안희제 2017; 김선혜 2019 등).

> (12) 가. 세원이는 국어책을, 세윤이는 영어책을 <u>읽어 본다</u>.
> 나. *세원이는 국어책을 <u>읽어</u>, 세윤이는 영어책을 <u>읽어 본다</u>.
> 다. *세원이는 국어책을 <u>보고</u>, 세윤이는 영어책을 <u>읽어 본다</u>.

(12가)는 선행절에서 '본용언+보조 용언' 구성 전체가 생략된 문장이다. 이 문장은 정문이다. (12나)는 선행절에서 보조 용언만이, (12다)는 본용언만이 생략된 문장이다. 이들은 모두 비문이다. '본용언+보조 용언'이 분리될 수 없기 때문에 보조 용언만의 생략이나 본용언만의 생략은 허용되지 않는다.

'선행 어미+보조 용언' 통합체가 한 덩어리로 나타나야만 그 문법적 기능을 드러내는 보조 용언의 특성으로 인해, 선행 어미와 보조 용언 사이에는 다른 성분이 개입할 수 없다(김석득 1992; 서정수 1994; 호광수 1994; 손세모돌 1996; 민현식 1999; 백낙천 1999; 이관규 1999/2003; 배수자 2007; 안희제 2017; 남기심 외 2019; 김선혜 2019 등). 이러한 보조 용언의 특성은 '비분리성' 혹은 '늘리기 불가능'이라는 용어로 설명되어 왔다.

> (13) 가. 범주는 만년필이 없어서 연필을 깎<u>아 보았다</u>.
> 나. *범주는 만년필이 없어서 연필을 깎<u>아서 보았다</u>.
> 다. *범주는 만년필이 없어서 연필을 깎<u>아 빨리 보았다</u>.
> 라. 범주는 만년필이 없어서 연필을 깎<u>아도 보았다</u>.
> 마. 범주는 만년필이 없어서 연필을 깎<u>아는 보았다</u>.

보조 용언의 비분리성을 논할 때 대표적으로 거론되는 요소는 '-서'(13
나)와 부사(13다)이다. 예문을 통해 볼 수 있는 것처럼 선행 어미와 보조
용언 사이에 '-서'나 부사가 개입되면 그 문장은 의도한 의미로 읽히지
않거나 비문이 된다. (13나)는 '-아/어 보다'가 지닌 [시행]의 의미는 드
러나지 않고 '연필을 깎은 후에 그것을 보았다'라는 두 동작으로 읽히며,
(13다)는 성립되지 않는 문장이다. 그러나 보조 용언의 비분리성이 절대
적인 것만은 아니다(백낙천 1999; 배수자 2007; 안희제 2017 등). (13라)와
(13마)에서 볼 수 있듯이 일부 보조사들은 선행 어미와 보조 용언 사이에
개입될 수 있다.

한편, 보조 용언의 비분리성은 개별 보조 용언마다 그 정도가 달리 나
타난다.

> (14) 가. 해준이는 칵테일을 만들고 있다.
>   나. 해준이는 칵테일을 만들고는 있다.
>   다. ??해준이는 칵테일을 만들고도 있다.
>   라. 해준이는 이상한 칵테일을 만들어 버릇한다.
>   마. *해준이는 이상한 칵테일을 만들어는 버릇한다.
>   바. *해준이는 이상한 칵테일을 만들어도 버릇한다.

'-서'나 부사는 대체로 모든 문법서에서 개입 불가능한 요소로 인정 받
고 있으므로, 편의상 (14)에는 보조사가 개입되는 예시만을 들었다. [진
행]의 '-고 있다'는 보조사 '는'의 개입을 허용하는 것처럼 보이지만(14
나), '-아/어 보다'와 달리 '도'가 개입한 문장은 그 적격성이 상대적으로
떨어지는 것으로 보인다(14다). 한편, [습관]의 '-아/어 버릇하다'는 어
떠한 보조사의 개입도 허용하지 않는다(14마, 14바). 이처럼 보조 용언
은 '-서'나 부사에 의한 분리는 절대 허용하지 않지만, 보조사에 의한

분리에는 정도성을 보인다. 따라서 보조 용언의 비분리성은 실재하는 특성이지만, 이를 판단하는 기제로 보조사를 사용하는 것은 바람직하지 않다고 결론을 내릴 수 있다.[19]

보조 용언의 이러한 비분리성을 판단하는 기제로 추가적으로 제시된 것 중 하나는 보조 용언으로 분열문을 형성해 보는 것이다(엄정호 1999; 안희제 2017: 61-63에서 재인용).

> (15) 가. 원준이는 검은 옷을 입고 있다.
>   나. *원준이가 있는 것은 검은 옷을 입고이다.

(15)에서 확인할 수 있는 것처럼, 보조 용언 구성인 '입고 있다'를 쪼개어 분열문을 만드는 것은 불가능하다(15나). 분열문을 만들기 위해서는 반드시 본용언과 보조 용언을 인접하지 못하게 만들어야 하기 때문이다. '선행 어미+보조 용언' 통합체가 그 결속성을 잃은 구문은 보조 용언이 지닌 의미를 나타낼 수 없다. 비분리성은 보조 용언 구성으로 하여금 분열문을 형성할 수 없게끔 제약한다.

보조 용언의 의존성으로 인해 나타나는 주목할 만한 또 다른 특성은 보조 용언이 문장의 논항 구조와는 무관하다는 것이다(손세모돌 1996; 배수자 2007; 김선혜 2019 등).

> (16) 가. 윤성이는 밥을 먹는다.
>   나. 윤성이는 밥을 먹고 있다.

---

19 김선혜(2019)도 각주 6에서 우리와 비슷한 의견을 제시한 바 있다: "보조사가 개입된다고 해서 보조사 외의 어떤 요소도 개재될 수 없는 보조 용언 구성이 분립성이 있다고 보기는 어렵다고 본다."

다. 윤성이는 밥을 먹<u>어 댄다</u>.

라. 윤성이는 밥을 먹<u>어 둔다</u>.

(16)에서 볼 수 있는 것처럼, 보조 용언이 사용되지 않은 (16가)와 보조 용언이 사용된 나머지 예문에서 문장 구조의 차이는 발견되지 않는다. 즉, 보조 용언은 문장의 논항 구조에 영향을 미치지 않는다. 독립적인 논항 구조를 가질 수 없는 보조 용언의 특징은 여러 연구들에서 '보조 용언은 주어와의 관계를 뚜렷하게 설정할 수 없다(김석득 1992)', '본용언과 보조 용언은 주어가 서로 다를 수 없다(배수자 2007; 구본관 외 2015)', '보조 용언은 독립적인 논항 구조를 상실하고 본용언의 논항 구조를 따라가게 된다(배수자 2007)', '문장에서 격을 할당하는 것은 '본용언+보조 용언' 통합체인 서술어이지 본용언 하나만이나 보조 용언 하나만이 아니다(안희제 2017)'와 같이 설명되기도 하였다.

한편, 이관규(1998)과 같이 보조 용언 구성이 문장의 논항 구조에 영향을 미치는 경우가 있다고 본 논의들도 있으나,[20] 우리는 그러한 예시들을 아주 제한적인 예외로 보기로 한다. 이관규(1998)에서는 '-아/어 주다'를 예로 들며, 이와 같은 보조 용언 구성이 문장의 논항 구조에 영향을 미친다고 보았다.

(17) 가. 세원이는 책을 <u>읽는다</u>.

나. 세원이는 <u>세윤이에게</u> 책을 <u>읽어 준다</u>.

---

20 백낙천(1999)도 보조 용언이 문장의 논항 구조와 관련이 있다고 보았으나, "보조 용언 판별 기준에서 논항 실현 여부는 필요조건일 뿐 충분조건은 되지 못"한다는 것을 이유로 들어, 이를 보조 용언의 판별 기준에서는 제외하기도 하였다.

(17가)에서는 여격 논항이 필요하지 않으나, (17나)에서는 보조 용언 '-아/어 주다'가 등장하면서 여격 논항인 '세윤이에게'가 추가되었다. 그러나 이때 논항 '세윤이에게'의 출현 원인이 온전히 '-아/어 주다'에게만 있다고 보기는 어렵다. 김선혜·남신혜(2019)에 따르면 이는 '-아/어 주다'가 할당한 논항이 아니라 발화 동사로 해석되는 '읽어 주다'가 할당한 논항이다. 그러므로 이는 아주 예외적인 사례라 할 수 있다. 사실, '-아/어 주다'가 등장한다고 해서 모든 문장에 여격 논항이 등장하는 것은 아니다.

> (18) 가. 세윤이는 친구를 <u>도와 준다</u>. / *세윤이는 <u>친구에게</u> 도와 준다.
>   나. 세윤이는 친구를 <u>안아 준다</u>. / *세윤이는 <u>친구에게</u> 안아 준다.
>   다. 세윤이는 친구가 먹기 싫어하는 반찬을 한 번 <u>먹어 준다</u>.
>   / *세윤이는 친구가 먹기 싫어하는 반찬을 <u>친구에게</u> 한 번 먹어 준다.
>   라. 세윤이는 친구에게 편지를 <u>써 준다</u>. / 세윤이는 <u>친구에게</u> 편지를 쓴다.

(18가-다)는 '-아/어 주다'가 사용되었음에도 불구하고 여격 논항이 출현하지 않은 문장들이다.[21] 이 문장에서 여격 논항을 출현시키면 비문이 된다. (18라)는 '-아/어 주다'도 출현하고 여격 논항 '친구에게'도 출현한 문장이다. 그러나 이때의 '친구에게'는 '-아/어 주다'로 인해 출현한 것이 아니다. 처음부터 본동사 '쓰다'가 여격 논항을 요구한 것이다. 이처럼 어떤 보조 용언 구성이 논항 구조의 변화를 보장할 수 없다면, 이는 보조

---

21 (18가, 나)는 이관규(1998), 김선혜·남신혜(2019)에서도 사용한 동사인 '돕다'와 '안다'를 사용한 전형적인 예문이고, (18다)는 보다 전형적이지 않은 문장을 제시하기 위하여 만들어 제시한 문장이다.

용언 구성이 논항 구조와 큰 관련을 맺지 못한다는 증거가 된다(손세모돌 1996: 48-52). 이관규(1998)의 언급처럼, 문장의 논항 구조에 영향을 미치는 것으로 보이는 보조 용언들은 대체로 본용언으로서의 의미가 많이 남아 있는 것들이다. 따라서 우리는 이들을 본용언으로서의 의미가 많이 남아 있는 일종의 예외로 처리하고, '문장의 논항 구조에 영향을 줄 수 없음'을 보조 용언의 특성으로 설정하고자 한다. 이러한 예외가 발견될 수 있는 이유는 보조 용언이라는 문법 범주가 문법화의 과정에 있기 때문이다. 백낙천(1999)는 보조 용언 연구에서 문법화의 관점을 취하는 것이 매우 중요하다고 언급하고 있는데, 보조 용언이 일종의 정도성을 보이는 이유도 문법화 과정에 있기 때문이라고 보았다.[22]

3.2. 보조 용언의 문법적 기능과 관련한 특성들

우리는 앞서 보조 용언이 문장 속에서 본용언을 도와 '문법적 기능'을 수행한다는 것을 확인하였다. 이 문법적 기능은 실질적이고 어휘적인 성격의 일반적 용언들이 문장에서 담당하는 역할과 구별되는 것이기 때문에, 보조 용언은 다른 용언들이 보이지 않는 몇 가지 특성을 보이게 된다.

보조 용언은 단독으로 대용될 수 없다. 대용을 위해서는 ① 본용언만 대용하거나, ② '본용언+보조 용언' 구성 전체를 대용해야 한다(손세모돌 1996; 키타무라 타다시 1998; 백낙천 1999; 민현식 1999; 이관규 1999/2003; 배수자 2007; 임병민 2009; 안희제 2017; 김선혜 2019 등).

> (19) 가. 세원이는 세윤이에게 전화를 걸어 본다.
> 나. 세원이는 현창이에게도 그래 본다.

---

22 김선혜·남신혜(2019)에서도 보조 용언이 문법화의 과정에 있음을 언급하고 있다.

다. 세원이는 현창이에게도 <u>그런다</u>.
라. *세원이는 현창이에게 전화를 걸어 <u>그런다</u>.

(19가)는 보조 용언 구성 '-아/어 보다'가 사용된 문장이다. (19나)는 본
용언인 '걸다'를 대용한 문장이다.[23] (19다)는 '본용언+보조 용언' 구성
전체를 대용한 문장이다. (19라)는 보조 용언 '보다'를 대용한 경우인데,
이때는 비문이 된다.

(20) 가. 세윤이는 밥을 먹었다. 그리고 물도 먹었다.
나. *세윤이는 밥을 먹었다. 그리고 물도 먹<u>그렇</u>다.

(20)은 문법적 기능을 수행하는 대표적인 문법 형태소 '-았/었-'의 대용
화가 불가능함을 보인 것이다. '-았/었-'은 '그렇-'과 같은 어휘로 대용
할 수 없다(20나). 애초에 시상 선어말 어미를 대용할 수 있는 장치는 한
국어에 존재하지 않는다. 보조 용언도 이와 마찬가지이다. 한국어에는
조사, 어미처럼 문법적인 기능을 하는 요소들을 대용할 수 있는 장치가
없다. 만약 보조 용언이 실질적인 의미를 가졌다면, 본용언과 같이 대용
이 되지 않을 이유가 없다.

손세모돌(1996: 66-69)은 보조 용언의 특성 중 하나로 '의사(擬似) 분열
문'을 형성할 수 있다는 것을 언급하고 있다. 그러나 키타무라 타다시
(1998)의 해석처럼, 우리는 이것을 본용언만의 대용화가 가능하다는 사
실을 재차 검증한 것으로 이해하기로 한다.

---

23 임병민(2009: 42-26)는, 본용언만을 대용할 때는 본용언와 목적어까지 함께 대용해
야 하는 것이 원칙이지만, 화·청자가 같은 공간에서 대화 중일 때는 목적어를 생략하
지 않아도 된다고 보기도 하였다.

(21) 가. 세원이는 세윤이에게 전화를 <u>걸어 보았다</u>.

　　　나. 세원이가 <u>해 본 것은</u> 세윤이에게 전화를 <u>거는 것이다</u>.

손세모돌(1996)은 (21)과 같은 문장 변형을 보이면서, 이러한 의사 분열 문을 형성할 수 있는 것이 보조 용언의 특성이라고 보았다. 그러나 (21 나)를 살펴보면, (21가)의 '걸어 보았다'가 밑줄 친 '해 본'으로 변형된 것에 다름 아님을 확인할 수 있다. 이때의 '하다'는 뒤따라 나오는 '전화 를 걸−'을 대신하는 동사로 이해할 수 있다. 따라서 의사 분열문 형성 가능성은 보조 용언의 독립적인 특성이라기보다는 보조 용언만이 대용 될 수 없음에 의한 부가적인 특성이다.

　보조 용언은 부사의 수식을 단독으로 받을 수 없다. 아래 예문 (22)를 살펴보자.

(22) 가. 해준이는 새로 나온 과자를 <u>빨리 먹어 보았다</u>.

　　　나. *해준이는 새로 나온 과자를 <u>먹어 빨리 보았다</u>.

　　　다. 해준이는 새로 나온 과자를 <u>빨리 먹었다</u>.

(22)는 부사와 보조 용언 구성 사이의 수식 관계를 살피기 위한 문장이 다. (22가)처럼, 부사 '빨리'는 '먹어 보았다' 전체를 수식한다고 보는 것 이 가장 자연스럽다(배수자 2007: 30-31). 반면, (22나)와 같이 보조 용언 '보았다'는 '빨리'의 단독 수식을 받는 것이 불가능할뿐더러, 이러한 문 장 구조는 3.1.에서 살핀 보조 용언의 비분리성에도 어긋난다. 이는 (22 다)에서처럼 '빨리'가 선어말 어미 '−었−'만을 수식하는 것이 불가능한 것과 같은 원리이다.

　이와 마찬가지로 보조 용언은 단독으로 부정의 초점이 되는 것이 불가능 하다. 부사의 경우와 마찬가지로 부정의 대상은 '본용언+보조 용언' 전체가 되는 것이 가장 자연스럽다(배수자 2007: 28-30; 임병민 2009: 82-90).

> (23) 가. 준범이는 방을 안 <u>치우고 있다</u>.
>
> 　　나. 준범이는 방을 <u>치우고 있지 않다</u>.
>
> 　　다. *준범이는 방을 <u>치우고</u> 안 <u>있다</u>.
>
> 　　라. 준범이는 방을 안 치운다.

(23)은 부정 표현과 보조 용언 구성 사이의 관계를 살피기 위한 문장이다. (23가)처럼, 부정 부사 '안'은 '치우고 있다' 전체를 초점으로 하고 있다고 보는 것이 가장 자연스럽다. 장형 부정으로 표현되었을 때도 마찬가지이다(23나). 이때의 '-지 않다'는 '치우고 있-' 전체를 부정하는 것이다. 반면, (23다)와 같이 보조 용언 '있다'는 '안'의 단독 초점을 받는 것이 불가능할뿐더러, 이러한 문장 구조는 3.1.에서 살핀 보조 용언의 비분리성에도 어긋난다. 이는 (23라)에서처럼 '안'이 선어말 어미 '-는/ㄴ-'만을 수식하는 것이 불가능한 것과 같은 원리이다. 이처럼 보조 용언은 단독으로 대용되거나, 부사의 수식을 받거나, 부정의 초점이 되는 것이 불가능하다. 이러한 특성들은 모두 보조 용언이 실질적인 의미를 가진 어휘 범주와는 다른 범주에 속하기 때문에 발생하는 것이다.

　다음으로는 보조 용언의 문법적 기능과 관련한 특성들 중에서 전형적이지 않은 특성 두 가지를 살펴보고자 한다. 앞서 언급한 특성들만큼 모든 보조 용언에 두루 적용되는 것은 아니지만, 보조 용언의 문법적 기능으로 인해 이러한 특성이 발견된다는 것은 동일하다. 첫째, 본용언과 보조 용언 사이에는 선택 제약이 거의 없다(김기혁 1987; 민현식 1999; 백낙천 1999; 안희제 2017 등). 가장 대표적인 보조 용언인 '-아/어 버리다', '-아/어 주다', '-고 있다'의 경우, 거의 모든 종류의 용언 뒤에 나타날 수 있다. 이는 '-았/었-'이나 '-겠-'이 용언 어간의 종류를 상관하지 않고 결합할 수 있는 것과 마찬가지로 이해할 수 있다. 그러나 모든 보조 용언이 높은 생산성을 보이는 것은 아니다. 생산성은 정도성의 문제라서, '-아/어 놓다', '-아/어 두다', '-아/어 내다'와 같은 것들은 앞에서 예시로 든 보조 용언들에 비해서 결합할 수 있는 용언의 종류가 상대적으로 적다.[24]

둘째, 보조 용언 구성은 거듭하여 쓰일 수 있다(최현배 1937; 김석득 1992; 김승곤 1996; 손세모돌 1996; 배수자 2007; 임병민 2009; 구본관 외 2015; 안희제 2017; 남기심 외 2019 등).

(24) 가. 현창이는 많은 사람들에게 편지를 <u>써 주어 왔다</u>.
　　　나. 세원이는 글이 <u>써지지 않고 있다</u>.

(24)는 서로 다른 보조 용언 구성이 연속적으로 사용된 경우들이다. (24 가)는 '-아/어 주다'와 '-아/어 오다', 총 2개의 보조 용언 구성이 연속된 경우이고, (24나)는 '-아/어지다', '-고 있다', '-지 않다', 총 3개의 보조 용언 구성이 연속된 경우이다. 이는 '먹었겠습니다'와 같이 용언 어간 '먹-' 뒤에 여러 종류의 문법 형태소가 오는 것이 가능한 것과 마찬가지로 이해할 수 있다.

(25) 가. *윤성이는 글을 <u>읽고 있고 있다</u>.
　　　나. 그 일을 빨리 <u>해 버려 버려라</u>.

24　김기혁(1987: 38, 45)에서는 "생산적인 보조동사"로 '-아/어 가다', '-아/어 버리다', '-아/어 주다', '-아/어 가지고', '-고 있다', '-고 말다', '-고 나다'를 제시하고 있으며, "비생산적인 보조동사"로 '-아/어 나다', '-아/어 바치다', '-아/어 먹다', '-아/어 들다'를 제시하고 있다. 그리고 "비생산적인 보조동사"에 대해서는, 이들의 생산성이 극히 제한되어 있으므로, 이들을 보조 동사로 보지 않아야 한다고 주장하기도 하였다.

다. ^{??}그 일을 빨리 끝내 놓아 놓아라.

라. *그 사람은 이상한 소리를 해 대 댄다.

한편, 동일 보조 용언 구성의 연속적 사용은 '-고' 계열 보조 용언 구성
에서는 불가능하고(25가), '-아/어' 계열 보조 용언 구성에서만 가능하
다(25나)(김기혁 1987: 27; 배수자 2007: 33-35). 그러나 모든 '-아/어' 계열
보조 용언 구성이 동일 보조 용언 구성의 연속적 사용을 허용하는 것은
아니다(25다, 라). 이 역시 개별 보조 용언 구성들이 보이는 정도성의 문
제로 파악해야 할 것이다.

  보조 용언 구성은 이론적으로 무한히 연결하여 사용될 수 있으나 대체
로 2개 정도 이어 나오는 것이 가장 자연스럽다(김기혁 1987: 24-25). 그
러나 일반적인 상황에서의 한계치는 3개 정도 연속되는 것으로 보이며,
구어 상황에서는 그 허용치가 조금 더 높아진다(임병민 2009: 95-98).

3.3. 보조 용언의 통사적 핵 기능과 관련한 특성들

  우리는 앞서 보조 용언이 의미상 선행하는 본용언에 종속된다는 것을
살펴보았다. 그러나 의미적으로는 본용언이 중심이 되더라도 '본용언+
보조 용언' 구조의 '통사적 핵'은 보조 용언이다(남기심 외 2019: 108). 즉,
보조 용언은 의미적으로 본용언에 종속되어 있으나, 문장의 최종적인 활
용은 보조 용언이 담당한다.[25] 서정수(1994: 543)의 표현을 빌리자면, "보

---

25 이전 시기의 문법서에 등장하는 "곧 도움 움직씨는 으뜸되는 풀이씨의 뒤에서(주장
    으로 그 감목법의 아래에서) 그것을 도와서 월의 풀이를 완전하게 하는 움직씨이니
    (최현배 1937/1991: 390)", "<u>으뜸움직씨의 말본 범주를 물려 받는다든가</u> 하는 구실
    (김석득 1992: 669)", "으뜸움직씨 밑에서 이를 도와 월을 <u>끝맺게 하는</u> 역할(김석득
    1992: 679)"과 같은 언급은(밑줄은 본고에서의 강조) 보조 용언의 이런 특성을 반영
    하여 기술된 것으로 보인다.

조 용언은 서술 보조소나 접속 기능소 따위를 지탱하는 구실을 한다."

먼저, 보조 용언 구성이 사용된 문장에서 시상 선어말 어미는 보조 용언에만 결합하는 것이 가장 자연스럽다(민현식 1999; 배수자 2007; 김선혜 2019 등).

> (26) 가. 범주는 만년필을 사고 싶<u>었</u>다.
> 나. *범주는 만년필을 <u>샀</u>고 싶다.
> 다. *범주는 만년필을 <u>샀</u>고 싶<u>었</u>다.

(26가)는 시상 선어말 어미 '-았/었-'이 보조 용언 구성 '-고 싶다'와 결합한 경우이다. 이 경우는 정문이다. 그러나 본용언에만 '-았/었-'이 결합한 (26나)나 본용언과 보조 용언 모두에 '-았/었-'이 결합한 (26다)는 비문이다. 이는 문장의 최종적인 활용을 보조 용언이 담당하기 때문이다.

이와 비슷하게 존대의 선어말 어미 '-(으)시-' 역시 보조 용언에만 결합하는 것이 가장 자연스럽다. 그러나 이러한 제약에 관해서라면 '-(으)시-'는 시상 선어말 어미보다 조금 더 제약에서 자유로운 모습을 보인다(민현식 1999; 백낙천 1999; 배수자 2007; 김선혜 2019 등).

> (27) 가. 선생님께서는 우리를 위해 원고를 빨리 마무리해 주<u>신</u>다.
> 나. *선생님께서는 우리를 위해 원고를 빨리 마무리하<u>셔</u> 준다.
> 다. ??선생님께서는 우리를 위해 원고를 빨리 마무리하<u>셔</u> 주<u>신</u>다.

(27가)는 존대 선어말 어미 '-(으)시-'가 보조 용언 구성 '-아/어 주다'와 결합한 경우이다. 이 경우는 정문이며, 이어지는 예문들에 비해 훨씬 자연스럽다. (27나)는 본용언에만 '-(으)시-'가 결합한 경우이다. 이 경우에는 명백한 비문으로 생각된다. (27다)는 본용언과 보조 용언 모두에

'-(으)시-'가 결합한 경우이다. (27다)는 (27나)보다는 수용성이 높을 것
으로 예상되지만 여전히 비문에 가깝다. 이러한 현상이 나타나는 이유는
문장의 최종적인 활용을 보조 용언이 담당하기 때문이다.

한편, 우리는 다음과 같은 문장을 생각해 볼 수 있다.

> (28) 가. 할아버지는 갈비를 <u>드셔 보신다</u>.
> 　　 나. 할머니는 지금 <u>주무시고 계신다</u>.

보조 용언 구문에서 '-(으)시-'의 결합 가능성을 판단할 때 (28)과 같은
문장을 사용하는 것은 바람직하지 않다. 어떤 용언의 어휘적 높임 표현
은 본용언 자리에 자유롭게 나타날 수 있지만, 이것을 '-(으)시-'와의 결
합형이라고 인정할 수 있는지는 의심스럽다. '드시다'와 '주무시다'를 '자
다', '먹다'와 '-(으)시-'의 결합형이라고 생각하는 것은 무리가 있다. 이
러한 경우가 아니라면 '-(으)시-'는 보조 용언과만 결합하는 것이 가장
자연스럽다(백낙천 1999). 따라서 (28)과 같이 본용언 자리에 어휘적 높임
이 사용된 예문을 들어 "'-(으)시-'는 보조 용언에만 결합하는 것이 가장
자연스럽다'는 특성을 부정하는 것은 적절하지 않다.

한편, 안희제(2017: 62, 64-65)에서는 다음과 같은 예문을 들며 보조
용언 구문의 특징으로 '-(으)시-'가 본용언과 보조 용언에 중출될 수 있
다는 것을 들고 있다.

> (29) 가. 할아버지께서도 연애를 <u>하셔 보셨나</u>?
> 　　 나. 어머니는 지나가는 사람들에게 길을 <u>물으셔 보셨다</u>.

우리는 이것이 수용 가능한 문장이기는 하지만, 그 적격성은 각각 '할아
버지께서도 연애를 해 보셨나?', '어머니는 지나가는 사람들에게 길을

물어 보셨다'보다 떨어지는 것으로 판단한다. 안희제(2017: 64-65) 또한 '-(으)시-'가 본용언과 보조 용언에 중출 가능한 것이 여타의 동사 연결 구성과 보조 용언 구성을 구분 짓는 특징이라고 언급하면서도, '-(으)시-'의 중출이 일어난 형태보다는 '-(으)시-'가 보조 용언에만 결합한 형태가 더 자연스럽다고 보았다. 안희제(2017: 64-65)은 보조 용언 구성에서 '-(으)시-'의 중출은 통사적으로 예외적인 '혼효(blend)' 과정이 적용된 사례로 보았다.

> (30) 가. 어머니는 지나가는 사람들에게 길을 물으셔 보셨다.
>   = ①'어머니는 지나가는 사람에게 길을 물어 보셨다'
>   + ②'어머니는 지나가는 사람에게 길을 물으셨다'
>   나. *할아버지는 가시나 보시다.
>   = ①'*할아버지는 가나 보시다'
>   + ②'할아버지는 가신다'

(30)은 안희제(2017: 65)에서 제시한 예시 중 일부를 가져온 것이다. 안희제(2017: 65)은 보조 용언 구문에서 '-(으)시-'의 중출이 일어나기 위해서는 "'-(으)시-'가 보조 용언에만 결합한 문장(①)'과 '①과 동일한 격틀을 유지한 채 본용언만 사용된 문장에 '-(으)시-'가 결합한 문장(②)'이 모두 정문일 때만 '-(으)시-'의 중출이 가능한 것으로 보았다. 이는 아주 예외적인 경우이며, 이러한 경우를 인정하더라도, '-(으)시-'가 본용언에만 출현하는 것은 불가능하다는 점, '-(으)시-'가 보조 용언에만 결합한 경우가 가장 자연스럽게 받아들여진다는 점은 '보조 용언이 문장의 최종 활용을 담당한다'는 특성을 부정할 수 없게 만든다.

문장의 통사적 핵으로 작용하는 보조 용언의 이러한 특성으로 인해 여러 문법서들은 한국어의 보조 용언이 인구어의 조동사(auxiliary verb)

에 대응되는 단위일 수 있다는 것을 언급하였다(최현배 1937; 고영근·구본
관 2008; 구본관 외 2015; 유현경 외 2018; 남기심 외 2018 등). 다음의 예문을
살펴보자.

(31) 가. 나는 공부해야 한다.
　　나. Yo debo estudiar.
　　　　(Yo:나, debo:-아야/어야 한다['deber'의 직설법 현재 시제 1인
　　　　칭 단수 형태], estudiar:공부하다)

(31가)는 [당위]의 보조 용언 구성 '-아야/어야 하다'가 사용된 문장이
다. (31나)는 이에 대응하는 스페인어 문장이다. '-아야/어야 하다'는
[당위]의 뜻을 부여하면서, 동시에 문장의 최종 활용을 담당한다. 따라
서 현재 시제를 나타내는 선어말 어미 '-는/ㄴ-'은 '-아야/어야 하다'와
만 결합한다. 스페인어도 마찬가지이다. 스페인어의 동사는 주어의 인
칭과 시제에 맞게 굴절한다. (31나)에서 동사는 2개 출현하지만('deber'와
'estudiar'), 이 중에서 인칭과 시제에 맞게 굴절한 것은 조동사 'deber'뿐
이다. 'estudiar'는 의미적으로 중심이 되긴 하지만 어떠한 굴절도 하지
않고 동사 원형의 형태로 등장하였다. 이처럼 한국어의 보조 용언은 대
조언어학적으로 인구어의 조동사와 함께 이해될 가능성이 있다. 이러한
가능성은 한국어의 보조 용언과 인구어의 조동사가 모두 문장의 통사적
핵으로 기능한다는 공통점으로 말미암은 것이다.

3.4. 보조 용언의 문법화와 관련한 특성들

우리는 앞서 보조 용언이 문장 속에서 본용언에 '문법적 의미'를 더하는
기능을 수행하는 것을 확인하였다. 보조 용언은 동일한 형태의 본용언에
서 유래하였으나, 본래의 어휘적 의미가 점차 옅어져서, 현재는 어휘적

의미보다는 문법적 의미를 지니게 된 것들이다. 다시 말해, 보조 용언은 내용어(content word)에서 문법어(function word, 혹은 '기능어')로 변화하는, 이른바 '문법화'를 겪은 문법 범주이다.[26] 현대 한국어에서, 문법화의 결과물인 보조 용언은 그 출발점이 되는 동일 형태의 본용언과 공존하고 있는 경우가 대부분이다. 따라서, 보조 용언은 동일한 형태가 본용언으로 쓰일 수도 있다. 2.2.의 (4)를 다시 한 번 가져와 보도록 한다.

(32) 가. 아침 햇빛이 점점 밝아 온다. [진행]

    cf. 집으로 온다.

  나. 지금 편지를 쓰고 있다. [진행]

    cf. 책상 위에 편지가 있다.

  다. 인수는 운동장으로 나가 버렸다. [종결]

    cf. 벌써 쓰레기통에 버렸다.

  라. 조카에게 종이배를 만들어 주었다. [봉사]

    cf. 조카에게 연필을 주었다.

  마. 하루에 꼭 한 알식 먹어야 한다. [당위]

    cf. 우리는 하루에 한 시간씩 일을 한다.

  바. 금강산에 가고 싶다. [희망]

    cf. (본용언으로서의 쓰임 없음)

한편, (32바)에서 볼 수 있는 것처럼, 모든 보조 용언이 동일한 형태의 본용언을 가지고 있지는 않다. 이러한 특성으로 인해, 최현배(1937)은 보조 용언을 그 '성립'[27] 방식에 따라서 "본대 도움 움직씨/그림씨"와 "된

---

26   그러나 모든 보조 용언 구성이 같은 정도로 문법화를 겪은 것은 아니다. 백낙천(1999)에 따르면, '-아/어 가다, -아/어 오다, -아/어 주다'보다는 '-아/어 버리다, -고 싶다, -아/어지다'와 같은 부류들이 보다 더 의미의 추상화가 이루어진 것들이다(다시 말해, 본용언과의 "의미적 유연성"을 더 잃은 것들이다).

도움 움직씨/그림씨"로 분류하기도 했다.

동일한 형태의 보조 용언과 본용언이 공존하고 있기 때문에, 보조 용언으로 쓰일 수 있는 형태가 다른 용언의 뒤에 출현했다고 해서, 그것이 꼭 보조 용언이라는 보장은 할 수 없다. 일찍이 최현배(1937/1991: 408)도 '잡이'에서 다음과 같이 언급한 바 있다.

> (33) 그러나, 움직씨가 둘이 이어 있다고 반드시 그 뒤의 것이 모두 도움 움직씨가 되는 법은 아니다. 그 두 가지가, 혹은 서로 같은 때에, 혹은 서로 다른 때에, 동등의 자격으로 나란히 서는 으뜸 움직씨인 것도 있으니, 이를 잘 갈라봐야 하느니라. 이를 테면,
> - 아이가 책을 <u>들고</u> <u>간다</u>.
> - 그가 날마다 우산을 <u>가지고</u> <u>온다</u>.
> - 제비는 벌레를 <u>잡아먹고</u> <u>산다</u>.
> - 사람이 범을 <u>잡아</u> <u>가오</u>.
>
> 의 -과 같으니라.

(33)에서는 특히 "사람이 범을 잡아 가오."라는 예문이 보다 적절한 예시가 될 것이다. '-아/어 가다'의 꼴로 출현하였지만, 이는 [진행]의 의미를 지닌 보조 용언 구성으로 사용된 것이 아니라, 본동사 '가다'로 사용된 것이다.

또한 동일한 형태의 본용언과 보조 용언이 잇달아 쓰일 수도 있다.

---

27 혹은 "되기" 방식이라는 용어를 사용하기도 하였다. 최현배(1937)은 이러한 보조 용언의 성립을 통시적인 문법화의 과정으로 이해하지는 않은 것으로 보인다. 최현배(1937/1991: 407)은 이를 다른 품사의 단어가 보조 용언으로 "몸바꿈"(품사의 전성)을 한 것으로 설명하고 있다.

(34) 가. 윤성이는 찢어진 종이를 <u>버려 버린다</u>.

나. 윤성이는 약속 장소에 다 <u>가 간다</u>.

다. 윤성이는 그 영화를 한 번 <u>봐 본다</u>.

(34)의 예문들은 동일한 형태의 본용언과 보조 용언이 사용된 문장들이다. 여기에서 예시로 든 '버리다, 가다, 보다' 이외에도 '두다, 놓다'의 경우가 더 해당된다.[28] 이처럼 보조 용언은 동일한 형태의 본용언의 뒤에도 이어질 수 있는 특성을 보인다.

한편, 모든 보조 용언이 이처럼 동일한 형태의 본용언 뒤에 이어질 수 있는 것은 아니다. (35)에서 볼 수 있는 것처럼, 가장 전형적인 보조 용언 구성으로 여겨지는 '-아/어 주다'나 '-아/어 오다'만 하더라도 각각 본용언 '주다'와 '오다'의 뒤에 이어지는 것이 불가능하다(백낙천 1999).

(35) 가. *준범이는 나에게 책을 <u>줘 준다</u>.

나. *준범이는 학교로 <u>와 온다</u>.

논리적으로는 어떤 형태가 본용언으로도 보조 용언으로도 사용될 수 있다면 'V+V' 형태의 보조 용언 구성의 사용에 제약이 있을 이유가 없다. 그러나 보조 용언에 어느 정도 남아 있는 본용언의 의미가 이러한 구성을 제약하는 것으로 보인다. 예컨대 '주다'의 본용언으로서의 의미인 [授]와 보조 용언적 의미인 [봉사]가 의미적으로 충돌하기 때문에(이 둘은 모두 어떤 물체나 사건이 한 주체에게서 다른 주체로 넘어가는 것을 의미한다.) 이러한 구성이 불가능한 것으로 보인다. '오다'의 경우도 마찬가지

---

28 임병민(2009: 92)에서는 이에 해당하는 예시로 "설마 그 사람을 술에 취한 상태로 길바닥에 <u>둬 뒀을까</u>?"와 "그거 가져오지 말고, 그 자리에 <u>놔 놔</u>."를 들고 있다.

이다. [來]와 [진행]은 모두 [이동]이라는 의미를 갖기 때문에 이 둘은 의미적으로 충돌한다. 이처럼 동일한 형태의 본용언과 보조 용언이 잇따라 쓰일 수 없는 경우가 더 많은 이유는, 보조 용언이 의미적으로 본용언에서 유래한 탓에 서로 의미가 충돌하는 경우가 있기 때문이다.

4. 나가기

지금까지 우리는 보조 용언의 정의와 특성에 대해서 살펴보았다. 우리는 보조 용언을 정의하는 데 ① 보조 용언의 의존성, ② 보조 용언의 기능, ③ 보조 용언의 어순, ④ 보조 용언의 형태·통사론적 성격이라는 네 가지 요소가 필요한 것을 확인하고, 다음과 같이 보조 용언의 정의를 새롭게 내려 보았다. 2.5.의 (8)을 다시 가져와 보인다.

(36) 한국어의 용언 중에는 홀로 서술어로 쓰일 수 없는 의존적인 성격으로 인해 반드시 앞선 본용언에 뒤 이어 출현하며, 문장에서는 문법적인 기능을 담당하는 용언들이 있다. 이들은 앞선 본용언에 매여 있으면서도 독립적인 단어의 지위를 갖는, 형태·통사론적으로 중간적인 성격을 보인다. 이런 종류의 용언을 보조 용언이라 부른다.

다음으로 우리는 선행 연구들에서 언급된 보조 용언의 특성들을 종합하고, 이러한 특성들을 발생시키는 요소에 따라서 보조 용언이 나타내는 특성들을 분류해 보았다. 우리는 ① 보조 용언의 의존성, ② 보조 용언의 문법적 기능, ③ 보조 용언의 통사적 핵 기능, ④ 보조 용언의 문법화라는 네 가지 요소에 따라 분류를 진행하였다. 그 결과를 요약하면 다음과 같다.

(37) 가. 보조 용언의 의존성과 관련한 것
- 보조 용언의 의존성은 이중적인 성격을 지닌다.
- 보조 용언은 특정 선행 어미를 요구한다.
- 문법적 의미를 드러내는 것은 보조 용언만이 아니라 '선행 어미 +보조 용언' 구성이다.
- 문장 속에서 보조 용언은 단독으로 이동할 수 없다.
- 이어진 문장 속에서 보조 용언은 단독으로 생략될 수 없다.
- 선행 어미와 보조 용언 사이에 다른 성분이 개입할 수 없다.
- 보조 용언은 문장의 논항 구조와 무관하다.

나. 보조 용언의 문법적 기능과 관련한 것
- 보조 용언은 단독 대용이 불가능하다.
- 보조 용언은 부사의 단독 수식을 받을 수 없다.
- 보조 용언은 부정의 단독 초점이 될 수 없다.
- 본용언과 보조 용언 사이에는 선택 제약이 거의 없다.
- 보조 용언 구성은 거듭하여 출현할 수 있다.

다. 보조 용언의 통사적 핵 기능과 관련한 것
- 시상 선어말 어미는 보조 용언에만 결합하는 것이 가장 자연스럽다.
- 존대 선어말 어미는 보조 용언에만 결합하는 것이 가장 자연스럽다.
- 한국어 보조 용언은 인구어의 조동사(auxiliary verb)에 대응되는 모습을 보인다.

라. 보조 용언의 문법화와 관련한 것
- 보조 용언은 동일한 형태가 본용언으로도 쓰일 수 있다.
- 보조 용언으로 쓰일 수 있는 형태가 다른 용언의 뒤에 온다고 해서 반드시 보조 용언인 것은 아니다.
- 동일한 형태의 본용언과 보조 용언이 잇달아 쓰일 수 있다.

3장

한국어 보조 용언 구성의 기능

1. 들어가기

보조 용언 구성은 '본용언의 뜻을 돕거나(임홍빈·장소원 1995)', '다른 말에 기대어 쓰여 문법적 의미를 더해주는(남기심 외 2019)' 기능을 한다. 우리는 전달하고자 하는 내용이 본용언의 어휘적 의미만으로 충족되지 않을 때, 혹은 조사나 어미와 같은 문법 형태소가 갖지 못하는 다른 의미를 전달하고자 할 때 보조 용언 구성을 사용한다. 어휘적 의미보다 추상화된 문법적 의미를 더해 주는 보조 용언 구성의 기능은 보조 용언, 또는 보조 용언 구성의 범위와 유형을 어떻게 정하느냐에 따라 조금씩 달라지지만, 일반적으로 상과 양태의 기능이 있다고 알려져 있다.

'도움풀이씨(보조 용언)'라는 용어를 최초로 제시한 최현배(1937/1971: 397)에서는 도움움직씨(보조 동사)의 기능을 그 뜻에 따라 열세 가지로 분류하였으며,[1] 도움그림씨(보조 형용사) 역시 뜻에 따라 여섯 가지로 분류하였다.[2] 여기서 '뜻'은 본용언의 어휘적 의미에서 멀어진 문법적 의미를

---

1   '지움, 하임, 입음, 나아감, 끝남, 섬김, 해보기, 힘줌, 마땅함, 그리여김, 거짓부리, 지나간 기회, 지남 도움 움직씨'로 분류하였다.

2   '바람, 지움, 미룸, 그리여김, 값어치, 모양 도움 그림씨'로 분류하였다(최현배

말한다. 김석득(1999: 678)에서는 "으뜸움직씨를 도와서 월의 풀이를 완전케" 한다는 최현배(1937/1971: 390)의 보조 용언에 대한 정의에 따라 그 기능을 아래와 같이 분류하였다.

〈그림 1〉 보조 용언의 기능 분류(김석득 1999: 678)

여기서 '구조기능'은 본용언을 도와 문장의 서술을 돕고 문장을 끝맺는 역할을 하는 것이며, '뜻기능'에서 '어휘적 뜻도움'은 본용언의 의미를 더해 주는 의미 기능에 관한 것이다. 그리고 '말본의 뜻도움'은 문법 기능을 말한다.[3] 종합하자면 보조 용언은 본용언에 의미적·문법적으로 뜻을 더해 주는, '뜻기능'의 역할을 한다는 것을 알 수 있다. 이는 보조 용언이 어휘적·문법적 속성을 모두 가지고 있는 요소이기 때문에 그 기능역시 두 속성을 모두 반영하는 것이라 볼 수 있겠다.[4]

　김석득(1999: 679)에서의 분류에 따르면 보조 용언 구성의 기능은 크게문법적인 기능을 하는 것이 있고, 의미적으로 뜻을 더해 주는 기능이 있다. 문법적 기능에는 상(aspect), 피동, 사동, 부정의 문법 범주가 포함된다.[5] 그리고 의미 기능의 요소에는 양태(modality)가 있다. 양태는 여러

　　1937/1971: 530).

3　이 장에서 사용하는 '문법 기능'은 한국어 문법 범주의 하나로서 기능하는 것을 뜻한다.

4　류시종(1996: 108-109)에서는 Langacker(1991)의 원형 이론을 바탕으로 한국어 보조 용언의 기능을 두 가지로 구분하였는데, 그 구분은 다음과 같다.

　　- 문법적 기능(시상, 태): 본용언 구를 보어로 가지는 절 머리어(Clausal head) 기능을 하는 것.

　　- 화용론적 기능: 명제에 대해 양상적 기능(Epistemic modality)을 수행하는 것.

언어에서 보편적으로 나타나는 문법 범주로(박재연 2006: 11), 최근 한국어에서도 양태를 문법 범주로 보는 논의가 많으므로 이 장에서도 양태를 문법 범주의 하나로 보고자 한다. 양태를 한국어의 문법 범주로 본다면, 보조 용언 구성의 기능은 아래와 같이 재정리될 수 있다.

보조 용언
구성의
문법 기능

상
양태
피동
사동
부정

〈그림 2〉 한국어 보조 용언 구성의 문법 기능

학자마다 보조 용언의 개념과 특성, 범위와 유형을 달리 설정하므로 〈그림 2〉의 기능이 보조 용언 구성의 일반적인 기능이라 하기에는 무리가 있을 수 있다.[6] 특히 부정과 피동, 사동을 나타내는 보조 용언 구성이 포함된 문장을 복문으로 보고, 이러한 구성을 보조 용언 구성에서 제외시키는 논의도 적지 않다.[7] 그러나 이 장의 초점은 보조 용언 구성의 개념과 범위를 정하는 데에 있는 것이 아니므로 선행 연구에서 논의된 보조 용언 구성의 문법 기능과 관련한 모든 문법 범주를 포괄하여 살펴볼 것이다.

---

5 김석득(1999)에서는 부정이 문법 범주로 자리 잡기 전이었으므로 '어휘적 뜻더함'에 포함되었다.

6 구본관 외(2015: 227-228)에서는 피동형(-아/어지다), 부정형(-지 아니하다/말다/못하다), 사동형(-게 하다/만들다, 되다)은 변형(transformation)에 의한 결과로 보아 보조 용언 구성 목록에서 제외시키고, 진정한 의미의 보조 용언은 선행 어미가 '-아/어, -고'인 것들만 해당한다고 하였다.

7 서정수(1994/1996)에서는 '않다'와 '못하다가' 각각 부정 부사 '아니'와 '못'이 '하다'와 구문론적으로 결합하여 축약된 형태로 보고 보조 용언의 목록에서 제외되어야 함을 주장하였다.

한편 하나의 보조 용언 구성이 한 가지의 의미 기능만 더하는 것은 아니다. 사태와 관련된 문장에서 시간의 양상을 서술한다면 상을 드러내는 것이고, 화자의 태도를 보여 준다면 양태 의미가 있다고 할 수 있다.[8] 즉, 어떠한 보조 용언 구성은 하나의 의미 기능만을 나타내는 것이 아니라 여러 의미 기능이 중첩되어 나타난다. 이는 보조 용언 구성이 문법화되어 가고 있는 요소이기 때문일 것이다. 이러한 측면에서 볼 때 피동과 사동, 부정의 기능은 상대적으로 이론의 여지가 없는 명확한 기능이라고 할 수 있지만 상이나 양태는 하나의 보조 용언 구성이라도 학자마다 다르게 보는 경우가 있으며, 세부적인 명칭에서도 논란의 여지가 많다. 따라서 이 장에서는 문법화 과정 중에 있는 보조 용언 구성의 특성에 주목하여 보조 용언 구성의 상적, 양태적 기능에 초점을 맞춰 논의를 전개하고자 한다. 이를 위해 먼저 선행 연구에서 보조 용언 구성의 '문법적 의미 기능'으로 논의된 내용을 살펴본다. 문법적 의미 기능은 보조 용언 구성이 본용언에 뜻을 더하는 구체적인 역할을 의미하는 것으로 문법 기능, 또는 구체적 의미 기능으로 나타난다.[9]

2. 보조 용언 구성의 문법적 의미 기능에 대한 선행 연구

보조 용언 구성의 기능을 제시할 때 기존의 문법서들에서 그 유형을 묶는 방식은 크게 두 가지가 있다. 첫 번째는 최현배(1937/1971: 390)에서

---

8 '그 일을 드디어 끝내 버렸다'에서 '-아/어 버리다'는 [완료]의 상의 의미뿐만 아니라, [부담의 제거]나 [시원함] 등의 양태적 의미도 드러난다. 배수자(2007: 252)에서는 연구자가 설정한 보조 용언 구성의 목록인 21개 중에서 상 의미와 양태의 의미 둘 다 나타나는 것이 12개로 가장 많았다고 하였다.

9 어떤 선행 연구에서는 이를 보조 용언 구성의 '범주' 등으로 명명하고 있다(서정수 1994/1996, 손세모돌 1996 등).

처럼 문법 범주로서의 문법 기능을 하위에 두지 않고, 문법적 의미 기능을 종합적으로 제시하는 방식으로 서정수(1994/1996), 손세모돌(1996), 임홍빈·장소원(1995), 유현경 외(2018), 남기심 외(2019) 등에서도 이러한 방식을 따른다. 두 번째로는 김석득(1999), 민현식(1999), 고영근·구본관(2008/2018)에서처럼 문법 범주와 관련해 계층적 분류를 하는 방식이다. 하지만 이러한 분류는 일차적인 분류 기준에서 차이가 날 뿐 그 하위 범주를 보면 문법적 의미 기능에 따라 분류가 되어 있기 때문에 사실상 같은 분류라고 여겨진다. 여기에서는 기존의 논의들에서 보조 용언 구성의 문법적 의미 기능을 어떻게 제시하고 있는지 살펴보도록 하겠다.

먼저 최현배(1937/1971)에서는 보조 용언 구성의 문법적 의미 기능을 아래와 같이 제시하고 있다.

〈표 1〉 최현배(1937/1971)에서의 보조 용언 분류

용언 분류	문법적 의미 기능	선행 어미	보조 용언
동사	부정	-지	아니하다, 못하다, 말다
	사동	-게	하다, 만들다
	피동	-아/어 -게	지다 되다
	진행	-아/어	가다, 오다
	종결	-아/어	나다, 내다, 버리다
	봉사	-아/어	주다, 드리다, 바치다
	시행	-아/어	보다
	강세	-아/어	쌓다, 대다
	당위	-아야/어야	하다
	시인	-기는, -기도	하다
	가식	-는/-ㄴ	체하다, 척하다, 양하다
	과기	-을/ㄹ	번하다(뻔하다)
	보유	-아/어	놓다, 두다, 가지다(가지고), 닦다(닦아)

형용사	희망	-고	싶다, 지다(지고)
	부정	-지	아니하다, 못하다
	추측	-ㄹ/을, -ㄴ	듯하다
		-는/ㄴ, -ㄴ	듯싶다
		-ㄹ/을	법하다
		-나, -ㄴ/는가	보다
		-ㄹ/을까, -ㄴ/는가	싶다
	시인	-기도, -기는, -기야	하다
	가치	-을/ㄹ	만하다
		-음/ㅁ	직하다
	상태	-아/어	있다(모양)
		-고	있다(나아감)

〈표 1〉의 최현배(1937/1971)의 분류에 나타난 보조 용언 구성의 기능은 총 17가지이다.[10] 전술하였듯이 보조 용언 구성의 범위와 유형은 학자마다 매우 다르며, 그에 따라 보조 용언 구성의 기능도 달라진다. 이 장에서는 최초로 보조 용언의 체계를 정립한 최현배(1937/1971)의 분류에 따라 보조 용언 구성의 기능을 살펴보고자 한다. 다만 본 장에서는 보조 용언 구성의 기능이 무엇인지 보고자 하는 데에 목적이 있으므로 보조 용언의 품사에 따른 분류는 보지 않을 것이다.

〈표 1〉에서 [진행], [종결], [보유], [상태], [강세] 등은 상적 기능을 하는 보조 용언 구성으로 [봉사], [시행], [당위], [시인], [가식], [과기], [희망], [추측], [가치] 등은 양태적 기능을 하는 보조 용언 구성으로 볼 수 있다. 전술하였듯이 보조 용언 구성은 문법화 과정 중에 있어 하나의 보조 용언 구성에 여러 문법 범주의 기능이 중첩되어 나타나므로 이분법적으로 이들의 기능을 나누는 것은 유의미하지 않을 수 있다. 하지만 문

---

10 용언 분류를 제외한다면 [부정]과 [시인]은 중복되는 기능이므로 19개가 아닌 17개로 보았다.

법화 단계에 따라 이들을 하나의 연속선상에 놓고 봤을 때, 여러 기능 중 더 가까운 기능이 무엇인지 파악하는 것은 가능할 것이다. 즉, 정도성의 측면에서 보조 용언 구성의 기능을 살피는 데 있어 이들이 일차적으로 어떤 기능을 하는지 분류하는 것은 보조 용언 구성의 체계를 세우는데 있어 유용해 보인다. 다음으로는 여러 문법 범주에 걸쳐 나타나는 보조 용언 구성들 중 일부를 살펴보도록 하겠다.

2.1. 상의 개념과 하위 범주

보조 용언 구성은 상적 기능을 하는 것으로 알려져 있다. 그렇다면 '상'이란 무엇일까? 상과 관련된 보조 용언 구성의 문법적 의미 기능을 탐색하기 전에 먼저 상의 개념에 대해 간단히 살펴보자.

Comrie(1976: 3)에서는 Holt(1943)의 논의에 따라 상을 '상황의 내적 시간 구성을 바라보는 다양한 방식'으로 정의하였다. 상은 시제와 마찬가지로 시간과 관계있는 범주이지만 시제는 문장 서술의 시간적 관계를 나타내는 반면, 상은 한 시제 영역에서 동작 모습을 드러내는 요소이다 (서정수 1994/1996).

    (1) 내가 방에 들어갔을 때, 민지는 책을 읽고 있었다.

위의 문장의 시제는 과거이며 이는 과거 시제 선어말 어미인 '-었-'을 통해 알 수 있다. 여기서 상은 과거라는 특정한 시제 영역에서 '민지'의 동작 모습, 즉 책을 읽고 있는 [진행]의 보조 용언 구성 '-고 있다'를 통해 드러난다. 이처럼 상은 어떤 사태가 정해진 시간 내에서 어떠한 모습 양상을 보이는가와 관련이 있고 시제에 종속된 것이 아니므로 과거, 현재, 미래 시제와 자유롭게 결합할 수 있다.

상은 어미와 같은 문법 형태소로 표현되거나 보조 용언 구성, 의존 명사 구성과 같은 준문법 형태소에 의해 표현되며(구본관 외 2015: 318), 이를 문법상(grammatical aspect)이라고 한다. 한편 동사의 의미 자체에도 상적 의미가 담겨 있는데, 이를 문법상과 구분하여 어휘상(aktionsart, lexical aspect)이라고[11] 부른다. 상의 체계를 구분하는 방식은 학자마다 차이가 있으나 우리는 국어학계에서 널리 받아들여진 Smith(1991)의 논의를 중심으로 그 바탕이 되는 Comrie(1976)과 Vendler(1967)의 논의를 살펴보도록 한다.

Smith(1991)에서는 상 체계를 상황 유형(situation type)과 관점상(viewpoint aspect)으로 구분하여 제시하였다.[12] 상황 유형이란 Vendler(1967)가 제시한 동사의 속성과 관련이 있으며, 관점상은 Comrie(1967)에서 제시된 개념으로 동작의 양상에 대해 화자가 바라보는 관점에 관한 것이다.

먼저 Smith(1991)에서 제시한 상황 유형을 살펴보자. 상황 유형은 동사의 어휘상과 관련이 있다. Smith(1991)에서는 Vendler(1967)에서 제시한 네 가지의 속성에 한 가지의 속성을 더해 총 다섯 가지의 동사 유형을 제시하였다. 다섯 가지의 동사 유형은 상태(State), 행위(Activity), 완성(Accomplishment), 순간(Semelfective), 달성(Achievement) 서술어로 나뉘며 각각의 의미 자질은 다음과 같다.

---

11 어휘상은 '동작의 (시간적) 종류'라는 뜻의 '동작류'라는 용어로 불리기도 한다(구본관 외 2015: 318).

12 정언학(2006: 45)에서는 상황 유형을 '서술어와 그것의 논항으로 이루어진 명제 내용이 나타내는 내적 시간 구조'로 보았으며, 고영근·구본관(2008/2018)에서는 '동사를 동사 밖 논항과 관련시키는 동작류의 동적인 의미범주'로 보았다.

〈표 2〉 Smith(1991)에서 제시한 동사 유형의 의미 자질

	상태성(Static)	지속성(Durative)	종결성(Telic)
상태(State)	[+]	[+]	−
행위(Activity)	[−]	[+]	[−]
완성(Accomplishment)	[−]	[+]	[+]
순간(Semelfective)	[−]	[−]	[−]
달성(Achievement)	[−]	[−]	[+]

Smith(1991)에서는 상황 유형의 시간 자질로 [상태성], [지속성], [종결성]을 제시하였다. [±상태성]은 '상태'와 '사건'을 양분하는 자질로, [+상태성]은 시간과는 무관한 정적인 상황이며, [−상태성]은 일련의 단계로 구성된 사건 상황이다. 다음으로 [+종결성]을 갖는 사건은 목표를 지향하고 있고, 목표에 도달하면 상태의 변화가 발생하고 완성되는 것이며, [−종결성]을 갖는 사건은 단순한 과정으로 사건이 시작하자마자 실현된다. 마지막으로 [±지속성]은 지속적인 것과 순간적인 것을 구별하는 자질이다(정언학 2006: 67).

이와 같은 상황 유형에 따른 동사 분류는 같은 동사를 공유하고 있어도 논항의 차이에 따라 상적 특성이 달라지므로 동적인 분류라 할 수 있다(고영근·구본관 2008/2018).

(2) 가. 민지는 피자를 먹었다.   [−완성성]
     나. 민지는 피자를 <u>한 판</u> 먹었다.   [+완성성]

(2가, 나)의 예문들은 모두 '먹다'라는 동사를 공유하고 있지만 (2가)는 목적어가 수량적으로 정해진 것이 아니므로 [−완성성]을, (2나)는 '한 판'이라는 한정된 범위가 있으므로 [+완성성]을 드러낸다. 이렇듯 어휘상은 맥락에 따라 달리 해석될 수 있으므로 유동적이다. 그래서 동사의

어휘상을 다룰 때에는 목적어나 부사어와 함께 전체 동사구의 상을 고찰하는 것이 일반적이며 이렇게 고찰된 상적 의미를 상황 유형이라 한다(구본관 외 2015: 321).[13] 이러한 상황 유형에 따른 분류는 보다 자세한 상의 특징을 파악하는 데 분명한 이점이 있겠으나 본 장에서는 '보조 용언 구성의 상적 기능'을 탐색하는 데 목적이 있으므로, 상황 유형에 따른 구분보다는 Comrie(1976)의 관점상을 중심으로 보조 용언 구성의 상적 기능에 대해 논의하도록 하겠다.

　Comrie(1976: 25)에서 상을 분류하는 방식은 다음과 같다. 상을 크게 완료(Perfective)와 미완료(Imperfective)의 두 체계로 나누고,[14] 미완료에 습관상(Habitual)과 지속상(Continuous)을 두었다. 그리고 다시 지속상에는 비진행상(Nonprogressive)과 진행상(Progressive)를 두었다. 이를 그림으로 나타내면 아래와 같다.

13　국어에서 어휘상에 따른 동사의 분류는 보통 아래와 같이 구분한다(구본관 외 2015, 남기심 외 2019).
　　– 상태 동사: 높다, 많다, 크다, 낮다, 작다 등
　　– 과정 동사: 걷다, 울다, 읽다 등
　　– 완성 동사: 먹다, 만들다, 앉다, 닫다, 눕다 등
　　– 순간 동사: 도착하다, 잡다, 죽다, 차다 등
　　– 심리 동사: 바라다, 믿다, 알다, 느끼다 등

14　완료상과 비완료상은 각각 '완망상', '비완망상'으로 번역되기도 한다. 완망상은 사태의 외부에서 사태의 구조를 하나의 점처럼 바라보는 상이고, 비완망상은 사태의 내부에서 사태의 전개 양상을 바라보는 상이다(남기심 외 2019). 박진호(2011: 304)에서는 완망상의 본질이 '종결, 완결, 끝남'에 이있는 것이 아니고 사태를 온전하게 시야에 넣고 바라본다는 데에 있으므로, 'Perfective aspect'를 '완료상, 완결상', 'Imperfective aspect'를 '불완료상, 미완료상, 비완결상'으로 번역하는 것은 적절치 않다고 한 바 있다. 하지만 일반적으로 '완료상'과 '미완료상'의 용어를 더 많이 사용하므로 본 장에서도 이 용어를 사용하기로 하고, 그 의미는 '완망상'과 '비완망상'과 같음을 일러둔다.

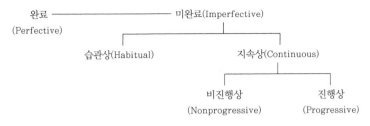

〈그림 3〉 Comrie(1976)의 상 범주 분류

이처럼 상을 완료와 미완료로 나눈 이분법 체계는 국어학계에서도 대
체로 받아들여지고 있으며(최현배 1937; 서정수 1994/1996; 고영근·구본관
2008/2018), 남기심 외(2019)에서처럼 완료상, 진행상, 예정상의 삼분법
체계로 제시한 연구도 있다. 한편 도재학(2014: 286-288)에서는 국어학
계에서 논의된 상 범주에 해당하는 우언적 구성들을 모아 아홉 가지로
분류하여 〈표 3〉과 같이 제시하였다.

〈표 3〉 도재학(2014)의 상 범주 분류

상 범주	설명 및 해당 표현
결과상(resultative)	행위가 종결되고 난 이후의 상태에 초점 '-아/어 있-', '-고 있-'①, '-고 계시-'①
종결상(completive)	어떤 것을 완전히 종결시킴. 사건 자체의 종결에 초점 '-고 나-', '-고 말-', '-아/어 내-', '-아/어 놓-', '-아/어 두-', '-아/어 버리-', '-아/어 치우-'
반복상(iterative)	행위가 어느 때에 반복됨. 행위 동사, 순간 동사와 결합 '-아/어 대-', '-아/어 쌓-'
진행상(progressive)	행위가 발생하고 있음. 동작 동사와 결합 '-고 앉았-', '-고 자빠졌-', '-는 중이-'
연속상(continuous)	진행상과 비슷하나, 상태 동사와 결합 가능 '-고 있-'②, '-고 계시-'②
습관상(habitual)	어떤 기간을 넘은 다른 때에 관례적으로 혹은 흔히 상황이 발생함 '-곤 하-'

예정상(Prospective)	주어진 참조시에 어떤 사건이 추후 발생할 것 같은 모양새가 성립되고 있음을 나타냄 '-(으)ㄹ 참이-', '-려고 하-', '-게 생겼-'
기동상 (Inceptive/Inchoative[1])	행위, 사건, 상태 등이 시작되는 국면을 지시함 '-기 시작하-'
상성상(Inchoative[2])[15]	사태의 변화에 초점을 두는 용법으로서의 'inchoative' '-아/어지-', '-아/어 가-', '-아/어 오-'

도재학(2014)에서 제시한 〈표 3〉은 많은 문법 항목들을 포함시켜 다양한 체계를 보이고 있기에 유의미하다고 생각하나 남신혜(2019)의 지적처럼 반복상이나 습관상은 진행상이나 예정상의 하위 범주로 넣을 수 있고, 아홉 가지로 분류한 범주 각각의 중요도가 같지 않다고 여겨진다. 또한 전통적인 상의 범주에 대한 논의를 할 때 중심이 되는 체계는 Comrie(1976)의 이분법 체계인 경우가 많다(남신혜 2019: 49).

남기심 외(2019: 397)에서는 국어학계에서 완료상(perfect)과 진행상 (progressive)을 설정하는 데는 이론의 여지가 없으나 예정상, 기동상, 반복상, 습관상, 종결상 등을 더 설정할 수 있는가에 대해서는 합의된 바가 없는 상태이며, 그 이유로 한국어에서는 상이 우언적 구성으로 실현되는 경우가 있어 이들의 문법적 지위를 어디까지 인정할지 분명하지 않고, 상 범주의 일정한 체계를 세우기 힘들기 때문이라고 하였다. 한국어는 상 언어가 아닌 시제 언어로,[16] 시제 범주의 상적 해석은 어디까지나 '해석'에 불과하다(남기심 외 2019: 397). 상 언어란 문장에서 상이 필수적으로 표시되고, 이들이 2항 체계(완망상, 비완망상)로서 아주 긴밀히 잘 짜인

---

15 상성상은 '사태의 변화에 따라 어떤 모양새가 이루어지는 상'이라는 뜻으로 도재학 (2014)에서 명명한 용어이다.

16 박진호(2011: 293)에서도 한국어는 과거와 비과거의 구별이 '-았/었-'과 '-느-'의 대립을 통해서 또는 '-았/었-'과 Ø의 대립을 통해 필수적으로 표시되므로 시제 언어라고 한 바 있다.

대립 체계를 이루는 언어인데, 한국어는 상 언어가 아니므로 이러한 2항 대립의 체계로 상 범주를 분류하는 것이 쉽지 않다는 것이다. 이러한 한국어의 문법상으로는 대표적으로 진행상과 완료상을 설정한다고 알려져 있다(구본관 2015: 316).

이상으로 상의 개념 및 범주와 관련된 선행 연구들을 살펴보았다. 상의 범주와 관련해서는 다양한 논의가 있지만 우리는 보조 용언 구성이 갖는 상적 기능이 무엇인지에 관심이 있으므로 이를 중점적으로 살펴보도록 한다. 보조 용언 구성이 갖는 문법 기능으로서의 상은 일차적으로 최현배(1937/1971)에서 제시한 '끝남때'의 [완료]와 '나아감때'의 [진행]의 두 가지가 있다고 보아 먼저 완료상과 진행상을 설정하도록 한다. 그리고 우리말의 동작상은 크게 완료상과 미완료상으로 나뉜다는 고영근·구본관(2008/2018)의 논의를 받아들여 완료상과 미완료상을 세우고, 완료상에는 종결상과 결과상을, 미완료상에는 진행상과 반복상을 두도록 한다. 이제 보조 용언 구성 각각이 갖는 상적 의미를 살펴보자.

2.1.1. 완료상 보조 용언 구성

어떠한 사태가 끝남을 나타내거나 끝난 상태를 드러내는 '완료상(perfective)'의 표지를 나타내는 보조 용언 구성은 '-아/어 나다, 내다, 버리다, 놓다, 두다, 있다/계시다, 가지다'와 '-고 나다, 있다[1]',[17] '-고(야) 말다'가 있다. '완료'는 '종결'(최현배 1937/1971; 손세모돌 1996; 남기심 외 2019) 또는 '완결'(서정수 1994/1996)이라는 용어로 명명되기도 하였으

---

17 '-고 있다'는 두 가지의 용법이 있다. 때문에 [완료]의 '-고 있다'는 '-고 있다[1]'로 [진행]은 '-고 있다[2]'로 각각 구분하도록 한다.
   (ㄱ) 유진이는 빨간 옷을 입고 있다. [완료]
   (ㄴ) 나는 사과를 먹고 있다. [진행]

나 모두 같은 개념을 나타내는 것이다. 선행 연구에서 [완료]의 의미를
나타내는 보조 용언 구성의 하위 의미 분류를 정리하자면 아래와 같다.

<표 4> 완료상 보조 용언 구성의 하위 의미

완료상 보조 용언 구성	최현배 (1937)	허웅 (1983)	김석득 (1992)	서정수 (1994 /1996)	임홍빈·장소원 (1995)	김승곤 (1996)	손세모돌 (1996)	민현식 (1999)[18]	고영근·구본관 (2008 /2018)	유현경 외 (2018)	남기심 외 (2019)
-아/어 나다	종결	–	–	완결	–	끝남	–	완료	–	–	–
-아/어 내다	종결	끝남	–	완결	–	끝남	종결	완료	완료	완료	종결
-아/어 버리다	종결	끝남	끝남강조	완결	완료	끝남	종결	완료	완료	완료	종결
-아/어 놓다	보유	–	지님	보유	완료	두기	결과지속	완료지속(보유)	완료(보유)	보유	보유
-아/어 두다	보유	보존	지님	보유	완료	두기	결과지속	완료지속(보유)	완료(보유)	보유	보유
-아/어 있다/계시다	상태	끝난상태	정태지속	결과상	–	끝난상태	상태지속	지속(상태)	상태,결과지속	상태지속	–
-아/어 가지다	보유	보존	–	보유	–	두기	–	–	완료(보유)	이유	보유
-고 나다	–	–	–	–	–	–	–	완료	완료	완료	종결
-고 있다¹	–	끝난상태	지속	결과상	–	끝난상태	완결상태의지속	–	–	–	–
-고(야) 말다	–	–	–	–	완료	–	–	완료	–	–	종결

<표 4>의 보조 용언 구성은 모두 완료상을 나타내는 보조 용언 구성으로
묶이지만 세부적인 문법적 의미 기능은 조금씩 차이를 보인다. '-아/어
나다', '-아/어 내다', '-아/어 버리다', '-고 나다', '-고(야) 말다'는 대체
로 [종결], [완결], [끝남], [끝남강조] 등의 문법적 의미 기능을 하는 것은

18　민현식(1999), 고영근·구본관(2008/2018), 유현경 외(2018), 남기심 외(2019)에서
　　는 '-고 있다'의 기본 의미를 [진행]으로 보았다. [진행]은 '진행상'에 해당하므로
　　2.1.2.에서 서술하도록 한다.

이견이 없는 듯하다. 반면 '-아/어 놓다'와 '-아/어 두다', '-아/어 가지
다'는 완료상을 나타내지만 그 의미 기능이 [보유], [지님], [보존], [두기],
[결과 지속], [완료 지속] 등으로 제시되며, '-아/어 있다/계시다' 역시
[상태], [끝난 상태], [정태 지속], [결과상], [상태 지속], [결과 지속]
등으로 나타난다. 같은 완료상을 나타낸다 하더라도 행위의 종결에 초점
을 맞추느냐 혹은 그 이후의 상태에 초점을 맞추느냐 등에 따라 세부적인
의미 기능의 명칭이 조금씩 달라지는 것을 알 수 있다. 이 때문에 몇몇
연구에서는 전자를 '종결상(completive)'으로 후자를 '결과상(resultative)'
으로 보기도 하였다(박진호 2011; 도재학 2014; 남신혜 2019). 이 장에서도
행위의 종결에 초점을 두는지, 그 이후에 상태에 초점을 두는지에 따라
완료상 내에서도 종결상과 결과상으로 나눌 수 있다고 본다.

　박진호(2011: 300)에서는 상을 논의할 때에는 특정 언어의 특정 상 표지의
특정 센스에 해당하는 의미 명칭과 범언어적 상 범주(cross-linguistic
aspectual category)를 구별할 필요가 있다고 하며, 영어의 'have+과거분사'
구성을 예로 들어 설명하였다. 'have+과거분사' 구성은 [근접 과거], [과거
경험], [과거 지속], [결과 상태 지속]의 네 가지 용법이 있는데, 이 네
구성의 공통 요소를 추출하면 [현재 관여성(present relevance), 과거에 일어
난 일이 현재에도 영향을 미치고 있음]이 된다. 'have+과거분사' 구성처럼
하나의 문법 요소가 네 가지 용법 또는 그 일부를 갖고 있는 일이 여러
언어에서 관찰되므로 범언어적으로 '완료상' 설정이 가능하다고 보는 것이
다. 앞서 기술하였듯이, 한국어의 상 요소는 문법화 진전 단계가 낮은
편에 속하므로, 상 요소의 개수가 많고 이들이 하나의 꽉 짜인 체계를
구성하고 있다고 보기 어렵다(박진호 2011: 303). 이 때문에 '완료상'을 나타
내는 문법적 의미 기능의 명칭이 〈표 4〉에서처럼 다양하게 나타난 것이라
볼 수 있겠다.

2.1.2. 미완료상 보조 용언 구성

다음으로는 미완료상을 나타내는 보조 용언 구성을 살펴보자. 미완료상 보조 용언 구성에는 진행상과 반복상 보조 용언 구성이 있다. 미완료상 보조 용언 구성 중 '진행상(progressive)'을 나타내는 보조 용언 구성에는 '-아/어 가다', '-아/어 오다', '-고 있다[2]'가 있다. [진행]은 동작의 진행을 표시하며 동적인 사태를 나타내는 동사와 주로 결합한다는 특징이 있다. 선행 연구에서 나타난 진행상 보조 용언의 하위 의미는 〈표 5〉와 같다.

〈표 5〉 진행상 보조 용언 구성의 하위 의미

진행상 보조 용언 구성	최현배 (1937)	허웅 (1983)	김석득 (1992)	서정수 (1994 /1996)	임홍빈· 장소원 (1995)	김승곤 (1996)	손세모돌 (1996)	민현식(1999)	고영근· 구본관 (2008 /2018)	유현경 외 (2018)	남기심 외 (2019)
'-아/어 가다'	나아감	미래를 향해 나아감	지속상과 때흐름의 방향성	지속	진행	나아감	지속	진행	진행	진행	진행
'-아/어 오다'	나아감	지난 때에서 지금까지 나아옴	지속상과 때흐름의 방향성	지속	진행	나아감	지속	진행	진행	진행	진행
-고 있다[2]	나아감	나아감	지속	지속	–	나아감	지속	진행	진행	진행	진행

진행상을 나타내는 하위 의미는 [나아감], [나아옴], [지속상과 때흐름의 방향성], [지속] 등으로 진행을 나타내는 의미와 크게 다르지 않다. 여기서 [지속]은 '주동사의 행동이 계속되고 있음(서정수 1994/1996)', '선행 용언의 동작이나 상태가 지속되고 있음(손세모돌 1996: 71)'을 나타낸 것으로 진행상을 나타내는 것이라 볼 수 있다. 한편 진행상과 더불어 논의되는 것이 연속상(continuous)인데, 박진호(2011)에서는 '-고 있다[2]'가 정태 동

사(static verb: 알다, 모르다, 믿다 등)와 결합할 수 있다는 점을 들어 '-고 있다²'를 연속상으로 보기도 하였다. 진행상과 연속상 모두 미완료상을 나타낸다(Comrie 1976).

다음으로 반복상(iterative) 보조 용언 구성에는 '-아/어 쌓다'와 '-아/어 대다'가 있다. '-아/어 쌓다'와 '-아/어 대다'는 선행 연구에서 [강세], [움직임성 강조], [반복], [힘줌] 등으로 명명되었는데 크게 [강세]와 [반복]의 두 가지 문법적 의미 기능이 있는 것을 알 수 있다.

<표 6> 반복상 보조 용언 구성의 하위 의미

반복상 보조 용언 구성	최현배 (1937)	허웅 (1983)	김석득 (1992)	서정수 (1994 /1996)	임홍빈 장소원 (1995)	김승곤 (1996)	손세모돌 (1996)	민현식 (1999)	고영근 · 구본관 (2008 /2018)	유현경 외 (2018)	남기심 외 (2019)
-아/어 쌓다	강세	–	움직임성 강조	반복	반복	힘줌	–	반복상	–	반복	강세 또는 반복
-아/어 대다	강세	힘줌	움직임성 강조	반복	반복	힘줌	강세	반복상	반복	강세 (반복)	강세 또는 반복

서정수(1994/1996)에서는 이들 보조 용언 구성이 보이는 '강조 효과'는 그 동작이 되풀이되어 나타나는 것으로, 강조의 원인이 되는 특질을 바탕으로 이들을 [반복] 보조 동사로 규정하는 것이 낫다고 한 바 있다. 즉 어떠한 행위가 반복적으로 나타나면 자연스레 강조의 역할을 하게 되는 것이므로, [강세]보다는 [반복]을 일차적인 의미로 봐야 한다는 것이다. 한편 민현식(1999)에서는 '-아/어 쌓다'를 '-아/어 대다'의 비표준어로 보았는데, 남기심 외(2019)에서는 '-아/어 쌓다'가 동남 방언에 보편적으로 쓰이던 것이 표준어의 지위를 갖게 된 보조 동사라고 하였다. 또한 이들은 이금희(2021)에서 감정 양태의 보조 용언 구성으로도 논의

된 바 있으나, 이 글에서는 이들의 일차적 문법 기능이 양태적 의미보다
는 [반복]을 나타내는 상적 기능에 있다고 보고 이들을 반복상 보조 용언
구성에 포함시키고자 한다.

이상으로 선행 연구에서 나타난 보조 용언의 상적 기능에 대해서 살펴
보았다. 한국어의 상 범주를 크게 완료상과 미완료상의 두 범주로 나눠
볼 때, 완료상을 나타내는 보조 용언 구성은 10개, 미완료상을 나타내는
보조 용언 구성은 5개로 설정할 수 있겠다. 완료상을 나타내는 보조 용
언 구성은 행위의 종결에 초점을 두면 종결상으로, 그 이후의 상태에 초
점을 두면 결과상으로 분류할 수 있다. 또한 미완료상은 진행상과 반복
상으로 나눌 수 있으며, 진행상에서 '-고 있다[2]'는 연속상으로 볼 여지가
있다. 이상의 논의를 표로 정리해 보이면 아래와 같다.

<표 7> 상적 기능을 하는 보조 용언 구성 분류

상위 범주	하위 범주	보조 용언 구성
완료상	종결상	-아/어 나다, -아/어 내다, -아/어 버리다, -고 나다, -고(야) 말다
	결과상	-아/어 놓다, -아/어 두다, -아/어 가지다, -고 있다[1], -아/어 있다/계시다
미완료상	진행상	-아/어 가다, -아/어 오다, -고 있다[2](정태 동사와 결합하면 연속상)
	반복상	-아/어 쌓다, -아/어 대다

2.2. 양태의 개념과 하위 범주

위에서는 상적 기능을 하는 보조 용언 구성을 살펴보았다. 다음으로
는 양태적 기능을 하는 보조 용언 구성을 살펴보도록 한다. 이를 위해
먼저 양태의 개념과 하위 범주에 대해 알아보자.

양태(modality)는 문장에서 표현되는 명제, 그리고 명제가 기술하는 상
황에 대한 화자의 의견이나 태도(Lyons 1977: 452)를 말한다. 이러한 양태
의미는 한국어에서는 주로 어미와 우언적 구성(periphrastic construction)

에 의해 나타난다.[19]

> (3) 가. 내일 비가 오겠다.
>   나. 내일 비가 올 듯하다.
>   다. 내일 비가 올 것 같다.
>   라. 내일 비가 온다고 추측한다.

(3가-다)에서는 각각 선어말 어미 '-겠-'과 보조 용언 구성인 '-(으)ㄹ 듯하다', 우언적 구성인 '-(으)ㄹ 것 같다'에 의해, '내일 비가 온다'는 명제에 대해 화자의 [추측]이라는 양태가 표현된다.[20] 이러한 화자의 태도는 (3라)처럼 '추측하다'라는 동사를 사용해서 나타내는 방법도 있다. 이처럼 어떤 명제에 대한 화자의 태도는 (3가)처럼 보다 문법적 표지로 나타내거나 (3라)처럼 보다 어휘적 표지로 나타낼 수 있으며, 그 사이에 있는 (3나)와 (3다)처럼 보조 용언 구성과 우언적 구성으로도 표현될 수 있다.

양태는 주관적인 범주로 화자의 표현 의도에 따라 해당 표현을 쓸 것인가 말 것인가를 결정할 수 있다(구본관 외 2015: 323). 또한 양태는 (3)에서 볼 수 있듯 시제와 관련되며, 서법(mood)이나[21] 문장 유형과 함께 논

---

19 우언적 구성은 우언법(periphrasis)이라고도 하는데, 우언법은 '단일어(single words) 대신 더 길고 여러 단어(multi-word)로 된 표현을 사용하는 것', 또는 '우회적으로 말하기(circumlocution)'를 뜻한다(Haspelmath 2000: 654). 또한 우언적 구성은 통사적 구성이라고도 한다.

20 보조 용언 구성 역시 우언적 구성(통사적 구성)의 한 종류이지만, 이 글에서는 보조 용언 구성에 초점을 두고 있기에 이들을 구분하여 기술하였음을 밝혀 둔다.

21 임동훈(2008: 215)에서는 '서법'과 '양태'를 구분하였다. '서법'은 인구어에 기반을 둔 직설법, 명령법, 가정법이나 그중 하나가 필수적으로 실현되는 서실법, 서상법 체계를 가리키는 용어로 사용하였으며, 가능성, 필연성 등과 관련된 개념적 양태와 이것이

의되기도 한다(남기심 외 2019: 401).

양태의 범주에 대한 논의 역시 다양하나 여기서는 국어 양태 논의에서 가장 널리 받아들여진 Palmer(2001)의 분류를 중심으로 살펴보고자 한다.

〈표 8〉 Palmer(2001)에서의 양태 분류

명제 양태 (Propositional modality)	인식 양태 (epistemic modality)	개연(Speculative), 연역(Deductive), 추정(Assumptive)
	증거 양태 (evidential modality)	전문/보고(Reported) 지각(Sensory)
사건 양태 (Event modality)	의무 양태 (deontic modality)	명령(Directives) 언약/위임(Commissive)[22]
	동적 양태 (dynamic modality)	능력(Ability) 의지(willingness)

〈표 8〉을 보면 Palmer(2001)에서는 양태를 크게 명제 양태(Propositional modality)와 사건 양태(Event modality)의 두 범주로 나누었다.[23] 명제 양태는 명제의 사실적 위상(factual status)이나 진리치(truth-value)에 대한 화자의 태도를 가리키며, 사건 양태는 아직 실현되지 않은 잠재적 미래 사건에 대한 화자의 태도를 나타낸다. 명제 양태에는 명제의 사실적 위상에 에 대한 화자의 판단이 드러나는 인식 양태와, 명제의 사실적 위상에 대해 화자가 갖는 증거를 가리키는 증거 양태가 있다. 그리고 사건 양태에는 조건 형성(conditioning) 요소가 주어 외부에 있는 의무 양태와 주어 내부에 있는 동적 양태가 포함된다.

　　　문법적 수단에 의해 실현된 것을 각각 '양태성'과 '양태'라는 용어로 설명하였다.

22　박재연(2006)에서는 'Directives'를 다른 동작주에게 조건을 부과하는 것으로 '대타적 조건 부과'라고 하였으며, 'Commissives'를 화자 스스로에게 조건을 부과하는 것으로 '재귀적 조건 부과'라고 명하였다.

23　이러한 구분은 '의지(will)' 요소가 포함되는 것인지 아닌지에 따른 구분으로, Jespersen(1924)의 논의와 맥을 같이 한다(Palmer 2001: 8).

전통적으로 양태의 하위 범주 구분은 명제가 담고 있는 '정보'에 대한 화자의 태도를 나타내는 '인식 양태'와 '행위'에 대한 화자의 태도를 표현하는 '사건(또는 의무) 양태'의 두 가지로 분류되며, 이는 국어학에서도 마찬가지이다. 반면 박진호(2011)에서는 이러한 이분법적인 구분 대신 '인식 양태, 당위 양태, 동적 양태, 감정 양태, 증거 양태' 등으로 그 유형을 세분화하여 양태의 하위 범주를 구분하는 여러 기준을 제시하기도 하였다.[24]

〈표 9〉 박진호(2011)에서의 양태 분류

인식 양태 (epistemic modality)	명제의 확실성에 대한 판단, 믿음의 정도를 나타냄	확실성(certainty), 개연성(probability), 가능성(possibility)
당위 양태 (deontic modality)	사태의 바람직함에 대한 판단을 나타냄. 또는 사태의 발생 책임이나 권리가 사태 내의 특정 참여자에게 있음을 나타냄.	의무(obligation), 허락/허용(permission)
동적 양태 (dynamic modality)	사태의 발생 가능성을 좌우하는 원인이 사태 내부의 참여자에게 있음을 나타냄.	능력(ability), 의도(intention, willingness), 바람(wish)
감정 양태 (emotive/evaluative modality)	명제에 대한 감정적 태도를 나타냄.	놀라움, 유감스러움, 아쉬움, 후회, 다행으로 여김, 두려움, 경계심 등
증거 양태 (evidential modality)	정보의 근원, 입수 경로를 나타냄.	직접 경험(direct evidence), 전문(hearsay), 추론(inferred)

〈표 9〉의 양태 분류는 이분법적 체계를 벗어나 다층적인 양태 범주를 제시하였으며, 특히 '감정 양태'뿐만 아니라 '증거 양태'를 설정해 다양한 양태의 범주를 포괄하여 제시하였다는 의의가 있다.

---

24 박진호(2011: 311)에서는 제시한 하위 범주의 구분 기준은 다음과 같다.
   ① 태도/판단의 대상이 명제인가, 사태/사건인가: 명제 양태, 사건 양태
   ② 명제/사태에 대한 태도/판단이 누구의 것인가: 화자 중심 양태, 동작주 중심 양태
   ③ 의미의 작용역(scope)이 사태 전체에 미치는가, 특정 참여자에게 미치는가: 사태 양태, 참여자 양태

다음으로 박재연(2006)에서는 양태의 범주를 '인식 양태'와 '행위 양태'로 나누고 〈표 10〉과 같이 정리하였다. 박재연(2006: 70)에서는 명제를 지식의 내용으로 사용하느냐, 행위의 내용으로 사용하느냐에 따라 인간 발화를 두 종류로 나눌 수 있다는 가정에 기반하여[25] '의무 양태'라는 용어보다는 '행위 양태'가 적절함을 주장하였다.[26]

〈표 10〉 박재연(2006)에서의 양태 분류

인식 양태	정보의 확실성에 대한 판단	확실성 판단, 개연성 판단, 가능성 판단
	정보의 획득 방법	지각, 추론, 전언
	정보의 내면화 정도	이미 앎, 새로 앎
	청자 지식에 대한 화자의 가정	기지 가정, 미지 가정
행위 양태	대타적 조건 부과	명령, 제안, 기원
	재귀적 조건 부과	약속, 의도, 소망

〈표 10〉의 양태 분류를 자세히 살펴보면, 먼저 인식 양태에서 '정보의 확실성에 대한 판단'의 하위 의미 영역은 '확실성, 개연성, 가능성'으로 각각 화자가 명제의 확실성에 대해 100%, 50% 이상, 50% 미만의 확신을 가짐을 나타낸다. 그리고 '정보의 획득 방법'에서는 해당 명제가 표현하는 정보가 감각적 경로에 의한 것이면 '지각', 화자의 추론에 의한 것이면 '추론', 다른 사람에게 들어서 아는 것이면 '전언'으로 분류된다. '정보의 내면화 정도'에서는 해당 명제가 표현하는 정보가 이미 화자의 지식 체계에 내면화된 것이면 '기지 가정', 그렇지 못한 것이면 '미지 가

---

25 이러한 가정은 Edwards ed.(1967)과, Hallliday(1985), Palmer(1986)의 논의를 바탕으로 한다.

26 또한 전통적으로 '의무 양태'에 포함되던 '의도, 소망, 능력'이 '의무'의 하위 부류라고 할 수 없다는 점에서 '의무 양태' 대신 '사건 양태'나 '행위 양태' 등의 용어가 제안되었으나 아직 한국어 문법학계에서 확고하게 자리 잡은 용어는 없다(구본관 2015: 324).

정'이라 할 수 있다. 다음으로 행위 양태를 보면, '대타적 조건 부과'에는 '명령, 제안, 기원'이 있다. 명령은 [강제적 조건 부과]로 화자가 청자에게 해당 명제가 표현하는 사태를 성립시킬 것을 요구하는 것이며, 제안은 [반강제적 조건 부과]로 다른 동작주가 해당 명제가 표현하는 사태를 성립시키는 것이 좋겠다고 화자가 의견을 말하는 것이다. 기원은 [비강제적 조건 부과]에 해당하는 것으로 다른 동작주가 해당 명제가 표현하는 사태를 성립시키기를 화자가 바라는 양태의 의미 영역이다. 마지막으로 '재귀적 조건 부과'에는 '약속, 의도, 소망'이 있다. 약속은 [강제적 조건 부과]로 화자가 청자에게 자신을 동작주로 하는 사태를 성립시키겠다는 의지를 선언하는 것이며, 의도는 [반강제적 조건 부과]로 화자 자신을 동작주로 하는 사태를 성립시키겠다는 의지를 표명한 것이다. 그리고 소망은 [비강제적 조건 부과]로 화자가 스스로를 동작주로 하는 사태가 성립되기를 바라는 것이다.

구본관(2015)에서는 〈표 10〉의 분류에 '감정 양태'를 더하여 〈표 11〉처럼 총 세 가지의 체계를 제시하였다.

<표 11> 구본관 외(2015)에서의 양태 분류

양태의 종류	정의	하위 의미 영역
인식 양태 (무의지적 양태)	명제가 표현하는 정보의 성격에 대한 화자의 태도	추측, 가능성, 지각, 추론, 새로 앎, 이미 앎 등
행위 양태 (의지적 양태)	명제가 표현하는 행위자의 행위에 대한 담화 참여자나 명제 참여자의 태도	의도, 능력, 의무, 허가, 소망, 기원, 제안 등
감정 양태	명제에 대한 화자의 감정적 태도	부정적 감정, 긍정적 감정

〈표 11〉의 감정 양태[27] 설정에 대해서는 여러 이견이 있으나[28] 이금희 (2021)에서는 긍정 혹은 부정의 평가와만 호응하는 어미들이 분명 한국

어에 존재하며,[29] 특정한 유표적 요소에 의해 화자가 명제에 대한 평가가 드러난다면 이를 해당 요소의 의미 기능으로 볼 수 있기 때문에 감정 양태를 설정할 수 있다고 주장하기도 하였다.

지금까지 양태의 개념과 범주에 대해 간략하게 살펴보았다. 양태의 분류와 분류된 양태 범주의 명칭에 대해서는 아직까지 뚜렷하게 합의된 바가 없다(남기심 외 2019: 402). 또한 그동안 문법 범주로서의 양태를 연구할 때, 문법 표지인 선어말 어미나 종결 어미가 대상이 되는 경우가 많아 보조 용언 구성의 양태 기능 또한 연구자마다 달리 명명되어 왔다. 이는 한국어에서 양태의 하위 범주가 아직까지 합의되지 못했기 때문이거나, 보조 용언 구성이 문법화 과정 중에 있는 요소이기 때문에 그 경계를 짓는 것이 쉽지 않았을 것이라 생각된다. 또한 이들이 진정한 양태의 의미, 즉 범주화된 양태의 의미를 나타내는가에 대해서도 논란이 있다. 진가리(2018: 69)에서는 보조 용언이 '명제에 대한 화자의 태도'가 반영되어 있지만 이 구성들이 완전히 어휘 범주에서 이탈하여 문법 범주, 즉 문법 형태소의 지위에까지 이르지 못했다고 보아 이들이 그 자체로 양태 범주화했다고 단언하기는 섣부르다고 하며, '양태' 그 자체로 언급되기보다 '양태성 의미', 혹은 '준-양태 의미', '양태적 의미' 등의 용어로 기술되는 것이 정확하다고 하였다. 그러나 우리는 양태가 문법 범주의 하나이고, 보조 용언이

---

27 임채훈(2009), 김병건(2016)에서는 감정 양태를 '평가 양태'라고도 하였다.

28 박재연(2006)에서는 감정 양태가 인식 양태나 행위 양태처럼 체계적인 하위의 의미 영역을 가지지 못하고, 어떤 문법 요소가 긍정과 부정의 감정을 둘 다 표현할 때 과연 그 문법 요소가 감정 양태라는 문법 범주를 구현한다고 볼 수 있는지에 대해 의문을 제기하며 국어 문법 기술에서 감정 양태가 반드시 필요한 것은 아니라는 입장을 취하였다.

29 화자가 부정적으로 평가하는 사건의 용언에 결합하는 어미로 '-게시리', '-(으)ㄹ라', '-다가는' 등이 있다.

문법화 중에 있는 요소라면, 보다 문법적인 보조 용언들은 문법 범주로서의 양태의 테두리 내에서 기술될 수 있어야 한다고 본다. 그리고 상대적으로 어휘적인 의미에 가까운 보조 용언들은 진가리(2018)의 논의에서처럼 '양태적 의미' 등으로 기술될 수 있을 것이다.

앞에서 서술하였듯이 이 글에서는 양태를 문법 범주의 하나로 보는 바, 양태 기능을 갖는 보조 용언 구성의 하위 분류는 인식 양태와 행위 양태의 두 가지로 나눌 수 있다고 본다.[30] 다만 보조 용언 구성은 어미 등의 다른 문법적 요소와는 달리, 문법화 과정 중에 있기 때문에 잘 짜인 양태의 체계에 들어맞기 어렵다고 판단되어 양태의 구체적인 하위 의미 영역은 구분하지 않도록 한다. 두 가지 양태의 하위 범주에 따른 보조 용언 구성은 아래와 같다.

<표 12> 양태 기능을 하는 보조 용언 구성

문법 기능		문법적 의미 기능	보조 용언 구성
양태	인식 양태	시인	-기(도/는/야) 하다
		추측	-(으)ㄴ가/-나 보다
			-(으)ㄴ가/나/(으)ㄹ까 싶다
			-(으)ㄹ/(으)ㄴ 듯하다
			-(으)ㄴ/(으)ㄹ 듯싶다
			-(으)ㄹ 법하다
		가식	-(으)ㄴ 체하다/척하다/양하다
		가치	-(으)ㄹ 만하다
			-(으)ㅁ 직하다

---

30 '명제에 대한 화자의 태도'라는 양태의 정의에 비추어 볼 때, 명제에서 화자의 태도가 감정적으로 드러날 수 있다는 점에서 감정 양태를 설정할 수 있다고도 보지만, 이 글에서는 '보조 용언 구성이 보이는 양태'에 초점이 있으므로 감정 양태를 따로 설정하지 않도록 한다. 감정 양태로 논의되어 온 보조 용언 구성의 일차적 의미는 상 또는 인식 양태나 행위 양태의 의미를 갖기 때문이다.

	당위	-아야/어야 하다
행위 양태	희망	-고 싶다
	수혜	-아/어 주다/드리다/바치다
	시행	-아/어 보다
	과기	-(으)ㄹ 뻔하다

〈표 12〉는 최현배(1937/1971)에서 제시한 보조 용언 구성 중 양태 기능을
하는 보조 용언 구성을 양태의 하위 범주로 재분류한 것이다. 인식 양태
에는 [시인], [추측], [가식], [가치]의 보조 용언 구성이, 행위 양태에는
[당위], [희망], [수혜], [시행], [과기]의 보조 용언 구성이 포함될 수 있
다. 한국어 보조 용언 연구 중 양태를 '양태적 의미'로 기술한 연구들에서
는 '-아/어 주다', '-아/어 보다', '-고 싶다'가 양태적 의미를 갖는다고
한 바 있다(권순구 2004; 김동훈 2021). 한편 문법 범주로서의 양태인 인식
양태와 행위 양태로 나눠 기술한 선행 연구는 손혜옥(2016)과 이지연
(2018)을 참고할 수 있는데, 먼저 손혜옥(2016)에서는[31] '-(으)ㄴ가/나 보
다'를 명제 양태(인식 양태)로, '-아야/어야 하다'를 의무 양태로, '-(으)ㄹ
까 보다'를 동적 양태로 보았다.[32] 그리고 이지연(2018)에서는[33] '-(으)ㄹ

---

31 손혜옥(2016)에서 구분한 양태 범주는 아래와 같다.

명제 양태	인식 양태
	증거 양태
사건 양태	의무 양태
	동적 양태

32 손혜옥(2016)에서는 '-(으)ㄹ까 보다'를 동적 양태로 분류하였다. '엄마가 화낼까 봐
    미리 방청소를 해 두었다'에서처럼 인식 양태의 의미로 해석되는 것은 '-아/어(서)'
    와 결합할 때뿐인 것으로 보아 '-(으)ㄹ까 봐서'가 '이유'를 나타내는 연결 어미로의
    문법화를 겪는 것으로 해석하였다. 손혜옥(2016)에서는 연결 어미는 양태 의미를 나
    타내는 것을 주된 기능으로 하지 않기 때문에 인식 양태의 의미에서 제외하였다.
33 이지연(2018)에서는 양태 범주를 크게 인식 양태, 사건 양태, 평가 양태의 세 가지로
    분류하였다.

까 보다¹/싶다¹/하다¹, -(으)ㄴ가/나/(으)려나 보다, -(으)ㄴ/(으)ㄹ 듯싶다, -(으)ㄴ/(으)ㄹ 듯하다, -(으)ㄴ/(으)ㄹ 성싶다'를 [추측]의 인식 양태로 보았으며,[34] 사건 양태에는 [당위]의 '-아야/어야 하다', [의지]의 '-(으)ㄹ까 보다², -(으)ㄹ까 싶다², -(으)ㄹ까 하다²', [소망]의 '-고 싶다'를 두었다. 선행 연구에 따르면 인식 양태에는 [추측], 행위 양태에는 [당위], [희망], [수혜], [시행]의 보조 용언 구성이 포함될 수 있다. 여기에 최현배(1937/1971)에서 제시한 [시인], [가식], [가치]는 명제의 정보에 대한 화자의 태도이므로 인식 양태에, [과기]는 행위에 대한 화자의 태도이므로 행위 양태에 포함될 수 있다고 본다. 〈표 12〉의 분류에 따라 다음 절에서는 두 가지 양태의 범주에 포함되는 여러 보조 용언 구성을 살펴보고자 한다.

2.2.1. 인식 양태 보조 용언 구성

먼저 인식 양태 보조 용언 구성을 살펴보자. 인식 양태 보조 용언의 문법적 의미 기능으로는 [시인], [추측], [가식], [가치]가 있다. 학자에 따라서는 [지속추정]의 '-(으)ㄴ성 싶다(김석득 1992)', [짐작]의 '-아/어 보이다(고영근·구본관 2008/2018; 유현경 외 2018; 남기심 외 2019)'를 보조 용언 구성으로 보기도 하므로 그 하위 종류는 더 확장될 수 있다.

---

34 이지연(2018: 68-69)에서는 '-(으)ㄹ까 보다/싶다/하다'가 인식 양태의 [추측]의 경우 '회의가 5시쯤 {ʔ끝날까, 끝나지 않을까} 싶다'와 같이 부정 표현과 결합하는 게 더 자연스러운 반면, 사건 앙태의 [의지]의 경우 '내일 산에 {갈까, 가지 말까} 싶다'와 같이 해당 제약이 존재하지 않는다고 하였다. 또한 [의지]의 경우 행위성 동사와만 결합하며, 화자와 주어가 동일해야 하는 동일 주어 제약이 발생한다. 따라서 이들 항목은 다의 표현으로, 이들의 어깨 번호는 이지연(2018)을 따랐다.

〈표 13〉 인식 양태 보조 용언 구성의 하위 의미

문법적 의미 기능	인식 양태 보조 용언 구성	최현배 (1937)	허웅 (1983)	김석득 (1992)	서정수 (1994/1996)	임홍빈·장소원 (1995)	김승곤 (1996)	손세모돌 (1996)	민현식 (1999)	고영근·구본관 (2008/2018)	유현경 외 (2018)	남기심 외 (2019)
시인	-기는 하다[35]	시인	-	부분 시인	-	-	시인	-	-	시인	시인	시인
추측	-(으)ㄴ가/나 보다	추측	-	추정[36]	추정/의도	추측	추측	-	추측	추측	추측	추측
	-(으)ㄴ가/나/(으)ㄹ까 싶다	추측	-	추정	추정/의도	추측	추측	-	추측[37]	추측	추측	추측
	-(으)ㄹ/(으)ㄴ 듯하다	추측	같음	추정	-	-	추측	-	추측	-	-	-
	-(으)ㄴ 듯싶다	추측	-	추정	-	-	추측	-	추측	-	-	-
	-(으)ㄹ 법하다	추측	-	-	-	-	추측	-	추측	-	-	-
가식	-(으)ㄴ 체하다	가식	-	가식	-	-	가식	-	가식	-	-	-
	-(으)ㄴ 척하다	가식	-	-	-	-	가식	-	가식	-	-	-
	-(으)ㄴ 양하다	가식	-	-	-	-	가식	-	가식	-	-	-
가치	-(으)ㄹ 만하다	가치	-	값어치	-	-	가치	-	가치 (가능)	-	-	-
	-(으)ㅁ 직하다	가치	할만 한 가치가 있음	-	-	-	가치	-	-	-	-	-

---

35 최현배(1937/1971)와 김석득(1992)에서는 '-기(는/도/야) 하다'까지 [시인]의 의미 기능을 갖는 보조 용언 구성이라 보았으며, 김승곤(1996)에서는 '기(는/도) 하다'까지만 인정하였다.

36 김석득(1992)에서는 [추정]을 선행하는 어미에 따라 [예기추정], [지속추정], [완료추정]의 세 범주로 나누었다. [예기추정]에는 '-(으)ㄹ 듯하/싶다', '-(으)ㄹ까 보/싶다', '(으)면 싶다'가, [지속추정]에는 '-(으)ㄴ듯 하/싶다', '-(으)ㄴ성 싶다', '-(으)ㄴ가 보/싶다', '-지 싶다', '-다싶다'가, [완료추정]에는 '-(으)ㄴ듯 하/싶다', '-(으)ㄴ 상 싶다'가 있다.

아래에서 〈표 13〉에서 제시된 보조 용언 구성이 어떠한 양태적 기능
을 하는지 예문을 통해 살펴보자.

(4) 가. 이 식당은 밥이 맛있<u>기는</u> 하다.   [시인]
     나. 밖이 추<u>운가</u> 보다.   [추측]
     다. 지연이는 넘어졌을 때 아팠지만 괜찮<u>은 척했다</u>. [가식]
     라. 그 음식이 먹<u>을 만하다</u>.   [가치]

(4가—라)는 각각 [시인], [추측], [가식], [가치]의 의미를 더한다. (4가)는
'이 식당의 밥이 맛있다'는 명제에 대한 화자의 판단이 나타나며, 화자는
식당의 다른 요소가 아닌 '밥이 맛있'음을 평가하였다. 이때 식당의 다른
요소(서비스, 양 등)는 화자의 기대나 기준에 미치지 못할 수도 있다. 이
때문에 김석득(1992)에서는 '-기(는) 하다'를 [부분시인]으로 본 듯하다.
한편 다른 비교 대상 없이 오로지 '밥이 맛있음'을 평가하는 것일 수도
있다. 이처럼 어떤 의미를 가지든지, '-기(는) 하다'는 '정보'에 대한 화자의
태도를 나타낸다. 다음으로 (4나)를 보자. (4나)는 '밖이 춥다'는 명제에
대한 화자의 추측이 드러난다. 이러한 추측은 화자가 어떠한 증거를 보고
추론한 것으로 생각된다. 직접 경험한 것은 아니지만 밖이 추움을 나타내
는 정보를 획득했고, 이를 바탕으로 추론한 것이다. 이 역시 명제에 대한
화자의 태도가 드러난다고 할 수 있다. 다음으로 (4다)에서 화자는 '지연이

---

37 민현식(1999)에서는 '-(으)ㄹ까 싶다'가 1인칭 주어일 때는 '의도'의 뜻으로 쓰이는
    편이며, 2, 3인칭 주어일 때는 '의심'이나 '회의'의 뜻으로 쓰이는 편이라고 하였다.
    이 표에서는 다른 선행 어미들과 결합할 때 '싶다'는 주로 '추측'을 표현하므로 [추측]
    으로 분류하였다.
    (ㄱ) 나는 내일 산에 갈까 싶다. [의도]
    (ㄴ) 그이가 내일 산에 갈까 싶다. [의심], [회의]
                             (민현식 1999: 143에서 재인용)

가 괜찮다'라는 명제에 대해 그 명제가 거짓일 수도 있음을 드러내고 있다. 이는 [가식]의 '-(으)ㄴ 척하다'를 통해 나타나며, 이 문장에서도 역시 명제에 대한 화자의 판단이 드러난다. (4라)는 '그 음식이 맛있다'거나 '괜찮다'는 명제에 대해 화자 역시 그렇게 동의함을 나타내며, 먹을 가치가 있다는 화자의 판단이 드러난다. (4가-라) 모두 참과 거짓을 갖는 명제에 대한 화자의 태도(판단)가 드러나므로 인식 양태 보조 용언 구성으로 볼 수 있겠다. 다음으로 행위 양태 보조 용언 구성을 살펴보자.

2.2.2. 행위 양태 보조 용언 구성

선행 연구에서 나타난 행위 양태 보조 용언 구성의 문법적 의미 기능으로는 [당위], [희망], [수혜],[38] [시행], [과기]가 있다. 여기에 [의도]의 '-려고 하다'(허웅 1983), [섬김]의 '-아/어 달다'(김승곤 1996), [낭비]의 '-아/어 먹다'(김승곤 1996) 등이 더 추가될 수 있다. 반면 [희망]에서 '-고 지다'(최현배 1937/1971; 김석득 1992)나 '-아/어 지이다'(김석득 1992)는 지금은 사용되지 않는 예스러운 표현이므로 제외하였다.

<표 14> 행위 양태 보조 용언 구성의 하위 의미

문법적 의미 기능	행위 양태 보조 용언 구성	최현배 (1937)	허웅 (1983)	김석득 (1992)	서정수 (1994/ 1996)	임홍빈· 장소원 (1995)	김승곤 (1996)	손세모돌 (1996)	민현식 (1999)	고영근· 구본관 (2008/ 2018)	유현경 외 (2018)	남기심 외 (2019)
당위	-아야/어야 하다	당위	의무	당위성	–	–	마땅함	–	당위	당위	당위	당위
희망	-고 싶다	희망	바람	희망	희망	–	희망 (소망)	희망	희망	희망	희망	희망

---

38 이 글에서는 수혜주가 받는 '수혜'나 '혜택'에 초점을 두는 것이 '-아/어 주다'의 의미를 더 잘 나타낼 수 있다고 보아 문법적 의미 기능을 [봉사]가 아닌 [수혜]로 보았다.

39 '-(으)ㄹ 뻔하다'는 [지난 기회], [될뻔함] 등의 의미를 갖는 것으로 파악되었으며,

수혜	-아/어 주다/드리다/바치다	봉사	봉사	섬김	수혜	봉사	섬김	수혜	봉사	봉사	봉사	봉사
시행	-아 보다	시행	시도	시도	시행	경험/시도	해보기	시행	시행	시행(반복)	시행	시행
과기	-(으)ㄹ 번하다(뻔하다)[39]	과기	-	지난기회	-	-	될번함	-	미실현회상	-	-	-

아래에서 〈표 14〉에서 제시된 보조 용언 구성이 어떠한 양태적 기능
을 하는지 예문을 통해 살펴보자.

(5) 가. 내일 아침 일찍 일어나<u>야 해</u>.　　　　　[당위]
　　 나. 이번 휴가 때는 해외여행을 가고 <u>싶다</u>.　　[희망]
　　 다. 잡은 물고기를 다시 <u>살려 주었다</u>.　　　[수혜]
　　 라. 노란색 옷을 <u>입어 보았다</u>.　　　　　[시행]
　　 마. 하마터면 <u>다칠 뻔했다</u>.　　　　　　[과기]

(5가-마)는 행위 양태 보조 용언 구성이 사용된 문장이다. (5가)는 [당
위]를 나타내는 '-아야/어야 하다'를[40] 사용하여 청자에게(혹은 화자 자신
에게) '내일 아침에 일찍 일어날 것'을 명령(또는 약속)하고 있다. (5나)는
[희망]의 뜻을 더하는 보조 용언 구성인 '-고 싶다'를 사용하여 화자가
화자 스스로를 동작주로 하는 사태(해외여행을 가는 것)가 성립되기를 바
라고 있다. (5다)는 [수혜]의 의미를 갖는 보조 용언 구성으로, '-아/어

민현식(1999)에서는 [미실현회상]의 상적 기능을 기본 의미로 보았다.

40　'-아야/어야 하다'는 담화 상의 화자나 청자가 아닌 문장 내의 주어를 태도를 표현하
　는 구성으로, 박재연(2006: 282)에 따르면 양태를 화/청자 태도에 국한시키는 입장
　에서는 이들을 양태로 볼 수 없지만 '의도'나 '의무'가 전통적으로 양태의 입장에서
　논의되어 온 점 등을 들어 '준-양태'로 볼 가능성이 있다고 하였다.

주다'를[41] 통해 행위자가 수혜자에게 어떠한 행위를 함으로써 수혜자가 혜택(또는 은혜)를 받았음이 드러난다. 다음으로 (5라)는 [시행]의 의미를 갖는 '-아/어 보다'의 보조 용언 구성으로 화자가 '옷을 입'는 행위를 시도함을 나타낸다. 마지막으로 (5마)는 [과기]의 의미를 갖는 '-(으)ㄹ 뻔하다'가[42] 사용된 문장으로 어떤 일이 일어나기 직전 상태까지 갔음을 의미하는 표현(임채훈 2009: 76)으로 행위와 관련된다고 볼 수 있다.

행위 양태 보조 용언 구성들 중 [수혜]나 [시행]의 의미를 갖는 보조 용언 구성은 전통적으로 행위 양태의 하위 분류에서 논의되어 온 의미 부류들과는 차이가 있어 보인다. 그러나 '행위에 대한 화자의 태도를 나타내는 것'이라는 행위 양태의 개념에 비추어 볼 때, 넓은 의미에서 이들을 행위 양태로 보지 않을 이유가 없다고 본다. 여기에서도 어느 한 곳에 정확히 배치하기 어려운 보조 용언 구성의 어휘적, 문법적 속성을 엿볼 수 있다.

2.2.3. 보조 용언 구성의 양태적 의미 기능

양태는 문법 범주로서 좁은 개념의 양태와 화자의 심리적 태도라는 넓은 개념의 양태적 의미로 나눌 수 있다. 우리는 2.2.에서 문법 범주로서 양태 기능을 하는 보조 용언 구성들을 살펴보았다. 그리고 여기에서

---

41 문법 범주로 보조 용언 구성의 일차 분류를 한 고영근·구본관(2008/2018)에서는 '봉사'의 의미를 갖는 '-아/어 주다/드리다'는 한국어의 특정 문법 범주와 관련시키기 어렵다고 하여 다른 문법 범주와 층위를 같게 하여 따로 설정하였다. 또한 '-아/어 주다/드리다'를 굳이 문법 범주와 연결시킨다면 상대에 대한 배려가 나타난다는 점에서 공대법 범주와 관련되는 것으로 이해할 수 있다고 하였다. 그러나 이 글에서는 양태를 문법 범주의 하나로 보므로 '-아/어 주다/드리다'가 공대법 범주보다는 양태 범주에 포함될 수 있다고 본다.

42 '-(으)ㄹ 뻔하다'는 항상 '-았/었-'과 같이 쓰인다(김석득 1992: 410).

는 양태적 의미 기능을 갖는 보조 용언 구성들을 살펴볼 것이다. 이들의
일차적인 기능은 보통 상에 있다. 먼저 2.1.1.에서 논의한 [완료상] 보조
용언 구성인 '-아/어 버리다'를 예를 살펴보자.

(6)   가. 지우는 내 말을 끝까지 듣지 않고 끝내 가 <u>버렸다</u>.

[완료], [아쉬움]

나. 저녁 약속이 있어 과제를 1시간 만에 해 <u>버렸다</u>.

[완료], [부담 제거/속시원함]

(6가)와 (6나)는 모두 '-아/어 버리다'가 사용된 문장으로 이들의 기본
의미는 동작이 완료됨을 나타내는 완료상이라고 할 수 있다. (6가)는 '지
우가 갔다'는 사태가, (6나)는 '과제를 했다'는 사태가 완료되었음을 나
타낸다. 하지만 '-아/어 버리다'를 완료상으로만 해석하면 '-아/어 버리
다'가 사용되지 않은 '갔다'나 '했다'만으로 구성된 문장이랑 비교했을 때
생기는 미묘한 어감의 차이를 놓치게 된다. (6가)는 지우가 가지 않았으
면 좋겠다는 화자의 아쉬움이, (6나)는 부담이었던 과제를 완성하여 부
담이 제거된 화자의 속 시원함이 드러난다고 할 수 있다. 따라서 '-아/
어 버리다'의 일차적 의미 기능은 [완료]의 상이며, 부차적 의미 기능은
[아쉬움]과 [부담제거], [속시원함] 등의 양태적 의미를 나타낸다고 보는
것이 문법화 과정 중에 있는 보조 용언 구성을 잘 바라볼 수 있는 방법이
아닌가 싶다.

다음으로 '-아/어 대다'와 '-아/어 쌓다'를 살펴보자. 이금희(2021:
218)에서는 '-아/어 대다'와 '-아/어 쌓다'가 어떤 동작이나 행위가 반복
되거나 지속되는 상황이 심해 화자가 불만족스럽거나 못마땅함을 나타
낼 때 쓰인다고 하였다. 다음은 이금희(2021)에서 제시한 예문이다.

(7) 가. 근력 운동을 매일 <u>해 대서</u> 인대가 늘어났다.

나. 근력 운동을 매일 {해서/*<u>해 대서</u>} 몸이 건강해졌다.

다. 송 주사가 나는 차츰 미워졌고, 공사판 사람들이 짓궂게 <u>물어 쌓</u><u>는</u> 것이 귀찮았다.

라. 대학 수업에서는 학생들이 {묻는/*<u>물어 쌓는</u>} 질문에 답하는 것이 중요하다.

(이금희 2021: 218)

(7가, 나)는 '-아/어 대다'가 사용된 문장이고, (7다, 라)는 '-아 쌓다'가 사용된 문장으로, '-아/어 대다'와 '-아/어 쌓다'의 일차적 의미 기능은 [반복상]을 나타낸다. 하지만 여기서도 마찬가지로 이들을 반복상의 의미로만 해석하면 '해서'나 '묻는'만으로 구성된 문장과 비교했을 때 생기는 어감의 차이를 놓치게 된다. '-아/어 대다'와 '-아/어 쌓다'는 반복상뿐만 아니라 이차적으로 화자의 [불만족스러움]이나 [못마땅함]의 양태적 의미를 갖는 것이다. 그렇기 때문에 긍정적이거나 부정적이지 않은 용언과 어울렸을 때 어색한 것을 확인할 수 있다.

다음으로 행위 양태에 속하는 [과거]의 '-(으)ㄹ 뻔하다'를 보자. 이금희(2021)에서는 '-(으)ㄹ 뻔하다'가 부정적인 상황에서는 [다행]을, 긍정적인 상황에서는 [아쉬움]을 나타낸다고 하였다.

(8) 가. 산에서 발을 헛디뎌 하마터면 큰일날 <u>뻔했어요.</u>

부정적 상황 [다행]

나. 한 문제만 더 맞혔으면 골든벨을 울릴 <u>뻔했는데</u> 아쉽습니다.

긍정적 상황 [아쉬움]

(이금희 2021: 226에서 재인용)

(8가)는 발을 헛디딘 부정적 상황에서 그 일이 일어나지 않았으므로 [다행]의 양태적 의미가, (8나)는 골든벨을 울리는 긍정적 상황에서 그 일이 일어나지 않아 [아쉬움]의 양태적 의미가 드러난다. 이렇듯 '-(으)ㄹ 뻔하다'는 행위에 대한 화자의 태도를 나타내므로 그 기본적인 의미는 행위 양태에 있다고 보며, 여기에 [다행]이나 [아쉬움]과 같은 화자의 심리가 드러나므로 추가적인 양태적 의미도 가진다고 할 수 있다. 한 형태의 보조 용언 구성이 여러 기능을 하는 것이다.

지금까지 양태 기능을 하는 보조 용언 구성을 살펴보았다. 한국어에서 양태의 하위분류를 크게 인식 양태와 행위 양태의 두 가지로 나눈다고 할 때, 보조 용언 구성은 〈표 15〉와 같이 분류될 수 있다.

〈표 15〉 양태 기능을 하는 보조 용언 구성의 의미 기능 분류

문법 기능	문법적 의미 기능
인식 양태	시인, 추측, 가식, 가치 등
행위 양태	당위, 희망, 수혜, 시행, 과기 등

양태의 하위 범주와 관련해서는 앞서 기술하였듯이 아직까지 학자마다 논의가 다르고 보조 용언 구성이 문법화 과정 중에 있기 때문에 다양한 의미 기능이 있어 경계 짓기가 어려운 부분이 있는 것이 사실이다. 이러한 부분 역시 어휘적 요소와 문법적 요소 중간에 있는 보조 용언 구성의 특성을 잘 보여주는 것이라 할 수 있겠다.

2.3. 피동

피동(passive)문은 어떤 행위의 대상(피동주)이 주어로 나타나고 행위의 주체(능동주)가 부사어로 나타나거나 생략된 문장으로, 능동문을 중심으로 피동문은 기준이 되는 서술어의 자릿수가 하나 줄어든 문장이다(구본관

외 2015: 345). 피동 접미사에 의한 피동문은 형태론적 피동문, 보조 용언 구성에 의한 피동문은 통사론적 피동문이라 한다(유현경 외. 2018). [피동]의 기능을 하는 보조 용언 구성에는 '-아/어지다'와 '-게 되다'가 있다고 알려져 있으며, 허웅(1983), 김석득(1992), 임홍빈·장소원(1995), 김승곤(1996), 이익섭·채완(1999), 민현식(1999), 고영근·구본관(2008/2018), 구본관 외 (2015), 유현경 외(2018), 남기심 외(2019) 등의 문법서에서 '-아/어지다'와 '-게 되다' 보조 용언 구성을 인정하고 있다. 대부분의 문법서에서 [피동] 의 기능을 하는 보조 용언 구성으로 '-아/어지다'와 '-게 되다'를 설정하고 있으나 허웅(1983)과 임홍빈·장소원(1995)에서는 '-아/어지다'만을, 민현식(1999)과 구본관 외(2015)에서는 '-게 되다'만을 인정하고 있어 약간의 차이를 보인다.[43] 민현식(1999: 127)에서는 '-아/어지다'를 형용사를 자동사로 파생시키는 자동사화 접미사로 보았으며, 본용언으로서의 용법이 없고, 그 분포가 제약적이기 때문에 보조 용언 구성으로 볼 수 없다고 주장하기도 하였다. 한편 서정수(1994/1996)에서는 '-아/어지다'를 동사와 형용사에 붙어 [기동]의 상적 의미를 더하는 보조 용언 구성으로 보았다. 기동상은 동작이나 상태의 시작을 드러내는 것(서정수 1994/1996)으로 '-아/어지다'가 형용사 및 자동사와 결합했을 때 기본적으로 동작이나 상태의 시작을 드러내며, 타동사와 결합할 때에도 그 기본 의미는 기동으로 보아야 일관성 있는 기술이라 할 수 있다고 하였다. 이 밖에도 '-아/어지다'와 '-게 되다'를 [가능]의 보조 용언 구성으로 보고 그 의미를 '절로됨', '입음', '할수있음', '이해'로 본 연구도 있다(김승곤 1996).

지금까지 '-아/어지다'의 의미는 피동태, 상, 양태의 관점에서 다뤄져

---

43 허웅(1983)에서는 '-게 되다'를 [피동]이 아닌 [할 수 있음], 임홍빈·장소원(1995)에서는 [예정]으로 보고 있다. 또한 구본관 외(2015)에서는 '-게 되다'는 보조 용언 구성으로 인정하나 그 의미를 [피동]이 아닌 [과정화]로 보고 있는 듯하다.

왔으며, 이 중 어떤 의미로 해석되느냐는 대체로 통합되는 선행 용언의
종류와 연관이 있는 것으로 기술되었다(박재연 2007: 270). 즉, '-아/어지
다'가 타동사와 결합하면 피동, 형용사와 결합하면 기동상, 자동사와 결
합할 때는 양태 의미(능력, 무의도)가 있다고 보는 것이다. 박혜진(2018)에
서는 이러한 '-아/어지다'의 여러 기능 중 기본 기능은 '피동'이며 다른
기능들은 모두 피동의 기능에서 비롯된 기능이라고 한 바 있다. 이 글에
서도 박혜진(2018)의 논의를 받아들여 '-아/어지다'의 일차적 의미 기능
은 [피동]에 있다고 본다. 한편 유현경 외(2018)에서는 '-게 되다'가 사용
된 문장이 외부로부터의 작용을 상정하기 어려우며 사동성 타동문과 대
응한다고 볼 가능성도 있으므로, 주어의 처지가 '용언 어간+-게'로 설명
되는 특정 상태로 변화했음을 표현하는 것으로 해석해야 한다고 하였다.
하지만 여기에서는 '-게 되다' 역시 [피동]의 의미를 나타내는 보조 용언
구성으로 보고자 한다.

(9)   가. 나도 가게 되다.   (남기심 외 2019: 111)
      가′. 나도 간다.
      나. 나는 부모님을 따라 미국으로 가게 되었다.
                                                    (고영근·구본관 2008/2018)
      나′. 나는 부모님을 따라 미국으로 간다.

(9가, 나) 모두 '-게 되다'가 쓰인 문장으로, 어떤 행위의 대상(피동주)이
주어로 나타나며, 그 주체가 다른 사람의 힘에 의하여 '가게 되었음'을
표현한다. '-게 되다'가 쓰이지 않은 문장인 (9가′, 나′)와 비교했을 때,
서술어의 자릿수가 줄어드는 통사적인 변화는 나타나지 않으나 의미적
으로 '영향을 입는다'는 피동의 의미가 '-게 되다'를 통해 나타나고 있는
것이다. '-게 되다'가 문법 범주의 하나인 진정한 태(voice)의 기능을 한

다고 보는 것은 이론의 여지가 있겠으나, [피동]의 의미를 나타내는 것
은 분명해 보이며, 이를 통해서도 문법화 과정 중에 있는 보조 용언 구성
의 특징을 살필 수 있다.

2.4. 사동

사동(causative)문은 어떤 참여자(사동주)가 다른 참여자(피사동주)에게
영향을 미쳐 어떤 행위를 일으킴을 표현하는 문장으로, 주동문과 비교했
을 때 자릿수가 하나 늘어난 문장이다(구본관 외 2015). 사동 역시 피동과
마찬가지로 접미사에 의한 것이면 '형태론적 사동문', 보조 용언 구성,
즉 통사론적 결합을 통해 만들어진 것이면 '통사론적 사동문'이라 부른
다(유현경 외 2018). [사동]의 기능을 하는 보조 용언 구성으로는 '-게 하
다'와 '-게 만들다'가 있으며 선행 용언으로는 동사가 올 수 있다. 허웅
(1983), 김석득(1992), 서정수(1994/1996), 김승곤(1996), 민현식(1999), 고
영근·구본관(2008/2018), 유현경 외(2018), 남기심 외(2019) 등 많은 문법
서에서 [사동]의 기능을 하는 보조 용언 구성을 인정하고 있다. 그러나
문법서마다 [사동]의 기능을 하는 보조 용언 구성을 어디까지 인정하는
지는 차이가 있다. 허웅(1983)과 김석득(1992)에서는 '-게 하다'만을 인정
하고 있으며, 민현식(1999)에서는 '-게 하다' 이외에 '-도록 하다'도 인정
하고 있다. 그리고 서정수(1994/1996)에서는 사동 보조 동사의 기본형은
'만들다'이며 '하다'는 '만들다'를 대리하는 것으로서 '하다'는 그 자체에
고유 의미가 없기 때문에 보조 동사가 될 수 없다고도 하였다. 한편 구본
관 외(2015: 231)에서는 '-게 하다' 사동문에서는 모절과 내포절의 주어
가 다르므로 '-게'를 보조적 연결 어미로 볼 수 없다고 하며 '-게 하다'
사동문을 보조 용언 구문으로 처리하지 않았다. 실제로 '-게 하다' 구성
이 만드는 사동문은 주동주에 주격 조사 '이/가'가 붙을 수 있다는 점,

주동 주체와 사동주에 높임의 선어말 어미 '-(으)시-'가 붙을 수 있는
것으로 보아 복문 구성으로 볼 여지가 있다. 하지만 복문 구성이라도 국
어 교육이나 한국어 교육에서 다른 유형의 보조 용언 구성과 유사한 점
이 있어 사동의 보조 용언 구성을 인정하기도 한다(유현경 외 2019: 277).
우리도 이들 보조 용언 구성이 의미적으로 사동주가 주동 주체에게 영향
을 미쳐 행위를 일으키는 [사동]의 기능을 나타낼 수 있다고 본다.

2.5. 부정

[부정]의 기능을 하는 보조 용언 구성으로는 '-지 아니하다(않다)', '-지
못하다', '-지 말다'가 있다. 이 중 '-지 아니하다'와 '-지 못하다'는 동사
와 형용사에 모두 결합이 가능하며, '-지 말다'는 동사만 결합이 가능하
다. 최현배(1937)에서 [부정]의 보조 용언 구성을 설정한 이래로 허웅
(1983), 김석득(1992), 임홍빈·장소원(1995), 김승곤(1996), 이익섭·채완
(1999), 민현식(1999), 고영근·구본관(2008/2018), 구본관 외(2015), 유현경
외(2018), 남기심 외(2019) 등의 많은 문법서에서 [부정]의 기능을 하는
보조 용언 구성을 인정하고 있다. 이들을 보조 용언 구성으로 보는 이유로
는 이들의 통사적 특징이 다른 보조 용언 구성과 비슷하기 때문일 것이다.
본용언을 도와 문장을 서술하며, 특별한 의미를 더해주고 선행 어미가
고정되어 쓰인다는 점 등이 이들을 보조 용언 구성으로 보지 않을 이유가
없게 한다. 반대로 서정수(1994/1996), 김기혁(1987), 손세모돌(1996) 등에
서는 이들의 어휘적 의미가 강하다는 점, 제 홀로 쓰일 수 있다는 점 등을
이유로 [부정]을 보조 용언 구성의 기능으로 보지 않고 있다.[44]

---

44 서정수(1994/1996)에서는 아래의 예시를 들어 앞선 용언 바로 다음에만 쓰이지 않고
     제 홀로 쓰일 수 있다고 보았다.

(10) 가. 더도 말고 한잔만 해라. / 싸움은 말자. / 그것 말고 저것을 가져
오라.
나. 싸움은 하지 말자.

한편 민현식(1999)에서는 '말다'가 (10가)와 같은 자립적 용법이 소멸세
이며 (10나)와 같은 보조 용언 구성이 일반적으로 쓰인다는 점을 들어
'아니하다', '못하다'보다 보조 용언으로 설정함이 훨씬 타당하다고 하였
다. 이 글에서도 민현식(1999)의 논의를 받아들여 '-지 말다'를 보조 용
언 구성으로 보고자 한다.

[부정]의 기능은 한국어 문법 범주의 '부정법'에 해당하는 것으로, 명제적
의미에 대한 진위를 정반대로 바꾸는 통사적인 절차이다(유현경 외 2018:
533). '-지 아니하다'가 만드는 장형 부정문의 의미는 [단순 부정]과 [의도
부정]으로 해석할 수 있다. 문장의 서술어가 동사이며 동작주가 의지를
가질 때에는 [단순 부정]과 [의도 부정]으로 해석되며, 주어가 의지를 갖지
못하거나 서술어가 형용사일 경우에는 [단순 부정]으로 해석된다.

(11) 가. 나는 내일 학교에 가지 않는다. - [단순 부정], [의도 부정]
나. 올봄에는 비가 오지 않는다. - [단순 부정]
다. 이 가방은 무겁지 않다. - [단순 부정]

(유현경 외 2018)

'-지 못하다'는 의도는 있지만 능력이 부족하거나 외부의 환경으로 인
해 명제의 내용이 부정되는 의미를 나타낸다. 즉 [능력 부정], [상황 부

(ㄱ) 저 사람은 노래를 a.잘 부르지 않는다. b. 잘 않는다.
(ㄴ) 그 아이가 탁구를 a. 치치 못한다 b. 못한다.
(ㄷ) 너는 그 일을 a. 걱정하지 말라 b. 걱정을 말라.

정]의 의미로 쓰이며,[45] 형용사와 결합이 제약되지만 (12나)의 예처럼 어떤 대상이 기대하는 기준에 이르지 못할 때 쓰인다.

> (12) 가. 나는 운전을 하지 못한다. - [능력 부정]
>   나. 나는 그 음식이 너무 뜨거워 거의 먹지 못했다. - [상황 부정]
>   다. 내 친구는 건강이 좋지 못하다. - [기대하는 기준에 못 미침]

'-지 말다'는 명령문과 청유문에서 사용되는 보조 용언이다. 따라서 형용사와 결합되기 어려우나 (13나)의 예시처럼 형용사와 결합하는 경우 희망이나 기원을 나타내기도 한다.

> (13) 가. 밥을 남기지 마라.
>   나. 차가 미끄러지지만 마라.

이상으로 [부정]의 기능을 하는 보조 용언 구성들을 살펴보았다. '-지 아니하다(않다)', '-지 못하다', '-지 말다'가 [부정] 기능을 하는 것에는 이견이 없지만 이들을 보조 용언 구성으로 볼 수 있는지에 대한 관점의 차이가 있음을 알 수 있다. 이 글에서는 이들의 통사적 특징이 다른 보조 용언 구성과 비슷하고, 부정법이라는 문법 범주를 실현하는 한 요소로 이 구성들이 사용되므로 문법적 요소로 보고, 보조 용언 구성에 포함시켜야 한다고 본다.

---

45 고영근·구본관(2008/2018)에서는 [타의 부정]으로 보았다.

3. 나가기

지금까지 한국어 보조 용언 구성의 기능을 살펴보았다. 한국어 보조 용언 구성은 상, 양태, 부정, 피동, 사동의 문법 기능을 하며, 한 가지 보조 용언 구성이 여러 범주에 걸쳐 기능하고 있음을 보았다. 또한 아직 학계에서도 상과 양태의 하위 범주 구분의 합의가 이루어지지 못한 바, 문법화 과정 중에 있는 보조 용언 구성이 이들의 체계 내에서 완전히 설명되기가 어려움도 확인하였다. 이 글에서 살핀 보조 용언 구성의 일차적 의미 기능에 따른 보조 용언 구성을 정리하면 아래와 같다.

〈표 16〉 기능에 따른 보조 용언 구성의 분류

상	완료상	종결상	-어/어 나다, -어/어 내다, -어/어 버리다, -고 나다, -고(야) 말다
		결과상	-어/어 놓다, -어/어 두다, -어/어 가지다, -고 있다[1], -어/어 있다/계시다
	미완료상	진행상	-어/어 가다, -어/어 오다, -고 있다[2]
		반복상	-어/어 쌓다, -어/어 대다
양태	인식 양태	시인	-기(도/는/야) 하다
		추측	-(으)ㄴ가/나 보다
			-(으)ㄴ가/나/(으)ㄹ까 싶다
			-(으)ㄴ/(으)ㄹ 듯하다
			-(으)ㄴ 듯싶다
			-(으)ㄹ 법하다
		가식	-(으)ㄴ 체하다, 척하다, 양하다
		가치	-(으)ㄹ 만하다
			-(으)ㅁ 직하다
	행위 양태	당위	-아야/어야 하다
		희망	-고 싶다
		수혜	-어/어 주다/드리다/바치다
		시행	-어/어 보다
		과기	-(으)ㄹ 뻔하다
피동			-어/어지다, -게 되다

사동	-게 하다, -게 만들다
부정	-지 아니하다(않다), -지 못하다, -지 말다

이 장의 논의를 종합하자면 보조 용언 구성은 상, 양태, 피동, 사동, 부정의 기능을 한다. 보조 용언 구성이 갖는 상적 기능은 크게 완료상과 미완료상으로 나눌 수 있으며 완료상에는 행위의 결과에 초점을 맞춘 종결상의 '-어/어 나다, -어/어 내다, -어/어 버리다, -고 나다, -고 (야) 말다'가 포함된다. 결과 이후의 상태에 초점을 맞춘 결과상에는 '-어/어 놓다, -어/어 두다, -어/어 가지다, -고 있다¹, -어/어 있다/계시다'가 있다. 다음으로 미완료상에는 진행상과 반복상이 있는데, 진행을 나타내는 보조 용언 구성은 '-어/어 가다, -어/어 오다, -고 있다²'이며, 반복을 나타내는 보조 용언 구성은 '-어/어 쌓다, -어/어 대다'이다. 다음으로 양태는 크게 인식 양태와 행위 양태 두 범주로 나눌 수 있으며, 인식 양태에는 [시인], [추측], [가식], [가치]의 보조 용언 구성이, 행위 양태에는 [당위], [희망], [수혜], [과기]의 보조 용언 구성이 포함된다. 그리고 피동의 기능을 하는 보조 용언 구성은 '-어/어지다', '-게 되다'이며, 사동의 기능을 하는 보조 용언 구성은 '-게 하다'와 '-게 만들다'가 있다. 마지막으로 '-지 아니하다(않다), -지 못하다, -지 말다'는 [부정]의 기능을 하는 보조 용언 구성이라 볼 수 있다.

4장

한국어 보조 용언 구문의 구조

1. 들어가기

보조 용언은[1] 자립적으로 쓰일 수 없고, 주로 본용언에 의존하여 쓰이는 것이 일반적이다. 이는 보조 용언이 단독으로 서술어 역할을 할 수 없다는 말과 같은 의미이며 보조 용언의 정의에서도 확인할 수 있듯, 부가적인 의미만을 더할 뿐 문장의 논항 구조에는 영향을 미치지 않는다.

그런데, 개별 보조 용언들을 살펴보다 보면 문장의 논항 구조에 영향을 미치거나 논항 구조가 다르게 설정되는 것들을 확인할 수 있다. 대표적으로 '주다', '싶다' 등이 그러하다. 아래 예문을 통해 이를 제시한다.

(1) 가. 원진이는 은이를 옷을 <u>사 주었다</u>.
    나. 원진이는 은이에게 옷을 <u>사 주었다</u>.
(2) 가. 지웅이는 돼지를 <u>보고 싶다</u>.
    나. 지웅이는 돼지가 <u>보고 싶다</u>.

---

1 이 글에서는 '선행 어미+보조 용언'을 보조 용언 구성이라고 칭하고 선행 어미를 제외하고 용언만을 지칭할 때에는 보조 용언이라고 칭한다. 또한 보조 용언 구성이 사용된 전체 문장을 가리키면 보조 용언 구문으로 서술하였다. 이 글에서는 보조 용언 구성이 사용된 전체 문장의 구조를 파악하는 것에 초점을 맞추고 있으므로 보조 용언 구문의 구조를 밝히는 것이 목적이라 할 수 있겠다.

이들이 논항 구조에 영향을 미친다는 것은 이들의 생략을 통해서도 확인할 수 있는데, 대개의 보조 용언은 생략되어도 문장이 성립한다는 '생략 가능성'을 가지나 논항 구조와 관련을 맺는 보조 용언들은 그렇지 않다. 이들이 보조 용언임에도 불구하고 논항 구조에 영향을 미치는 이유에 대해서는 여러 논의가 있으나 본용언의 의미가 남아 있기 때문이라는 것이 중론이라 할 수 있겠다.[2]

보조 용언이 논항 구조에 영향을 끼치는 것은 단순히 한 문장의 형식을 따지는 것을 넘어 해당 구문의 구조를 변화시킨다는 점에서도 중요성을 갖는다. 즉, 보조 용언 구성의 결합 여부가 해당 문장이 단문인지 복문인지를 가르기 때문이다. 이와 관련하여서는 기존 연구에서도 여러 입장을 제시한다. 크게는 두 가지로 구분할 수 있는데 보조 용언 구문을 본용언과 보조 용언이 하나의 성분을 이루는 단문 구조로 보는 입장과 내포절을 갖는 복문 구조로 보는 입장이 대립된다. 최근에는 이에 더해 보조 용언 구문이 단문과 복문 두 구조를 모두 갖는다는 입장, 즉 이중적 구조로 보는 입장도 제시되었다.

이러한 입장과 가설에는 각기 다른 근거가 존재하는데, 최근 기술되는 보조 용언 구성은 전통적인 연구에 비해 그 정의부터 범위, 유형 등이 모두 다양해져서 어느 하나의 가설을 택일하는 데는 어려움이 있다. 따라서 본 장에서는 선행 연구에서 제시하는 보조 용언 구문 구조에 대한 가설 및 그에 대한 근거를 살펴보고, 현대 한국어에서 보조 용언 구문이 갖는 구조는 어떠한지 검토해 보고자 한다. 또한 가능한 한 다양한 보조 용언 구문의 구조를 보이되, 각 유형에 맞는 개별 보조 용언 구성의 특성

---

2   다만, '싶다'와 같이 본용언이 존재하지 않는 보조 용언에 대해서는 추가적인 논의가 필요하다.

을 함께 기술하고자 한다. 여기에서의 개별 보조 용언은 보조 용언에 선행하는 어미를 기준으로 그 유형을 분류할 것이며, 각 유형이 보이는 구조가 어떻게 다른지, 각 유형이 갖는 특성은 무엇인지를 기술하고자 한다. 그 과정에서는 문법화, 생성 문법에서의 논의도 함께 다룰 것이다.

2. 보조 용언 구문의 구조에 관한 여러 가설

보조 용언 구문의 구조에 관해서는 단문 구조와 복문 구조로 보는 입장이 나뉘어 왔다. 단문 구조로 보는 것은 '본용언+보조 용언'을 하나의 성분으로 보는 관점이고, 복문 구조로 보는 것은 보조 용언이 본용언이 포함된 절을 내포절로 갖는 것으로 보는 관점이다. 기존 연구들 대부분에서는 보조 용언 구문이 이러한 두 관점 중 하나를 취하는 것으로 기술되어 왔는데, 이정훈(2010ㄱ, ㄴ)과 같은 논의에서는 보조 용언 구문의 구조가 이중적이라는 관점을 제시하기도 했다. 이에 여기서는 각각의 가설에 대해 기술하기로 한다.

2.1. 단문 가설

단문 가설은 최현배(1937)에서부터 시작된다. 최현배(1937)에서는 본용언과 보조 용언이 결합하여 하나의 구를 이루는 것이라 보고 이러한 구성이 포함된 문장은 단문 구조로 파악한다. 이러한 입장은 허웅(1995), 김기혁(1987), 손세모돌(1996) 등에서도 나타나는 것을 확인할 수 있다. 김기혁(1987)에서는 보조 용언 구문이 통사적인 구성의 특성과 형태론적인 구성의 특성을 모두 가지고 있다고 보고 'V''라는 범주를 설정하여 보조 용언 구문을 하나의 통사 구조로서 기술하고자 하였다. 또한 김기혁(1987)에서는 이러한 기술에 근거하여 보조 용언의 목록을 비교적 축소하여 기술한 바 있는데, '-아/어, -고'에 후행 결합하는 보조 용언만을 보조 용언으로 인정한 것이 그것이며, 사동 구성과 부정 구성이 제외된 것이 특징적이다. 손세모돌(1993 1996) 역시 보조 용언을 하나의 독립 범주를 차지하는 구조로 제시하였다. 특히 손세모돌(1993)에서는 보조 용언을 설정할 수 있는 근거와 그 기준을 보였는데, 김기혁(1987)과 마찬가지로 '-아/어'(가다, 내다, 놓다, 대다, 두다, 버리다, 보다, 오다, 있다, 주다, 지다 등)와 '-고'(있다, 싶다 등)에 후행 결합하는 것들을 보조 용언이라 하였다.

황병순(1986), 구종남(2001) 등에서는 본용언과 보조 용언을 하나의 합성 동사로 해석하는 관점도 확인할 수 있다. 이러한 견해는 보조 용언이 본용언이 없이는 나타날 수 없다는 비자립성 및 의존성에 중점을 둔 것이라 할 수 있겠다. 황병순(1986)에서는 "복합동사는 두 동사가 '-아/어'나 '-고'에 의해 결합된 것을 가리킨다."라는 기술을 볼 수 있는데, 보조 용언 역시 이에 해당하는 것이다. 구종남(2001)은 의미적 특성을 중심으로 기술한 것이기는 하지만 보조 용언의 유형 중 하나로 합성형 보조 용언을 제시하였다. 구종남(2001)에서는 "위 예문의 서술어는 V_1+V_2의 구성을 보인다. 따라서 이들 문장은 V_1+V_2가 합성동사로 해석되면 단문, V_1과 V_2가 각각 독립적인 술어가 되면 접속문, V_2가 보조 용언으로 해석되면 보조 용언 구문이 될 것이다."와 같은 기술을 함과 동시에 "이들 문장이 단문이 될 가능성은 없다."라고 기술하고 있다. 그러나 후행하는 내용을 살펴보면, V_1+V_2가 접속문 구성이 될 수 없음을 기술하고 있어 결국 V_1+V_2는 보조 용언 구문으로 처리된다. 구종남(2001)에서는 단문과 보조 용언 구문을 구분했지만 해당 보조 용언들이 내적 비분리성, 대용화 불가, 논항과의 무관성, 생략 제약 등의 특성을 갖는다는 점에서 V_1+V_2가 하나의 서술어로 기능한다는 점에서 결국 V_1+V_2가 포함된 문장은 단문이라고 볼 수 있을 듯하다.

생성 문법의 관점에서도 단문 가설을 확인할 수 있다. 양정석(2007)에서는 '머리성분 하위범주화(X0-subcategorization)설'과 '동사구-껍질(VP-shell) 구조설'을 언급한다.[3] '머리성분 하위범주화설'은 최기용(1991)에서 시작된 것인데, 머리 성분이 보충어와 다른 머리 성분을 하위 범주화할 수 있다는 것을 기반으로 하며 이를 보조 용언 구문에 적용하면 보조 용언 구문 역시 단문 구조로 설명 가능하다. 특히 이 가설은 보조 용언 구문에서 문제가 되는 보조사 처리에 있어 보조사를 다른 머리 성분 범주로 처리함으로써 해결하였다는 데 의의가 있다. 최기용(1991)에서 제시하는 보조 용언 구문 처리 방안은 아래와 같다.

(3) 생성 절차: i) V⇒[v V-어]⇒[v[v V-어]보]

ii) V⇒[v V-어]⇒[v[v V-어]는]⇒[v[v[v V-어]는]보-]

다음으로 '동사구 껍질 구조설'은 강명윤(1992)을 살펴볼 만하다. 동사구 껍질 구조는 아래와 같은 '-기(는) 하-' 구문에 전형적으로 적용 가능하다.

(4) 가. 윤정이가 팽이를 돌리기는 했다.

나. 윤정이가 귀엽기는 하다.

---

3 양정석(2007)을 포함하여 최근의 생성 문법 연구에서는 일반적으로 보조 용언 구문에 대해 복문 가설 혹은 이중적 구조 가설을 지지한다. 따라서 양정석(2007) 역시 보조 용언 구문의 단문 가설을 지지하거나 인정하는 논의는 아니다. 아래의 복문 가설과 이중적 구조 가설의 내용에는 이들을 지적 및 반박하는 내용이 제시되지만 여기에서는 생성 문법 관점에서의 단문 가설을 제시하는 것이 목적이므로 해당 가설들을 소개 및 언급하는 데 중점을 두고자 한다.

(5) 가. 윤정이가 팽이를 돌리기는 돌렸다.

　　　나. 윤정이가 귀엽기는 귀엽다.

강명윤(1988)에서는 위 (4), (5)와 같은 구문을 동사구 껍질 구조로 분석
한다. (4)에는 상위 동사로 '하-'가 쓰였는데, '하-'는 대용 동사 혹은
형식 동사이므로 상위 동사로의 사용이 자연스럽다. 그런데 (5)에는 '하
-'가 아닌 일반 용언이 쓰인 것을 확인할 수 있다. 이로 미루어 보아 동
사구 껍질 구조는 용언의 종류를 가리지 않고 적용 가능하다고 추측할
수 있는데, 즉 하나의 원리가 여러 구조에 적용되는 것이라 할 수 있다.
강명윤(1992)에 따르면 이 과정에는 논리 형태 이동이 일어나는 것인데,
'하-'는 그 특성상 본래 상위 성분 위치에 나타날 수 있고 하위 성분인
'돌리-'와 '귀엽-'이 논리 형태 이동에 의해 상위 성분 위치에 나타나는
것이다. 또한 상위 성분이 '하-'가 아닌 경우에는 '용언 복제'에 의해 기
존 하위 성분은 그 위치에 그대로 남고 같은 용언이 상위 성분에 복제되
어 나타나는 것이라고 기술한다. (4), (5)에는 이러한 과정이 반영된 것
이다. 이러한 가설은 하위 성분인 선행 용언과 상위 성분인 후행 용언이
사태 의존적이라는 점과 해당 구문이 단문이라는 점을 통해서만 설명
가능하다는 점에서 보조 용언 구문이 단문이라는 점을 증명한다. 이 가
설의 생성 절차는 아래와 같다.

(6) 생성 절차: [vp[vp NP [v 돌리-]] [v 하-]] ⇒ [vp[np[vp NP [v 돌리-]]-
　　기] [v 하-]]

여기까지 보조 용언 구문의 구조를 단문으로 파악하는 연구들을 살펴
보았다. 이들 연구는 공통적으로 보조 용언의 본용언에 대한 의존성에

주목하였다. 연구에 따라서는 본용언과 보조 용언을 엄격하게 구분하기도 하지만 의존적인 성격은 인정하고 있으며 그로 인해 '본용언+보조 용언'이 하나의 구를 이루는 단문 구조로 보는 것이다.

그러나 이러한 단문 가설로 모든 보조 용언 구문을 설명할 수 없다는 점이 문제가 된다. 각 가설들은 보조 용언 구문 전반에 대해 설명하기에는 약점을 가지고 있다. 먼저, 김기혁(1987) 등의 논의는 김영희(1993)을 통해 반박된다. 김영희(1993)에서는 보조 용언이 선행 본용언과의 직접적인 구성을 이루는 것이 아니라 본용언이 포함된 선행 성분들과 직접적인 구성을 이루는 것이라고 기술하였다. 이는 보조 용언이 '그리하-'와 같은 동사로 대용되었을 때 본용언을 포함한 선행 성분들과 모두 조응하는 데서 그 근거를 확인할 수 있다. '본용언+보조 용언'을 합성 동사로 보는 견해는 보조 용언의 본용언에 대한 의존성 혹은 둘 사이의 긴밀성을 과하게 고려한 것이라는 비판에서 자유롭지 못하다. 이는 대용화 측면에서도 설명이 불가능한데, 합성 동사는 하나의 어휘로 처리되므로 전체가 대용되지만 '본용언+보조 용언'은 그렇지 않고 본용언만 대용하는 것이 가능하기 때문이다. 이것이 보조 용언 구문의 구조가 단문인지 복문인지를 직접적으로 결정하지는 못하더라도 '본용언+보조 용언'이 하나의 어휘로 기능할 수 없음을 보여 준다는 점과 '본용언+보조 용언'을 합성 동사로 처리할 수 없음을 보여 준다는 점에서 반례가 될 수 있다. 마지막으로 생성 문법에 기초한 '머리성분 하위범주화설'과 '동사구 껍질 구조설'은 적용 대상이 지나치게 한정적이라는 한계를 갖는다. 이들은 '-기는 하-', '-지 아니하-' 구문 등에서는 문제 없이 설명되는 듯 보이나 '-기'의 처리 문제와 더불어 논항 구조가 달라지는 보조 용언 구문에 대해서는 설명이 불가능하다는 문제를 보인다.

결론적으로 단문 가설은 일부 보조 용언 구문에 대해서는 체계적이고 합리적인 설명 방식인 것처럼 보이지만 설명이 불가능한 구문이 여럿 존재한다는 점, 보조 용언 구문에서 본용언만의 대용에 대해서 설명이 불가능하다는 점 등의 한계를 가진다. 다만, 이것이 보조 용언의 성질을 설명하지 못하는 것인지, 보조 용언 구문이 단문이 아니라고 볼 근거가 되는 것인지, 그렇다면 보조 용언 구문은 복문 구조로 봐야 하는 것인지에 대해서는 좀 더 면밀한 검토가 이루어져야 한다고 할 수 있겠다. 이는 다음에서 복문 가설을 살펴보며 더 논의하도록 하겠다.

2.2. 복문 가설

앞에서는 보조 용언 구문의 구조를 단문으로 파악하는 가설들과 더불어 해당 논의들의 한계를 함께 살펴보았다. 한국어에서 문장의 구조를 구분하는 기준을 이분법적으로 잡자면 단문과 복문으로 나뉠 것인데, 여기서는 보조 용언 구문을 복문으로 파악하는 논의들에 대해 살펴보고자 한다.

먼저 검토해 볼 연구는 김영희(1993)이다. 앞서 김영희(1993)은 김기혁(1987)의 단문 가설을 반박하는 과정에서 언급되었는데, 해당 논의에서는 단문 가설의 반박뿐 아니라 보조 용언 구문을 복문 구조로 볼 수 있는 근거 역시 제시하고 있다. 그 근거는 아래와 같다.

(7) 가. '본용언+보조 용언' 구성의 높은 생산성
     나. 보조 용언의 반복 가능성
     다. 높임의 선어말 어미 '-(으)시-'의 결합 가능 위치
     라. '그리하-'에 의한 대용 및 조응

이 중에서는 (7다)와 (7라)를 살펴볼 만하다. 일반적으로 언급되는 보조 용언의 조건 중에는 선어말 어미 제약이 존재하는데, 선어말 어미 제약

이란 보조 용언 구성에서 본용언의 어간에는 선어말 어미의 연결이 제약
된다는 조건이다(임홍빈·장소원 1995).

(8) 가. 선생님께서는 규칙에 대해 가르쳐 주셨다.
    나. *선생님께서는 규칙에 대해 가르치셔 주었다.
    다. *선생님께서는 규칙에 대해 가르치셔 주셨다.
(9) 가. 선생님, 우리 학교로 꼭 돌아와 주세요.
    나. 선생님, 우리 학교로 꼭 돌아오셔 주세요.
    다. *선생님, 우리 학교로 꼭 돌아오셔 주어요.

보조 용언의 선어말 어미 제약은 (8)과 같이 선어말 어미가 보조 용언에
만 결합 가능함을 보여 준다. 그러나 (9)와 같은 문장을 보면 '본용언+보
조 용언' 구성이라도 본용언에 선어말 어미가 결합할 수 있음을 확인할
수 있다. 또한 대용화에서도 보조 용언의 조건에 어긋나는 모습을 확인
할 수 있다.

(10) 가. 재현이도 옷을 입어 보았고, 승환이도 옷을 입어 보았다.
     나. 재현이도 옷을 입어 보았고, 승환이도 그래 보았다.
(11) 가. 현우도 학교에 뛰어갔고, 태환이도 뛰어갔다.
     나. *현우도 학교에 뛰어갔고, 태환이도 그래갔다.

(10), (11)은 '그리하-'에 의한 대용을 보인 것인데 대개의 보조 용언 구
문은 본용언만 대용 가능하다는 특성을 보인다. 그러나 합성 동사 구문
은 그렇지 않은데, 이를 통해서는 보조 용언 구문이 합성 동사 구문과
대비되는 모습을 확인할 수 있다. 즉, 하나의 어휘로 기능하는 합성 동사
구문과 달리 '본용언+보조 용언' 구성은 그렇지 않다는 것이다. 이는 보
조 용언이 본용언에 의존적이고 둘의 긴밀함을 보인다는 것 외에 문법적

인 역할을 할 수는 없다는 것을 보인다.

복문 가설 역시 생성 문법의 관점에서도 제시된다. 대표적인 가설로는 '동사 이동(포합)설', '재구조화설' 등이 있다. '동사 이동(포합)설'은 어미를 포함한 본용언의 보조 용언으로의 이동을 상정한다. 이 가설은 양인석(1972)와 같은 생성 문법 논의에서도 나타나는데 해당 논의에서는 명사절인 하위 절의 본용언이 상위 절의 보조 용언으로 이동하여 합성을 이룬다는 설명 방식을 취한다. 그러나 '동사 이동(포합)설'을 통해 보조 용언 구문을 설명할 경우, 보편적인 구 구조와는 다른 구조를 설정해야 한다는 점, '본용언+보조 용언'의 문법적 층위를 명확히 설정할 수 없다는 점, 본용언의 보조 용언으로의 이동 동기를 설명할 수 없다는 점 등의 문제가 있다.

다음으로는 '재구조화설'을 살펴볼 수 있다. 먼저 최현숙(1988)을 보기로 한다. 최현숙(1988)의 보조 용언 구문에 대한 재구조화는 아래와 같다.

(12) 가. D-구조는 보조동사를 상위절 서술어로 가지는 복합문 구조로 상정된다.

나. 구조 변화를 초래하지 않고 위첨자지표의 삼투에 의해서 재구조화 영역을 표시하는 '재구조화 변형'이 적용된다.

다. 재구조화 변형의 효과로 중간의 최대투사들은 장벽으로서의 성질을 잃는다.

라. 부정 극어의 허가 조건인 '같은 절 조건'이 만족된다.

(12)의 재구조화의 핵심은 통사적 변형이 일어나지만 구조는 그대로 유지하되 위첨자 지표에 의해 표시된 통사적 영역 내에서 불연속적인 두 머리 성분이 하나의 단위로 포착될 수 있게 한다는 점이다. 이러한 재구조화의 효과는 통사적 과정에서 구성 성분의 변화가 일어나지 않는 다는

것, 의미역 구조에 변화가 일어나지 않는다는 것 등을 꼽을 수 있다.

이선웅(1995) 역시 보조 용언 구문을 재구조화가 일어난 복문 구조로 파악하는데, 다음과 같은 기술을 통해 그 사실을 확인할 수 있다. "보조 용언 구문은 복문으로서의 통사적 양상과 단문으로서의 통사적 양상을 동시에 보이는데 그중에서 부정극어 분포와 관련한 동절 성분 조건을 위반하는 보조 용언 구문은 내포문의 서술어가 모문의 서술어의 지표를 갖게 되어 복합서술어를 형성하는 재구조화 규칙으로 설명할 수 있다." 이에 따르면 보조 용언 구문에서 나타나는 부사형 어미는 보문소이며 보조 용언의 논항으로 기능한다. 그러나 해당 연구 내에서도 기술하듯, 모든 보조 용언 구문을 복문 구조로서 하나의 지위로 설명하는 데에는 무리가 따른다.

보조 용언 구문이 복문이라고 기술되는 데에는 보조 용언에 선행하는 요소가 항상 연결 어미만은 아니기 때문인 이유도 있다. 보조 용언 구문에는 '-아/어, -게, -지, -고'와 같은 연결 어미가 선행하는 보조 용언 구성 외에 ', -(으)ㄹ까, -다, -지'와 같은 종결 어미가 선행하는 보조 용언 구성도 존재한다. 이는 엄정호(1990)에서도 제시한 것처럼 이른바 'SEA(Sentence Ending Auxiliary) 구문'으로 나타나는데, 그 예는 아래와 같다.

> (13) 가. 시험 결과는 정말 알 수 없는 <u>것인가</u> <u>보다</u>.
> 나. 시험 결과는 정말 알 수 없는 <u>것일까</u> <u>했다</u>.
> 다. 시험 결과는 정말 알 수 <u>없다</u> <u>싶다</u>.
> 라. 시험 결과는 정말 알 수 <u>없지</u> <u>싶다</u>.

(13가-라) 네 문장에는 '보다, 하다, 싶다'와 같은 보조 용언이 사용되었는데, 그 앞에 종결 어미가 결합되어 있는 것, 즉 완전한 문장이 나타나

는 것을 확인할 수 있다. 엄정호(1990)에서는 이를 보조 동사 구문이라고
기술하였는데, 이와 같은 '종결 어미+보조 용언' 구성에 참여하는 보조
용언에 대해서는 다양한 견해가 나타난다. 김지은(1998)에서는 이를 양
태 용언이라고 한 바 있으며, 박재연(1999), 박창영(2017) 등에서는 이를
인용 동사로 기술한 바 있다. 물론, 이들은 해당 구문의 구조를 판단하는
데 목적을 둔 것은 아니지만 보조 용언이 아닌 지위를 부여했다는 점에
서 그 구문이 복문이라고 판단했다는 것을 확인할 수 있다.

　보조 용언 구문의 구조에 대해 복문이라는 관점을 취한 연구들을 살펴
본 결과, 보조 용언 구문은 분명히 복문이라고 기술될 여지가 있다고 판
단된다. 그러나 이러한 근거들에도 불구하고 복문 가설은 단문 가설과
유사한 문제를 지니고 있는데, 복문 가설로 설명 가능한 보조 용언 구문
이 한정적이라는 점이다. 즉, 모든 보조 용언 구문을 복문 가설로 설명할
수 없다는 명확한 한계를 가진다. 여기에서 살펴본 연구들 가운데는 이
선웅(1995)에서의 보조 용언 구문의 범위가 가장 넓은데, 그럼에도 불구
하고 이질적인 단위들을 하나의 부류에 넣는 것은 무리가 있다는 점을
확인할 수 있다.

2.3. 이중적 구조 가설

　여기까지 단문 가설과 복문 가설을 검토한 결과, 보조 용언 구문은 단문
구조만으로 설명할 수도 없고 복문 구조만으로 설명할 수도 없다. 이는
어느 하나의 구조를 택일하여 설명할 수 없다는 말과 같다. 그러나 하나의
문법 범주를 설명하는 데 있어 이것이 결론일 수는 없을 것인데, 이러한
고민은 기존 연구들에서도 찾아볼 수 있다. 그 구체적인 결과는 이중적
구조 가설이라는 대안을 통해 확인할 수 있다. 여기서는 보조 용언 구문의
구조를 단문 구조나 복문 구조가 아니라 유형에 따라 단문 구조와 복문

구조를 모두 가질 수 있다고 보는 이중적 구조 가설에 대해 기술하기로
한다. 이중적 구조 가설은 주로 생성 문법 관련 연구를 통해 나타나는데,
이에 대해서는 양정석(2007), 이정훈(2010ㄱ, ㄴ), 허철구(2016) 등을 살펴보
겠다.

　먼저, 양정석(2007)에서는 앞서 복문 가설에 언급된 최현숙(1988)의 가
설에 대해 해당 구조에서 표현되는 의미역 구조는 본동사, 연결 어미,
보조 동사가 결합된 형식이 만드는 것이므로 어느 하나만의 기능이 아니
라고 하였으며 "세 요소가 숙어 단위처럼 결합된 형식이어야 한다."라는
지적을 하였다. 더불어 보조 용언 구문을 주체 높임 선어말 어미 '-(으)
시-'의 결합 가능성, 대동사에 의한 조응, 부정 극어-부정소 공존, 부정
부사 '안'에 의한 선·후행 동사 부정 가능성, 선행 동사와 후행 동사의
상태성 여부 호응 등을 기준으로 A~D형, 크게 네 가지 유형으로 구분하
였다.[4] 이들 가운데 B형은 복문 구조의 특성, D형은 단문 구조의 특성을
가진다. C형은 복문 구조의 특성을 가지는 것으로 분류되지만 복문 구조
와 단문 구조의 특성을 모두 보인다는 점이 특징적이다. 또한 C형이 두
특성을 모두 보이는 것은 재구조화에 의한 것임도 확인할 수 있다.

〈표 1〉 양정석(2007)에서의 보조 용언 구문 유형 분류

유형	보조 용언	예문 및 특성
A형	[보유]: '가지고, 닥아' [추측]: '듯하다, 듯싶다, 법하다' [가치]: '만하다, 직하다'	1) 현대국어에서 사용되지 않음. 2) 다른 보조 용언들과 이질적인 특성을 보여 본래 보조 용언 구문의 설정 취지에 벗어남.

4　이러한 분류는 양정석(2005)에서 처음 기술된 것으로, 이 중 A형은 최현배(1937)에
　서 언급한 [보유]의 보조동사 '가지고, 닥아', [추측]의 보조형용사 '듯하다, 듯싶다,
　법하다', [가치]의 보조형용사 '만하다, 직하다' 등을 이질적인 부류에 해당하는 것으
　로 실제 보조 용언 목록에서 제외되었고, B~D형의 세 가지 유형에 대해 기술했다고
　할 수 있다.

	[희망]: '지다'	
B형	[사동]: '하다, 만들다' [추측]: '보다, 싶다' [당위]: '하다' [진행]: '있다'	예) 영지는 동생에게 책을 읽게 하였다. 예) 정수가 컵을 비우고 있다. 1) 복문 구조의 특성을 보임. 2) 구문적 단위가 어휘 의미에 대응됨.
C형	[부정]: '아니하다, 못하다, 말다' [진행]: '오다, 가다' [종결]: '버리다' [봉사]: '드리다, 바치다' …	예) 학교에서는 연말마다 학생들의 사진을 찍어 왔다. 예) 재성이는 어머니의 부탁을 들어 드렸다. 1) 복문 구조의 특성을 보이는 동시에 단문 구조 의 특성도 보임. 2) 1과 특성이 나타나는 원인은 재구조화에 의한 것이라고 할 수 있음.
D형	[피동]: '지다' [종결]: '나다, 내다' [강세]: '대다'	예) 그 사람들은 가난한 사람들에게만 협박을 해 댔다. 예) 우리는 혈투 끝에 다음 라운드 진출권을 따 냈다. 1) 단문 구조의 특성을 보임. 2) 어휘 단위 내부의 단위들이 재구조화 원리의 적용을 받음.

이정훈(2010ㄱ)은 기본적으로 하나의 표면 어순에는 하나의 구조가 대응
할 수 있지만 그 구조가 여럿일 수도 있음을 인정한다. 또한 이러한 점을
기저에 두고 하나의 표면 어순에 숨어 있는 여러 구조에 대한 가능성을
검토하는 것을 목적으로 한다. 이정훈(2010ㄱ)에서 보조 용언 구문을 이중적
이라고 기술하는 근거 중 첫 번째는 어미가 통합하는 단위이다. 즉 일반적으
로 선어말 어미 '-았/었-', 종결 어미 '-다' 등은 각각 VP와 TP에 통합하는
것이지만 어미가 구뿐만 아니라 V0와 같은 핵에도 직접 통합할 수 있음을
근거로 한다. 또 하나의 근거는 부정의 범위 및 부정 극어의 분포다.

(14) 가. 철수는 사과를 안 깎아 먹었다.

　　　나. 철수는 영이가 안 갔다고 말했다.

(이정훈 2010ㄱ: 324)

(14)에서 (14가)와 (14나)는 부정어 '안'이 미치는 범위가 다르게 나타난다. (14가)에서는 '안'의 범위가 후행 용언까지 미치지만 (14나)에서는 그렇지 않다. 이는 (14나)에는 절 경계가 없는 것이며 (14나)에는 절 경계가 있음을 의미하는 것으로, 그 구조가 다르다는 것을 의미한다. 이정훈(2010ㄱ)은 이러한 구조를 증명하는 과정을 통해 보조 용언 구문의 구조가 이중적임을 검증한다. 하나의 구조는 본용언과 보조 용언 사이의 어미가 VP에 통합하는 것이고 다른 하나는 V0에 통합하는 것이다. 이정훈(2010ㄴ) 또한 보조 용언 구문의 구조가 이중적임을 기술하는데, 그 과정에서 보조 용언 구문에서의 논항 투사 방식을 밝힌다. 이는 보조 용언 구문 가운데에는 논항 구조에 영향을 미치는 것과 그렇지 않은 것이 있기 때문이다.

허철구(2016) 역시 보조 용언 구문의 구조에 대해 단문 구조라는 주장과 복문 구조라는 주장이 대립되지만 사실은 두 구조를 모두 가진다는 점을 기술하는 논의이다. 허철구(2016)에서는 앞서 살펴본 이정훈(2010ㄱ, ㄴ)의 이중적 구조 가설 논의가 부사어의 수식 영역이나 부정 극어의 인허 현상을 통해 인정될 수 있음을 기술한다. 동시에 그 이중적 구조는 본질적으로 화자의 관점에서 표현 의도에 따라 선택되는 것임을 밝혔다는 점에서 의의를 갖는다. 이를 통해 보조 용언 구문의 구조가 이중적이라는 점뿐만 아니라 그 구조가 유동성을 갖는다는 점, 나아가 이중성의 정도성에도 차이가 있다는 점을 확인한다. 이러한 정도성 차이는 보조 용언 구성이 문법화가 진행되는 과정에 있으며 문법적 기능 내에서 서술성을 가지는 단위임을 전제로 확인할 수 있는 것이다. 또한 이러한 현상이 화자의 인식에 반영되어 있으며 그 인식의 변화 역시 하나의 구조를 선택하는 데 반영된다는 것을 기술한다. 양정석(2007), 이정훈(2010ㄱ, ㄴ) 등이 통사적인 구조, 현상 등에 중점을 두고 보조 용언 구문 구조의 이중성을 검증한 것이라면 허철구(2016)은 다른 시각에서 이를 검증한 것이라 할 수 있겠다.

여기에서는 보조 용언 구문의 구조가 단문 구조인지, 복문 구조인지 검토하는 과정과 더불어 이중적 구조를 가질 수 있음을 확인하고자 하였다. 단문 가설과 복문 가설을 모두 검토한 결과, 각각의 가설들은 저마다 의의를 갖지만 보조 용언 구문 전반을 하나의 이론으로 설명하기에는 무리가 있다는 점을 확인할 수 있었다. 이에 대한 대안으로는 보조 용언 구문이 이중적 구조를 갖는다고 기술하는 것일 텐데, 이를 바탕으로 이중적 구조 가설도 검토하였다. 보조 용언 구문의 구조에 대하여 '단문 구조도 복문 구조도 아니다.'라는 결론을 내릴 것이 아닌 이상, 이중적 구조를 갖는다고 보는 것이 논리상 자연스러울 뿐만 아니라 위의 이중적 구조 가설에 대하여 보조 용언 구문의 구조가 이중적일 수 있다는 점을 충분히 검증하였다고 판단된다. 따라서 여기서는 이를 받아들여 3절에서는 보조 용언 구문의 구조별 특성을 개별적으로 살펴보고자 한다. 또한 그 과정에서는 앞선 기술에서 미비했던 이중적 구조 가설에 대한 기술을 덧붙일 것이다.

3. 보조 용언 구문의 구조별 특성

앞선 내용을 검토한 결과, 보조 용언 구문은 이중적 구조를 가진다는 점을 다시 확인할 수 있었다. 여기서의 '이중적 구조'는 개별 보조 용언이 보이는 구문에 따라 단문 구조나 복문 구조를 가질 수 있다는 것을 의미하는 것이다.[5] 즉, 보조 용언 구문은 개별 보조 용언이 취하는 구문의 특성에 따라 단문의 특성을 보이는 것과 복문의 특성을 보이는 것,

그리고 같은 보조 용언 구문 내에서 단문과 복문의 특성이 모두 나타나는 것으로 분류할 수 있다.[6] 보조 용언 구문이 단문 구조일 경우, 보조 용언은 본용언에 결합하여 하나의 성분을 이루는 것이고 복문 구조일 경우, 보조 용언이 본용언이 결합한 절을 내포절로 갖는 구조인 것이며 이중적 구조는 하나의 보조 용언 구문 내에서 이 두 구조가 모두 가능한 것이다.

여기에서는 들어가기에서 밝힌 바와 같이 보조 용언 구문의 유형에 따라 개별 보조 용언 구문들의 구조와 특성을 기술하고자 한다. 또한 선행 연구에서 다루지 않은 개별 보조 용언 구문 역시 함께 살펴볼 필요가 있는데, 해당 단위들은 보조 용언의 조건을 만족하는지 검증을 거쳐 다루고자 하며 문법화 단계에 의해 나타나는 특성 역시 함께 기술할 것이다.

3.1. 단문 구조의 보조 용언 구문

앞서 2절에서는 단문 가설과 함께 복문 가설, 이중적 구조 가설을 함께 살펴보았는데, 단문 구조를 취하는 보조 용언 구문은 보조 용언이 논항 실현에 아무런 영향을 미치지 않는 경우에 해당된다. 주로 문법화가

5　보조 용언 구문의 이중적 구조에 대해서는 이러한 관점 외에도 각 보조 용언 구문이 갖는 심층 구조와 표층 구조로 보는 관점도 존재한다. 그러나 여기서는 개별 보조 용언 구문이 결합 논항으로 인해 내부적으로 갖는 이중적 구조가 아닌 단문, 복문, 이중적 구조 여부에 중점을 두고 내용을 기술하기로 한다.

6　이정훈(2010ㄱ)에서는 보조 용언 구문의 구조에 대해 일차적으로 '핵 성분 가설', '단문 가설', '복문 가설' 등 세 가지로 나누고, 이차적으로는 연결 어미가 통합하는 단위가 XP인지 X0인지에 따라 두 가지 구조로 그 가능성을 제시한다. 전자는 '복문 가설'에 해당하는 것이고, 후자는 '핵 성분 가설'에 해당하는 것이다. 그런데 연결 어미가 X0에 결합하는 '핵 성분 가설'의 구조는 보조 용언 자체가 문장에서 핵이 되어야 하므로 명확히 설명할 수 없는 문제가 생긴다. 또한 이 경우는 구조 자체가 단문의 구조를 가지는데, 이러한 이유로 여기에서는 '핵 성분 가설'을 따로 구분하지 않고 단문 구조로 보고자 한다.

다른 보조 용언에 비해 더 진행된 보조 용언 구문이 이에 해당하는데, '-아/어지-', '듯하-' 등의 보조 용언 구성이 결합한 구문이 그 대표적인 예라고 할 수 있다.[7] 여기에서는 '-아/어지-', '듯하-' 등의 개별 구문의 단문 구조적 특성을 문법화와 연관 지어 기술해 보고자 한다.

먼저, '-아/어지-' 구문을 살펴보기로 한다. '-아/어지-'는 그 형태에서도 알 수 있듯, 본래 연결 어미 '-아/어'와 보조 용언 '지-(〈디-)'가 결합한 구성이었으나 문법화를 거쳐 하나의 보조 용언이 된 것이다. 이러한 특성은 기존 연구들에서도 언급하고 있는데, 특히 호광수(2003)을 살펴볼 만하다. 호광수(2003)은 보조 용언의 문법화에 대해 다루는데, 문법화를 "자립적인 형태소가 의존적인 형태소로 변하는 전반적인 현상"이라고 정의하였으며 자립적인 본용언이 의존적인 보조 용언이 되는 과정을 거쳐 접어, 문법소로 발전하는 과정이 그것이다.[8]

(15) 가. 서로의 연락이 뜸해 지면 서로의 감정도 약해 진다는 걸 알아야 한다.

나. 약을 먹고 나니, 밥이 잘 먹어졌다.

다. 그 신발을 신으니 잘 달려진다.

라. 며칠간 공사 끝에 통행로가 넓어졌다.

(15)를 통해 실제 용례를 확인할 수 있다. (15가)는 문법화가 진행되기 이전 보조 용언 '지-'의 용례이며 (15나-라)는 '-아/어지-'로의 문법화가 이루어진 후의 용례이다. (15가)는 전형적인 보조 용언으로서의 특징이

---

7 '듯하-'와 유사한 것으로 '만하-', '듯싶-' 등의 '의존 명사+보조 용언' 구성도 제시되나 그 결합 구조가 유사하다고 보아 여기서는 '듯하-'만을 논의 대상으로 한다.

8 손세모돌(1996), 호광수(2003) 등에서는 '지-'가 문법화의 여러 단계 중 보조 용언이 되는 단계를 지나 접어가 되는 단계에 접어들었다고 기술한다.

나타난다. 그러나 (15나–라)는 보조 용언 '지–'를 공시적으로 분석하기 어려워, '–아/어지–'가 하나의 구성이 된 것을 확인할 수 있다. 여러 문법화 논의에 따라 이때의 '지–'를 분석한다면 접어로[9] 분석할 수 있을 것이다. 또한 이때의 구조는 '–아/어지–'가 용언(V)에 결합하여 VP를 형성하는 것으로서 논항 구조가 달라지지 않는 단문 구조로 파악할 수 있다.

이러한 특성은 '듯하–' 구문에서도 확인할 수 있다. '듯하–'는 '–아/어지–'와 달리 연결 어미가 아닌 '추측'의 의미를 나타내는 의존 명사 '듯'에 '하–'가 결합한 형태를 띤다. '듯하–'는 '–아/어지–'에 비해서는 그 정도가 약하지만 역시 문법화가 진행됨에 따라 하나의 형태로 굳어진 것이라 할 수 있다. 일부 논의에서는 '듯하–' 구문의 구조를 두 가지로 기술하기도 하는데 그 둘은 '하–'의 의미에 의해 구분된다.[10] 이는 아래에서 살펴보기로 한다.

(16) 가. 어머니는 금방이라도 무슨 말씀을 꺼내실 듯했다.[추측]
나. 어머니는 금방이라도 무슨 말씀을 꺼내실 듯 했다.[의지]

(16가, 나)는 모두 '듯'과 '하–'의 결합을 보이는데, 그 의미와 구조는 다르다. 이는 기본적으로 '하–'의 지위가 다르기 때문인데, (16가)의 '하–'가 어휘적 의미를 갖지 않는 것이라면 (16나)의 '하–'는 어휘적인 의미를

---

9   여기서 접어란 다른 단어에 의존해서 나타나지만 통사적으로 단어처럼 쓰이는 형태소를 가리킨다. 즉, 접사와 유사한 특성을 보이지만 그 기능은 단어와 더 가깝다고 할 수 있다.

10 이러한 점으로 인해 '듯하–' 구문이 이중적 구조를 가지는 것이라 기술할 수도 있겠으나 여기서 밝히는 것과 같이 '의지'의 의미가 나타나는 '듯#하–'는 문법화가 이루어진 '추측'의 '듯하–' 구문과 구분되므로 그 근거를 밝히고 '듯하–'에 대해서만 기술하기로 한다.

갖는 것이다. 이로 인해 (16나)는 엄밀한 의미에서 '듯하-' 구문으로 볼 수 없으며 (16가)만을 '듯하-' 구문으로 볼 수 있다. 따라서 여기에서 기술하고자 하는 '듯하-' 역시 (16가)와 같은 형태의 '듯하-'만이 해당된다.

위에서 살펴보았듯, '듯하-' 구문에서 '하-'는 어휘적인 의미를 갖지 않으며 논항 역시 실현하지 않는다. 즉, 해당 구문의 논항은 선행 용언의 논항으로만 분석이 가능하다. 이는 곧 '듯하-' 구문 역시 '-아/어지-' 구문과 같이 우리가 살펴보는 보조 용언 구문의 구조 중 단문 구조로 볼 근거가 된다.

위에서는 두 구문을 논항과의 무관성을 통해 설명하였는데, 이들은 그뿐만 아니라 내적 비분리성, 대용화 불가, 생략 제약 등의 특징을 보인다는 점에서 또한 단문 구조를 갖는 보조 용언 구문임을 확인할 수 있다. 더불어 2절에서 제시한 '머리성분 하위범주화설', '동사구-껍질 구조설'로의 설명 역시 가능하다. 특히 '듯하-' 구문과 관련하여서는 '듯' 뒤에 보조사가 결합하는 '듯도 하-, 듯은 하-'의 경우를 단순히 구조가 다르다는 설명뿐 아니라 해당 보조사가 다른 머리 성분을 갖는다는 것으로 설명 가능하다는 점에서 그 의의를 찾을 수 있다.

3.2. 복문 구조의 보조 용언 구문

복문 구조의 보조 용언 구문은 해당 구문이 단문으로 해석될 여지가 거의 없거나 이중적인 구조를 보이지 않는 경우이다. 또한 모절과 내포절의 주어가 달라 다른 논항 구조를 보인다. 복문 구조를 취하는 보조 용언 구문은 주로 '종결 어미+보조 용언' 구문, '-게 하-' 구문이 해당된다.

먼저, '종결 어미+보조 용언' 구문을 살펴보면, 그 개별 보조 용언에는 '싶다, 하다, 보다' 등이 있다. 이들은 전통적으로 기술되어 온 보조 용언과 달리 선행 요소로 종결 어미를 취하는 것이 특징적이다. 그럼에도 불구하고 본용언에 대한 의존성은 여전히 남아 있으며 각 보조 용언마다 취할 수 있는 선행 종결 어미가 다르다.

<표 2> '싶-', '보-', '하'에 선행 결합 가능한 종결 어미

보조 용언	선행 결합 종결 어미	예문
싶-	-다, -지, -(으)련만 / -(으)ㄴ가, -(으)ㄹ까, -나, -(으)냐, -(으)랴 / -구나, -(리)라, -(아/어)라, -네 등	어제는 원고를 쓰느라 너무 무리한다 싶었다. 남은 과제를 오늘은 끝낼 수 있을까 싶다. 쉽지 않겠구나 싶어 우선 밥부터 먹었다.
보-	-다 / -(으)ㄴ가, -(으)ㄹ까, -나 등	며칠 동안 무리를 하다 보니 몸이 아프다. 이러다가 몸이 더 상할까 봐 그게 걱정이다.
하-	-다, -지, -(으)련만 / -(으)ㄴ가, -(으)ㄹ까, -나, -(으)냐, -(으)랴 / -구나, -(리)라, -(아/어)라, -네 등	어쩐지 글을 너무 빨리 쓴다 했다. 이 사실을 알리고 이제는 정말 포기할까 한다. 그래도 꼭 끝내리라 하는 생각에 다시 자리에 앉았다.

이들은 대개 단문 구조가 아니라고 기술된다. 그 이유는 '싶다, 하다, 보다'가 완전한 문장을 보문으로 취하기 때문이다. 또한 연결 어미를 선행 요소로 취하는 구문과 달리 연결의 기능이 없는 종결 어미를 취한다는 점이 단문 구조로 나타날 수 없는 근거가 되며, 선어말 어미 결합이 자유롭다는 통사적 특성은 '싶-, 보-, 하-'가 본용언과 하나의 단위를 이룰 수 없게 한다는 점에서 역시 단문 구조로 나타날 수 없음을 확인시켜 준다. <표 2>에서 볼 수 있듯 '싶다, 하다, 보다'는 보조 용언으로 분류됨에도 불구하고 하나의 독립된 서술어로 기능한다. 아래에서는 예문을 통해 이들을 복문 구조라고 볼 수 있는 특성들을 살펴보겠다.

(17) 가. 아무도 회비를 안 낼까 싶었다.
　　　나. *아무도 회비를 낼까 싶지 않았다.

(18) 가. 아무도 회비를 안 낼까 봐 걱정이었다.

　　　나. *아무도 회비를 낼까 보지 않아 걱정이었다.

위 (17)은 종결 어미 뒤에 '싶-', (18)은 종결 어미 뒤에 '보-'가 결합한 것이다. (17)과 (18)에서는 공통적으로 부정 극어가 사용되었는데, 부정 극어는 기본적으로 문장 혹은 절 내에 부정어를 갖는다는 특성이 있다. 그런데 (17나)와 (18나)를 통해 '종결 어미+싶-/보-'는 부정 극어 '아무도'가 부정어와 호응이 이루어지지 않음을 알 수 있다. 이는 곧 단문으로의 재구조화가 불가능하다는 것을 의미한다. 또한 (17)과 (18)에서 '싶-'과 '보-'는 일반적인 보조 용언이 생략 불가능한 것과 달리 생략이 가능하다는 특성을 보인다. 이는 종결 어미 뒤에 결합하여 발생하는 특성으로, 이를 통해 해당 구문이 기존 보조 용언과 구분된다는 점을 확인할 수 있다. 이러한 점으로 인해 '싶다, 하다, 보다'는 문법적 지위가 명확하지 않아 논의의 대상이 되기도 한다.

　그러한 논의의 하나로 이들을 인용 구문으로 보는 관점이 있다. 대표적으로는 박재연(1999)를 들 수 있다. 박재연(1999)는 종결 어미 뒤에 보조 용언이 결합하는 이른바 'SEA(sentence ending auxiliary) 구문'에 대해 기술한 것으로 그 예로 '싶-', '보-', '하-'를 다룬다. 위에서 언급한 것과 같이 박재연(1999)에서는 '싶-', '보-', '하-'가 완전한 문장을 보문으로 취하는 점을 기술하며 '종결 어미+싶-/보-/하-' 구문의 문법적 지위를 제시한다.[11] 구체적으로 SEA '싶-' 구문은 내적 사유에 대한 직접 인

11　박재연(1999)에서는 종결 어미 뒤에 결합하는 '싶-'의 경우, 내적 사유에 대한 직접 인용으로 인용 조사의 통합을 허용하지 않는다는 점, '하-'의 경우 인용 동사와 보조 용언의 차이를 갖지 않는다는 점, '보-'의 경우 문법화가 진행된 것으로 볼 수 있다는 점 등을 함께 기술한다.

용 구문인 점, SEA '하-' 구문은 인용 동사 '하-'와의 차이를 갖지 않는 다는 점, SEA '보-' 구문은 문법화가 진행되었지만 인용 구문의 성격을 일부 가지고 있다는 점 등을 확인할 수 있다. 개별 보조 용언에 대해 다룬 연구에서도 이러한 관점을 확인할 수 있다. 박창영(2017), 박혜진 (2020) 등을 참조할 수 있다. 박창영(2017)에서는 SEA '싶다'가 보조 용언과 통사적 양상에서 보이는 차이를 바탕으로 해당 구문이 내적 인용을 나타내는 것임을 기술하였으며, 박혜진(2020)에서는 종결 어미 '-을까' 뒤에 '보-'가 결합하는 구성의 기능을 '인용'으로 파악함으로써 해당 구문이 인용 구문임을 보인다. 이와 같이 종결 어미 뒤에 '싶-', '보-', '하-' 등이 결합하였을 때, 이를 인용 구문으로 파악한다는 것은 모문이 인용절을 내포하고 있다는 것인데, 내포는 곧 해당 구문의 구조가 복문 구조임을 뜻한다.

다음으로는 '-게 하-' 구문을 살펴보기로 한다.[12] '-게 하-'는 한국어에서 주로 '사동'을 나타내고 그 구성상 장형 사동을 나타내는 구문이라 기술된다. '-게 하-' 구문의 예는 아래와 같다.

(19) 가. 사장은 직원들에게 휴일에 일하<u>게</u> 했다.
　　　나. 사장은 직원들을 휴일에 일하<u>게</u> 했다.
　　　다. 사장은 직원들이 휴일에 일하<u>게</u> 했다.

'-게 하-' 구문은 (19)에서 볼 수 있는 것과 같이 여격형, 대격형, 주격형으로 나타난다.[13] 그러나 그것과 관계없이 '-게 하-'에 선행 결합하는

12　유사한 구조로 '-게 만들-', '-게 생기-' 등도 살펴볼 수 있는데, 해당 구문에서 '만들-'과 '생기-'는 본용언으로서의 의미가 비교적 많이 남아 있다고 보아 여기서는 '-게 하-'를 위주로 기술한다.

단위는 절이므로 복문 구조라고 할 수 있다. 그 사실은 부정소 '안'과 선어말 어미 '-(으)시-'의 결합 가능 위치에 의해 증명된다.

(20) 가. 사장은 직원들{에게/을/이} 휴일에 안 일하게 <u>했다</u>.
　　 나. 사장은 직원들{에게/을/이} 휴일에 일하게 안 했다.
(21) 가. 주방장께서 손님들을 식사를 하게 하셨다.
　　　주방장이 손님들께 식사를 하시게 했다.
　　　주방장께서 손님들께 식사를 하시게 하셨다.

(20)은 (19)에 부정소 '안'이 결합하여 부정문을 만든 것이다. 이를 보면 '-게'에 결합한 내포절 동사와 '하다' 모두 부정이 가능한데, 이는 각각이 다른 서술어로 기능함을 나타낸다. 또한 (21)에서는 내포절 동사와 '하다'에 모두 '-(으)시-'가 결합 가능한데, 이 역시 각각의 주어가 따로 나타남을 의미하는 것으로 복문이라는 증거가 된다.

　이처럼 '종결 어미+보조 용언' 구문과 '-게 하-' 구문 등은 개별 보조 용언과 본용언이 통사적으로 분리되어 있음을 확인할 수 있다. 따라서 이들은 단문 구조로는 설명이 불가능한 구조를 보여, 여기서 살펴본 보조 용언 구문의 구조 중 복문 구조를 취하는 것이라 볼 수 있겠다.

3.3. 이중적 구조의 보조 용언 구문

　마지막으로 살펴볼 유형은 이중적 구조를 보이는 보조 용언 구문이다. 2절에서 기술하였듯, 이 유형은 단문 구조나 복문 구조만으로는 설명이 불가능한 유형이다. 그 말인즉슨, 단문 구조로도 복문 구조로도 설명이

13　'-게 하-' 구문은 논의마다 그 기저 구조가 무엇인지 달리 나타나기도 하는데, 여기서의 주된 논의는 각주 5에 제시한바, 복문이라는 데 중점을 두고 기술하기로 한다.

가능한 유형이라 할 수 있다. 여기에 해당하는 보조 용언 구문은 해당 보조 용언이 보조 용언임에도 불구하고 논항 구조에 영향을 미치는 등 전형적인 보조 용언과 다른 모습을 보이는 게 특성이다. 이중적 구조를 보이는 보조 용언 구문은 보조 용언의 전형적인 결합 양상인 '연결 어미+보조 용언' 구문에서 주로 나타난다. 다만, 모든 '연결 어미+보조 용언' 구문을 이중적인 것이라고 할 수 있는 것은 아니다. 여기서 살펴볼 예는 '-고 싶-', '-아/어 주-', '-아/어 버리-' 등이다.

먼저, '-고 싶-' 구문에 대해 살펴보기로 한다. '-고 싶-' 구문에서 이중적 구조를 발견할 수 있는 이유는 첫째, '-고 싶-' 구문 내에서 '이/가' 조사구가 나타나기 때문이고 둘째, 부사어 수식 영역의 차이 때문이다. 이는 아래 예문을 통해 보기로 한다.

> (22) 가. 나는 그것을 알고 싶다.
>   가′. 나는 그것이 알고 싶다.
>   나. 나는 영화관에 가고 싶다.
>   나′. 나는 영화관이 가고 싶다.

(22가, 나)는 전형적인 '-고 싶-' 구문의 예이다. '싶-'에 선행 결합한 본용언의 논항에 따라 (22가)에서는 목적격 조사가 쓰인 목적어가, (22나)에서는 부사격 조사가 쓰인 부사어가 나타난다. 이는 '본용언+보조 용언'이 하나의 성분을 이루는 단문 구조를 보이는 것이다. 그런데 문제는 이와 달리 (22가′, 나′)에서는 '이/가'가 결합한 조사구가 나타난다는 것이다. 이러한 '-고 싶-' 구문에 대해서는 '이/가'의 지위가 무엇인지에 따라 구문의 범주를 파악하는 논의와 '-고' 절을 보조 용언 '싶-'의 내포 절로 보아 '-고 싶-' 구문의 논항 구조가 이중적이라고 보는 논의 등이 존재한다. 여기서는 (22가, 나)에서 나타나는 구조는 본용언과 '싶-'이

하나의 성분을 이루는 단문 구조인 것이 비교적 명확하므로 (22가′, 나′)
의 구조에 대해 좀 더 자세히 살펴보고자 한다.

'-고 싶-' 구문에 나타나는 '이/가' 조사구에 대하여서는 여러 관점이
존재하는데, 여기서는 해당 조사구의 성분을 검증하는 것이 주된 목적이
아니므로 몇몇 가능성에 대해 아래에서 간단히 언급하는 것으로 대신하
고자 한다. 우선, 이를 주어로 볼 가능성이 있다. 그 근거는 관계화가
가능하다는 것인데, 이를테면 '내가 알고 싶은 그것'과 같다. 이는 보편
적인 주어가 보이는 특성과 일치한다. 다만 본용언이 타동사임을 고려하
면 두 필수 논항 중 '그것'뿐 아니라 '나'를 통한 관계화도 가능하여 꼭
'그것'을 주어라고 볼 명확한 근거가 되지 못한다는 비판이 가능하다. 다
음으로는 보어로 볼 가능성이 있다. '-고 싶-' 구문의 의미는 주로 '희
망'으로 나타나는데, 이는 심리 형용사 구문과 유사하다. 이에 심리 형용
사에서 보어로 나타나는 '이/가' 조사구의 성격과 '-고 싶-'에서 나타나
는 '이/가' 조사구가 유사하다는 점에서 그 성분을 보어로 볼 수 있다.
그러나 이 역시 '-고 싶-' 구문에서 '이/가' 조사구의 실현이 필수가 아
니라는 점에서 비판을 받기도 한다.

'이/가' 조사구의 성분과 별개로 '-고 싶-' 구문의 복문으로서의 가능
성은 부사어의 수식 영역을 통해서도 검토해 볼 수 있다. 허철구(2016)에
서도 이에 대해 기술하는데, 허철구(2016)에서 지적하는 바는 문법성의
비대칭성이다.

(23) 가. 나는 [책을 소리 내어 읽고] 싶다.
　　　가′. *나는 책이 소리 내어 읽고 싶다.
　　　나. 나는 책을 무척 [읽고 싶다].
　　　나′. 나는 책이 무척 읽고 싶다.　　　　　　　　　(허철구 2016)

(23)은 '을/를' 조사구가 나타나는 경우와 '이/가' 조사구가 나타나는 경우 문법성의 차이가 있음을 보이는 것이다. 허철구(2016)에서 핵심적으로 지적하는 바는 '-고 싶-' 구문이 단문 구조이든 복문 구조이든 이러한 문법성의 차이는 설명할 수 없다는 점이다. 그 근거로는 명사구 이동이 부가어에 의해 제약을 받는 것이 증명될 수 없다는 점을 든다. 이는 위에서 살펴본 '이/가' 조사구의 성분이 무엇이든 해당되는 것으로 '-고 싶-' 구문이 이중적 구조를 띤다는 점을 증명한다.

'-아/어 주-' 구문 역시 구조적 이중성을 확인할 수 있다. '주-'는 대부분의 논의에서 보조 용언으로 기술됨에도 불구하고 전형적인 보조 용언과는 달리 논항 구조가 이중적으로 나타난다.

> (1) 가. 원진이는 은이를 옷을 <u>사</u> 주었다.
>   나. 원진이는 은이에게 옷을 <u>사</u> 주었다.

앞서 (1)을 언급한 바 있는데, 보다시피 (1가)에서는 '를'이 결합한 목적어가 나타나는데, (1나)에서는 '에게'가 결합한 부사어가 나타난다. 이는 보조 용언 '주-'가 논항에 영향을 미치는 것이라 해석할 수 있다. (1나)에서는 본용언의 논항과 보조 용언의 논항이 모두 실현된 것이라 할 수 있는데, 본용언의 논항으로 실현된 것이 '옷을' 목적어라면 보조 용언의 논항으로 실현된 것이 '은이에게' 부사어이다. (1가)를 본용언과 보조 용언이 하나의 성분을 이루는 단문 구조로 파악한다면, (1나)는 보절을 갖는 복문 구조로 파악할 수 있을 것이다. 이러한 원인으로는 '싶-'이 본용언이 없이 보조 용언만 존재한다는 특이성을 갖는 것과 달리 보조 용언 '주-'는 본용언에서 문법화한 것인데, 본용언의 성질이 아직 남아 있는 것이라고 볼 수도 있다. 일부 '-아/어 주-' 구문에서는 '에게' 논항이 성립하지 않는 경우도 있는데, 이러한 차이 역시 '주-'의 문법화 정도에 따라 나타나는 차이라 할 수 있겠다.

한편, 대용화 현상을 통해서도 보조 용언 구문의 이중성을 검증할 수 있다. 이정훈(2010ㄱ)에서는 보조 용언 구문의 이중성이 대용화 현상의 다양성과 연관된다는 것을 밝힌다. 이정훈(2010ㄱ)에 따르면 "대용은 성분성(constituency)을 바탕으로 작동하고 보조 용언 구문의 대용 현상도 가능한 성분구조에 따라 한 가지 유형이 아니라 다양한 유형으로 나타나며, 본용언과 의존 관계를 형성해야 하는 보조 용언의 특성상 구조적으로 보장되는 대용 현상 가운데 일부는 제약되는 것이다."라고 기술한다. 또한 보조 용언 구문의 대용 현상을 크게 네 가지(본용언 대용, 보조 용언 대용, '본용언+보조 용언' 대용, '논항+본용언' 대용)로 유형으로 나누는데, 이 중 '본용언+보조 용언' 대용, '논항+본용언' 대용이 보조 용언 구문의 이중적 구조와 관련된다. 이는 '-아/어 버리-' 구문을 통해 확인해보기로 한다.

(24) 가. 용수는 빵을 먹어 버렸고, 호철이도 빵을 먹어 버렸다.
　　 나. 용수는 빵을 먹어 버렸고, 호철이도 빵을 <u>그랬다</u>.
　　 다. 용수는 빵을 먹어 버렸고, 호철이도 <u>그래</u> 버렸다.

(24가)에는 '-아/어 버리-'가 쓰인 문장이 제시되어 있다. (24나)는 (24가)의 '-아/어 버리-'가 하나의 성분을 이루는 단문 구조를 보여 주는 것이고 (24다)는 복문 구조를 보이는 것이다. 지금까지 계속해서 기술한 대로 본용언과 보조 용언이 하나의 성분을 이룬다는 것은 그 구문이 단문 구조임을 나타내는 것인데, (24나)에서 본용언과 보조 용언이 함께 대용됐다는 것은 '본용언+보조 용언'이 하나의 성분임을 의미하는바, 단

문 구조로 볼 수 있음을 의미한다. 또한 (24다)는 (24나)와 달리 본용언이 논항과 함께 대용되어 보조 용언은 대용되지 않는 것을 확인할 수 있는데, 이는 본용언과 보조 용언이 하나의 성분을 이루지 않음을 의미하는바, 복문 구조로 볼 수 있음을 의미한다. 결론적으로 '-아/어 버리-'는 이러한 대용화를 통해 그 이중적 구조가 증명되는 것이다.

서정수(1994/1996)에서는 보조 용언의 특성을 다음과 같이 기술한다.

> (25) 가. 보조 용언은 특정한 문법 형태를 매개로 하여 주용언과 밀접한 관계를 가지고 결합한다.
> 나. 주용언과 보조 용언 사이에는 그런 문법 형태 말고는 딴 낱말이나 문법 형태가 끼어들지 못하는 만큼 그 결합 관계가 매우 긴밀하다.
> 다. 보조 용언은 주용언의 서술 기능을 돕는다.
> 라. 보조 용언은 고유한 의미 기능을 가진 낱말 범주에 속한다.
> 마. 보조 용언은 서술 보조소나 접속 기능소 따위를 지탱하는 구실을 한다.

이는 보조 용언의 구조가 이중적임을 직접적으로 기술한 것은 아니지만, 보조 용언 구문의 구조가 단문 구조이든 복문 구조이든 모두 해당되는 특성이다. 이러한 특성과 더불어 3절에서 살펴본 단문 구조의 보조 용언 구문('-아/어지-', '-듯하'), 복문 구조의 보조 용언 구문('종결 어미+보조 용언', '-게 하-'), 일부 '연결 어미+보조 용언'의 특성을 고려해 보았을 때 보조 용언 구문이 이중적 구조를 갖는다는 점을 확인할 수 있었다.

4. 나가기

이상으로 보조 용언 구문의 구조에 대해 살펴보았다. 보조 용언 구문의 구조는 크게 세 가지로 나눌 수 있는데, 단문 구조와 복문 구조, 그 두 구조의 특성을 모두 보이는 이중적 구조가 그것이다. 여기에서는 이러한 유형에 따라 기존 연구들에서의 가설들을 살펴보고, 보조 용언 구문 구조별 특성과 함께 우리 책에서 제시하는 보조 용언 구문들을 실례로 하여 그것을 검토해 보았다. 이를 전반적으로 정리하면 아래와 같다.

먼저, 보조 용언 구문의 구조를 단문 구조로 보는 관점에서의 핵심은 본용언(V_1)과 보조 용언(V_2)가 하나의 성분을 이룬다는 것이다. 즉, '본용언+보조 용언'이 하나의 용언처럼 기능한다는 것이다. 이는 논항 구조나 대용화 등을 통해 확인할 수 있다. 보조 용언 구문을 단문으로 보는 관점에서는 '본용언+보조 용언'을 합성 동사로 처리하기도 한다. 이 역시 하나의 성분이라는 점에서 앞의 관점과 비슷하지만 보조 용언을 공시적으로 분석해 낼 수 없다는 차이가 있다. 생성 문법의 관점에서도 단문 구조와 관련한 가설을 확인할 수 있었다. '머리성분 하위범주화(X0-subcategorization)설'과 '동사구-껍질(VP-shell) 구조설'이 그것이다. 머리성분 하위 범주화설은 머리 성분이 보충어와 다른 머리 성분을 하위 범주화할 수 있다는 것을, 동사구-껍질 구조설에서는 하위 성분인 것을 상위 성분으로 위치 이동시키는 과정 등을 통해 일부 구문을 동사구 껍질 구조로 분석할 수 있다는 것을 주된 논의로 한다.

단문 구조로 나타나는 보조 용언 구문으로는 '-아/어지-', '듯하-'를 살펴보았다. 이들은 본래 하나의 단위가 아니었던 것이 문법화를 통해 하나의 단위로 굳어진 것들이다. 따라서 이들은 통시적 관점에서는 분석이 가능하지만 공시적으로는 분석해 낼 수 없다는 특징을 보인다. 이를 통해 볼 때 보조 용언 구문이 단문 구조로 해석되기 위해서는 대개의 보조 용언에 비해 더 많은 문법화 단계를 거쳐야 함을 알 수 있다.

보조 용언 구문의 구조를 복문 구조로 보는 관점에서는 보조 용언이 본용언이 결합한 절을 내포절로 갖는다는 것이 그 핵심이다. 한국어에서 모절과 내포절이 있다는 것은 곧 복문임을 나타내는데, 이는 보조 용언 구문에서도 마찬가지이다. 또한 이러한 관점에서는 기존에 보조 용언의 특성이라고 제시되는 것들을 반박하는 과정을 통해 그 구조가 복문임을 보이기도 한다. 생성 문법의 관점에서는 '동사 이동(포합)설', '재구조화설' 등을 제시한다. '동사 이동(포합)설'은 어미를 포함한 본용언의 보조 용언으로의 이동을 상정한다. 또 재구조화설에서는 보조 용언 구문의 통사적 양상이 복문 구조로 재구조화됨을 상정한다. 보조 용언 구문 가운데는 연결 어미가 아닌 종결 어미가 선행하기도 하는데, 이 경우에는 완전한 문장이 보문으로 실현되기 때문에 복문 구조로 해석되기도 한다.

　복문 구조로 나타나는 보조 용언 구문으로는 '종결 어미+보조 용언('싶-, 보-, 하-')'과 함께 '-게 하-' 구문을 살펴보았다. '종결 어미+보조 용언'의 경우 개별 보조 용언마다 선행 결합 가능한 종결 어미의 차이는 있지만 각 보조 용언이 완전한 문장을 보문으로 취한다는 공통적인 특성이 있다. 또한 '-게 하-' 구문 역시 '하-'가 '-게'가 결합하는 절을 선행 요소로 취하므로 단문 구조가 아닌 복문 구조로 나타나는 것을 파악할 수 있었으며, 이는 부정소와 '-(으)시-'의 결합 양상을 통해 증명하였다.

　마지막으로 보조 용언 구문의 구조를 이중적 구조로 보는 관점은 생성 문법에서 주요하게 제시된 것이다. 앞서 살펴보았듯이 보조 용언 구문은 단문 구조 가설과 복문 구조 가설 중 어느 하나로만 설명하는 것이 불가능하다. 이는 각 구조에 해당하는 개별 보조 용언 구문이 다르기 때문도 있지만 단문 구조와 복문 구조 모두로 설명 가능한 구문도 있기 때문에도 그러하다. 즉, 하나의 보조 용언 구문이 '본용언+보조 용언'을 하나의 성분으로 취할 수도 있고 보조 용언이 본용언이 결합한 절을 내포절로 취할 수 있다고 해석 가능한 것이다.

이에 대해서는 '-고 싶-', '-아/어 주-', '-아/어 버리-' 구문을 살펴
보았다. 이들은 전통적으로 보조 용언이라고 분류되어 오던 것들임에도
불구하고 논항 구조 등의 측면에서 보편적인 보조 용언과는 다른 특성을
보이는 것들이다. 이에 보조 용언이 논항 실현에 영향을 미쳐 보조 용언
으로 인해 새로운 논항이 추가되기도 하고, 각 본용언과 보조 용언의 논
항으로 볼 수 없는 논항이 추가되기도 한다. 또 이들의 구조적 이중성은
대용화 현상을 통해서도 증명되었는데, 하나의 보조 용언 구문 내에서
'본용언+보조 용언'이 함께 대용되기도 하는가 하면, '논항+본용언'만이
대용되기도 하여 그 구조가 이중적임을 알 수 있었다.

5장

한국어 보조 용언 구성의 범위

1. 들어가기

보조 용언은 '보조 동사'와 '보조 형용사'를 포괄하는 용어로, 최현배 (1937)의 '도움풀이씨'의 경우 보조 용언과 그 외연이 같다(이선웅 2012: 191). 한국어의 보조 용언 범위는 무엇을 보조 용언으로 보고 어디까지 포함할 것인가에 대한 논의에서 시작된다. 이는 보조 용언을 다른 범주 와 구별되는 하나의 독립된 범주로 볼 것인지의 문제와[1] 보조 용언의 범 위를 어디까지 한정할 것인지의 문제로 나누어 볼 수 있다.

우선 보조 용언은 독립된 문법 범주로 볼 수 있다. 호광수(1994), 류시 종(1996), 키타무라 타다시(1998)에서도 보조 용언을 독립된 범주로 설정 해야 함을 역설하였다. 보조 용언은 하나의 문법 범주로 설정하지 않으 면 본용언, 복합 용언 구성과의[2] 차이를 설명할 길이 없다(호광수 1994:

---

1   보조 용언을 독립된 범주가 아닌 복합 용언 구성에 포함하거나(이숙희 1992), 합성 용언 구성에 포함하는 논의(양인석 1972, 황병순 1987)도 있으나 현재 대부분의 연 구에서는 보조 용언을 독립된 범주로 다룬다(강현화 1996: 9 참고). 한편, 보조 용언 을 '조동사'나 '접어'로 보기도 하지만 이에 대하여는 자세히 논하지 않겠다. 여기서 는 보조 용언을 독립된 범주로 전제하고 인접 범주와의 구별을 통해 전형적인 보조 용언 구성의 판별 기준을 확인하고자 한다.

36). 또한 보조 용언은 동일한 형태의 용언이 가지는 여러 기능이나 의미를 구분하고 동일한 형태의 용언이 인접해 연결될 때 그 차이를 설명하기 위해 필요하다(류시종 1996: 105-107). 보조 용언 구성은 복합어 및 복합문 구성과[3] 본질적인 차이점이 있으므로(키타무라 타다시 1998: 202) 보조 용언 구성은 그 둘과는 별개의 독립된 범주라고 할 수 있다. 이처럼 보조 용언은 다른 범주와 구별되는 독립된 범주임을 살펴보기 위해 다양한 형태 간 공유하는 통사, 의미적 특성이 있음을 제시하였다. 그중 전형적이라고 할 수 있는 통사, 의미적 특성이 보조 용언 구성을 다른 범주와 구별하게 하는 판별 기준이 될 것이다.

그런데 동일한 판별 기준을 두는 경우라도 보조 용언 구성의 범위와 목록이 다른 것은 문제가 아닐 수 없다.[4] 또한 보조 용언 구성의 범위 및 목록을 구분하는 기준도 연구마다 매우 다양하다. 따라서 보조 용언 구성의 범위를 다룬 기존의 논의를 살펴봄으로써 다양한 보조 용언 구성의 범위를 한정하는 것이 필요하다. 이에 따라 기존 연구들에서 보조 용언 구성의 범위를 어디까지 인정하고 있는지 검토함으로써 보조 용언 구성의 목록을 재구성할 것이다. 나아가 앞서 살핀 보조 용언 구성의 인접 범주와 구별되는 특성을 판별 기준으로 삼아 보조 용언 구성 목록에

---

2 호광수(1994: 24)에서는 '복합 용언 구성'이란 김석득(1984)의 '이중움직씨 구성'의 용어를 더 포괄적인 의미로 사용한 것이며 즉 동사와 형용사를 모두 뜻하는 것이라고 밝히고 있다. 여기서는 접속 구성으로 지칭하기로 한다.

3 키타무라 타다시(1998: 202)에서는 '본용언+본용언'의 형태로 연결된 구성을 '복합문 구성'이라고 부르고 있다. 여기서는 개별 학자의 주장을 그대로 인용한 것이므로 해당 연구에서 사용한 용어를 그대로 가져오기로 한다.

4 키타무라타다시(1998: 204)에서는 김기혁(1987), 이선웅(1995), 류시종(1995), 손세모돌(1996), 김영태(1997) 5편이 공통적으로 'V₁(본용언)+V₂(보조 용언)' 구성에서 'V₁의 대용화 가능성', 'V₁과 V₂의 비분리성'을 기준으로 판별하였으면서도 보조 용언 구성의 목록에 차이가 있는 것은 크게 문제가 된다고 지적한 바 있다.

이견이 있는 부분을 중점으로 구체적인 실례(實例)를 살펴볼 것이다.

2. 선행 연구에서의 한국어 보조 용언 구성 범위

보조 용언 구성의 범위가 체계를 갖추어 분류된 것은 최현배(1937/ 1991) 이후이다(호광수 1994: 21). 최현배(1937)의 『우리말본』에서 으뜸이 되는 풀이씨 아래에서 그것을 도와서 월의 풀이씨를 완전하게 하는 움직 씨를 '도움풀이씨'로[5] 정의한 이래 한국어의 보조 용언 구성 범위에 대한 논의가 지속적으로 이루어졌다. 크게 둘로 나누어 보면 최현배(1937)에 서 보조 용언 구성으로 본 것을 제외하려는 논의와 더 많은 것을 추가하 려는 논의가 있다.[6] 보조 용언 구성의 범위와 목록은 학자마다 인정하는 범위가 다르고 범위와 목록을 한정하는 기준마저 다양해 보조 용언 구성 의 범위를 확정하기 어려운 것이 사실이다.

기존의 연구나 문법서에서 보조 용언 구성의 범위는 형태를 기준으로 구분하거나 문법적 기능으로 나누기도 하고 유래나 문법화를 기준으로 두기도 하였다. 그중 선행 어미에 따라 외연을 논의하고 형태를 중심으 로 보조 용언 구성의 범위를 구분하는 것이 가장 일관된 범위 확정을

---

5   '도움풀이씨'는 '도움움직씨(보조동사)'와 '도움그림씨(보조형용사)'로 나뉜다. 이때 도움움직씨는 으뜸되는 풀이씨의 뒤에서 그것을 도와서 월의 풀이를 완전하게 하는 움직씨이고(최현배 1937: 390), 도움그림씨는 그 풀이힘이 완전하지 못하여서 제홀 로는 넉넉히 한 풀이말이 되지 못하고, 항상 다른 풀이씨 뒤에 쓰히어서 그를 도와서 함께 한 월의 풀이말이 되는 그림씨이다(최현배 1937: 489).

6   최현배(1937)에서 보조 용언 구성을 38개 제시한 이후, 가장 보조 용언 구성 범위를 좁게 본 논의에는 손세모돌(1993) 13개, 교육인적자원부(2002) 11개가 있고, 보조 용언 구성의 범위를 더욱 확장한 논의에는 민현식(1993) 58개, 류시종(1995) 74개 등이 있다.

가능하게 하는 것 같다. 보조 용언 구성의 문법 기능과 의미 기준은 연구마다 칭하는 이름이 다양할 뿐만 아니라 동일한 형태가 상적 의미와 양태적 의미를 나타내기도 하여 체계적인 구분이 쉽지 않다. 또한 문법화 기준은 변화하는 과정을 살펴야 해서 판별하기가 쉽지 않고 개별 용언에 대한 깊이 있는 탐구가 이루어져야 한다. 그러나 선행 어미를 기준으로 구분하면 보조 용언 구성의 외연에 대한 체계적 분류가 가능하다. 하지만 이러한 구분 방식도 각 연구나 문법서마다 제시하는 보조 용언 구성의 목록이 다르다는 점에서 여전히 문제가 있다. 지금부터 주요 연구들에서 선행 어미를 기준으로 보조 용언 구성의 외연을 살펴보고 개별 형태를 어떻게 제시하였으며 무엇을 보조 용언 구성으로 포함하고 있는지를 살펴보겠다.

주요 연구나 문법서에서 보조 용언에 선행하는 연결소를[7] 중심으로 하위 범주를 어떻게 나눌 수 있는지를 살펴보면 다음과 같다. 우선 최현배(1937)에서는 보조 용언 자체가 가지는 문법적 특성에 집중하여 보조 용언 구성 범위의 외연이 굉장히 넓다. 외연이 넓은 만큼 선행 어미 역시 '-아/어, -게, -지, -고'뿐만 아니라 접속 어미, 종결 어미, 전성 어미까지 다양한 어미를 인정하여 보조 용언 구성의 목록을 제시하고 있다. 반면 보조 용언을 본용언 뒤에 제한된 보조적 연결 어미가 결합된 경우

---

7   "연결소란 선행 용언과 보조 용언을 연결시켜 주는 매개체이다. 보조 용언 구성에서 보조 용언은 단독으로 성립될 수 없고 항상 연결소가 결합하여야만 제 기능을 발휘할 수 있다. 이것은 보조 용언 구성에서 연결소가 매우 중요한 요소임을 말해 주는 것이다."(호광수 2003: 172)
보조 용언의 범위에 연결소를 고려하는 것은 최현배(1937: 394)에서 풀이씨의 끝바꿈의 어떠한 꼴에 보조 용언이 결합하는가를 고려한 것과 같은데, 어찌꼴(부사형)에 붙는 것, 이름꼴(명사형) 붙는 것, 매김꼴(관형사형)에 붙는 것, 매는 꼴(접속형)에 붙는 것으로 보조 용언의 하위 범주를 나눌 수 있다. 앞으로 연결소를 '선행 어미'로 지칭하기로 하고, '-아/어, -게, -지, -고' 어미를 연결 어미로 다루고자 한다.

로 한정하기도 한다(김기혁 1987; 손세모돌 1996; 호광수 1999). 보조 용언의 외연을 아주 좁게 보는 경우 '-아/어', '-고' 뒤에 후행하는 것만을 진정한 보조 용언으로 보고, 전성 어미, 종결 어미, '-게, -지, -아야/어야, -(으)려고, -(으)면' 등에 후행하는 것을 보조 용언으로 인정하지 않는다. 최현배(1937) 이후 가장 많은 보조 용언 구성을 인정하고 있는 류시종(1995)의 선행 어미 목록을 살펴보면 (1)과 같다.

(1) 류시종(1995) 보조 용언에 대한 연결 유형 목록
    가. 부사형: '-아/어, -고, -지, -게'
    나. 관형사형: '-(으)ㄴ/는/(으)ㄹ'
    다. 명사형: '-기, -(으)ㅁ'
    라. 접속형: '-아야/어야, -(으)려고/자고(고자), -다(고), -(으)면'
    마. 종결형: '-아, -(으)ㄹ까, -나/는가/(으)ㄹ까, -다/라/지/구나/
        나/랴'

(1가)는 최현배(1937)을 비롯하여 전통문법에서 부사형 어미로 다루어진 것이나 학교문법(고등학교 문법 교과서나 교사용 지도서)에서는 보조적 연결 어미로 보고 있다. 남기심 외(2019: 144)에서는 본용언과 보조 용언을 연결해주는 어미라고 해서 이들이 모두 보조적 연결 어미인 것은 아니라고 하였다. 유혜령(2005: 276)에서는 보조 용언 구성에서 본용언과 보조 용언을 이어주는 기능을 한다는 이유만으로 보조적 연결 어미라고 구분하여 기술하는 문제가 있음을 지적하며 보조적 연결 어미의 목록에 대해서도 재고할 필요가 있음을 역설한 바 있다. 보조적 연결 어미의 설정과 관련하여 다양한 논의가 있으나 이를 자세히 논하지 않는다. 여기서 다루고자 한 것은 보조 용언 구성의 하위 범주를 구분함에 있어 선행 어미가 하나의 기준이 될 수 있음을 제시하는 것이기 때문이다. 다음으로 김

선혜(2019: 506-507)에서 선행 어미를 기준으로 보조 용언 구성의 외연을 정리한 것을 살펴보기로 한다.

> (2)   김선혜(2019) 선행 어미에 따른 보조 용언의 외연
>   가. 연결 어미 '-아/어', '-고'에 후행하는 요소로 한정
>   나. '-아/어', '-고'뿐만 아니라 '-게', '-지', '-(으)려고' 등과 같은 연결 어미에 후행하는 예들을 포함
>   다. 연결 어미뿐만 아니라 '-(으)ㄴ가 보-', '-(으)ㄹ까 싶-'과 같이 종결 어미 뒤에 후행하는 예들을 포함
>   라. 연결 어미뿐만 아니라 '듯싶-', '만하-', '척하-'와 같이 전성 어미에 후행하는 이른바 '보조 형용사'를 포함

(2)처럼 선행 어미를 어디까지 인정하느냐에 따라 보조 용언 구성의 범위가 달라질 수 있다. 선행 어미를 기준으로 보조 용언 구성의 범위를 한정한 다양한 논의들에서 '-아/어, -고'는 공통적으로 인정되는 것이다. 학자마다 (2가)부터 (2라)까지 한정하는 범위가 다르지만 보조 용언 구성의 범위를 매우 좁게 본 손세모돌(1996), 김기혁(1987)에서도 (2가) 선행 어미 '-아/어, -고' 뒤의 보조 용언은 인정하고 있다. (2나)의 '-아/어, -고' 이외의 연결 어미 뒤에 나타난 형태를 보조 용언으로 인정하는 논의에는 최현배(1937), 김기혁(1987), 김석득(1992), 류시종(1995) 등이 있다. 구체적으로 '-아/어, -고' 이외에 '-아야/어야', '-(으)면', '-(으)려고', '-다고', '-고자', '-자고' 등 뒤에 나타난 경우를 보조 용언으로 포함하기도 한다. 또한 (2다)의 종결 어미 뒤나 (2라)의 전성 어미 뒤에 나타나는 경우도 보조 용언 범위 안에 포함하여 다룰 수 있는 것이다. 아래의 〈표 1〉은 주요 연구들에서 선행 어미별로 보조 용언의 범위를 구분한 뒤 보조 용언 구성 목록을 정리한 것이다.[8]

<표 1> 주요 연구에서의 보조 용언 구성 목록[9]

문법서	선행 어미		보조 용언 형태	개수
최현배 (1937)	연결 어미	-아/어	보다, 버리다, 주다, 드리다, 바치다, 나다, 내다, 지다, 쌓다, 대다, 놓다, 두다, 가지다(가지고), 닥다(닥아), 가다, 오다, 있다	41개
		-고	있다, 싶다, 지다(지고)	
		-지	말다, 아니하다, 못하다	
		-게	하다, 만들다, 되다	
		-아야/어야	하다	
	종결 어미	-나/(으)ㄴ가/(으)ㄹ까	보다, 싶다	
	전성 어미	-기(는)	하다	
		-(으)ㅁ	직하다	
		-(으)ㄴ	양하다, 체하다, 척하다 듯하다, 듯싶다, 법하다	
		-(으)ㄹ	번하다(뻔하다), 만하다	
김기혁 (1987)	연결 어미	-아/어	보다, 버리다, 주다, 드리다, 놓다, 두다, 쌓다, 대다, 내다, 가다, 오다, 지다, 가지고	21개
		-고	있다, *앉다, 자빠지다, 말다, 나다,* 싶다	
		-아야/어야	하다, *되다*	
서정수 (1990)	연결 어미	-아/어	나다, 내다, 버리다, 주다, 드리다, 바치다, 보다, 쌓다, 대다, 놓다, 두다, 지다, 있다	17개
		-고	있다, 싶다	
	종결 어미	-(으)ㄴ가/(으)ㄹ까	보다, 싶다	
김석득 (1992)	연결 어미	-아/어	오다, 가다, 지다, 버리다, 주다, 보다, 쌓다, 대다, 놓다, 두다, 있다, *지이다*	31개
		-고	있다, 싶다, 지고	

---

8 고영근·구본관(2008/2018)은 유현경 외(2018)과 제시하는 보조 용언 구성 목록이 일치하여 따로 제시하지 않는다. 구본관 외(2015)는 보조적 연결 어미를 설정하여 선행 어미에 따른 분류를 시도하고 있지만 전체 보조 용언 구성 목록을 제시하고 있지 않아 제외하였다.

9 최현배(1937)을 중심으로 이후 새롭게 보조 용언 구성 목록에 추가된 것은 <표 1>에서 *기울임체 밑줄*로 표시하였다. 최현배(1937)에서는 '아니하다, 못하다'를, 유현경 외(2018)에서는 '아니하다', '못하다', '있다, 계시다'를 품사에 따라 동사, 형용사로 구분하여 각각 제시하였지만 해당 표에서는 이를 품사에 따라 분리하여 제시하지 않았다. 그러나 두 연구에서 제시하는 전체 보조 용언 구성 개수에는 이를 포함하여 넣었다.

		-게	하다, 되다	
		-지	아니하다, 못하다	
		-아야/어야	하다	
		-(으)면	싶다	
	종결 어미	-나/(으)ㄴ가/(으)ㄹ까	보다, 싶다	
		-다, -지	싶다	
	전성 어미	-기(는)	하다	
		-(으)ㄴ	체하다, 듯하다, 싶다, *성싶다*	
		-(으)ㄹ	만하다, 뻔하다	
호광수 (1994)	연결 어미	-아/어	보다, 버리다, 주다, 나다, 내다, 지다, 쌓다, 놓다, 가다, 오다, 있다	19개
		-고	있다, 싶다, 보다, 말다, 나다	
		-지	말다	
		-게	되다, 만들다	
류시종 (1995)	연결 어미	-아/어	가다, 가지다, *계시다*, *나가다*, 나다, 내다, *내려가다*, 놓다, 대다, 두다, *들다*, *들어가다*, *마지아니하다*, *먹다*, 바치다, *버릇하다*, 버리다, 보다, *보이다*, *붙이다*, *빠지다*, 쌓다, 오다, 있다, 주다, 지다, *치우다*, *터지다*, 하다	74개
		-고	*계시다*, 나다, *들다*, *말다*, 보다, 싶다, 있다, 하다	
		-지	말다, 못하다, 아니하다	
		-게	되다, *마련이다*, 만들다, *생기다*, 하다	
		-아야/어야	되다, 하다	
		-(으)면	싶다, 하다	
		-다(고)	말다, 못하다, 보다	
		-(으)려고, -자고, -고자	들다, 하다	
	종결 어미	-나/(으)ㄴ가/(으)ㄹ까	보다, 싶다	
		-다/라/지/구나/나/랴	싶다	
	전성 어미	-기(는)	*마련이다*, *쉽다*, 하다	
		-(으)ㅁ	직하다	
		-(으)ㄴ	*것 같다*, 듯싶다, 듯하다, *모양이다*, 양하다, 척하다	
		-(으)ㄹ	*것이다*, *따름이다*, 만하다, 법하다, 뻔하다	
손세모돌 (1996)	연결 어미	-아/어	가다, 오다, 있다, 두다, 놓다, 버리다, 내다, 주다(드리다), 대다, 보다, 지다	13개

		-고	싶다, 있다	
이익섭·채완 (1999)	연결 어미	-아/어	가다, 계시다, 나가다, 내다, 놓다, 대다, 두다, 드리다, 먹다, 버릇하다, 버리다, 보다, 빠지다, 오다, 있다, 주다, 지다, 치우다, 하다, *마땅하다, 마지않다*	34개
		-고	계시다, 나다, 말다, 싶다, 앉다, 있다	
		-지	아니하다, 못하다, 말다	
		-게	*굴다*, 되다, 생기다, 마련이다	
유현경 외 (2018)	연결 어미	-아/어	내다, 버리다, 가다, 오다, 두다, 놓다, 보다, 보이다, 대다, 쌓다, 주다, 드리다, 가지다, 지다, 있다, 계시다	34개
		-고	나다, 있다, 계시다, 싶다	
		-지	못하다, 아니하다(않다), 말다	
		-게	되다, 만들다, 하다	
		-아야/어야	하다	
	종결 어미	-나/(으)ㄴ가	보다	
		-나/(으)ㄴ가/(으)ㄹ까	싶다	
	전성 어미	-기(는)	하다	

아래의 (3)은 〈표 1〉의 주요 연구들에서 보조 용언 구성 목록에 의견이 일치하는 부분과 이견이 있는 부분을 정리한 것이다. (3가, 나)는 9개의 주요 논의에서 모두 공통적으로 인정하는 보조 용언 구성이다. 이 형태들의 공통점은 대부분 상적 의미 기능을 가진다는 것이다. 이 외에 8개의 주요 논의에서는 (3다) '-아/어 대다, 두다, 있다, 내다'를 보조 용언 구성 범위 안에 포함해 다루고 있고 (3라)의 '-아/어 보다, 쌓다'는 7개의 논의에서 다루어지고 있는 대표적인 보조 용언 구성의 예라고 할 수 있다.

(3) 가. -아/어 가다, 놓다, 버리다, 주다, 오다, 지다
　　나. -고 싶다, 있다
　　다. -아/어 대다, 두다, 있다, 내다
　　라. -아/어 보다, 쌓다

한편 9개의 주요 논의 중 독자적으로만 보조 용언 구성 범위에 포함하고 있는 예는 (4)와 같다.

> (4) (-아/어) 내려가다, 닦다, 들다, 들어가다, 마땅하다, 붙이다, 지이다, 터지다, (-고) 들다, 자빠지다, 하다, (-게) 굴다, (-(으)려고/자고/고자) 하다, 들다, (-(으)면) 하다, (-다) 말다, 못하다, 보다, (-기) 쉽다, 마련이다, (-(으)ㄴ) 것 같다, (-(으)ㄴ) 성싶다, (-(으)ㄴ) 척하다, (-(으)ㄹ) 것이다, (-(으)ㄹ) 따름이다, (-(으)ㄴ) 싶다, (-구나/랴/네) 싶다

그런데 보조 용언 구성으로 대부분 인정하거나 매우 극소수만 보조 용언 구성으로 다루는 양극단보다 더 중요한 것은 보조 용언 구성의 범위 안에 포함한다고 보는 입장과 그렇지 않은 입장 간 차이가 팽팽하게 대립하는 형태들이다. 이는 4절에서 자세히 논하기로 한다. 여기서는 최현배(1937)을 중심으로 외연을 넓힌 논의와 좁힌 논의에서 차이가 있는 보조 용언 구성의 구체적 목록을 확인해 보려고 한다. 최현배(1937)은 연결 어미 '-아/어, -고'뿐만 아니라 '-지, -게, -아야/어야'를 보조 용언의 선행 어미로 포함하고 있고, 연결 어미뿐만 아니라 종결 어미나 전성 어미도 마찬가지이다. 지금부터 최현배(1937)을 중심으로 보조 용언 구성의 범위를 좁게 본 논의와 더 확장하여 본 논의를 살펴보도록 하겠다.

최현배(1937)보다 보조 용언 구성의 외연을 좁게 본 논의에는 김기혁(1987), 서정수(1990), 김석득(1992), 손세모돌(1996), 이익섭·채완(1999), 유현경 외(2018)이 있다. 이 중에서도 손세모돌(1996)은 연결 어미 '-아/어, -고'만을 한정하여 13개의 보조 용언 구성만을 인정하고 있어 그 외연이 매우 좁다. 다음으로 김기혁(1987)의 경우 연결 어미 '-게'와 '-지'를 보조 용언의 선행 어미로 인정하지 않아 최현배(1937)보다 보조 용언 구성의 범위가 좁다. (3)은 최현배(1937)과 김기혁(1987)에서 차이가 난

부분을 나열한 것이다. '-게 하다, 만들다, 되다', '-지 말다, 아니하다, 못하다'는 최현배(1937)에는 포함되었으나 김기혁(1987)에서 보조 용언 구성으로 포함하지 않았다. 흥미로운 부분은 김기혁(1987)의 외연은 최현배(1937)보다 좁지만 지속상의 '-고 있다'를 속되게 표현하는 '-고 앉다, -고 자빠지다'를 보조 용언 구성 목록에 포함한 것이다.[10]

한편 김석득(1992)에서 인정하는 보조 용언 구성의 개수는 31개로 최현배(1937)보다 외연이 좁지만 연결 어미 '-(으)면', 종결 어미 '-다', '-지' 뒤의 '싶다'를 보조 용언의 범위 안에 포함하며 더 다양한 선행 어미를 인정하고 있다. 또한 전성 어미 뒤의 보조 용언도 인정하였으며 최현배(1937)에서는 제시하지 않았던 '-(으)ㄴ 성싶다'를 포함하고 있다. 그러나 최현배(1937)과 달리 '-(으)ㅁ 직하다'는 포함하지 않았다.

최현배(1937)보다 보조 용언 구성의 외연을 더 넓게 본 논의에는 대표적으로 류시종(1995), 민현식(1999)가 있다. 가장 많은 보조 용언 구성 목록을 제시한 류시종(1995)를 살펴보기로 한다. 최현배(1937)과 달리 연결 어미 '-(으)려고, -자고, -고자, -(으)면, -다고'와 종결 어미 '-다, -라, -지, -구나, -나, -랴'를 보조 용언의 선행 어미로 인정하고 있다. 이에 따라 보조 용언 구성의 개수는 총 74개로 그 외연이 굉장히 넓다. 구체적으로 '(-(으)려고/자고/고자) 들다, 하다'가 보조 용언 구성 범위 안에 포함되었고, '(-(으)면) 싶다, 하다', '(-다) 말다, 못하다, 보다', '(-다, -라, -지, -구나, -나, -랴) 싶다' 등이 보조 용언 범위에 포함되었다.

10　'-고 앉-', '-고 자빠지-'는 '-고 있다'의 자세 동사가 지속상의 의미로 문법화한 것으로 보기도 하는데 이성하(2016)은 '-었-'이 결합한 형태가 화석화하여 하나의 구성으로 나타나는 탈범주화의 증거로 설명하고 있으며, 구종남(2013)은 '-고 자빠져 있-', '-고 앉아 있-'의 축약형으로 보았다. 분명한 것은 이 말 안에 부정적인 관점이 담겨 있다는 것이다.

또한 동일한 선행 어미를 인정하더라도 그 어미와 결합하여 보조 용언 구성으로 쓰이는 것은 논의마다 다르다. 연결 어미 '-아/어' 뒤에서의 '앉다, 자빠지다, 지이다, 계시다, 나가다, 내려가다, 들다, 들어가다, 마지아니하다, 먹다, 버릇하다, 보이다, 붙이다, 빠지다, 치우다, 터지다, 마땅하다' 등은 최현배(1937)에서는 보조 용언 구성의 범위에 포함되지 않던 것이었으나 이후 논의 일부에서 포함하여 넣은 것이다. '-고' 어미 뒤에 '계시다, 들다, 말다'와 '-게' 어미 뒤에 '마련이다, 생기다, 굴다' 역시 마찬가지로 최현배(1937)에 포함되지 않던 것을 이후 일부 논의에서 포함하여 넣은 것이다. 다음은 최현배(1937)과 류시종(1995)에서 보조 용언 구성 목록에 차이가 있는 것을 제시한 것이다.

(5) 가. -(으)려고/자고/고자 들다, 하다
    나. -(으)면 싶다, 하다
    다. -다 말다, 못하다, 보다
    라. -다/라/지/구나/나/랴 싶다
    마. -(으)ㄴ 것 같다, 모양이다
    바. -(으)ㄹ 것이다, 따름이다
    사. -기 마련이다, 쉽다
    아. -고 계시다, 들다, 말다
    자. -게 마련이다, 생기다, 굴다
    차. -아/어 계시다, 나가다, 내려가다, 들다, 들어가다, 마지아니하다,
        먹다, 버릇하다, 보이다, 붙이다, 빠지다, 치우다, 터지다, 마땅하다

지금까지 선행하는 어미를 중심으로 기존 연구에서 제시한 보조 용언 구성의 범위와 목록을 살펴보았다. 보조 용언은 선행 어미와 결합하여 하나의 구성으로 사용되기 때문에 선행 어미를 어디까지 인정하는지에 따라 보조 용언 구성의 범위가 달라질 수밖에 없다. 보조 용언에 선행하

는 어미에 제한을 두는 경우 보조 용언 구성의 외연은 좁을 수밖에 없다. 이를테면 학교 문법에서는 '-아/어, -게, -지, -고'로 보조적 연결 어미에 제한을 두어 보조 용언 구성의 외연이 좁다. 반면 '-아/어, -게, -지, -고' 이외의 연결 어미뿐만 아니라 종결 어미나 전성 어미까지 포함하여 보면 보조 용언 구성의 외연이 매우 넓게 된다. 우리는 4개의 보조적 연결 어미로만 제한을 두지 않고 다양한 연구에서 언급한 종결 어미나 전성 어미 뒤의 보조 용언도 살펴보기로 한다. 이후에는 해당 형태가 보조 용언 구성 범위에 포함될 수 있는지를 4절에서 구체적으로 검토할 것이다.

3. 보조 용언 구성과 인접 범주의 구분

앞서 주요 연구에서 형태를 기준으로 한 보조 용언 구성의 외연을 확인하였다면 지금부터는 보조 용언 구성의 다른 인접 범주와의 차이를 중심으로 보조 용언 구성의 범위를 한정해 볼 것이다. 그런데 보조 용언 구성의 범위를 한정하는 일은 쉬운 일이 아니다. 그 이유 중 하나는 보조 용언 구성이 문법화 과정에 있어 다른 범주와 경계에 놓여 있는 것들이 많기 때문이다. 그럼에도 불구하고 보조 용언 구성이라는 독립된 범주의 범위를 설정하기 위해서는 최소한의 공통된 기준을 마련할 필요가 있다. 이와 같은 최소한의 공통 기준은 보조 용언 구성이 다른 범주와 분명하게 구별되는 특성이 있는지 다른 범주와의 경계 확인을 통해 마련할 수 있다. 이를 위해서 보조 용언 구성의 인접 범주에 놓여 있는 합성 용언 구성, 접속 구성과의 변별 기준을 검토하고 이를 판별 기준으로 삼아 보조 용언 구성의 범위를 한정해 보고자 한다.

보조 용언 구성과 인접 범주의 구분을 위해서는 다음의 용어를 사용하
고자 한다. 'V₁+V₂'가 어휘적으로 하나의 단어를 이루는 형태적 구성의
경우 합성 용언 구성으로, 'V₁+V₂'가 각각이 본용언으로 쓰이며 각각 자
신의 논항을 가지는 경우 접속 구성이라고 할 것이며 'V₁+V₂'가 '본용언
+보조 용언'으로 결합하여 의미적으로는 본용언이 더 중심되지만 통사
적 특성이나 분포는 보조 용언에 의해 결정되는 구성을 보조 용언 구성
이라 부르기로 한다.[11] 아래의 〈표 2〉는 보조 용언 구성 판별 기준을 질
문의 형태로 정리한 것이다.[12]

〈표 2〉 보조 용언 구성 판별 기준

보조 용언 구성 판별 기준	
의존성/비분리성	선행 어미 결합 제약이 있는가?
	본용언과 보조 용언 사이 다른 성분이 개입 불가한가?
	후행 용언이 논항과 무관한가?
문법적 의미 기능	후행 용언이 단독으로 대용형 대치가 불가능한가?
	후행 용언이 단독으로 부사의 수식 범위나 부정 범위에 들 수 없는가?
	보조 용언 구성이 거듭해서 출현할 수 있는가?
통사적 핵 기능	시상 선어말 어미가 후행 용언에만 결합하는 것이 자연스러운가?
	주체 높임 선어말 어미 '-(으)시-'가 후행 용언에만 결합하는 것이 자연스러운가?
문법화	화용론적 추론이 일어났는가?
	언어 형태의 구조적 경계가 재분석되었는가?
	음성, 음운적 소실이 있는가?

---

11 강현화(1995)에서는 동사 연결 구성의 다단계성을 제시하며 보조 용언 구성과 합성
   동사 구성, 통어적 구성(접속 구성)의 용어를 사용한 바 있다.
12 〈표 2〉는 우리 책 1부에서 보조 용언의 특성을 밝힌 것을 바탕으로 판별 기준을 정리
   한 것이다. 여기서는 의존성, 분리성 기준은 다른 성분의 개입 여부와 논항 결정 여
   부를 중점으로 보고, 문법적 의미 기능 기준은 대용형 대치와 부사 수식이나 부정
   범위를 중점으로 판별하고자 한다.

접속 구성, 합성 용언 구성, 보조 용언 구성 모두 V_1과 V_2가 연속되어 나타나지만 보조 용언은 의존성과 비분리성, 문법적 의미 기능, 통사적 핵 기능, 문법화 측면에서 접속 구성이나 합성 용언과는 구별된다. 이제 보조 용언 구성과 인접 범주를 판별 기준을 적용하여 보조 용언 구성이 이 둘과는 구별될 수 있는 독립적인 범주임을 확인해 보고자 한다. 구체적인 예를 통해 살펴보면 다음과 같다.

(6) 가. 그가 방문을 잘 <u>닫고 가다</u>.
　　나. 그가 책을 다 <u>읽어 가다</u>.
　　다. 기계가 잘 <u>돌아가다</u>.

(6가)는 접속 구성 (6나)는 보조 용언 구성 (6다)는 합성 용언 구성이 사용된 예다. 먼저 보조 용언 구성의 경우 보조 용언은 선행 용언에 의존적이며 선행 용언과 분리되어 쓰이지 못한다는 전형적 특징이 있다.

(7) 가. 그가 방문을 잘 닫다, 그가 가다.
　　가′. 그가 방문을 잘 <u>닫고서 가다</u>.
　　나. 그가 책을 다 읽다, *그가 가다.
　　나′. *그가 책을 다 <u>읽어서 가다</u>.
　　다. *기계가 잘 돌다, *기계가 가다.
　　다′. *기계가 잘 <u>돌아서가다</u>.

(7가) 접속 구성은 선행 용언과 후행 용언이 모두 각각의 독립적 서술어로 기능하여 단독으로 쓰일 수 있고 (7가′)처럼 선행 용언과 후행 용언 사이에 '-서'가 개입될 수 있다. 반면 (7나) 보조 용언 구성은 보조 용언이 항상 선행 용언에 후행하여 나타나며 독립적인 서술어가 될 수 없고

(7나')같이 선행 용언과 보조 용언 사이에는 '-서'와 같은 다른 성분이 개입될 수 없는 비분리성을 확인할 수 있다. 또한 (7가) 접속 구성의 경우 두 동사가 각각 논항을 가질 수 있지만 (7나) 보조 용언 구성의 경우 선행 용언인 본용언만이 논항을 가질 수 있고 보조 용언은 문장 구조에 영향을 미치지 못한다.

그런데 보조 용언의 의존적, 비분리적 특성은 (7다), (7다')의 합성 용언에서도 동일하게 나타난다. 합성 용언 역시 후행 용언이 독립적 서술어로 기능하지 못하고, 논항과는 무관하며 선행 용언과 사이에 '-서' 등의 다른 성분이 개입할 수 없다. 그렇다면 보조 용언 구성은 합성 용언 구성과 어떻게 구별되는지 확인해 보자.

(8) 가. 기계가 잘 <u>돌아가다</u>.
　　나. *공장도 <u>그래가다</u>.
　　다. *공장도 <u>돌아그러다</u>.
　　라. 공장도 <u>그러다</u>.
(9) 가. 그가 책을 다 <u>읽어 가다</u>.
　　나. 그녀도 <u>그래 가다</u>.
　　다. *그녀도 <u>읽어 그러다</u>.
　　라. 그녀도 <u>그러다</u>.

(8), (9)에서 확인할 수 있듯이 합성 용언 구성과 보조 용언 구성은 '문법적 의미 기능'을 기준으로 구별할 수 있다. (8)의 합성 용언 구성은 (8나)에서 확인할 수 있듯이 선행 용언의 분리 대용이 불가능하고, (8라)처럼 선행 용언과 후행 용언을 하나의 형태로 전체 대용만 가능하다. 반면 (9)의 보조 용언 구성은 합성 용언 구성과 달리 (9나)처럼 선행 성분의 분리 대용이 가능하고, (9다) 후행 용언의 단독 대용은 불가능하다. 이를 정언

학(2006: 37)에서는 보조 용언이 문법적 의미 기능 범주이기 때문에 분리 대용이 불가능한 것이라고 하였다.

또한 합성 용언 구성과 보조 용언 구성은 부사 수식이나 부정의 작용력을 기준으로 구별할 수 있다. 합성 용언 구성의 경우 부사의 수식이나 부정의 작용력이 합성 용언 구성 전체에 영향을 미치고 선행 용언이나 후행 용언에 단독으로 작용하지 못하지만 보조 용언 구성의 경우 부사의 수식이나 부정의 작용력이 선행 용언에만 영향을 미치고 후행하는 보조 용언에는 어떤 영향도 미치지 못한다.

> (10) 가. 기계가 {*잘 돌다/*잘 가다}.
> 나. 기계가 {*안 돌다/*안 가다}.
> 다. 그녀가 책을 {다 읽다/*다 가다}.
> 라. 그녀가 책을 {안 읽다/*안 가다}.

(10가) 합성 용언 구성의 경우 '잘' 부사의 수식 범위는 '돌아가다' 합성 용언 전체에 영향을 미치고, 선행 용언만을 수식하거나 후행 용언만을 수식하는 것이 모두 불가능하다. 반면 (10다) 보조 용언 구성의 경우 '다' 부사 수식 범위가 선행 용언에만 미치고 후행 용언 수식은 불가능하다. 이는 부정의 범위 역시 마찬가지다. (10나)처럼 합성 용언 구성의 경우 부정의 범위가 선행 용언과 후행 용언이 결합된 합성 용언 전체에 영향을 미치지만 (10라) 보조 용언 구성의 경우 '안' 부정의 작용력은 선행 용언에만 미치고 후행하는 보조 용언에는 미치지 못한다. 이처럼 보조 용언에 부사의 수식이나 부정의 작용력이 닿지 못하는 것은 보조 용언이 실질적 의미를 가지는 어휘 범주가 아니라 문법적 의미를 가지는 기능 범주이기 때문이라고 할 수 있다.

다음으로 보조 용언 구성은 '통사적 핵 기능'을 기준으로 보았을 때도

접속 구성이나 합성 용언 구성과 구별된다. 보조 용언은 문법적 의미를
지니는 부분으로 보조 용언 구성의 통사적 핵은 보조 용언이 담당한다.
따라서 시상 선어말 어미와 주체 높임 선어말 어미의 결합은 보조 용언
에만 결합되는 것이 자연스럽다.

> (11) 가. 그가 방문을 {닫았고 갔다/$^?$닫았고 가다/닫고 갔다}.
>   나. 그가 책을 다 {*읽었어 갔다/*읽었어 가다/읽어 갔다}.
>   다. 기계가 잘 {*돌았갔다/*돌았가다/돌아갔다}.

(11가) 접속 구성의 경우 선행 용언이나 후행 용언이 모두 통사적 핵을
담당할 수 있어서 시상 선어말 어미가 선행 용언과 후행 용언에 모두
결합할 수 있다. 접속 구성의 경우 원칙적으로 선행 용언과 후행 용언
모두 결합할 수 있지만 (11가)처럼 시상 선어말 어미가 선행 용언에만
결합하는 것이 부자연스러운 이유는 앞선 동작과 뒤 동작의 시제 일치
문제 때문이다. 반면 (11나) 보조 용언 구성의 경우 보조 용언에만 시상
선어말 어미가 결합하는 것이 자연스럽고 선행 용언이나 후행 용언 모두에
결합되거나 선행 용언에만 결합하는 것은 부자연스럽다. (11다) 합성 용언
구성 역시 후행 용언에만 결합할 수 있다는 점에서 보조 용언 구성과
같아 보이나 시상 선어말 어미가 결합된 구조가 다르다. 보조 용언 구성의
경우 '[그가 책을 읽] [어 가+았+다]'의 방식으로 시상 선어말 어미가 결합
된 반면 합성 용언 구성의 경우 '[기계가] [돌+아+가+았+다]'로 결합되었
다는 점에서 구별된다. 즉 보조 용언 구성의 경우 후행하는 보조 용언에
시상 선어말 어미가 결합된 것이지만 합성 용언 구성은 선행 용언과 후행
용언이 합쳐진 전체에 시상 선어말 어미가 결합된 것이다.

(12) 가. 할머니께서 방문을 {닫으시고 가시다/닫으시고 가다/닫고 가시다}.

　　　 나. 할머니께서 책을 다 {*읽으셔 가시다/*읽으셔 가다/읽어 가시다}.

　　　 다. 할머니께서 고향으로 {*도시어가시다/*도시어가다/돌아가시다}.

(12)의 주체 높임 선어말 어미가 결합하는 양상 역시 시상 선어말 어미가 결합하는 양상과 같다. 보조 용언 구성은 접속 구성이나 합성 용언 구성과 달리 주체 높임 선어말 어미 '-(으)시-'가 보조 용언에만 결합하는 것이 자연스럽다. 이는 접속 구성이 선행 용언과 후행 용언 모두에 '-(으)시-'가 결합할 수도 있고 선행 용언과 후행 용언 각각 결합도 가능한 특성과 합성 용언 구성이 선행 용언과 후행 용언이 결합된 전체 구성에만 '-(으)시-'가 결합 가능한 것과 구별된다.

　마지막으로 보조 용언 구성은 '문법화(文法化, grammaticalization)'를 기준으로 보았을 때도 접속 구성이나 합성 용언 구성과 구별되는 전형적인 특성이 있다. 보조 용언은 어휘적 의미를 가지는 본용언에서 기능어인 보조 용언으로 변화한다고 볼 수 있다.[13] Hopper & Traugott(1993/2003)에서는 문법화를 시간의 흐름에 따른 점진적 변화의 집합체라고 보고, 이전 단계와 이후 단계가 공존하는 중간 단계가 필수적으로 존재한다고 보았다. 보조 용언의 중간적 특성을 고려하여 보조 용언 구성의 문법화 과정을 3단계로 나타낼 수 있다.

　1단계는 본용언이던 자립적 어휘가 문법적 기능을 하는 보조 용언이 되는 초기 단계이다. 문법화는 구체적 영역의 의미가 추상화되어 의미가 확장되며 시작되는데[14] 초기 단계에는 아직 어휘적 특성이 잔존하여 일

13　문법화란 어휘적 기능을 하는 자립적인 것에서 점차 문법적 기능을 하는 것으로, 덜 문법적인 것이 더 문법적인 것으로 바뀌는 것을 의미한다(Kurylowicz 1965: 69; Meillet 1912: 133; Hopper & Traugott 1993/2003).

반적인 보조 용언 구성과 다르게 접속 구성과 비슷한 양상을 보이기도
한다. 2단계는 본용언의 어휘적 특성은 거의 남아 있지 않고 문법적 의
미로 완전히 바뀌어 새로운 문법 지위에 따라 언어 형태의 경계가 재분
석되는 단계이다. 3단계는 기존의 문법적 의미에서 새로운 암시적 의미
가 추론되어 부수적인 의미가 나타나고 음성/음운적 소실이 나타기도
한다. Bybee et al.(1994: 295-296)에서는 '흡수(absorption of contextual
meaning)'라고 하여 한 문법소가 원래 담당하고 있던 기능을 잃어버리면
서 그것이 쓰이는 문맥에서의 의미를 얻게 되는데 이는 문법화가 거의
끝점에 가까워졌을 때 발생한다고 하였다. 3단계는 일부분 합성 용언과
비슷한 양상을 보이기도 한다.

> (13) 가. 그가 방문을 잘 <u>닫고 가다</u>.
> 나. 그가 책을 다 <u>읽어 가다</u>.
> 다. 기계가 잘 <u>돌아가다</u>.

(13가)의 '가다'는 구체적 장소의 이동이라는 어휘적 의미를 가지고 있는
본용언이다. 이것이 점차 내용어의 어휘적 의미를 잃고 문법적 기능의

---

14 추상화(abstraction)란 구체적인 근원 영역(source)에서 추상적인 목표 영역
(target)으로 개념이 옮겨가는 과정을 가리킨다. 근원 영역이라 함은 전달체가 속하
고 있는 영역이고, 목표 영역이라 함은 주제가 속하고 있는 영역을 가리킨다(이성하
2016: 216-218).
보조 용언의 근원 영역은 범언어적으로 위치(Location), 이동(Motion), 행위 또는
활동(Activity), 소망(Desire), 자세(Posture), 관계(Relation), 소유(Possession)
등이 있다(Heine 1993: 28). 임동훈(2021: 63)에서는 한국어에는 [상태], [유지],
[변화]의 근원 개념을 추가하여 '버리다'는 [소유변화]와 관련되어 있다고 보았다. 그
러나 [변화] 역시 제거 행위에서 파생된 것이라고 보고 '버리', '치우다'는 제거성
[행위]의 영역에서 '종결(finish)'의 [완료] 상적 의미로 전이되었다고 본다.

보조 용언으로 바뀌는 현상을 문법화라고 할 수 있다. (13나)의 '가다'는 더 이상 구체적 장소의 이동이라는 의미 기능을 담당하지 못하고 추상적 의미인 [진행상]의 문법적 기능으로 화용론적 추론이 일어났음을 알 수 있다. (13다) 합성 용언 구성의 경우 기능이 제대로 작동한다는 의미로 (13가)보다는 의미가 추상적이지만 기계가 잘 움직인다는 구체적 행위는 사라지지 않는다는 점에서 보조 용언 구성과 다르다.

(14) 가. ‖그가 방문을 잘 닫고‖+‖(그가) 가다‖
    나. ‖그가 책을 다 읽-‖+‖-어 가다‖
    다. ‖기계가 잘 ‖돌-+-아+가다‖

(14가)는 접속 구성, (14나)는 보조 용언 구성, (14다)는 합성 용언 구성을 재분석한 구조다. 보조 용언 구성은 재분석에서도 접속 구성과 합성 용언 구성과 다른 특징을 확인할 수 있다. 접속 구성의 경우 통사적 구성을 이루어 복문의 형태로 분석되고, 합성 용언의 경우 선행 용언과 후행 용언의 결합이 하나의 형태인 단문으로 분석되어 전체가 주어와 호응하는 구조로 분석된다. 이와 달리 보조 용언 구성은 후행 보조 용언이 더 이상 논항에 관여하지 못하며 문법 범주가 결합되는 어미와 같은 역할의 단문 구성으로 재분석된다. 여기서 보조 용언 구성의 경우 주어와 완전히 관계없이 화자의 심리적 태도를 드러내는 방향으로 문법화가 더 진행되면 음성, 음운적 소실까지 일어나 하나의 형태로 고정되어 쓰이다가 어미화나 조사화가 이루어지기도 한다.

지금까지 살펴본 것처럼 보조 용언은 형태 구조상 접속 구성이나 합성 용언과 유사하나 이들과 구별되는 독자적인 문법 범주이다. 보조 용언이 다른 인접 범주와 변별적 특징이 있는 독립된 범주임은 분명하지만 그럼에도 일부분은 접속 구성이나 합성 용언과 비슷한 모습이 존재한다. 앞으로는 인접 범주와 형태·통사적 정도성의 차이를 고려하여 보조 용언 구성의 범위를 한정하고자 한다. 아래의 〈표 3〉은 지금까지 논의한 보조 용언 구성과 인접 범주의 경계를 정리한 것이다.

〈표 3〉 접속 구성, 보조 용언 구성, 합성 용언 구성의 변별

변별 기준		접속 구성	보조 용언 구성	합성 용언 구성
의존성 비분리성	V_1 V_2 사이 성분 개입	○	X	X
	V_2의 논항 요구	○	X	X
문법적 의미기능	V_2 대용형 대치	○	X	X
	부사의 수식 범위, 부정 범위에 포함	V_1, V_2 각각 ○	V_1 ○ V_2 X	'V_1-V_2' 전체 ○ V_1, V_2 각각 X
통사적 핵 기능	'-았-/었-' 결합	V_1, V_2 각각 ○	V_2 ○	V_2 ○
	'-(으)시-' 결합	V_1, V_2 각각 ○	V_2 ○	V_2 ○
문법화	화용론적 추론	V_2 본용언 의미 ○	V_2 본용언 의미 X (기존 의미에 따른 제약 ○)	V_2 본용언 의미 ○ or X
	형태 경계의 재분석	[X V_1+-아/어]+[(X) V_2]	[X V_1]+[-아/어+V_2]	X [V_1+-아/어+V_2]
	음성, 음운적 소실	X	△	○

4. 보조 용언 구성 판별의 실제

이 절에서는 보조 용언 구성의 범위에 어떤 형태를 포함할지의 문제를 본격적으로 논의하려고 한다. 보조 용언 구성의 범위와 목록은 앞서 2절에서 살펴본 것처럼 연구나 문법서마다 다양하게 논의되고 있다. 앞서 9개의 주요 연구에서 보조 용언 구성 목록에 이견이 있는 부분 중에서 '-아야/어야 하다', '-나/는가/(으)ㄹ까 싶다', '-지 아니하다, 못하다, 말다' 형태적 구성이 주목할 만하다. 연구나 문법서마다 이들을 보조 용언 구성으로 다룰지에 대한 의견이 분분하게 대립하였기 때문이다. 지금부터는 보조 용언 구성의 판별 기준을 중심으로 보조 용언 구성 범위와

목록에 차이가 분분한 형태적 구성을 실제적으로 판별해보도록 하겠다.

4.1. '-아야/어야 하다'

'-아야/어야 하다'는 최현배(1937)에서 당위의 보조 용언 구성으로 언급
되었으며 이후 김기혁(1987), 김석득(1992), 류시종(1995), 유현경(2018)에서
보조 용언 구성으로 포함하여 다루고 있다. 그러나 서정수(1990), 호광수
(1994), 손세모돌(1996), 이익섭·채완(1999)에서는 이를 보조 용언 구성으로
인정하지 않는다. 이 형태적 구성을 보조 용언 구성 범위에 포함하지 않는
연구를 보면 보조 용언 앞에 오는 선행 어미를 제한적으로 다루는 경우가
대부분이다.[15] 보조 용언의 선행 어미에 대한 입장의 차이가 보조 용언
구성의 범위 설정에도 영향을 미치는 것이다.[16] 그렇다면 '-아야/어야
하다'를 보조 용언 구성으로 볼 수 있을지 검토해보겠다. 그리고 만약
보조 용언 구성이라면 통사적 구성이나 형태적 구성 중 어느 것에 더
가까운지 정도성의 차이를 확인할 것이다. 먼저, 보조 용언의 전형적인
의존성과 비분리성을 기준으로 '-아야/어야 하다'를 살펴보면 다음과 같다.

> (15) 가. 사람은 법을 <u>지켜야 한다</u>.
> 　　　나. *사람은 법을 <u>지켜야서</u> 한다.
> 　　　다. *사람은 법을 지켜야 <u>꼭/반드시</u> 한다.
> 　　　라. 사람은 법을 지키다, *사람은 법을 한다.

15　남기심 외(2019: 112)에서는 '-아야/어야'가 본용언과 보조 용언을 연결하는 기능을
　　하고 있지만 보조적 연결 어미로 보기 힘들다는 점에 유의할 필요가 있다고 하였다.

16　'-아야/어야 하다'가 보조 용언 구성이 아니라고 보는 입장에서는 '-아야/어야' 뒤의
　　'하다'를 대동사로 보고 [당위]의 의미는 연결 어미에서 찾을 수 있다고 보기도 한다.
　　그런데 '-아야/어야' 자체가 [당위]와 관련된 것이 아닌 '-아야/어야 하다' 구성 전체
　　가 갖는 의미라고 보아야 한다.

'-아야/어야 하다'는 (15나, 다)에서 볼 수 있듯이 선행 용언과 후행 용언 사이에 '-서'가 개입될 수 없으며 부사 '꼭, 반드시' 등 다른 성분의 개입이 불가하다. 그리고 (15라)를 보면 선행 용언 '지키다'는 주어와 목적어의 논항을 요구하지만 '-아야/어야' 뒤에 후행하는 '하다'는 논항을 요구하지 않는다. 이는 보조 용언 구성의 전형적인 특성과 일치하며 '-아야/어야 하다'를 보조 용언 구성으로 볼 수 있음을 시사한다. 이제 '-아야/어야 하다'를 후행 용언의 대용형 대치 가능 여부, 부사의 수식이나 부정의 범위 안에 포함되는지 등의 문법적 의미 기능 기준으로 살펴보면 다음과 같다.

(17) 가. 그는 자신이 한 말을 지켜야 한다.
　　 나. 그녀도 <u>그래야</u> 한다.
　　 다. *그녀도 지켜야 <u>그런다</u>.
　　 라. 그녀도 <u>그런다</u>.
(18) 가. 그는 자신이 한 말을 <u>반드시/꼭</u> 지켜야 한다.
　　 나. 그는 자신이 한 말을 <u>반드시/꼭</u> 지키다.
　　 다. *그는 자신이 한 말을 <u>반드시/꼭</u> 한다.
　　 라. *그는 자신이 한 말을 <u>안</u> 지켜야 한다.
　　 마. *그는 자신이 한 말을 <u>지켜야 하지 않다</u>.

(17가) '-아야/어야 하다'는 (17나)처럼 선행 용언 '지키다'의 대용화는 가능하지만 (17다)에서 볼 수 있듯이 후행 용언의 대용화는 불가능하다. 이는 보조 용언이 전형적으로 선행 용언의 대용화가 가능하고 후행 용언의 대용화가 불가능한 것과 일치한다. 한편 '-아야/어야 하다'는 전형적인 보조 용언 구성과 달리 (17라)처럼 구성 전체의 대용도 가능하다. 다음으로 (18) 예문을 통해 부사 수식이나 부정의 수식 범위를 살펴보면 '-아

야/어야' 어미 뒤 '하다'는 부사 '반드시', '꼭'의 수식 범위에 포함되지 않는다. 또한 부정소와 결합할 수 없으며 부정의 범위 안에 포함될 수 없다. 안주호(2005: 377)에서는 의무 양태를 나타내는 '−아야/어야 하다'는 장형 부정이든 단형 부정이든 대당 부정형이 존재하지 않는다고 주장하였다. 이를 박재연(2003)에서 부정형을 갖지 못하는 것이 문법화가 진전된 형식으로 볼 수 있다는 논의를 가져와 '−아야/어야 하다'가 의무 양태 유형 중 훨씬 문법화된 형식이라고 할 수 있으나 보충 연구가 필요함을 주장하였다. 이처럼 '−아야/어야 하다'는 부사 수식이나 부정의 범위 안에 포함될 수 없다는 점을 볼 때 전형적인 보조 용언 구성과 일치한다.

다음으로 '−아야/어야 하다'를 시상 선어말 어미나 주체 높임 선어말 어미가 후행 용언에 결합하는지 등의 통사적 핵 기능을 기준으로 살펴보겠다.

(19) 가. 그는 부모의 가르침을 <u>따라야 한다</u>.
　　 나. 그는 부모의 가르침을 <u>따랐어야</u> 한다.
　　 다. 그는 부모의 가르침을 따라야 <u>했다</u>.
　　 라. 그는 부모의 가르침을 <u>따랐어야 했다</u>.
(20) 가. 그가 술을 <u>마셔 보다</u>.
　　 나. *그가 술을 <u>마셨어 보다</u>.
　　 다. 그가 술을 마셔 <u>보았다</u>.
　　 라. *그가 술을 <u>마셨어 보았다</u>.

(19)에서 시상 선어말 어미 '−았/었−'은 선행 용언 '따르다'나 후행 용언 '하다'에 각각 결합되거나 모두 결합하는 것이 가능하다. 그러나 (20)에서 확인할 수 있듯이 일반적인 보조 용언은 문법적 의미가 있어 본용언이 아닌 보조 용언이 통사적 핵 기능을 담당하기 때문에 시상 선어말

어미도 보조 용언에만 결합되는 것이 자연스럽다. 그런데 '-아야/어야 하다'는 접속 구성과 같이 선·후행 용언 모두에 시상 선어말 어미가 결합할 수 있는 것이다.[17] 그러나 접속 구성과는 달리 '-아야/어야 하다'는 후행 용언 '하다'에 본용언의 어휘적 의미가 남아 있지 않다. '-아야/어야 하다'의 주체 높임 선어말 어미 결합 양상 또한 시상 선어말 어미와 비슷한데 구체적으로 살펴보면 다음과 같다.

(21) 가. 할머니께서는 병원을 <u>가셔야</u> 합니다.

　　 나. [?]할머니께서는 병원을 가야 <u>하십니다</u>.

　　 다. 할머니께서는 병원을 <u>가셔야</u> <u>하십니다</u>.

(22) 가. 할아버지는 운동을 {하셔야 좋습니다/^{??}하셔야 좋으십니다/*해야 좋으십니다}.

　　 나. 할아버지는 대열을 {따라가셔야 합니다/*따라가셔야 하십니다/*따라가야 하십니다}. (안주호 2005: 369)

(21)에서 '-아야/어야 하다'와 주체 높임 선어말 어미 '-(으)시-'의 결합 양상을 살펴보면 '-(으)시-'가 선행 용언과 후행 용언 각각 결합되거나 모두 결합하는 것이 가능하다는 것을 확인할 수 있다. 물론 (21나)를 볼 때 선행 용언에 '-(으)시-'가 결합하지 않고 후행 용언에만 결합하는 것이 자연스러운가에 대해서는 해석의 여지가 있어 보인다. 그런데 안주호 (2005)에서는 (22)의 예를 제시하며 '-아야/어야 하다'는 주체 높임 선어

17　'-았어야/었어야 했다'의 경우 '-아야/어야 하다' 의무 양태 기능 이외에도 과거에 그러지 못했음에 대한 후회와 같은 부가적 의미가 느껴지는 것 같다. 과거 시제 선어말 어미와 '-아야/어야'가 결합된 하나의 형태가 기존과 다른 의미를 나타내는 것 같으나 여기서는 자세히 논하지 않는다. '-았어야/었어야 하다'가 하나의 구성처럼 쓰이는 것인지 왜 '-아야/어야 하다'의 선행 용언에 시상 선어말 어미가 결합하는지에 대해서도 추가 연구가 필요하다.

말 어미가 선행 용언에만 결합하는 것이 가장 자연스럽다고 보았다. 이는 의무 양태 구성이 후행 용언의 주어가 화자임을 반증적으로 보여주는 것이라고 하였다. 그러나 (22)에서 '할아버지께서는'으로 바꾸었을 때 '-(으)시-'가 선행 용언이나 후행 용언에 모두 자연스럽게 결합하는 것 같다. 이 경우 '-(으)시-'는 주체 높임의 기능이 아닌 주체와 동일한 청자에 대한 청자 높임의 기능으로 쓰인 것은 아닌가 생각된다.

표면적으로 보았을 때 선행 용언과 후행 용언에 모두 '-(으)시-'가 결합할 수 있어 접속 구성과 비슷해 보이지만 그 이면의 구조는 다르다고 볼 수 있다. 접속 구성은 선·후행 용언 모두가 각각 주어 논항을 가질 수 있는 복문 구조이지만 '-아야/어야 하다'는 그렇지 않다. (23가)처럼 후행 용언에 결합된 '-(으)시-'의 경우 청자를 높이기 위한 화자의 의도가 담겨 있는 것으로 해석할 수 있다.

> (23) 가. (할머니: 청자) [할머니께서는 병원을 가-+-시-]+[-어야 하-+-
> 시-+-ㅂ니다].
> 나. [할머니께서는 구급차에 실리시어]+[(할머니께서) 가시다].

또한 (23)의 예문을 문법화 기준에서 보았을 때도 비슷한 결론을 확인할 수 있다. '-아야/어야 하다'의 '하다'는 어떤 행동이나 작용이 이루어지는 행위성의 의미가 남아 있지 않다. 이미 화용론적 추론이 이루어져 본용언의 의미를 잃고 기존과 다른 '당위'의 문법적 의미로 바뀌었다고 볼 수 있다. 형태 경계 분석 역시 (23가)는 '[[주어+V₁]+[-어야+V₂]]'로 재분석되었다고 판단된다. '-아야/어야 하다'의 '하다'는 더 이상 '할머니께서'와 같은 주어 논항을 가지지 못한다. 한편 음성적으로 축약 현상이나 음운 소실이 나타나지는 않아 '-아야/어야'와 '하다'가 긴밀하게 하나의 구성으로 작용하기는 하지만 두 형태 간 경계가 완전히 사라진 것은 아니라고 볼 수 있다.

지금까지 논의한 내용을 종합하면 '-아야/어야 하다'는 보조 용언 구성으로 구분할 수 있다. 의존성을 기준으로 볼 때 선행 용언과 후행 용언 사이에 '-서'와 같은 다른 성분이 개입될 수 없고 후행 용언은 논항을 가지지 못한다. 문법적 의미 기능 기준에서도 후행 용언의 단독 대용화가 불가능하고, 부사의 수식이나 부정의 범위 안에 포함되지 못한다. 이는 전형적인 보조 용언이 보이는 특성과 일치하였다. 다만 통사적 핵 기능 측면에서 일반적인 보조 용언이 보이는 특성과 다른 측면이 있었다. 바로 선행 용언에 '시상, 주체 높임의 선어말 어미'가 결합 가능하다는 점인데 이는 '당위(의무)'의 문법적 의미 특성에 기인하는 것으로 추측할 수 있었다. '-아야/어야 하다'를 보조 용언 구성으로 포함하여 다루는 논의와 그렇지 않은 논의들이 비등하였지만 보조 용언 구성의 변별 기준으로 검토해보았을 때 '-아야/어야 하다'는 보조 용언 구성이라고 볼 수 있으므로 보조 용언 구성의 범위에 포함하여 다룰 수 있다.

4.2. '-나/는가/(으)ㄹ까 싶다'

'-나/는가/(으)ㄹ까'는 종결 어미로[18] 이 뒤에 결합하여 나타나는 보조 용언에는 '싶다, 보다'가 있다.[19] 최현배(1937)에서 의문형 종결 어미 '-나/는가/(으)ㄹ까' 뒤의 '싶다, 보다'를 보조 용언 구성 범위에 포함한 이

---

18 종결 어미는 한 문장을 끝맺는 기능을 하는 어말 어미로 종류에는 평서형, 감탄형, 의문형, 명령형, 청유형 종결 어미가 있다.

19 '종결 어미+보조 용언' 구성은 'SEA(sentence ending auxiliary) 구문'이라고도 불리는데 엄정호(1990)의 용어다. 박재연(1999), 박창영(2017)에서는 종결 어미에 '싶다'가 통합된 구문을 단순히 가리키는 용어로 사용했으며 'SEA+싶다'를 보조 용언 구성으로 인정하지 않는다.

후 김석득(1992)는 종결 어미 '-다, -지'에 결합한 '싶다'까지 보조 용언으로 다루었고 류시종(1995)에서는 이 외에도 '-구나, -랴' 등의 다양한 종결 어미 뒤의 '싶다'를 보조 용언으로 다루고 있다.[20] 유현경 외(2018)에서는 최현배(1937)과 동일하게 의문형 종결 어미 뒤의 '싶다, 보다'를 보조 용언으로 다루고 있다. 반면 김기혁(1987), 호광수(1994), 손세모돌(1996), 이익섭·채완(1999)의 경우 이를 보조 용언에 포함하여 다루지 않는다. 이 중 '-나/는가/(으)ㄹ까 싶다'를 중심으로 이를 보조 용언 구성 범위에 포함할 수 있을지 검토해보고자 한다. 우선 의존성, 비분리성을 기준으로 살펴보면 다음과 같다.

(24) 가. *그는 그녀가 보{나/는가/ㄹ까}서 싶어 부끄러웠다.

　　 나. *그는 그녀가 보{나/는가/ㄹ까} 너무/안 싶어 부끄러웠다.

　　 다. 그렇게까지 할 필요가 있나 막 싶을 정도루. (박창영 2017: 128)

　　 라. 지금 너무 막 성급히 막 위성방송 쏘구 막 그러는데 아주 무모하지 않나 지금 싶어요. (박창영 2017: 128)

　　 마. 그녀가 보{나/는가/ㄹ까} 난(나는) 싶어 부끄러웠다.

　　 바. 그는 그녀가 보{나/는가/ㄹ까} 싶어 부끄러웠다.

(24가, 나)의 '-나/는가/(으)ㄹ까'와 '싶다' 사이에는 '-서'나 '너무, 안' 등의 다른 성분이 개입되지 않는다. 그러나 (23다, 라)의 박창영(2017: 128)에서 제시한 예를 보면 간투사적 용법을 보이는 '막, 지금'이 개입되어

20　류시종(1996: 119)에서는 '-나/는가/(으)ㄹ까'가 연결 어미와 종결 어미 형태가 동일하게 있는데 문장을 의문문으로 만들지 못하므로 의문 종결과 상당히 차이가 나는 보조적 연결 어미일 뿐이라고 주장하였다. 보조적 연결 어미의 범위를 확대하여 더 다양한 형태의 보조 용언 구성을 범위 안에 포함시킨 것이다. 다만 여기서는 '싶다, 보다' 등의 앞에 결합된 '-나/는가/(으)ㄹ까'가 본래 어말에서 끝맺는 기능을 하는 종결 어미 형태로 쓰인다는 점을 중시하여 종결 어미로 다룬다.

있음을 확인할 수 있다. 특히 (24마)에서 '난(나는)'과 같은 경험주 논항이 개입되어 있다는 점은 매우 흥미롭다. (24바) '-나/는가/(으)ㄹ까 싶다'의 경우 내포문 주어 '그녀가' 이외에 모문의 주어 '그는'이 설정될 수 있다는 점에서 논항과 무관하지 않다. 이러한 점은 '의문형 종결 어미'에 결합한 '싶다'를 보조 용언의 범주로 다루는 것을 주저하게 만든다. '싶다' 구문의 통사적 특이성은 임홍빈·장소원(1995), 박재연(1999)에서도 언급된 바 있는데 종결 어미와 함께 결합한 '싶다'의 경우 내포문이 인용의 성격을 가진다고 주장하였다.[21] 그렇다면 문법적 의미 기능과 통사적 핵 기능 측면에서도 보조 용언 범위 안에 포함될 수 없는지 살펴보기로 한다.

(25) 가. 그가 여행을 가{나/는가/(으)ㄹ까} 싶다.

　　나. 그녀도 여행을 {그러나/그러는가/그럴까} 싶다.

　　다. 그녀도 여행을 가{나/는가/(으)ㄹ까} 그러다.

(26) 가. 그는 그녀가 고기를 잘 먹{나/는가/(으)ㄹ까} 싶어 유심히 지켜보았다.

　　가′. 그녀가 고기를 잘 먹다, *그는 잘 싶다

　　나. 그는 그녀가 고기를 안 먹{나/는가/(으)ㄹ까} 싶어 유심히 지켜보았다.

　　나′. 그녀가 고기를 안 먹다, *그녀가 안 싶다

　　다. 오늘은 아무도 학교에 안 오나 싶다.

　　다′. *오늘은 아무도 학교에 오{나/는가/(으)ㄹ까} 싶지 않다.

21　박재연(1999: 168-170)에서는 '종결 어미+싶다' 구문이 직접 인용 구문의 특성과 유사함을 들어 인용 구문으로 볼 수 있다고 주장하였다. 근거로 두 가지를 들고 있는데 첫째, '싶다'의 내포문에 수행 억양이 걸릴 수 있다는 점이 직접 인용 구문에서 피인용문에 수행 억양이 걸릴 수 있음과 유사하다. 둘째, 다양한 종결 어미 형식의 내포문을 취하는 '싶다' 구문은 선행 연결 어미에 제약이 있는 보조 용언의 일반적 특성과 거리가 멀고 '아', '아이고'와 같은 감탄사가 나타나 있다는 점에서 직접 인용 구문적 특성을 가진다고 하였다. 셋째, 내포문 내의 대명사의 재귀화를 허용한다는 점에서 관점이 전이되는 간접 인용 구문의 특성을 가진다고 하였다. 내적 발화에 대한 인용일 때 '-구나, -지, -(으)ㄹ까'와 같은 다양한 종결 어미가 간접 인용에 쓰일 수 있다고 보았다.

'의문형 종결 어미+싶다'의 경우 (25다)처럼 후행 용언의 대용화가 가능하다. 일반적으로 보조 용언 구성은 선행 용언의 대용화는 가능하고 후행 용언만의 단독 대용화가 불가능한 것과는 다르다. 이와 같은 점을 보면 '싶다'는 여전히 어휘적 의미가 남아 있는 것으로 볼 수 있다. 그런데 부사의 수식이나 부정의 범위를 살펴보면 부사 '잘', '안'의 수식 범위에 '싶다'가 포함되지 않는다. 또한 장형 부정의 형태 역시 불가능하다. 이러한 점은 일반적으로 보조 용언이 부사나 부정의 범위에 포함되지 못한다는 것과 일치한다. 이는 결국 '의문형 종결 어미+싶다'의 경우 일반적인 보조 용언과 일치하는 면도 그렇지 않은 면도 있음을 시사한다.

다음으로 통사적 핵 기능 기준에서 시상 선어말 어미 결합과 주체 높임 선어말 어미의 결합 양상이 보조 용언으로 보기에 무리함이 없는지 확인해 보도록 하겠다.

(27) 가. 그녀가 나를 {떠나나/떠나는가/떠날까} 싶다.
　　 나. 그녀가 나를 {떠났나/떠났는가/떠났을까} 싶다.
　　 다. 그녀가 나를 떠날까 싶었다.
　　 라. 그녀가 나를 떠났을까 싶었다.
(28) 가. 할머니께서 나를 {떠나나/떠나는가/떠날까} 싶다.
　　 나. 할머니께서 나를 {떠나시나/떠나시는가/떠나실까} 싶다.
　　 다. ^{??}할머니께서 나를 {떠나나/떠나는가/떠날까} 싶으시다.
　　 라. 할머니께서 나를 {떠나시나/떠나시는가/떠나실까} 싶으시다.

(27)을 보면 '의문형 종결 어미+싶다'의 경우 시상 선어말 어미가 후행 용언에만 결합하지 않고 선행 용언이나 후행 용언 모두에 결합할 수 있다. 또한 (28)과 같이 주체 높임 선어말 어미 '-(으)시-'가 후행 용언에만 결합하지 않고 선·후행 용언에 각각, 그리고 모두 통합 가능함을 확인할

수 있다. 이러한 점은 일반적인 보조 용언이 통사적 핵을 담당하여 시상 선어말 어미와 주체 높임 선어말 어미가 후행 용언에만 결합하는 것이 자연스럽다는 점과는 차이가 난다. 따라서 '-나/는가/(으)ㄹ까 싶다'의 경우 '싶다'가 본용언으로서의 지위는 잃었지만 마치 본용언처럼 논항을 가지는 경우가 있으며 일반적 보조 용언과 다른 특성이 나타난다는 것을 알 수 있다. 또한 선행 어미와 '싶다'가 긴밀하지 못하고 느슨하게 연결 되어 다른 보조 용언 구성과 다른 특성을 보이었다. 뿐만 아니라 '-나/ 는가/(으)ㄹ까' 종결 어미 이외에도 '-다, -지, -구나, -네, -랴' 등의 선행 어미가 자유롭게 결합하는 것으로 볼 때 선행 어미에 제약이 있는 보조 용언과는 다른 범주의 성격이 훨씬 많은 것으로 생각된다.

  마지막으로 문법화를 기준으로 '-나/는가/(으)ㄹ까 싶다'를 살펴보면 다음과 같다. '싶다'는 본용언의 어휘적 의미는 남아 있지 않고 문법적 의미 기능을 갖는 보조 용언으로만 사용된다. '싶다'의 원형은 '식브다(시 프다, 싣브다, 십다)'로 '*식다'에 형용사 파생 접미사 '-브-'가 개재한 것 이라고 보기도 한다(박창영 2017: 143-144). '싶다'의 기본적인 의미를 생 각해보면 무엇을 원하는 마음인데 이것에서 희망, 헤아림, 추측, 판단 등의 부수적 의미가 나타난 것이라고 볼 수 있다. 즉 중심적 의미가 주변 적 의미로 확대되는 과정이라고 볼 수 있다. 특히 '싶다'의 경우 선행하 는 어미가 매우 다양한데 선행 어미에 따라 서로 다른 의미를 가지는 것으로 보인다. (29)는 다양한 선행 어미에 결합되어 나타나는 '싶다'의 형태적 구성을 제시한 것이다. 일반적인 보조 용언이 선행하는 어미에 제약이 있는 것과 매우 다른 모습이라고 할 수 있다.

  (29) 가. -고 싶다, -(으)면 싶다
     나. -나/는가/(으)ㄴ가/(으)ㄹ까 싶다

다. -다, -지 싶다

라. -구나, -네, -냐, -랴, -리라, -아/어라 싶다

마. -(으)ㄴ 듯싶다, -(으)ㄴ 성싶다

다음으로 '의문형 종결 어미+싶다'의 형태 경계를 재분석해보면 다음과 같다.

(30) 할머니께서는 [할아버지가 선물이 마음에 드나/드는가/드실까] 싶으시다.

의문형 종결 어미 뒤의 '싶다'는 보조 용언 구성보다는 접속 구성의 복문 구조를 가지는 것으로 보인다. 또한 '-나/는가/(으)ㄹ까 싶다'는 음성/음운적 소실이 나타나지 않는다. 문맥에서 본래의 기능을 아직은 확고하게 가지고 있는 것으로 생각된다.[22]

4.3. '-지 아니하다, 못하다, 말다'

최현배(1937)에서 '-지 아니하다, 못하다, 말다'를 보조 용언 구성의 범위 안에 포함하여 다룬 이래 김석득(1992: 693)도 이를 '부정 도움움직씨'라고 언급하며 이음씨끝 '-지'와 필수적인 공존 관계로 나타난다고 하였다. '아니하다', '못하다'는 행위를 부정하고 '말다'는 행위를 금지하는 보조 용언이다(김석득 1992: 693). 류시종(1996), 이익섭·채완(1999), 유

---

22 의문형 종결 어미는 아니지만 종결 어미 '-다'가 결합한 형태의 '-다시피'는 문법화가 좀 더 진전된 것으로 생각된다. 자신의 주관적 생각을 모두가 아는 이야기로 공론화하여 동의를 구해 객관화하는 의미 기능을 보인다. 이는 본래 '싶다'의 기본적 의미에서 멀어진 부차적인 의미 기능을 나타내는 것으로 생각된다. 이와 관련하여 천성호(2019: 49)의 논의를 참고할 수 있다.

현경(2018)에서도 이와 같은 형태적 구성을 보조 용언 구성 범주에 포함하여 다루고 있다. 반면 김기혁(1987), 서정수(1990), 손세모돌(1996)에서는 '아니하다, 못하다, 말다'는 보조 용언에서 제외되어야 한다고 주장하였다.[23] 호광수(1994)에서는 '-지 아니하다, 못하다'가 아닌 '-지 말다'만을 부정의 보조 용언 구성으로 다루었다. 이러한 형태적 구성을 보조 용언 구성 범위에서 제외해야 한다고 본 이유에는 다음의 두 의견이 대표적이다. 본용언인 '아니 하다', '못 하다', '말다'와 의미 차이가 없고 부정 부사 '못, 안'과 '하다'가 결합된 비합성적인 상태이기 때문이다(서정수 1990: 286). 또한 이들이 홀로 쓰일 수 있으며 부정의 의미 기능은 '아니', '못'에서 비롯한 것이고 '하다'는 실제적 의미가 없어 '아니, 못'이 부사로 쓰일 때 나타내는 의미와 다르지 않기 때문이라고 할 수 있다(손세모돌 1996: 83). 지금부터는 앞서 마련한 기준을 통해 '-지 아니하다, 못하다, 말다'를 보조 용언 구성으로 볼 수 있을지 검토하여 보겠다. 우선 의존성, 비분리성을 기준으로 살펴보도록 한다.

(31) 가. 그가 운동을 하지 아니하다/못하다.
　　 나. *그가 운동을 하지 {정말/조금도} 아니하다/못하다.
　　 다. 그가 운동을 하지{를/도} 아니하다/못하다.
(32) 가. 너는 복도에서 뛰지 마라.
　　 나. *너는 복도에서 뛰지 {절대로/결코} 마라.
　　 다. 너는 복도에서 뛰지 {좀/를/만} 마라.
　　 라. 우리 헤어지지 말자.
　　 마. *우리 헤어지지 {절대로, 결코} 말자.
　　 바. 우리 헤어지지 {좀/를/만} 말자.

23　부정의 '-지 아니하다, 못하다, 말다'와 관련해서 이들을 보조 용언 구성으로 볼 수 없다는 논의는 서정수(1990)을 참고할 수 있다.

(31나)를 보면 어미 '-지'와 '아니하다, 못하다' 사이에 '정말', '조금도'와 같은 부사가 들어가지 못하지만 (31다)에서는 목적격 조사 '를', 보조사 '도'가 개입된 것을 확인할 수 있다. 이때 '를'은 격조사 쓰임이 아니라 보조사적 쓰임으로 사용되어 개입한 것이라고 볼 수 있다. 이를 '-지 말다' 구성에도 적용해 보면 (32가)는 명령문 '-지 마라'이고 (32라)는 청유문 '-지 말자'이다. '-지 말다'의 경우 (32나, 마) '절대로, 결코'는 개입이 불가하지만 (32다, 바)처럼 '좀'이나 조사 '를, 만'의 개입은 가능하다. 따라서 '-지'와 '아니하다, 못하다, 말다' 사이에는 무엇이든 개입될 수 있는 것은 아니지만 '좀' 등 일부 개입 가능한 요소가 있는 것을 보았을 때 '-지'와 후행 용언 사이가 다른 보조 용언 구성만큼 긴밀한 관계가 아니라고 해석할 수 있다. 다음으로 '-지 아니하다, 못하다'는 논항을 가지는 단독 서술어로 기능할 수 있는지와 관련하여 '-지 말다'와 다소 차이가 느껴진다.

(33) 가. 그가 운동을 하다, 그가 운동을 <u>않다(아니 하다).</u>
  나. 그가 운동을 하다, 그가 운동을 <u>못하다(못 하다).</u>
  다. 시도를 하지 마라/말자.
  라. 시도를 하다, 시도를 마라/말자.
  마. (너는) 복도에서 뛰다, *(너는) 복도에서 <u>마라.</u>
  바. 우리는 헤어지다, *우리는 <u>말자.</u>

(33가, 나) '않다(아니하다)'와 '못하다'는 '그가'라는 주어 논항과 '운동을' 목적어 논항을 가질 수 있다. 이는 '아니하다', '못하다'가 단독 서술어로 기능할 수 있다는 것이다. 그리고 '-지 아니하다', '-지 못하다' 구성으로 쓰였을 때와도 의미 차이가 느껴지지 않는다. 반면 (33다, 라) '말다'의 경우 단독 서술어로 쓰일 수도 있지만 (33마, 바)를 보면 홀로 쓰일

때 자연스럽지 않은 경우도 있다.

(34) 가. 그는 운동을 하지 않는다/못한다.

　　나. 그녀도 운동을 <u>그러지</u> 않는다/못한다.

　　다. *그녀도 운동을 하지 <u>그런다</u>.

　　라. 그녀도 <u>그런다</u>.

(35) 가. 진수는 거기에 가지 마라/말자.

　　나. 너도 거기에 <u>그러지</u> 마라/말자.

　　다. *너도 거기에 가지 <u>그래라/그러자</u>.

　　라. 너도 <u>그래라/그러자</u>.

(34), (35)는 후행 용언의 대용화가 가능한지를 확인한 것이다. (34다)를 보면 '-지 않다(아니하다), 못하다'는 후행 용언의 대용화가 불가능한 것을 알 수 있으며 이는 일반적인 보조 용언의 특성과 일치한다. 이는 (35다) '-지 말다' 역시 마찬가지이다. 다음으로 '아니하다, 못하다, 말다'가 부사 수식 범위에 포함되는지를 살펴보면 다음과 같다.

(36) 가. 그가 운동을 {자주/잘} 하지 않는다/못한다.

　　가′. 그가 운동을 {자주/잘} 하다.

　　가″. 그가 운동을 {자주/잘} 않는다/못한다.

　　나. 그녀는 운동을 {결코/절대로/그다지} 하지 않는다/못한다.

　　나′. *그녀는 운동을 {결코/절대로/그다지} 하다.

　　나″. 그녀는 운동을 {결코/절대로/그다지} 않는다/못한다.

(36가, 가′, 가″)의 '않다(아니하다)', '못하다'의 경우 '자주, 잘' 부사의 수식 범위에 포함된다. 일반적으로 보조 용언 구성에서는 선행 용언만이 부사의 수식 범위에 포함되는 것과 차이가 있다. 그런데 (36나, 나′, 나″)

를 보면 '결코, 절대로, 그다지'와 같은 부정극어가 올 경우 부사의 수식
은 선행 용언에 미치지 못하고 '아니하다, 못하다' 서술어에 미치게 된
다. 물론 부정극어와 부정 서술어의 호응이라는 특수성에 기인하는 것이
지만 보조 용언이 부사의 수식 범위에 포함된다는 사실은 전형적인 보조
용언 구성과 차이가 있다.

(37) 가. 복도에서 {함부로/빨리} 뛰지 마라.
　　가′. 복도에서 {함부로/빨리} 뛰다.
　　가″. *복도에서 {함부로/빨리} 마라.
　　나. 복도에서 {절대로/결코} 뛰지 마라.
　　나′. *복도에서 {절대로/결코} 뛰다.
　　나″. 복도에서 {절대로/결코} 마라.
(38) 가. 우리는 {영원히/오래도록} 헤어지지 말자.
　　가′. 우리는 {영원히/오래도록} 헤어지다.
　　가″. *우리는 {영원히/오래도록} 말자.
　　나. 우리는 {절대로/결코} 헤어지지 말자.
　　나′. *우리는 {절대로/결코} 헤어지다.
　　나″. 우리는 {절대로/결코} 말자.

(37) 명령문 '-지 마라', (38) 청유문 '-지 말자'도 '-지 아니하다, 못하
다'와 부사 수식 양상이 동일하다. 부사 '함부로, 빨리'가 선행 용언을
수식하고 후행 보조 용언을 수식하지 못한다. 그런데 (37나, 나′, 나″),
(38나, 나′, 나″)에서 부정극어가 쓰인 경우에는 선행 용언이 아닌 후행
보조 용언을 수식한다. 물론 '말다'의 경우 '아니하다, 못하다'와는 달리
단독으로 서술 기능을 하지는 못하지만 부사의 수식이 후행 용언에 미친
다는 사실은 분명해 보인다. 다음으로 시상 선어말 어미, 주제 높임 선어
말 어미의 결합을 살펴보면 전형적인 보조 용언 구성과 공통적인 부분도

있지만 차이가 있다는 것을 알 수 있다.

(39) 가. 그는 학교를 떠나지 않다/못하다.
　　 나. *그는 학교를 <u>떠났지</u> 않다/못하다.
　　 다. 그는 학교를 떠나지 <u>않았다/못했다</u>.
　　 라. *그는 학교를 <u>떠났지</u> <u>않았다</u>.
(40) 가. 노래방에 가지 마라/말자.
　　 나. *노래방에 <u>갔지</u> 마라/말자.

'-지 아니하다, 못하다'의 경우 (39다)에서 볼 수 있듯이 후행하는 보조
용언에만 과거 시제 선어말 어미 '-았/었-'이 결합하는 것이 가장 자연
스럽고, (39나, 라)처럼 선행 용언에만 결합하거나 선·후행 모두에 결합
하는 것은 어색하다. 이는 전형적인 보조 용언 구성과 일치하는 부분이
다. 그러나 (40나) '-지 말다'의 경우 선행 용언에 과거 시제 선어말 어
미의 결합 자체가 불가능하다.

(41) 가. 할머니께서 더 이상 병원에 가지 않는다.
　　 나. 할머니께서 더 이상 병원에 <u>가시지</u> 않는다.
　　 다. 할머니께서 더 이상 병원에 가지 <u>않으신다</u>.
　　 라. 할머니께서 더 이상 병원에 <u>가시지</u> <u>않으신다</u>.

(42) 가. 할머니께서는 걱정하지 마요.
　　 나. 할머니께서는 <u>걱정하시지</u> 마요.
　　 다. 할머니께서는 걱정하지 <u>마셔요</u>.
　　 라. 할머니께서는 <u>걱정하시지</u> <u>마셔요</u>.

'-지 아니하다, 못하다'와 주체 높임 선어말 어미 '-(으)시-'가 결합할

때 (41나, 다)에서 볼 수 있듯이 선행 용언과 후행 용언에 각각 결합할 수도 있고, (41라)처럼 선·후행 용언에 모두 결합할 수도 있다. 이러한 점은 일반적인 보조 용언 구성과 다른 부분으로 접속 구성과 유사하며 '아니하다, 못하다'가 주어 논항과 호응하는 성분임을 보여준다. (42) '-지 말다'의 경우도 같은 결합 양상을 보인다. (42나, 다)처럼 선행 용언이나 후행 용언에만 각각 결합하거나 (42라) 선·후행 용언에 모두 주체 높임 선어말 어미가 결합하여도 자연스럽다. 이와 관련하여 문법화를 기준으로 '-지 아니하다, 못하다, 말다'를 살펴보면 다음과 같다.

(43) 가. 그가 말을 하지 않는다.
　　　가'. 그가 말을 하다, 그가 말을 않다.
　　　나. 그가 말을 하지 못한다.
　　　나'. 그가 말을 하다, 그가 말을 못하다.
　　　다. 그에게 말을 하지 마라.
　　　다'. 그에게 말을 하다, 그에게 말을 마라.
　　　라. 그에게 말을 하지 말자.
　　　라'. 그에게 말을 하다, 그에게 말을 말자.

(43)에서 확인할 수 있듯이 '아니하다, 못하다, 말다'의 경우 본용언의 중심적 의미가 그대로 남아있다고 볼 수 있다. 주어 논항을 가질 수 있으며 독립적인 서술어로 기능할 수 있다. 어떤 행동을 하지 아니하거나 능력이 부족하거나 행동을 금하는 것 등 기본적 의미가 그대로 남아있다고 볼 수 있는 것이다. 아래의 (44)는 기본 의미나 호응 관계를 바탕으로 '-(으)시-'가 결합된 '-지 아니하다, 못하다, 말다'의 형태 경계를 재분석해 본 것이다.

(44) 가. [할아버지께서 움직이-+-시-+-지] [(할아버지께서) 않-+-으
　　　　시-+-다/못하-+-시-+-다]
　　나. [할아버지께서 [(할아버지께서) 움직이-+-시-+-지] 않-+-으
　　　　시-+-다/못하-+-시-+-다]
　　다. [할아버지께서는 걱정을 하-+-시-+-지] [(할아버지께서는) (걱
　　　　정을) 마-+-시-+-어요]
　　라. [할아버지께서는 [(할아버지께서는) 걱정을 하-+-시-+-지] 마
　　　　-+-시-+-어요]

(44)를 보면 '-지 아니하다, 못하다, 말다'는 접속 구성과 같은 모습을
보인다. (44가) '움직이다', '않다, 못하다'가 각각 주어 논항을 요구하며
절과 절의 결합처럼 인식되기도 한다. (44다) 역시 '하다'와 '말다'는 '할
아버지께서'라는 주어 논항 이외에도 '걱정을'과 같은 목적어 논항을 함
께 공유하는 것으로 보인다. 한편 (44나, 라)처럼 접속 구성이나 보조
용언 구성 모두로 해석될 여지가 있는 단계라고 볼 수도 있다. 그런데
'-지 아니하다, 못하다'의 경우 접속 구성이 아닌 하나의 형태적 구성으
로 보이는 경우가 있다.

(45) 가. 내가 마음이 {편하지 않다/편치 않다/편찮다}.
　　나. 용돈을 {적지 않게/적잖게/적잖이} 받는다.
　　다. 모든 일이 다 {귀하지 않다/귀치 않다/귀찮다}.
　　라. 하는 짓이 {같지 않다/같잖다}.
　　마. 오늘 (만나지) 말고 다음에 만나자.
　　바. 너말고 너의 언니가 좋다.

(45)에서 '-지 않-'에서 '-잖-'으로 축약이 이루어지고, 기존의 의미에
서 멀어져 새로운 의미를 가진 용언이 되거나 아예 품사 범주가 변화한

것까지 존재하는 것으로 보인다. (45가, 나)는 그나마 선행 용언의 의미
가 그대로 남아 있는 경우인데 (45가)는 마음이나 몸이 편하지 않은 상
태로 병이 걸린 것을 의미하는 것까지 확장되었고, (45나)는 수나 양이
적지 않다는 의미에서 적지 않은 수나 양 또는 소홀히 하거나 대수롭게
여길 만지지 아니하다는 의미의 부사로 파생되었다. '-지 않-'이 줄어든
형태에 부사 파생 접사가 결합하여 품사 변화가 일어난 것이다. (45다)
의 경우 귀하지 않다는 것이 마음에 들지 않고 괴롭고 성가시다는 의미
로 축약된 형태가 새로운 형용사가 되었다. 특히 (45라)를 '같지 않다'는
기존의 의미에서 멀어져 말하거나 생각할 거리도 못된다는 의미로 사용
되었다.[24] '말다' 역시 '말고'의 굳어진 꼴로 쓰이며 부정에 의미에서 '제
외'의 부차적 의미가 발생하고 있다고 볼 가능성이 있다. 지금까지 '-아
야/어야 하다', '-나/는가/(으)ㄹ까 싶다', '-지 아니하다, 못하다, 말다'
를 보조 용언 구성의 범주 안에 포함할 수 있을지 구분해보았다. 〈표 4〉
는 지금까지 논의한 내용을 종합하여 정리한 것이다.

〈표 4〉 '-아야/어야 하다', '-나/는가/(으)ㄹ까 싶다', '-지 아니하다, 못하다, 말다'의
보조 용언 구성 판별의 실제

변별 기준	형태적 구성	-아야/어야 하다	-나/는가/(으)ㄹ까 싶다	-지 아니하다/ 못하다	-지 말다
의존성 비분리성	V_1 V_2 사이 성분 개입	X	○	X	○
	논항 요구	X	○	○	○
문법적 의미기능	V_2 대용형 대치	X	○	X	X
	부사의 수식 범위, 부정의 범위에 포함	V_1○, V_2 X	V_1○ V_2○	V_1 ○ 또는 V_1, V_2 ○	V_1 ○ 또는 V_1, V_2 ○
통사적 핵 기능	'-았/었-' 결합	V_1, V_2 각각 ○	V_1, V_2 ○	V_1, V_2 ○	X

24 국립국어원, 『표준국어대사전』(웹버전: https://stdict.korean.go.kr/main/main.
do) 참고.

	'-(으)시-' 결합	V_1, V_2 ○	V_1, V_2 ○	V_1, V_2 ○	V_1, V_2 ○
문법화	화용론적 추론	V_2 본용언 의미 X	V_2 본용언 의미 △	V_2 본용언 의미 ○	V_2 본용언 의미 ○
	형태 경계의 재분석	[X V_1]+ [-아야/어야 +V_2]	X [-나/는가/ (으)ㄹ까 V_1] +V_2	X[V_1+지] +V_2	X [V_1]+V_2
	음성, 음운적 소실	X	△	○	○

5. 나가기

지금까지 2절에서는 주요 연구들이 제시한 보조 용언 구성의 범위와 개별 목록을 확인하고 보조 용언 구성 범위와 목록에서 차이가 있는 부분을 중점적으로 살펴보았다. 이러한 과정에서 보조 용언 구성의 범위와 목록은 연구나 문법서마다 매우 다양하고 통일되지 않은 의견이 많다는 것을 확인할 수 있었다. 복잡하고 다양한 보조 용언 구성 범위와 목록을 체계적으로 구분하기 위해 최소한의 보조 용언 구성이 가지는 특성을 변별 기준으로 삼고자 하였다. 이에 따라 3절에서는 보조 용언 구성이 인접 범주에 있는 접속 구성, 합성 용언 구성과 어떠한 지점에서 변별되는지를 살펴보았고, 이를 중심으로 보조 용언 구성의 판별 기준을 마련하였다. 이때 보조 용언 구성이 일정하게 만족하는 최소한의 기준은 있지만 개별 형태에 따라 형태, 통사적 정도성의 차이가 있음을 고려하였다. 이후 선행 연구 목록에서 이견이 있는 보조 용언 구성의 개별 형태를 판별 기준을 중심으로 살펴보았다.

먼저 9개의 주요 논의 '최현배(1937), 김기혁(1987), 서정수(1990), 김석득(1992), 호광수(1994), 류시종(1995), 손세모돌(1996), 이익섭·채완(1999), 유현경 외(2018)'에서 보조 용언 구성 판별 결과가 나뉘는 지점의 형태적 구성을 선별하였다. 모두가 인정하는 보조 용언 구성 목록이나 개별 논의에서 소수만 보조 용언 구성이라고 주장하는 논의는 제외하고 중간 범주에 놓인 보조 용언 구성을 판별하고자 하였다. 9개의 주요 연구에서 비등하게 보조 용언 구성 판정 결과가 나뉘는 것에는 '-아야/어야 하다', '의문형 종결 어미+싶다', '-지 아니하다, 못하다, 말다'가 있었다. 이 형태적 구성을 보조 용언 구성이 맞는지 판별하였는데, 이를 통해 얻은 결과를 정리하면 아래와 같다.

첫째, '-아야/어야 하다'는 보조 용언 구성의 범위에 포함할 수 있다. 의존성, 비분리성의 측면에서도 선행 어미와 보조 용언 사이에 다른 성분이 개입하지 못하고 논항을 가지지 못하는 등 전형적인 보조 용언 구성의 특성을 보였다. 문법적 의미 기능 기준에서도 후행 용언만의 대용화가 불가능하고 부사의 수식이나 부정 범위에 포함되지 않았다. 다만 시상 선어말 어미나 주체 높임 선어말 어미의 결합 양상에서만 다른 유형 범주의 특성을 보이었다. 보조 용언 구성은 후행 보조 용언에 통사적 핵이 걸리는 반면 '-아야/어야 하다'의 경우 선행 용언에도 결합될 수 있음을 확인하였다. 그러나 다른 범주와의 경계에서 정도성을 검토하였을 때 보조 용언 구성이라고 보더라도 무리함이 없다고 판단하였다. 둘째, '-나/는가/(으)ㄹ까 싶다'의 경우 경험주인 '나는'과 같은 주어 논항이 설정되고, 후행하는 보조 용언의 대용화 또한 가능하다는 점에서 전형적인 보조 용언 구성과 거리가 멀다는 것을 알 수 있었다. 또한 시상 선어말 어미나 주체 높임 선어말 어미 결합 양상 역시 접속 구성과 같이 선행 용언과 후행 용언 모두에 결합하여 나타나 보조 용언 구성으로 인정하기에 어려움이 있었다. 보조 용언 구성보다는 접속 구성을 띠는 다른 형태로 봄이 더 타당하다고 생각된다. 셋째, '-지 아니하다, 못하다, 말다'는 접속 구성과 합성 용언 구성 그리고 보조 용언 구성까지 전체적으로 약간의 정도성 차이가 있음을 확인할 수 있었다. 그럼에도 해당 구

성은 '보조 용언 구성'으로 해석할 여지가 있다고 판단하였다. 선행 어미
와 후행 보조 용언 사이에 모든 성분이 개입할 수 있는 것이 아니고, 기
존의 부정의 의미와 연결된 특성에 의해 일반적 보조 용언 구성과 다른
특성을 보이는 것이라고 볼 수 있기 때문이다. 다만 '-지 아니하다, 못하
다, 말다'의 범주 경계가 현재는 접속 구성과 보조 용언 구성 모두로 해
석할 가능성이 있는 상태라고 생각한다.

이와 같은 검증 과정을 통해 기존에 의견이 분분한 보조 용언 구성을
검토하여 보조 용언 구성의 범위를 한정하고자 하였으며 각각의 보조
용언 구성이 가진 차이를 파악하고자 하였다. 이러한 결론 도출 과정은
최소한의 공통된 기준을 두고 정도성을 고려하여 보조 용언 구성을 판별
하고 범위를 확정할 수 있다는 데 의의가 있다고 판단된다. 또한 앞으로
더 많은 개별 형태들을 동일한 과정을 통해 판별할 수 있는 자료로서
활용될 수 있다는 데 가치가 있다.

제2부

보조 용언 구성
연구의 실제

6장

완료상 보조 용언 구성 '–아/어 놓다'와 '–아/어 두다' 비교 연구

1. 들어가기

이 장에서는 한국어에서 완료상을 나타낸다고 알려진 보조 용언 '–아/어 놓다' 구성과 '–아/어 두다' 구성의 통사·의미적 특성을 밝히고자 한다. 특히 '–아/어 놓다'와 '–아/어 두다' 구성은 용언 '놓다'와 '두다'가 의미적으로 유사하다는 점, 보조적 연결 어미인 '–아/어'와 결합하여 만들어지는 구성 방식이 동일하다는 점, 그렇게 만들어진 보조 용언 구성이 완료상의 기능을 놓고 서로 경쟁하는 관계라는 점에서 유사한 의미 기능을 가진 구성이라고 볼 수 있다. 그러나 실제 말뭉치 용례를[1] 추출하여 분석해 볼 때 두 보조 용언 구성의 통사·의미적 특성은 분명히 차이가 있다. 특히 이 장에서는 이러한 차이가 발생한 이유를 문법화 (grammaticalization) 양상을 살펴 보조 용언 구성 '–아/어 놓다'와 '–아/

---

[1] 이 장에서 사용한 말뭉치는 연세대학교 서상규 교수가 배포한 〈새 연세 말뭉치 1〉(이하 문어 말뭉치) 약 100만 어절과 〈새 연세 말뭉치 2〉(이하 구어 말뭉치) 약 100만 어절로 총 약 200만 어절 규모이다. 또한 예문 추출은 주석 말뭉치 전용 검색 프로그램인 '말씀2017(미국 밴더빌트 대학 장석배 교수 개발)'을 사용하였다.

'어 두다'의 문법화 정도의 관점에서 기술하고자 한다. 이는 유사 문법 변별이라는 관점에서 한국어 완료상 보조 용언 구성 체계를 명확히 기술할 수 있다는 데 의의가 있을 것이다.

먼저 '-아/어 놓다' 구성과 '-아/어 두다' 구성의 차이를 밝힌 연구는 다수 있다. 손세모돌(1996)에서는 부사 제약으로 두 보조 용언 구성의 차이를 밝혔다.

(1) 가. 움직이지 말고 그대로 {놔 둬 / *놔 놔}.
    나. 날 그냥 이대로 {내버려 둬 / *내버려 놔}.

(손세모돌 1996)

손세모돌(1996)에 따르면 움직임이 없음을 나타내는 부사어 '그대로, 이대로' 등은 (1)과 같이 '-아/어 두다'와 공기하는 것이 자연스러운 반면에 '-아/어 놓다'와 공기하는 것은 자연스럽지 않다. 뒤에서 자세히 다루겠지만 부사어와 공기하는 것에 차이가 나타나는 것은 보조 용언 구성 '-아/어 놓다'와 '-아/어 두다'가 본용언 '놓다'와 '두다'의 의미에 영향을 받고 있기 때문이다. 이외에도 유사 의미 기능으로 알려진 두 보조 용언 구성은 통사·의미적으로 여러 차이가 드러나는데 이러한 차이를 명확히 밝히고자 실제 사용례를 분석하고자 한다.

이 장에서 연구 대상으로 삼은 보조 용언 '-아/어 놓다'와 '-아/어 두다' 구성의 출현 빈도는 다음과 같다.

〈표 1〉 '-아/어 놓다'와 '-아/어 두다' 구성의 출현 빈도

보조 용언 구성	문어 빈도 (비율)	구어 빈도 (비율)	전체 빈도
-아/어 놓다	241회 (28%)	609회 (72%)	850회
-아/어 두다	51회 (55%)	41회 (45%)	92회

〈표 1〉에서 알 수 있듯이 '-아/어 놓다' 구성의 빈도가 '-아/어 두다' 구성의 빈도보다 약 9배 높아 두 구성은 빈도에 있어 차이가 두드러진다고 볼 수 있겠다. 상을 나타내는 보조 용언 구성 '-아/어 놓다'와 '-아/어 두다'가 완료의 의미로 동일하게 쓰이고 있으나 보조 용언 '-아/어 놓다' 구성이 갖는 의미 기능이 더 넓은 것으로 예측할 수 있다. 특히 사용역에 있어서도 주목할 만한데 '-아/어 두다' 구성의 경우 문어와 구어에서의 빈도 차이가 크지 않은데(10%p, 약 1.2배) 이와 달리 '-아/어 놓다' 구성의 경우 문어보다 구어에서 약 2.5배나 더 많이 출현하였다. 자세히 검토해 보아야겠지만 구어 사용역에서의 빈도가 높게 나타난 것은 보조 용언 '-아/어 놓다' 구성이 구어 환경에서 통사적 제약이 덜하다거나 혹은 드러낼 수 있는 추가적인 의미 기능이 있다고 해석 가능하다.[2]

한편 두 보조 용언 구성 간의 빈도 차이를 단순히 두 본용언에서의 빈도 차에서 비롯되었다고 해석할 수도 있겠다. 그러나 다음과 같이 동일한 말뭉치 자료에서 본용언 '놓다'와 '두다'의 출현 빈도를 검색해 보았을 때 두 용언의 빈도 차이가 크지 않다는 것을 알 수 있다. 즉, 본용언일 때 '놓다'와 '두다'는 비슷한 정도로 쓰이지만 보조 용언일 때는 '-아/어 놓다'가 '-아/어 두다'에 비해 더 많이 쓰이는 것이다.

〈표 2〉 '놓다'와 '두다'의 출현 빈도

본용언	문어 빈도 (비율)	구어 빈도 (비율)	전체 빈도
놓다	336 (57%)	255 (43%)	591 (100%)
두다	470 (71%)	196 (29%)	666 (100%)

---

2   나아가 구어는 문어보다 인간의 언어 형태와 의미의 인식 변화를 더 빠르게 반영하고 있고 언어 변화를 주도하고 있다(Hopper & Traugott 1993/2003; 이성하 2008)는 점에서 문어 및 구어 사용역에서의 빈도 차이는 특징적이라 할 수 있다.

〈표 2〉을 살펴보면 본용언 '놓다'와 '두다'는 출현 빈도에 있어 큰 차이가 없다는 것을 알 수 있다. 심지어 보조 용언으로서의 쓰임과 반대로 '두다'의 출현 빈도가 더 높게 나타났다. 〈표 1〉과 〈표 2〉가 함의하는 바는 '놓다'와 '두다'가 보조 용언 '-아/어 놓다'와 '-아/어 두다' 구성으로 쓰일 때 유의미한 차이가 발생한다는 것이다. 다음 절에서는 그렇다면 어떠한 차이가 발생하고(2절), 왜 발생하는지를(3절) 문법화 정도의 관점에서 차례대로 검토해 보겠다.

2. 보조 용언 '-아/어 놓다', '-아/어 두다' 구성의 통사·의미적 특성 비교

이 절에서는 보조 용언 구성 '-아/어 놓다'와 '-아/어 두다'의 통사·의미적 특성을 밝히기 위하여 실제 말뭉치 용례에서 두 보조 용언 구성에 선행하는 용언 V_1과의 결합 관계를 살펴볼 것이다. 보조 용언 구성의 구조는 '본용언(V_1)+보조적 연결 어미+보조 용언(V_2)'로 이루어지기 때문에 V_1의 분포를 살피는 것으로 보조 용언 구성의 결합 제약 등을 확인할 수 있으며 결과적으로 보조 용언 구성의 의미를 분명하게 파악할 수 있게 된다. 특히 유사 의미 보조 용언 구성을 변별하는 데 유의미한 기준이 될 것이다.

2.1. '-아/어 놓다' 구성의 통사·의미적 특성

보조 용언 '-아/어 놓다' 구성은 문어 말뭉치 및 구어 말뭉치 약 200만 어절에서 총 850회 출현하였으며 선행하는 용언을 분석한 결과 총 186개 종류의 용언이 출현하였다. 보조 용언 구성 '-아/어 놓다'와 결합

한 선행 용언 가운데 빈도가 1인 용언을[3] 제외하고 남은 103개 용언의
목록과 빈도를 제시하면 다음과 같다.

<표 3> '-아/어 놓다' 구성의 선행 용언 목록 및 빈도

번호	선행 용언[4]	빈도	번호	용언	빈도	번호	선행 용언	빈도
1	(글을) 쓰다[1]	69	36	죽이다	5	71	끓이다	3
2	만들다	60	37	입히다	5	72	이루다	3
3	올리다	40	38	숨기다	5	73	찢다	3
4	(이름을) 적다[1]	27	39	들이다	5	74	(괄호를) 치다[3]	3
5	붙이다	26	40	꺼내다	5	75	(바리케이트를) 치다[5]	3
6	남기다	24	41	나누다	5	76	걷다	2
7	(문을) 열다[2]	22	42	던지다	5	77	끼우다	2
8	세우다	21	43	털다	5	78	내리다	2
9	넣다	20	44	감추다	4	79	절이다	2
10	(컴퓨터를) 켜다[1]	20	45	늘이다	4	80	누르다	2
11	시키다	19	46	드러내다	4	81	알리다	2
12	빼다	18	47	떼다	4	82	대기시키다	2
13	끄다	16	48	맞추다	4	83	데우다	2
14	바꾸다	15	49	부르다	4	84	벗기다	2
15	띄우다	15	50	비우다	4	85	(생각을/보험을) 들다[1]	2

---

3 빈도가 1인 용언은 총 83개로 그 목록은 다음과 같다: 가르치다, 갈기다, 갈다, 개키
다, 건지다, 고립시키다, 고정시키다, 고치다, 키우다, 긋다, 끼다, 채우다, 다독거리
다, 담아내다, 데치다, 도발시키다, 줄이다, 듣다, 등록시키다, 디지털화시키다, 때
다, 떠들다, 떨구다, 재우다, 떨어뜨리다, 떨어트리다, 익히다, 뜨다[5], 뜯다, 망가뜨
리다, 모시다, 얼리다, 묻다[2], 발가벗다, 배제시키다, 배치시키다, 신기다, 버무리다,
보여주다, 부수다, 부착시키다, 부치다, 분장시키다, 붓다, 비비다, 빠뜨리다, 새기
다, 소개시키다, 소외시키다, 시프트시키다, 실체화시키다, 심다, 쌓다, 쓰다[3], 모이
다, 안치다[2], 얹다, 엎드리다, 연결시키다, 오다, 위치시키다, 잇다, 재다[3], 저지르다,
제치다, 조지다[3], 주다, 주저앉히다, 주차시키다, 지르다, 쪼개다, 넘기다, 낮추다,
차단시키다, 차리다, 튕기다, 패다[3], 퍼지다, 헝클다, 회복시키다, 회전시키다, 휘젓
다, 흩다.

16	틀다	13	51	섞다	4	86	되다	2
17	걸다	11	52	(점을) 치다²	4	87	뒤바꾸다	2
18	풀다	11	53	가두다	3	88	먹이다	2
19	꾸미다	9	54	갖추다	3	89	뒤집다	2
20	옮기다	9	55	피우다	3	90	링크시키다	2
21	내다	9	56	굵다	3	91	매기다	2
22	펼치다	9	57	꺾다	3	92	먹다	2
23	앉히다	7	58	살리다	3	93	버리다	2
24	그리다	7	59	(마늘을)다지다²	3	94	(돈을) 벌다²	2
25	돌리다	7	60	대다	3	95	썰다	2
26	끊다	7	61	망치다	3	96	씻다	2
27	묶다	7	62	밀다	3	97	일구다	2
28	(예를) 들다⁴	6	63	받치다	3	98	높이다	2
29	뒤흔들다	6	64	배우다	3	99	집어넣다	2
30	벗다	6	65	벌이다	3	100	챙기다	2
31	심다	6	66	보내다	3	101	끝내다	2
32	짓다	6	67	되돌리다	3	102	합치다	2
33	맡기다	6	68	붙들다	3	103	흩트리다	2
34	찍다	6	69	뿌리다	3	•		
35	펴다	6	70	눕히다	3	•		

빈도 2 이상 형태 유형 수: 103개 (전체 186개 중 약 55%)
빈도 합: 767회 (전체 850회 중 약 90%)

〈표 3〉에서 알 수 있듯이, 보조 용언 구성 '-아/어 놓다'와 결합하는 선행 용언 총 186개 중 빈도가 2회 이상인 선행 용언은 총 103개(55%)이며 이들의 빈도 합은 전체 빈도 850회 중 대부분인 767회(90%)를 차지한다. 가장 고빈도로 나타난 것은 '(글을) 쓰다(69회)'이며 그다음은 '만들다(60회)', '올리다(40회)', '(이름을) 적다(27회)', '붙이다(26회)' 등의 순으로 많이 나타났다. 또한 용언은 모두 동사였으며 세부적으로는 타동사 152

---

4 용언의 의미 번호는 『표준국어대사전』(웹버전: https://stdict.korean.go.kr/main /main.do)의 의미 번호를 따라 부착하였다.

개(82%)이며, 사동사 34개(18%)이다.[5]

용언의 의미 유형에 따라 주목할 점은 '-아/어 놓다'의 선행 용언으로 '쓰다, 적다'와 같은 동사의 빈도가 높다는 점이다.[6]

(2) 가. 글은 한번 <u>써 놓으면</u> 그 종이를 찢거나 불태우기 전에는 계속해서 남아 있는 것이 특징이에요.[7]

가′. 글은 한번 <u>쓰면</u> 그 종이를 찢거나 불태우기 전에는 계속해서 남아 있는 것이 특징이에요.

나. 어떤 사람이 그 대기자 명단 <u>적어 놓은</u> 거를 거를 훔쳐 간 거예요.

나′. 어떤 사람이 그 대기자 명단 <u>적은</u> 거를 거를 훔쳐 간 거예요.

(2)는 보조 용언 구성 '-아/어 놓다'의 선행 용언으로 '쓰다, 적다'가 사용된 실제 용례이며 (2′)은 보조 용언 구성 '-아/어 놓다'를 삭제한 예문이다. (2)와 (2′)의 의미를 비교해 본다면, 행동이 끝나면 '글(2가)'이나

---

5 보조 용언 '-아/어 놓다' 구성이 형용사와도 결합이 가능하다고 보는 연구도 있다. 박진호(2003)에서 사용한 말뭉치 용례에서는 '-아/어 놓다' 구성 4,880회 가운데 형용사와 결합한 경우가 5회(가엾다, 다르다, 무식하다, 숭하다, 우렁차다 각 1회) 나타났다고 밝혔다. 또한 모시어(2019: 34)에서는 다음과 같은 예문을 제시하며 상태 지속이나 원인, 이유를 제시하는 경우 '-아/어 놓다' 구성이 형용사와 결합할 수 있음을 보이고 있다.

(ㄱ) 그녀는 말투가 워낙 거칠어 놓아서 그렇지 감성은 착한 사람이다.

(ㄴ) 너무 더워 놓으니까 잠이 안 오더라.

6 박진호(2003: 72)에서는 '-아/어 놓다'와 자주 공기하는 동사들을 의미별로 분류하였다. 해당 연구에서 분류 기준으로 삼은 '-아/어 놓다'의 의미 범주는 다음과 같이 18개이다: 제외/제거, 놓기, 보유/보관/획득, 고정/부착, 벗기/풀기, 지지, 사역적 상태 변화, 파괴/부정적인 방향으로의 사역적 상태 변화, 영향 주기, 교체, 창조, 실현, 위임, 사역적 이동, 결정, 기재, 사역, 기타.

7 별도의 출처 표시를 하지 않은 예문은 모두 문어 말뭉치 및 구어 말뭉치에서 추출한 용례이다.

'명단(2나)'과 같이 작성한 결과물이 남아 유지되기 때문에 보조 용언 구성 '-아/어 놓다'와의 결합이 자연스럽다. 이러한 이유로 '쓰다', '적다' 와 같이 결과물을 생성하는 의미의 용언의 경우 보조 용언 구성 '-아/어 놓다'와 공기 가능성이 높다.

또한 〈표 3〉에 제시된 용언 목록을 보면 '올리다, 세우다, 걸다' 등과 같이 위치나 동작을 나타내는 동사의 종류가 다양하게 나타나고 있다는 것을 알 수 있다.

> (3) 가. 냉장고 위에 <u>올려 놓은</u> 막 진짜 무거운 거 다 날라다니구.
>   가′. 냉장고 위에 <u>올린</u> 막 진짜 무거운 거 다 날라다니구.
>   나. 소년은 장난감 병정들을 창틀에 <u>세워 놓고</u> 놀았습니다.
>   나′. 소년은 장난감 병정들을 창틀에 <u>세우고</u> 놀았습니다.
>   다. 이거 무슨 스튜디오에 딱 <u>걸어 놓은</u> 사진 같애.
>   다′. 이거 무슨 스튜디오에 딱 <u>건</u> 사진 같애.

(3)은 보조 용언 구성 '-아/어 놓다'의 선행 용언으로 '올리다, 세우다, 걸다'가 사용된 실제 용례이며 (3′)은 비교를 위해 보조 용언 구성 '-아/어 놓다'를 삭제한 예문이다. (3)과 같이 보조 용언 구성 '-아/어 놓다'의 경우 위치 부사어와의 공기가 자연스럽다. (3가)에서는 '냉장고 위', (3나)에서는 '창틀', (3다)에서는 '스튜디오'로 각각 '무거운 거', '장난감 병정들', '사진'이 놓여 있는 위치가 직접적으로 드러나 있다. 여기에서 사동사 '올리다, 세우다, 걸다'가 대상인 목적어 외에도 위치 부사어를 필수적으로 요구하는 용언이라는 점을 알 수 있다.

게다가 (3)의 용언들이 보조 용언 구성 '-아/어 놓다'와의 결합이 자연스러운 것은 본용언 '놓다'와도 관련성이 깊다.

(4) 가. 냉장고 위에 <u>놓은</u> 막 진짜 무거운 거.

나. 소년은 장난감 병정들을 창틀에 <u>놓고</u> 놀았습니다.

다. 스튜디오에 딱 <u>놓은</u> 사진 같애.

(4)는 용례 (3)에서 선행 용언을 삭제하여 수정한 예문이다. '무거운 거', '장난감 병정들', '사진'은 본용언 '놓다'가 요구하는 대상이다. 즉 (3′)에서 선행 용언의 목적어와 (4)의 본용언의 목적어가 일치하는 것이다. 보조 용언 '-아/어 놓다' 구성으로 쓰였더라도 이때 '놓다'는 본용언으로서의 의미가 남아 있다고 보아야 한다. 이러한 까닭으로 선행 용언의 상태가 지속된다는 의미를 더욱 잘 드러내며 '올리다, 세우다, 걸다'와 같은 동사와 결합력이 높다.

다음으로 보조 용언 구성 '-아/어 놓다'는 '입히다, 벗기다, 신기다' 등과 같이 탈착을 의미하는 다양한 동사와 잘 쓰인다.

(5) 가. *창수는 {옷을 입어/모자를 써/신을 신어} 놓았다.

나. 창수는 {옷을 입혀/모자를 씌워/신을 신겨} 놓았다.

(이기동 1979, 모시어 2019에서 재인용)

이기동(1979)에 따르면 (5)와 같이 '입다, 쓰다, 신다' 등의 착용 동사는 '놓다'의 사전적 의미와의 의미 엇갈림으로 인해 결합이 불가능하다고 한다. 다시 말해 '놓다'는 잡고 있던 물건이 손 밖으로 빠져나가게 한다는 의미이므로 착용한다는 의미와 어울려 쓰이지 못하기에 의미 충돌이 발생한다는 것이다. 그러나 실제 용례를 살펴보았을 때 이들 착용 동사의 사동형은 보조 용언 '-아/어 놓다' 구성과 공기하여 빈번하게 쓰이고 있다. 사동형 용언과 보조 용언 '-아/어 놓다' 구성의 관계는 기존의 여러 연구에서 깊이 있게 다루고 있다.

박선옥(2002)에서 보조 용언 구성 '-아/어 놓다'는 선행 용언이 타동사인 경우에만 결합이 가능하고 자동사인 경우에는 결합이 불가능하다고 밝혔다. 박선옥(2002)에서 제시한 예문을 살펴보겠다.

(6) 가. 나는 가지고 온 불닭발을 주섬주섬 꺼내 식탁 위에 <u>펼쳐 놓았다.</u>
      나. *꽃이 <u>피어 놓는다.</u>

(박선옥 2002)

보조 용언 구성 '-아/어 놓다'는 (6가)와 같이 타동사 '펼치다'와 결합하는 것은 자연스러운 반면, (6나)와 같이 자동사 '피다'와는 결합이 불가능하다. 보조 용언 구성 '-아/어 놓다'가 본용언 '놓다'의 영향으로 타동성을 지니고 있기 때문이다. 따라서 자동사가 사동화한 경우 타동성을 획득하게 되므로 보조 용언 구성 '-아/어 놓다'와 결합이 가능하게 된다. 또 다른 예문 (7)을 살펴보겠다.

(7) 가. *책이 웹상에 <u>올라 났다.</u>
      나. 가령 남의 책을 웹상에다 <u>올려 났다고</u> 가정해 봅시다.

(7가)는 보조 용언 구성 '-아/어 놓다'에 자동사 '오르다'가 결합하는 것이 불가능한 반면, (7나)는 사동사인 '올리다'의 경우 보조 용언 구성 '-아/어 놓다'에 결합하는 것이 자연스러운 것을 보여 준다. 자동사 '오르다'는 '-아/어 놓다' 구성으로 쓰일 수 없지만, 타동사 '올리다'는 '-아/어 놓다' 구성으로 쓰일 수 있는 것이다. 이는 '놓다'가 세 자리 서술어인 것과 관련된다.

반면에 타동사가 피동화를 하면 자동성을 획득하게 되므로 보조 용언 구성 '-아/어 놓다'와 결합이 불가능하다. 모시어(2019)에서 제시한 예문을 살펴보겠다.

> (8) 가. 철수는 책을 읽어 놓았다.
>
> 나. *책이 철수에게 읽혀 놓았다.

(모시어 2019: 33)

(8가)는 보조 용언 구성 '-아/어 놓다'에 타동사 '읽다'가 결합하는 것이 자연스러운 반면, (8나)는 '읽다'의 피동사인 '읽히다'의 경우 보조 용언 구성 '-아/어 놓다'에 결합할 수 없음을 보여 준다. 즉, 보조 용언 '-아/어 놓다' 구성은 선행 용언에 타동성을 지닌 용언만 올 수 있다는 용언 제약을 갖는 것이다.[8]

보조 용언 구성 '-아/어 놓다'의 선행 용언이 타동성을 지녀야 한다는 것은 곧 사동 접미사 '-시키다'가 결합한 용언이나 '시키다(19회)'와 결합이 용이하다는 것과 직결된다. 다음은 말뭉치에서 검색된 '시키다' 유형의 용언 목록이다.

> (9) '시키다' 유형의 용언 목록(22개)
>
> 가. 시키다

---

8 그러나 여기에서 사용한 말뭉치 용례에서 피동사와 보조 용언 구성 '-아/어 놓다'가 결합한 용례가 1회 발견되었다.

> (ㄱ) 그래서 학년 부장들 모여 놓고 몇 시간씩 하지, 밤낮 모이다가 나는 똥꾸녁 아파 미치겠지.
>
> (ㄴ) 그래서 학년 부장들 모아 놓고 몇 시간씩 하지, 밤낮 모이다가 나는 똥꾸녁 아파 미치겠지.

용례 (ㄱ)의 출처가 구어이며 그중에서도 일상 대화 장르라는 점에서 발화 오류 가능성을 배재할 수 없을 것이다. 이에 (ㄱ)의 '모여 놓고'를 '모아 놓고'의 발화 오류로 보고 (ㄴ)과 같이 수정하였다.

나. 대기시키다, 링크시키다, 고립시키다, 고정시키다, 도발시키다,
등록시키다, 디지털화시키다, 배제시키다, 배치시키다, 부착시
키다, 분장시키다, 소개시키다, 소외시키다, 시프트시키다, 실체
화시키다, 연결시키다, 위치시키다, 주차시키다, 차단시키다, 회
복시키다, 회전시키다

(9)는 총 22개의 '시키다' 유형의 용언 목록이며, 22개의 목록의 빈도
는 전체 총 44회 나타났다. '시키다' 유형의 용언 목록이 다양하다는 점
을 통하여 보조 용언 '-아/어 놓다' 구성이 타동성을 지닌 사동사와의
결합이 용이하다는 것을 알 수 있다. 지금까지 보조 용언 '-아/어 놓다'
구성의 실제 용례를 검토함으로써 결합한 선행 용언의 목록 및 특성을
확인하고, '-아/어 놓다' 구성의 통사·의미적 특성을 밝혔다. 다음으로
는 동일한 방식으로 보조 용언 '-아/어 두다' 구성의 특성을 살펴보고자
한다.

2.2. '-아/어 두다' 구성의 통사·의미적 특성

보조 용언 '-아/어 두다' 구성은 문어 말뭉치 및 구어 말뭉치 약 200
만 어절에서 총 92회 출현하였으며 선행하는 용언을 분석한 결과 총 41
개 종류의 용언이 출현하였다. 보조 용언 구성 '-아/어 두다'와 결합한
선행 용언 총 41개 가운데 빈도가 1인 용언을[9] 제외하고 남은 20개 용언
의 목록과 빈도를 제시하면 다음과 같다.

---

9   빈도가 1인 용언은 총 21개로 그 목록은 다음과 같다: 감추다, 걸다, 굽다, 끼우다,
노출시키다, 덮다, 뒤집다, 들다¹, 먹다, 밀다, 배우다, 뿌리다, 아끼다, 앉히다, 얼리
다, 익히다, 읽다, 제끼다(젖히다), 차리다, 켜다¹, 흘다.

〈표 4〉 '-아/어 두다' 구성의 선행 용언 목록 및 빈도

번호	선행 용언	빈도	번호	용언	빈도	번호	선행 용언	빈도
1	남기다	13	8	밝히다	3	15	버무리다	2
2	넣다	8	9	비우다	3	16	세우다	2
3	(이름을) 적다[1]	6	10	접다	3	17	숨기다	2
4	내버리다	4	11	가두다	2	18	올리다	2
5	(추억을/금덩이를) 묻다[2]	4	12	들다	2	19	찍다	2
6	외우다	4	13	만들다	2	20	팽개치다	2
7	맡기다	3	14	버리다	2	•		
빈도 2 이상 형태 유형 수: 20개 (전체 41개 중 약 53%)								
빈도 합: 71회 (전체 92회 중 약 77%)								

〈표 4〉에서 알 수 있듯이, '-아/어 두다'와 결합하는 선행 용언 총 41
개 중 빈도가 2회 이상인 선행 용언은 총 20개(53%)이며 이들의 빈도
합은 전체 빈도 92회 중 71회(77%)를 차지하고 있다. 가장 고빈도로 나타
난 것은 '남기다(13회)'이며 그다음은 '넣다(8회)', '(이름을) 적다1(6회)',
'내버리다(4회)', '(추억을/금덩이를) 묻다[2](4회)' 등의 순으로 많이 나타났
다. 또한 이들 용언은 모두 동사였으며 세부적으로는 타동사 32개(78%)
이며, 사동사 9개(22%)이다.

〈표 3〉과 비교하였을 때 〈표 4〉에서 눈에 띄는 점은 보조 용언 구성
'-아/어 두다'의 선행 용언 목록이 보조 용언 구성 '-아/어 놓다'의 선행
용언 목록에 비해 양적으로 다양하지 않다는 것이다. 심지어 빈도가 1인
선행 용언의 목록을 비교하면 '-아/어 놓다'는 83개이나 '-아/어 두다'
는 21개라는 점에서 '-아/어 두다'가 '-아/어 놓다'에 비해 보조 용언
구성으로의 쓰임이 상대적으로 활발하지 않다고 볼 수 있겠다.

결합한 선행 용언을 의미 유형별로 살펴볼 때 '남기다, 넣다, (이름을)
적다' 등 '-아/어 두다'의 고빈도 어휘 중 상당수가 '-아/어 놓다'에서도
고빈도로 출현하지만 '내버리다(4회), 외우다(4회), 밝히다(3회), 접다(3

회), 팽개치다(2회)' 등의 경우 '-아/어 두다'에서만 출현하고 있다는 것은 유표적인 차이다. 보조 용언 '-아/어 두다' 구성에서만 출현하는 선행 용언의 특징은 크게 두 가지로 정리할 수 있다.

먼저 본용언 '두다'의 사전적 의미는 "가져가거나 데려가지 않고 남기거나 버리다"인데 이 의미로 인해 결합 양상이 '놓다'와 다르게 나타난다. '두다'의 본용언으로서의 의미가 보조 용언 구성 '-아/어 두다'로 쓰일 때에도 여전히 남아 있어 보조 용언 구성 '-아/어 두다'는 방치의 의미를 갖는 선행 용언과 잘 어울려 쓰일 수 있다. 이러한 특징은 아래 예문 (10)에서 확인 가능하다.

(10) 가. 교도소에 가든 보복을 당해 맞아 죽든 이제 제발 그만 <u>내버려</u>
<u>둬요</u>!
가′. ?교도소에 가든 보복을 당해 맞아 죽든 이제 제발 그만 <u>내버려요</u>!
나. 그런 것들은 <u>팽개쳐 두고</u> 혁명이나 황성옛터만 계속 그려 댈 거야?
나′. 그런 것들은 <u>팽개치고</u> 혁명이나 황성옛터만 계속 그려 댈 거야?
다. 이제 아픈 사랑은 가슴 한 구석에 <u>접어 두기로</u> 했단다.
다′. 이제 아픈 사랑은 가슴 한 구석에 <u>접기로</u> 했단다.

(10)은 보조 용언 '-아/어 두다' 구성에 선행하는 용언으로 방치의 의미를 갖는 '내버리다, 팽개치다, 접다'가 쓰인 실제 용례이며 (10′)은 보조 용언 구성 '-아/어 두다'를 삭제한 예문이다. (10)과 (10′)을 비교하면 (10)에 비해 (10′)에서 남기거나 버린다는 의미가 더 강하게 느껴지는데 이는 보조 용언 구성 '-아/어 두다'에 여전히 본용언 '두다'의 의미가 남아 있기 때문이라고 볼 수 있다. 특히 (10가′)의 경우는 보조 용언 구성 '-아/어 두다'가 쓰이지 않으면 내버리는 대상에 생략된 1인칭 화자인 '나'가 오는 것이 자연스럽지 않아 보인다. 이러한 현상이 발생한 까닭은

본용언 '두다'가 보조 용언 구성 '-아/어 두다'로 문법화되는 과정에서 발생하는 특징으로 설명할 수 있겠다.

다음으로 박진호(2003)에서[10] 밝힌 것과 같이 '부언하다, 밝히다, 이야기하다' 등과 같은 일부의 말하기 동사의 경우 '-아/어 놓다'와는 결합이 불가능하며 오직 '-아/어 두다'와만 결합이 가능하다.

> (11) 가. 제 절친한 친구의 글이니만큼 매정한 눈으로 메스를 대기란 쉽지 않음을 미리 <u>밝혀 둡니다</u>.
>
> 가′. 제 절친한 친구의 글이니만큼 매정한 눈으로 메스를 대기란 쉽지 않음을 미리 <u>밝힙니다</u>.
>
> 가″. ?제 절친한 친구의 글이니만큼 매정한 눈으로 메스를 대기란 쉽지 않음을 미리 <u>밝혀 놓습니다</u>.

예문 (11가)는 보조 용언 '-아/어 두다' 구성의 선행 용언으로 '밝히다'가 나타난 실제 용례이다. 이 문장을 (11가′)과 같이 보조 용언 구성을 삭제하여 선행 용언만 제시하더라도 의미가 자연스럽다. 뿐만 아니라 (11가″)과 같이 '-아/어 놓다' 구성으로 바꾸더라도 문장이 아주 부적절하지 않다. 그럼에도 불구하고 '밝히다'가 보조 용언 '-아/어 놓다' 구성으로 쓰인 용례가 발견되지 않았다는 점은 흥미롭다. 특히 '적다, 쓰다'와 같은 작성을 의미하는 동사들이 보조 용언 '-아/어 놓다', '-아/어 두다' 구성 모두와 자유롭게 결합하는 것과는 대조적이다(박진호 2003).[11]

---

10 박진호(2003: 76)에서는 '-아/어 두다'와 자주 공기하는 동사들을 의미별로 분류하였다. 해당 연구에서 분류 기준으로 삼은 '-아/어 놓다'의 의미 범주는 다음과 같이 15개이다: 놓기, 보유/보관, 창조/준비, 고정/부착, 말하기/쓰기, 정보 습득, 유의, 결정, 사역적 상태 변화, 사역적 이동, 조처, 방치, 위임, 보류, 중지/포기.

11 그러나 이 장에서 사용한 말뭉치에서는 '쓰다'와 '-아/어 두다'가 결합한 '써 두다'

이는 본동사 '두다'의 의미가 보조 동사 '-아/어 두다'의 선행 용언과의 결합에 있어 영향을 주었기 때문이다. 다의어인 본동사 '두다'의 사전적 의미 중 "생각 따위를 가지다"에서 알 수 있듯이 '두다'는 물리적 실체가 없는 것을 제시하는 데도 쓰일 수 있다는 점에서 본동사 '놓다'와 대비된다. 본용언 '놓다'와 '두다'의 목적어를 비교한 연구인 유현경(2010)에서는 '놓다'는 이동이 가능한 대상을 주로 목적어로 삼는 반면에 '두다'는 이동이 불가능한 대상이 목적어로 많이 쓰인다는 점을 밝혔다. 이러한 차이가 나타난 점은 '두다'의 목적어가 [−실체성]의 의미를 가지는 명사가 빈번하게 출현할 수 있는 것으로 설명할 수 있다. 쓰기 활동의 결과로 생성된 편지나 글 등과 같은 물리적 실체는 내려놓고 제시가 가능하기 때문에 동사 '놓다'와 '두다' 모두 쓰일 수 있는 것과 달리 말하기 활동의 결과는 실체가 없으므로 동사 '두다'와만 공기하는 것이 자연스러운 것이다.

선행 용언 자리에 올 수 있는 용언의 의미 유형의 관점에서는 보조 용언 구성 '-아/어 놓다'와 '-아/어 두다' 구성이 다소 차이가 있으나 선행 용언이 타동사인 경우에만 결합이 가능하고 자동사인 경우에는 결합이 불가능하다는 점에서는 매우 유사하다. 아래 예문 (12)를 살펴보겠다.

(12) 가. 마침내 그 선녀의 날개옷을 <u>숨겨 둔</u> 장롱까지 가르쳐 주었어요.
　　 나. *날개옷이 <u>숨어 둔</u> 장롱

보조 용언 구성 '-아/어 두다'는 (12가)와 같이 타동사 '숨기다'와 결합하는 것은 자연스러운 반면, (12나)와 같이 자동사 '숨다'와는 결합이 불

형태의 용례는 발견되지 않았다. 이는 말뭉치 크기과 구성에 따른 결과 차이라고 생각된다.

가능하다. 결합 여부에 있어 차이가 발생한 것은 보조 용언 구성 '-아/
어 두다'가 본동사 '두다'의 영향을 받아 타동성을 지니고 있기 때문이
다. 따라서 (12나)의 자동사 '숨다'가 사동화한 경우인 (12가) '숨기다'의
경우 타동성을 지니므로 보조 용언 구성 '-아/어 두다'와 결합이 가능한
것이다. 요컨대 보조 용언 '-아/어 두다' 구성은 선행 용언으로 타동성
이 있는 동사를 요구한다.

2.3. 두 보조 용언 구성의 비교

지금까지 말뭉치 용례를 바탕으로 두 보조 용언 '-아/어 놓다'와 '-아
/어 두다' 구성의 선행 용언의 유형을 살폈으며 그 결과 두 보조 용언
구성 모두 선행 용언에 타동성을 갖는 타동사나 사동사가 온다는 것을
확인하였다. 또한 선행 용언을 빈도순으로 목록화하여 각 보조 용언 구
성에 결합한 용언의 의미적 특성을 살폈다. 본용언으로서 '놓다'와 '두다'
의 의미가 유사한 만큼 보조 용언 구성 '-아/어 놓다', '-아/어 두다'의
의미도 유사함에도 불구하고 '-아/어 놓다'의 경우 총 186개 용언과 결
합한 것에 반해, '-아/어 두다'의 경우 총 41개 용언과 결합하여 보조
용언 구성 '-아/어 놓다'가 더 다양한 용언과의 결합이 가능하다는 것을
밝혔다. 결합 가능한 용언의 유형이 더 다양하다는 것은 '-아/어 놓다'
가 '-아/어 두다'에 비해 문법화가 많이 진행되어 보조 용언 구성으로서
의 쓰임이 더 활발하다는 것으로도 설명할 수 있을 것이다.

한편 보조 용언 '-아/어 두다'와 '-아/어 놓다' 구성에 선행하는 용언
이 의미적으로 크게 다르지 않으므로 여기에서는 말뭉치 용례에서 두
구성 모두에 쓰이지 않고 어느 하나와만 결합 가능한 용언의 목록을 제
시하겠다.[12]

〈표 5〉 보조 용언 '-아/어 놓다'와 '-아/어 두다' 구성의 선행 용언 제약

보조 용언 구성	목록
'-아/어 놓다'	쓰다¹, 붙이다, 열다², 시키다, 빼다, 끄다, 띄우다, 바꾸다, 틀다, 풀다, 꾸미다, 내다, 옮기다, 펼치다, 그리다, 끊다, 돌리다, 묶다, 뒤흔들다, 들다⁴, 벗다, 심다, 짓다, 펴다, 꺼내다, 나누다, 던지다, 들이다, 입히다, 죽이다, 털다, 늘이다, 드러내다, 떼다, 맞추다, 부르다, 섞다, 치다², 갖추다, 긁다, 꺾다, 끓이다, 눕히다, 다지다², 대다, 되돌리다, 망치다, 받치다, 벌이다, 보내다, 붙들다, 살리다, 이루다, 찢다, 치다³, 치다⁵, 피우다, 걷다, 끝내다, 내리다, 높이다, 누르다, 대기시키다, 데우다, 되다, 뒤바꾸다, 링크시키다, 매기다, 먹이다, 벌다², 벗기다, 썰다, 씻다, 알리다, 일구다, 절이다, 집어넣다, 챙기다, 합치다, 흩트리다, 가르치다, 갈기다, 갈다, 개기다, 건지다, 고립시키다, 고정시키다, 고치다, 굿다, 끼다, 낮추다, 넘기다, 다독거리다, 담아내다, 데치다, 도발시키다, 등록시키다, 디지털화시키다, 때다, 떠들다, 떨구다, 떨어뜨리다, 떨어트리다, 뜨다⁵, 뜯다, 망가뜨리다, 모시다, 모이다, 발가벗다, 배제시키다, 배치시키다, 보여주다, 부수다, 부착시키다, 부치다, 분장시키다, 붓다, 비비다, 빠뜨리다, 새기다, 소개시키다, 소외시키다, 시프트시키다, 신기다, 실체화시키다, 심다, 쌓다, 쓰다³, 안치다², 얹다, 엎드리다, 연결시키다, 오다, 위치시키다, 잇다, 재다³, 재우다, 저지르다, 제치다, 조지다³, 주다, 주저앉히다, 주차시키다, 줄이다, 지르다, 쪼개다, 차단시키다, 채우다, 키우다, 튕기다, 패다³, 퍼지다, 헝클다, 회복시키다, 회전시키다, 휘젓다
'-아/어 두다'	내버리다, 외우다, 밝히다, 접다, 팽개치다, 굽다, 노출시키다, 덮다, 아끼다, 읽다, 젖히다

〈표 5〉는 보조 용언 '-아/어 놓다'와 '-아/어 두다' 구성 각각에만 출현한 용언을 제시하고 있어 두 보조 용언 구성의 선행 용언 의미 제약을 엿볼 수 있다. 위 목록을 모시어(2019: 37)에서 제시한 의미 유형에 따른 분류에 맞춰 제시하면 다음과 같다.

---

12 박진호(2003)에서는 21세기 세종계획 형태 분석 말뭉치, 모시어(2019)에서는 꼬꼬마 세종 말뭉치에서 두 보조 용언 구성에 선행하는 용언의 차이를 밝힌 바 있다. 본 연구와 선행 연구 간 목록에 차이가 있는 것은 각 연구에서 연구 대상으로 삼은 말뭉치 크기와 구성이 차이가 있기 때문이다.

(13) 가. '-아/어 놓다'와만 결합 가능한 용언

┌ 이동: 둘러앉히다, 주저앉히다, 바꾸다, 맞대다, 나열하다 등
└ 상태 변화: 되돌리다, 합치다, 구기다, 조각내다 등

나. '-아/어 두다'와만 결합 가능한 용언

┌ 이동: 놓다, 쳐넣다, 집어넣다 등
└ 획득: 부언하다, 새겨듣다, 유념하다, 명심하다 등

(13)은 보조 용언 구성 '-아/어 놓다'와 '-아/어 두다' 각각에만 결합이 가능한 의미 유형을 나타낸 것이다. '-아/어 놓다'의 경우 [이동]이나 [상태 변화]의 의미를 갖는 용언이, '-아/어 두다'의 경우 [이동]이나 [획득]의 의미를 갖는 용언이 선행 용언으로 쓰일 수 있다.

3. 보조 용언 '-아/어 놓다', '-아/어 두다' 구성의 문법화 비교

한국어에서의 많은 보조 동사들이 완전한 내용어인 본동사에서 보조 동사인 문법소로 나뉘어졌다(이성하 2016). 다시 말해 보조 용언 구성에서 동일한 용언이 본용언으로 존재한다면 이 보조 용언은 문법화에 의해 문법성을 획득하였다고 할 수 있다(김효신 2018). 앞선 장에서 우리는 보조 용언 구성 '-아/어 놓다'와 '-아/어 두다'를 완료상 범주로 다루는 여러 선행 연구를 살펴보았다. 그러나 '놓다'와 '두다' 중에서 어느 것이 더 문법화가 되었는지에 집중한 연구는 거의 없다. 따라서 이 절에서는 본용언 '놓다'와 '두다'의 문법화 정도의 차이를 말뭉치 용례를 통해 살펴보고자 한다. 여기서 문법화란 Kuryłowicz(1975)의 개념을 따라 한 형태소가 어휘적 지위에서 문법적 지위로, 혹은 덜 문법적인 것으로부터 더 문

법적인 것으로 범위가 증가되는 현상을 가리킨다.

문법화 의미 분화 과정을 검토하기 위해서 이 절에서는 김효신(2018)에서 사용한[13] Hopper & Traugott(1993/2003)의 문법화 현상의 원리를 차용할 것이다. Hopper & Traugott(1993/2003)에서는 문법화 현상이 발생하는 까닭을 화용적 추론(pragmatic factors), 형태적 변화(morphologial changes), 단일 방향성(unidirectionality), 탈범주화(decategorializaion)로 보았으며 그 과정에서 필수적으로 나타나는 현상을 문법화를 설명하는 질문의 기준으로 삼았다.[14] 해당 연구에서 제시한 문법화 현상을 설명하는 원리를 기준으로 구성된 질문을 보조 용언 구성 '-아/어 놓다'와 '-아/어 두다'에 적용하여 정리하면 다음과 같다.

<표 6> '-아/어 놓다'와 '-아/어 두다'에의 문법화의 원리(김효신 2018) 적용

	질문	-아/어 놓다	-아/어 두다
화용적 추론	구체적인 의미에서 추상적인 의미로의 변화가 있는가?	○	○
형태적 변화	음성/음운적 소실이 있는가?	X	X
단일 방향성	동일 계열의 어원어에서 출발하였는가?	○	○
	동사적 속성을 상실했는가?	X	X
	의존적인가?	○	○
	어원어의 기본 의미를 유추할 수 있는가?	○	○
	동일 계열의 상 표지와 연속 구성이 가능한가?	△	△
	동일한 의미 범주가 존재하는가?	○	○
탈범주화	논항의 변화가 있는가?	○	○
	어미의 결합이 제한적인가?	△	△

13 　김효신(2018)은 보조 용언 구성 '-아/어 가다', '-아/어 오다'의 문법화 양상을 살피며 두 보조 용언 구성의 문법화 정도를 비교한 연구이다.

14 　이외에도 이성하(2008)에서는 문법화 현상들을 검증하기 위해 형태, 의미, 기능, 구조로 나누어 질문을 구성하였다. 각각의 질문은 해당 연구에 자세하게 밝히고 있다.

	보조적 연결 어미(-아/어)와 '놓다', '두다' 사이에 조사 삽입이 불가능한가?	○	○
	항상 문장의 마지막에 나타나는가?	X	X
	보조 용언 연속 구성에서 항상 마지막에 나타나는가? 마지막에 출현하는 빈도는 어느 것이 더 높은가?	X	○

〈표 6〉은 Hopper & Traugott(1993/2003)의 원리에 따라 보조 용언 구성 '-아/어 놓다'와 '-아/어 두다'가 해당하는 문법화 원리를 정리한 것이다. 결론부터 말하자면 보조 용언 구성 '-아/어 놓다'는 7개(△ 포함 시 9개) 항목, '-아/어 두다'가 8개(△ 포함시 10개) 항목이 해당된다. 언어 층위별 분석적 질문을 차례대로 검토하여 보조 용언 구성 '-아/어 놓다'와 '-아/어 두다'의 문법화 정도를 분석해 보겠다.

먼저 화용적 층위에서는 의미의 변화를 가장 우선적으로 본다. 보조 용언 구성 '-아/어 놓다'와 '-아/어 두다' 모두 의미 변화를 겪었다고 볼 수 있는데 이는 범언어적인 언어 현상 중 하나로 공간의 의미를 가지고 있던 것이 시간의 의미로 개념 변화가 일어난 것으로 해석할 수 있다.[15] 이성하(2016)에서 제시한 예문을 살펴보겠다.

---

15 공간의 의미에서 시간의 의미로 추상화되는 과정은 범언어적으로 나타나는 일반적인 현상이다. 예를 들어 김효신(2018)에서는 아래 (ㄱ-ㅁ)과 같은 예문을 통해 '가다'가 추상화되는 과정을 보여 주고 있다. (ㄹ)은 완전한 시간의 의미로 변하기 전 단계로 공간과 시간 두 가지 의미를 동시에 지니고 있는 단계이다. 이는 곧 의미 변화를 겪는 과정을 보여 준다.
   (ㄱ) 나는 학교에 갔다.
   (ㄴ) 내일이면 형이 군대에 간다.
   (ㄷ) 자꾸 그 음식에 시선이 간다.
   (ㄹ) 본선도 가기 전에 예선에서 떨어졌다.
   (ㅁ) 벌써 1년이라는 시간이 가는 걸 붙잡지 못했다.

(14) 가. 그는 책을 책상 위에 놓았다.
    나. 그는 문제를 풀어 놓았다.
(15) 가. 그는 돈을 서랍에 두었다.
    나. 그는 점심을 미리 든든히 먹어 두었다.

(이성하 2016)

이성하(2016)에 따르면 본동사 '놓다'와 '두다'는 (14가), (15가)의 의미와 같이 '물리적 배치'의 의미에서 (14나), (15나)와 같이 '미래 준비의 완료'의 의미로 의미 변화가 일어났다. 두 보조 용언 구성은 '위치'의 의미에서 '완료상'이라는 문법적 기능을 가지게 된 것이다.[16]

형태적인 층위에서는 '-아/어 놓다'와 '-아/어 두다' 모두 음운적 소실이 일어나지 않았다. 두 보조 용언 구성 모두 문법화의 과정에 있는 것으로 판단할 수 있을 것이다.

다음으로 단일 방향성 층위를 살펴보겠다. 보조 용언 구성 '-아/어 놓다'와 '-아/어 두다' 모두 활용을 한다는 점에서 동사적 자질을 잃지 않았으나 어원어인 '놓다'와 '두다'가 '-아/어 놓다', '-아/어 두다'로 문법화하면서 의존적 형식으로 변화하였다. 어원어인 '놓다'와 '두다'의 의미적 속성은 보조 용언 구성에서도 유추가 가능하며, 동일 상 표지인 '-아 있다'로 교체도 가능하다.

앞서 이 책의 제1부에서 보조 용언 구성의 기능을 정리하며 보조 용언 구성 '-아/어 놓다'와 '-아/어 두다'는 완료상 가운데 결과상 기능을 갖는다고 기술한 바 있다. 보조 용언 구성을 상의 기능에 따라 분류한 표를

16 해당 연구에 따르면 화용적 추론 단계에서 의미 변화가 일어나는 까닭은 의미 협상 과정에서 환유와 은유가 빈번하게 일어나기 때문이다. 환유의 개념은 박재연(2014), 김진웅(2017) 등에서, 은유의 개념은 박현수(2008), Zoltán Kövecses(2010) 등에서 자세히 다루고 있다.

다시 가져오면 다음과 같다.

<표 7> 상적 기능을 하는 보조 용언 구성(제1부 3장에서 발췌)

상위 범주	하위 범주	보조 용언 구성
완료상	종결상	-아/어 나다, -아/어 내다, -아/어 버리다, -고 나다, -고(야) 말다
	결과상	-아/어 놓다, -아/어 두다, -아/어 가지다, -고 있다[1], -아/어 있다/계시다
미완료상	진행상	-아/어 가다, -아/어 오다, -고 있다[2](정태 동사와 결합하면 연속상)
	반복상	-아/어 쌓다, -아/어 대다

<표 7>에서 알 수 있듯이 보조 용언 구성 '-아/어 놓다', '-아/어 두다'는 '-아/어 가지다', '-고 있다[1]', '-아/어 있다/계시다'와 함께 완료상 가운데 결과상 기능을 한다. 완료상 범주의 보조 용언 구성은 다수 있으며 세부적으로 결과상 범주의 다른 범주도 있다. 말뭉치 용례를 검토한 결과 보조 용언 구성 '-아/어 놓다'와 '-아/어 두다'는 다른 완료상 범주 내 보조 용언 구성과 연속 구성이 일부 가능하지만 대체로 종결상과 결과상 간의 연속 구성이 가능하며 둘 다 결과상인 경우의 연속 구성은 거의 검색되지 않았다.

마지막으로 탈범주화 층위를 살펴보겠다. 김효신(2018)에 따르면 동일한 어원어를 가진 보조 용언 구성은 선행 용언에 의존적 형식을 지녀 문장 내 논항에 영향을 끼치지 못한다. 또한 용례 검색 결과 '-아/어 놓다'와 '-아/어 두다'에 조사 삽입이 거의 일어나지 않았다. 또한 아래 예문 (16)과 같이 '-아/어 놓다'와 '-아/어 두다'는 배경 상황을 나타내는 연결 어미와의 결합이 자주 나타나는데 '-(으)면, -(으)ㄴ데'와 같은 복합 형태로 빈번하게 사용되는 것을 말뭉치 용례에서 확인할 수 있었다.

(16) 가. 상여의 앞 부분에는 새끼줄로 <u>묶어 놓았는데</u> 오백원짜리 지폐와
천원짜리 지폐가 꿰어 있었다.

나. 품목별로 묶거나 봉투에 담아 <u>내 놓으면</u> 무료로 수거해 드립니다.

다. 내 힘으로 돈을 <u>벌어 본</u> 나는 내버려만 두면 얼마든지 새로운 세
계를 개척할 자신이 있었다.

연결 어미와의 결합 양상은 좀 더 구체적으로 분류하여 살펴볼 필요가
있겠으나 모두 문말보다 문중에 더 많이 쓰이고 있는 것으로 확인되었
다. 이러한 점 또한 김효신(2018)에서 지적한 바와 같이 복합 구성 형식
으로 문법화 되어 가는 양상을 드러내는 것으로 설명할 수 있겠다.

나아가 김효신(2018)에서는 상 의미를 지닌 보조 용언 구성의 발달과
그 과정에 있어서의 사용 빈도는 문법화에 영향을 주는 요소라 보고 있
다.[17] 즉, 문법화가 진행될수록 수의적으로 쓰이다가 필수적으로 쓰이게
되는데, 이러한 빈도 효과로 인해 문법화가 잘 일어날 수 있다는 것이다.
앞서 1절에서 문어 및 구어 말뭉치에서의 보조 용언 '-아/어 놓다', '-아
/어 두다' 구성과 본용언 '놓다', '두다'의 출현 빈도를 제시하였다. 그
결과 본용언에서는 '두다'의 출현 빈도가 '놓다'에 비하여 다소 높은 것과
달리 보조 용언 구성에서는 '-아/어 놓다'가 '-아/어 두다'에 비해 약 9
배나 더 많이 쓰였음을 확인하였다. 보조 용언 구성 '-아/어 놓다'와 '-
아/어 두다'가 완료의 상 기능을 갖는다는 점에서는 동일 기능이라고 볼
수 있겠지만 사용역의 측면에서는 '-아/어 놓다'의 분포가 넓다고 보아
야 할 것이다.

---

17 이민우(2012)에서는 '놓다'와 '두다'의 사용 양상을 살피며 '놓다'는 보조 용언으로의
쓰임이, '두다'는 본용언으로의 쓰임이 많다고 밝히고 있다. 이러한 통계적 수치 양상
은 이 글과 동일하지만 이 글은 이를 문법화 과정의 측면에서 설명하고 있다는 점에
서 차이가 있다.

조미희(2013)에서는 이를 층위화(layering)로 설명하고 있는데 이 연구
에 따르면 층위화란 어떤 기능을 담당하는 문법화소들이 계속 생겨나지
만, 그 기능을 담당하던 옛 층위가 사라지지 않고 있기 때문에 공시적으
로 볼 때 한 기능을 담당하는 옛 층위와 새 층위가 공존하는 현상을 말한
다. '놓다'와 '두다'의 의미 기능이 유사하며, 보조 용언 구성도 완료상의
기능을 놓고 서로 경쟁하는 관계이고, '-아/어 놓다'가 세력을 확장해
가고 있음에도 여전히 '-아/어 두다'와 공존하고 있는 것은 이들이 어휘
의미, 양태 의미에서 다른 의미를 가지고 각기의 고유한 영역을 차지하
고 있는 것으로 설명한다. 즉, 한 어휘가 다른 어휘의 담당 영역을 완전
히 빼앗지 못하고 완료상의 상적 의미를 함께 담당하는 층위화 현상을
보인다는 것이다.

보조 용언 연속 구성에서 보조 용언 구성이 어근에 가까워질수록 어휘
적이고 어미에 가까워질수록 문법적이기 때문에 연속 구성을 통해 문법
화 정도의 비교가 가능하다. 보조 용언 연속 구성에서는 보조 용언 구성
'-아/어 두다'와 '-아/어 놓다' 모두 문장의 마지막에 출현하는 빈도가
그렇지 않은 경우보다 더 높다. 이는 두 보조 용언 구성이 모두 완료상
기능을 하기 때문에 문장의 끝에 쓰이는 것이 더 자연스럽기 때문일 것
이다. 그러나 '놓다'와 '두다'가 연속 구성을 이룰 때에는 '두다'가 문장의
뒤에 위치하는 것이 일반적이다.

 (17) 가. 그를 죽게 <u>놔 둬요.</u>
   나. 그것들을 <u>놓아</u> 둘 장소가 마땅치 않았다.
   다. 선생님이 자기가 주례하시는 데 옆에다 <u>놔 두래.</u>
   라. 좋은 목소리를 잘라 <u>놔 둬야죠.</u>

(17가, 나)는 문어 말뭉치에서, (17다, 라)는 구어 말뭉치에서 추출한 '놓다'와 '두다'의 연속 구성의 용례이다.[18] (17)에서 볼 수 있듯이 '놓다'와 '두다'의 연속 구성인 경우 '놓다'가 '두다'에 선행하는 것이 일반적이다. 이때 선행하는 용언 '놓다'의 경우 본용언으로 쓰인 것으로 볼 수밖에 없을 텐데 '놓다'가 '두다'에 비하여 본용언의 의미가 더 강하게 남아 있는 것으로 설명할 수 있다. (17)에서 '놓다'와 '두다'의 위치를 바꿔 수정한 예문을 보겠다.

> (17′) 가. [?]그를 죽게 <u>둬 놔요</u>.
> 　　 나. [?]그것들을 <u>두어 놀</u> 장소가 마땅치 않았다.
> 　　 다. [?]선생님이 자기가 주례하시는 데 옆에다 <u>둬 노래</u>.
> 　　 라. [?]좋은 목소리를 잘라 <u>둬 놔야죠</u>.

(17′)의 예문은 문법적으로는 적격하지만 의미적으로는 적절하지 않다. '두다'가 본용언으로 쓰인 경우 완결되었음이 강하게 느껴지는데 거기에 다시 완결상 보조 용언 구성이 결합하니 다소 어색하게 느껴지는 것이다.

지금까지 보조 용언 구성 '-아/어 놓다'와 '-아/어 두다'의 문법화 정도를 비교하였다. 〈표 7〉에서 정리한 바와 같이 '-아/어 두다'가 '-아/어 놓다'에 비하여 문법화 정도가 더 높다고 볼 수 있다. 하지만 두 보조 용언 구성의 빈도를 고려해 볼 때 '-아/어 놓다'가 더 문법화된 것으로 생각할 수도 있으므로 두 보조 용언 구성 가운데 어느 하나가 문법화 정도가 더 높은지에 대해서는 단정하기 어렵다.

18　말뭉치에서 빈도를 검색한 결과 문어 말뭉치에서 7회, 구어 말뭉치에서 10회 검색되었다.

4. 나가기

지금까지 말뭉치 자료를 기반으로 하여 한국어 완료상 보조 용언인 '-아/어 놓다'와 '-아/어 두다' 구성의 통사·의미적 특성 및 문법화 정도를 비교 분석하였다. 문어 말뭉치 및 구어 말뭉치 각 100만 어절씩 도합 약 200만 어절에서 보조 용언 구성 '-아/어 놓다'는 총 850회, '-아/어 두다'는 총 92회 출현하였다. 본용언으로서 '놓다'와 '두다'의 빈도가 크게 다르지 않은데 반해 보조 용언으로서 빈도 차가 크게 나타난 것은 유표적이다.

이들 용례의 쓰임을 살펴 통사·의미적 특성을 살핀 결과 공통점과 차이점을 나열하면 다음과 같다. 첫째, '-아/어 놓다'와 '-아/어 두다'와 모두 결합하는 선행 용언이 타동성을 지녀야 한다. 둘째, '-아/어 놓다', '-아/어 두다'는 완료 결과상 보조 용언 구성이므로 선행 용언의 상태 지속을 드러낼 수 있다. 따라서 '올리다, 세우다' 등과 같이 상태 지속이 가능한 선행 용언과의 결합이 용이하다. 셋째, '-아/어 놓다', '-아/어 두다' 모두 [+실체성]을 지닌 목적어가 오는 것은 자연스럽지만 [−실체성]을 지닌 목적어가 오는 경우 '-아/어 두다'와만 결합이 자연스럽다. 이러한 차이가 발생한 까닭은 본용언 '놓다'와 '두다'의 의미적 차이에서부터 비롯된다. 넷째, 두 보조 용언 구성이 유사 의미 기능을 갖는 만큼 대부분의 선행 용언이 같이 쓰일 수 있으나 차이가 나는 부분도 있다. '-아/어 놓다'의 경우 [이동]이나 [상태 변화]의 의미를 갖는 용언이, '-아/어 두다'의 경우 [이동]이나 [획득]의 의미를 갖는 용언이 선행 용언으로 쓰인다.

나아가 보조 용언 구성 '-아/어 놓다'와 '-아/어 두다'의 문법화 정도도 살폈다. 그 결과 두 보조 용언 구성 모두 각각 본용언 '놓다'와 '두다'

로부터 문법화 과정을 겪고 있는 중이라고 볼 수 있겠다. 특히 '-아/어 놓다'의 경우 '-아/어 두다'와 비교하여 결합 가능한 선행 용언의 의미가 다양하며, 보조 용언 구성으로서의 빈도가 높다는 점에서 보조 용언 구성으로의 문법화가 상당히 진행되었다고 볼 수 있다. 다만 '놓다'와 '두다'의 연속 구성에서는 '둬 놓다'는 나타나지 않고 '놓아(놔) 두다'만 나타난다는 점에서 '-아/어 두다'가 본용언으로서의 기능이 더 많이 사라졌다고도 해석할 수 있었다.

이 장에서는 보조 용언 구성 '-아/어 놓다'와 '-아/어 두다'의 선행 용언 결합 제약을 밝혀 두 보조 용언 구성의 통사·의미적 특성을 비교하고, 보조 용언 구성의 문법화 정도를 비교하는 과정에서 유사 보조 용언 구성의 차이를 면밀하게 밝혔다는 데 의의가 있다. 앞으로 남은 연구 과제는 다른 완료상 보조 용언 구성과의 관계를 더욱 세밀하게 살펴보는 것에 있을 것이다.

7장

'의문형 종결 어미+보다' 구성의
통사·의미적 특성

1. 들어가기

이 장에서는 '-(으)ㄹ까 보다', '-(으)ㄴ가 보다', '-나 보다', '-(으)려나 보다' 구성을 중심으로, '의문형 종결 어미+보다' 구성의 기능과 통사적 특징에 대해 살펴보려고 한다. '의문형 종결 어미+보다' 구성은 박재연 (1999)의 논의처럼 보조 용언 구성[1] 범주로 논의되기도 하고, 손세모돌 (1996)의 논의처럼 보조 용언 구성 범주에서 제외되는 것으로 논의되기도 한다. '의문형 종결 어미+보다' 구성으로 연구 대상을 설정한 것은, '의문형 종결 어미+보다'의 구성은 '-다 보다', '-고 보다' 등 다른 '보다' 구성과 달리 다양한 의문형 종결 어미로 종결되는 완형 보문이 자유롭게 오는 것처럼 보이면서도, '의문형 종결 어미+싶다' 구성 등 완형 보문을

---

[1] 이 글에서의 '보조 용언 구성'은 '(보조적) 연결 어미+보조 용언'의 통사적 구성을 말한다. 또한, 여기에서의 '보조 용언'이란 본서 제1부의 내용에 따라, '한국어의 용언 중, 홀로 서술어로 쓰일 수 없는 의존적 성격으로 인해 반드시 앞선 본용언에 뒤이어 출현하며, 문장에서 문법적인 기능을 담당하고, 앞선 본용언에 매여 있으면서도 독립적 단어의 지위를 가지는, 형태·통사론적으로 중간적인 성격을 보이는 용언'을 말한다.

요구하는 다른 구성과는 다른 점을 가지고 있기 때문이다. 또한 '의문형 종결 어미+보다' 구성을 보조 용언 구성의 범위에 포함할 수 있다면, 보조 용언의 선행 어미의 범위에 '의문형 종결 어미+보다'에 쓰이는 의문형 종결 어미들을 포함하여 보조 용언 구성의 외연을 넓힐 가능성도 살펴볼 수 있다.

김지은(1998: 153)에서는 '-(으)ㄴ가/나' 형태 뒤에 결합하여 쓰이는 '보다'를 화자 중심 양태를 표현하는 데에 주로 쓰이는 용언으로 보았다. 의문형 종결 어미에 결합하는 '보다'는 화자 중심의 양태를 표현하는 화자 중심 양태 용언이기에[2] '-(으)ㄹ까 보다', '-(으)ㄴ가 보다', '-나 보다', '-(으)려나 보다' 구성(이하 '의문형 종결 어미+보다' 구성)은[3] 의문형 종결 어미와 쓰이는 다른 구성과 달리 '보다'의 주어 논항이 문장 표면에 드러나지 않는 게 자연스러운 특이한 구성이다. '보다'에 선행하는 의문형 종결 어미도 '-(으)ㄹ까, -(으)ㄴ가, -나, -(으)려나'로 한정된다.

해당 구성들은 의미의 측면에서도, '보다'에 선행하는 문장이 뜻하는 의미를 그대로 유지하지 않고 의미를 변화시킨다. '-(으)ㄹ까 보다' 구성은 [염려], [추측]의 '-(으)ㄹ까 봐'와 [의도], [의지]의 '-(으)ㄹ까 보다' 두 가지 구성으로 사용되며, '-(으)ㄴ가 보다', '-나 보다', '-려나 보다'는 [추측]의 의미를 나타내는 것으로 논의되는데, 모든 구성에서 의문형

---

2 김지은(1998: 27)에서는 양태의 하위 범주로 화자 중심 양태와 주어 중심 양태를 설정하였다. 화자 중심 양태를 나타내는 화자 중심 양태 용언은 명제의 가능성, 개연성, 확실성 등에 대한 화자의 심리적인 태도나 명제 실현에 대한 화자의 희망, 바람, 유감, 의도 등을 표현하는 양태 용언이고, 주어 중심 양태 용언은 선행용언이 가리키는 행위나 상태와 관련하여 주어가 가지고 있는 의도, 바람, 능력, 의무 등의 조건이나 상태에 대한 화자의 판단을 나타내는 양태 용언이다.

3 기술의 편의를 위하여, "'-(으)ㄹ까 보다', '-(으)ㄴ가 보다', '-나 보다', '-(으)려나 보다' 구성"을 "'의문형 종결 어미+보다' 구성"으로 간략하게 기술하려 한다.

종결 어미로 인한 '보다'의 선행절의 의미가 유지되지 않는다. 이러한 양
상에 대해, 각 '의문형 종결 어미+보다' 구성의 기능을 의문형 종결 어미
가 이끄는 절의 의미와 '보다'의 기능으로 나누어 살펴보려고 한다.

> (1) 가. 그가 밥을 <u>먹는가 보다</u>.
>   나. 그가 밥을 <u>먹나 보다</u>.
>   다. 그가 밥을 <u>먹으려나 보다</u>.
>   라. *그가 밥을 <u>먹을까 보다</u>.
>   마. 그가 밥을 <u>먹을까 봐</u> 미리 밥을 해 두었다.
>   바. 그에게 요리를 <u>해줄까 보다</u>.

(1가)는 '-(으)ㄴ가 보다' 구성이 쓰인 문장이고, (1나)는 '-나 보다' 구성
이 쓰인 문장이며, (1다)는 '-(으)려나 보다' 구성이 쓰인 문장이다. (1마)
는 연결형으로 쓰인 '-(으)ㄹ까 보다' 구성이 쓰인 문장이다. (1바)는 종
결형으로 쓰인 '-(으)ㄹ까 보다' 구성이 쓰인 문장이다. (1가)~(1다)처럼
'-(으)ㄴ가 보다', '-나 보다', '-(으)려나 보다' 구문은 주어가 있어도 자
연스럽다. 그러나 주어가 있는 '-(으)ㄴ가 보다', '-나 보다', '-(으)려나
보다' 구문의 '-(으)ㄴ가', '-나', '-려나'가 '-(으)ㄹ까'로 대치되면 부자
연스러운 문장이 되며, 종결형으로 쓰인 '-(으)ㄹ까' 구문은 주어가 드러
나지 않아야 자연스럽다(1바). 이러한 양상에 대해, 각 '의문형 종결 어미
+보다' 구성의 통사적 특징과 기능을 살펴보려고 한다.

　'의문형 종결 어미+보다' 구성은 이를 보조 용언 구성으로 볼 수 있을
지에 대해서도 이견이 존재한다. 대부분의 논의에서 '연결 어미+보다'
구성인 '-아/어 보다' 구성은 보조 용언 구성으로 보나, '의문형 종결 어
미+보다' 구성에 대해서는 보조 용언 구성으로 보는 논의도 있고, 보조
용언 구성으로 보지 않는 논의도 존재한다.[4] '의문형 종결 어미+보다'

구성에 대한 범주 설정에 관한 논의가 더 필요하다고 본다. '의문형 종결 어미+보다' 구성의 '보다'를 보조 용언으로 볼 수 있고, '의문형 종결 어미+보다' 구성을 보조 용언 구성으로 볼 수 있다면, 그 근거에 대해서도 살펴보려고 한다. '의문형 종결 어미+보다' 구성은 '의문형 종결 어미+싶다' 구성보다 선행 종결 어미와 보조 용언 간의 의미 긴밀성이 높아, 해당 구성을 '의문형 종결 어미+싶다' 구성보다 보조 용언 구성에 더욱 가깝다고 볼 가능성도 있는데, 이에 대해서도 살펴보려 한다. 해당 구성을 보조 용언 구성으로 볼 수 있다면, 보조 용언의 선행 어미로 '연결 어미'를 포함하는 것으로 주로 논해지던 보조 용언 구성의 외연을 넓히는 것에 관해서도 살펴볼 수 있을 것이다.[5]

2. '의문형 종결 어미+보다' 구성의 범주

이 절에서는 '의문형 종결 어미+보다' 구성의 범주 설정에 관해 살펴보려 한다. '보다' 구성 중 '-어/아'가 결합하여 쓰이는 '-어/아 보다' 구성은 다수의 논의에서 보조 용언 구성으로 논해진다. 그 외에도 보조 용언 구성으로 논의되는 '보다' 구성에는 '-고 보-', '-다 보-', 그리고 여기서 다루려고 하는 '-(으)ㄹ까 보다, -(으)ㄴ가 보다, -나 보다, -(으)려

---

4 손세모돌(1996: 91-97)은 '-(으)ㄴ가/-(으)ㄹ까 보다', '-나 보다' 등을 보조 용언 구성 범주에서 제외하고 있으며, 강홍구(2000: 82)는 주어 공유 제약을 근거로 들며 주어와 화자가 일치하는 경우에만 한정하여 해당 구성의 '보다'가 보조 용언임을 인정하였다.

5 이 장에서 사용한 말뭉치 용례는 연세대학교 서상규 교수가 배포한 〈새 연세 말뭉치 1〉(이하 문어 말뭉치) 약 100만 어절과 〈새 연세 말뭉치 2〉(이하 구어 말뭉치) 약 100만 어절에서 추출한 것이다. 또한 예문 추출은 주석 말뭉치 전용 검색 프로그램인 '말씀2017(미국 밴더빌트 대학 장석배 교수 개발)'을 사용하였다.

나 보다' 구성이 있다. 그러나 '의문형 종결 어미+보다' 구성은 후행 어미 제약이 있고, 정해진 꼴로만 쓰이기 때문에 이 구성의 '보다'를 그러한 특성을 가지지 않는 여타 보조 용언들과 같은 범주로 논할 수 있는가에 대한 이견이 있다. 손세모돌(1996)은 '-고 보-'를 보조 용언 구성 목록에서 제외하고 있으며, '-(으)ㄴ가/(으)ㄹ까 보다', '-나 보다' 구성 또한 보조 용언 구성에서 제외하고 있다.[6] '의문형 종결 어미+보다' 구성은 다른 보조 용언 구성과 달리 연결 어미가 아닌 종결 어미와 쓰이고, '보다'가 다양한 의문형 종결 어미가 이끄는 완형 내포문과 결합하는 것으로 보여 일반적인 보조 용언 구성과는 다른 특성을 띤다. '의문형 종결 어미+보다' 구성의 '보다'가 '생각하다' 등의 사유 동사로 대치될 수 있는 경우도 있고, 이 구성이 인용 구문의 성격을 일부 지니고 있기에 보조 용언으로서의 지위가 의심되는 것으로 보인다.

여기에서는 '의문형 종결 어미+보다'와 논의에서 자주 거론되는 '의문형 종결 어미+싶다' 구성을 비교하여, '의문형 종결 어미+보다'와 '의문형 종결 어미+싶다' 구성 중 어느 구성이 더 보조 용언 구성에 더욱 가까운지 살펴보려 한다. '의문형 종결 어미+보다' 구성이 더 보조 용언 구성에 가깝다고 볼 수 있다면, 해당 구성을 보조 용언 구성으로 보아야 하는 이유에 대해 살펴보고자 한다.

'의문형 종결 어미+보다' 구문은, 의문형 종결 어미 이외에도 다양한 종결 어미(-다, -지, -냐, -자, -(으)ㄹ걸, -아라/어라, -네. -리라 등)과 함께

---

6 손세모돌(1996: 91)에서는, '-(으)ㄴ가/(으)ㄹ까 보다', '-나 보다' 구성의 '보다'는 선행 어미가 종결 어미이므로 뒤에 결합하는 용언을 상위문의 본동사로 볼 수 있다고 보았으며, 표면 구조에 주어가 없더라도 종결 어미의 기능을 감안할 때 선행하는 문장이 완형 내포문이 되고 [추정]의 의미를 드러내는 '하다, 생각하다'로도 대용이 된다고 보았다.

쓰이는 SEA(Sentence Ending+Auxiliary: 종결 어미+보조 용언) '싶다' 구문
과 다르다. '싶다'는 '-(으)ㄴ가, -나, -(으)려나, -(으)ㄹ까' 외의 의문형
종결 어미와도 쓰이며, 종결 어미가 아닌 '-거니, -려니' 등과도 함께
쓰인다. 다양한 종결 어미와 쓰이는 '싶다' 구문은 종결 어미가 이끄는
내포문 자체의 의미를 띠고, '싶다'는 사유 행위라는 의미만 더해 줄 뿐,
특정한 태도를 띠는 사유 행위를 의미하지는 않는다. 김흥수(1985: 167)
에서는 '싶다' 구문의 [추측]의 의미는 '싶다'의 의미에 의해서가 아니라
선행 완형 보문이나 통사 구조상의 통합 관계에 의해서 생성되는 것으로
보고 있으며, '싶다'는 '느끼다'와 같이 중립적인 사유의 의미를 가지는
요소라고 하였다. '싶다'가 의문형 종결 어미와 쓰일 때도 마찬가지이다.
의문형 종결 어미와 쓰인 '싶다' 구문의 [추측]의 의미는 '싶다'가 아닌
의문형 어미 자체의 의미와 관련이 큰 것으로 보인다. 의문형 종결 어미
와 쓰이는 '싶다'는 선행하는 종결 어미의 제약이 없으며, '싶다'와 선행
종결 어미 간의 긴밀성이 떨어지고 특정 의미를 나타내는 하나의 구성으
로 볼 수 없다. 종결 어미가 '싶다'와 본용언 간의 연결소의[7] 기능을 한다
고는 볼 수 없는 것이다.

(2) 가. 그런데 <u>웬일이냐 싶게</u> 수도꼭지를 틀자마자 약수가 콸콸 나오고
　　　 있는 것이 아닌가. 〈소설수필〉

　　 나. <u>오죽해 그러랴 싶으면서도</u> 그 너무나 모질고 살벌하고 똑똑한 태
　　　 도에… 〈소설수필〉

7　본서 제1부에서 언급한 대로, '연결소'란 선행 용언과 보조 용언을 연결시켜 주는 매
　　개체이다. 보조 용언 구성에서 보조 용언은 단독으로 성립될 수 없고 항상 연결소가
　　결합하여야만 제 기능을 발휘할 수 있다(호광수 2003: 172). 앞으로 연결소를 '선행
　　어미'로 지칭하기로 한다.

(2가, 나)는 '-(으)ㄴ가', '-(으)ㄹ까', '-나' 이외의 의문형 종결 어미와 '싶다'가 결합하여 쓰인 구문이다.

(2') 가. 그런데 <u>웬일[인가/일까]</u>[8] 싶게 수도꼭지를 틀자마자 약수가 콸콸 나오고 있는 것이 아닌가.
나. <u>오죽해 [그럴까/그러는가/그러나/그러려나]</u> 싶으면서도 그 너무나 모질고 살벌하고 똑똑한 태도에…

(2가)의 '-냐', (2나)의 '-(으)랴'를 '-(으)ㄴ가', '-(으)ㄹ까', '-나'로 교체해 보아도 의미가 크게 달라지지 않는다(2'). (2')의 예문들의 '싶다'는 '보다'로 교체되지 않는다. 의문형 종결 어미와 쓰이는 '싶다'는 '-(으)ㄴ가, -나, -(으)려나, -(으)ㄹ까' 이외에도 다양한 의문형 종결 어미와 쓰일 수 있는, 인용 구문에 가까운 구문이며 그 문장의 의미는 의문형 어미가 이끄는 내포문 자체의 의미에 큰 영향을 받는 것으로 보인다.

하지만 '의문형 종결 어미+보다' 구성의 경우는 다르다. 이 구성의 '보다'에 선행할 수 있는 의문형 종결 어미는 '-(으)ㄹ까, -(으)ㄴ가, -나, -(으)려나'에 국한되며, 이때 '보다'는 단순한 사유 행위의 의미만을 더하지는 않는다. 각각의 의문형 종결 어미와 '보다'가 결합하여 쓰인 구성의 의미는 내포문 어미 자체에서 만들어지는 의미가 아니라, 의문형 종결 어미의 의미와 '보다'의 의미가 어울려 만들어지는 의미이다. 다음의 (3)을 통해 이를 살펴보자.

---

8 '-나', '-(으)려나'는 서술격 조사와 결합하면 부자연스럽다.
(ㄱ) *저 사람이 사장이나 보다.
(ㄴ) 저 사람이 사장인가 보다.   (변정민 2008: 232)

(3) 가. 이제 철수가 일어나는가 보다.

가′. 이제 철수가 일어나는가?

나. 이제 일어날까 보다.

나′. 이제 일어날까?

다. *이제 철수가 보다.

(3가)와 (3가′)을 비교해 볼 때, '의문형 종결 어미+보다'의 '보다'가 생략되면 문장의 의미가 달라진다. (3가)는 선행절의 의미에 대한 [추측]의 의미가 있는데, '보다'가 생략된 (3가′)에는 그러한 의미가 나타나지 않는다. (3나)는 선행절의 의미에 대한 [의도]의 의미가 있는데, '보다'가 생략된 (3나′)에도 그러한 의미가 나타나지 않는다. 또한 '보다'는 선행하는 어미의 의미를 그대로 유지해주지 않고 그 결합 구성 자체로 의미를 띠기에 '의문형 종결 어미+보다' 구성의 '보다'는 독자적으로 쓰였을 때 제 의미를 표현할 수 없다(3다).

(4) 가. *그가 회사를 그만두나?↑ 보다.

나. 그가 회사를 그만두나?↑ 싶다.

다. 그가 회사를 그만두나?↑ 하였다.

라. 그가 회사를 그만두나?↑ 생각하였다.

(5) 가. 그가 회사를 그만두나 보다, 그녀도 곧 그만두나 보다.

나. 그가 회사를 그만두는가 보다, 그녀도 곧 그만두는가 보다.

다. 그가 회사를 그만둘까 봐, 그녀도 곧 그만둘까 봐.

가′. *그가 회사를 그만두나, 그녀도 곧 그만두나 보다.

나′. *그가 회사를 그만두는가, 그녀도 곧 그만두는가 보다.

다′. *그가 회사를 그만둘까, 그녀도 곧 그만둘까 봐.

또한, '의문형 종결 어미+보다' 앞에는 모든 의문문 형식이 올 수 없다

(강영리 2016).[9] 이는 선행절이 후행하는 용언의 제약을 받는다는 것이다. 선행하는 문장과 '보다' 사이에 문말 억양이 실현될 수 없으며(4가), 의문형 종결 어미와 '보다' 간의 어떠한 요소도 개재할 수 없고 간격화가 불가능하다(5가'-다'). 또한, '의문형 종결 어미+보다' 구문은 모문의 주어를 상정할 수 없다. 모문의 주어는 [판단] 또는 [의도]의 주체인 '화자'로 짐작할 수는 있으나, 표면 문장에 나타나지 않는 것이 자연스럽다. 이는 '의문형 종결 어미+보다' 구문을 복문의 구조로 볼 수 없는 근거로 볼 수 있다.

　이러한 특성으로 보아 '의문형 종결 어미+보다' 구성이 쓰인 구문을 모든 선행절을 인용할 수 있는 인용 구문으로는 보기 어려우며, 이 구성의 '보다'는 앞에 필수적으로 본용언과 특정한 의문형 종결 어미를 요구하는 것으로 보인다. 본용언과 선행 어미를 필수적으로 보조 용언 앞에 배치해야 하는 제약이 있기에 보조 용언 구성이라는 용어를 사용하는 것이다(호광수 2003). 의문형 종결 어미가 '보다'와 긴밀성을 가지고 본용언과 후행 용언 '보다'를 연결해주는 연결소의 기능도 하는 것으로 볼 수 있다. 따라서 '의문형 종결 어미+보다' 구성은 보조 용언 구성으로 간주하여야 하며, 종결 어미와 쓰이는 '싶다' 구문보다 더욱 보조 용언 구성에 가깝다고 볼 수 있을 것이다.

　'의문형 종결 어미+보다' 구성의 특성은 제1부에서 논의한 보조 용언의 의존성, 기능, 어순 그리고 형태·통사론적 성격과도 밀접하게 관련되어 있다. '의문형 종결 어미+보다' 구성의 '보다'는 보조 용언과 마찬

9　'-(으)ㄹ까 보다' 구문에 판정 의문문이 내포될 수는 있으나, 설명 의문문이나 선택 의문문이 내포되면 비문이 된다고 언급하였다.
　　(ㄱ) *밥을 먹을까 말까 봐요.
　　(ㄴ) *무엇을 먹을까 봐 시장으로 갔어요.　　　　　　　　(강영리 2016: 74)

가지로 의존성을 띠어, 단독으로 발화될 수 없고 반드시 본용언과 함께 발화되어야 한다. (3다)처럼 '보다'가 홀로 쓰였을 때는 비문이 되고, 본용언과 어울려 쓰여야 그 의미가 나타난다. (3가)와 (3가')을 비교해 보면, 이 구성의 '보다'는 문장 속에서 본용언과 함께 쓰여 그 뜻을 도우며, 본용언 '보다'와 달리 문장 속에서 추상화된 문법적인 의미를 담당하고 있다. 또, '보다'만이 아니라 '선행 어미+ 보다' 구성 전체가 문법적인 의미를 드러낸다. 이는 보조 용언 구성의 기능과 부합하는 것이다. 또한, '의문형 종결 어미+보다' 구성은 고정된 어순으로 인해 항상 '본용언 어간+의문형 종결 어미+보다' 구성 전체가 함께 움직여야 한다. '보다'는 항상 본용언에 후행하며, 동시에 반드시 정해진 어미 '-(으)ㄹ까, -(으)ㄴ가, -나, -(으)려나'만을 요구한다. '보다'는 본용언과 독립되어 쓰이는 어휘이지만, 본용언 없이는 출현할 수 없는 형태·통사론에 걸친 중간적 성격을 띤다. 이는 본용언에 매여 있으면서도 독립적인 단어의 지위를 갖는, 형태·통사론적으로 중간적인 성격을 보이는 보조 용언의 형태·통사론적인 성격과도 부합하는 것으로 보인다.

3. '의문형 종결 어미+보다' 구성의 기능

앞 절에서는 '의문형 종결 어미+보다' 구성의 범주에 관해 살펴보았다. 이 절에서는 보조 용언 구성 '의문형 종결 어미+보다' 구성의 기능에 관해 논의할 것인데, 먼저 각 구성의 해당 의미가 발생하는 이유와 각 구성 간의 의미 차이가 발생하는 이유에 관하여 고찰하고, 각 구성의 의문형 종결 어미의 기능에 대해서도 살펴볼 것이다. 그다음, '의문형 종결 어미 +보다' 각 구성에서 '보다'가 담당하는 기능에 대해 제시하려고 한다.

3.1. '-(으)ㄹ까 보-' 구성의 기능

먼저, '-(으)ㄹ까 보다' 구성의 기능에 대해 살펴보려 한다. '-(으)ㄹ까 보다' 구성은 두 가지 구성으로 나뉘는데, 종결형으로 쓰이는 '-(으)ㄹ까 보다' 구성과 연결형으로 쓰이는 '-(으)ㄹ까 봐(서)' 구성으로 나뉜다. 기술의 편의를 위하여, 종결형으로 쓰이는 구성을 '-(으)ㄹ까 보-¹', 연결형으로 쓰인 구성을 '-(으)ㄹ까 보-²'로 구분하여 기술하려고 한다.

3.1.1. '-(으)ㄹ까 보-¹' 구성의 기능

종결형으로 쓰이는 '-(으)ㄹ까 보-' 구성은 화자의 [의도], [의지]의 의미를 나타낸다고 논의된다.[10] '의문형 종결 어미+보다' 구성은 본용언과 보조 용언 '보다'의 선행 어미 역할을 하는 종결 어미의 의미와, '보다' 자체의 의미 모두가 '의문형 종결 어미+보다' 구성 전체의 의미를 함께 분담하므로 의문형 종결 어미가 이끄는 절의 의미 기능에 관해서도 자세히 살펴볼 필요가 있을 것이다. 박종갑(1986: 398)에서는 '-(으)ㄹ까', '-(으)ㄴ가'가 쓰인 문장 앞뒤의 언어적 상황을 별개로 생각했을 때 상황 중립적인 의미를 [의문 제기]로 보았다. [의문 제기]는 화자가 어떠한 주제나 정보에 대해 의문을 제기하는 것으로, 의도 정보를 얻기 위함이든, 수사학적인 질문이든 응답자이나 응답자의 존재를 전제하지 않는다고 본 것이다.[11] 담화 상황에 쓰일 때 의문형 종결 어미 '-(으)ㄹ까'는 사태

---

10 손세모돌(1996), 호광수(1999), 강흥구(2000), 변정민(2008), 강영리(2016), 박혜진 (2020) 등의 논의를 참고할 것.

11 '-(으)ㄴ가, -나, -(으)ㄹ까'는 혼잣말에 주로 쓰이는 종결 어미로 논의된 바도 있다 (전후민 2015). 물론 박종갑(1986)에서는 질문과 자문은 묻고 응답이 뒤따르는 동일한 의미 기능을 하며 응답자가 누군지는 언어외적 상황에 따르는 것이므로 질문과 자문을 따로 구분할 필요가 없다고 보고 있다.

박종갑(1986)에서는 '-(으)ㄹ까' 유형의 의문문은 의향을 요구하는 질문과 추정적인

에 대한 의향을 요구하는 질문과 사태에 대한 추정적인 판단을 요구하는 질문으로 나누어 볼 수 있다. '-(으)ㄹ까 보-¹'의 '-(으)ㄹ까'는 화자의 의향이 불확정적임을 나타낸다.[12] 여기에 보조 용언 '보다'가 결합한 구성은 주어진 사태에 대한 화자의 [의도], [의지]를 나타내게 된다.

(6) 가. 이 녀석 말을 안 들으니, 때려 줄까?
    나. 이번에는 밥을 다 같이 먹을까?
    다. 확 그냥 담배공장에 불을 질러 버릴까?
(6′) 가. 이 녀석 말을 안 들으니, 때려 줄까 보다. (호광수 1999: 25)
    나. 이번에는 밥을 다 같이 먹을까 보다.
    다. 확 그냥 담배공장에 불을 질러 버릴까 보다. (강영리 2016: 76)

예문 (6)과 (6′)을 보자. 불확정된 [의향]을 의미하는 (6)의 예문들의 의문형 종결 어미들에 '보다'가 결합하면, 더 실행 여부에 대한 확신이 실

판단을 요구하는 질문으로 나누어 보고, '-(으)ㄴ가, -나' 유형의 의문문은 사실적인 정보를 요구하는 질문으로 보았다. 이러한 의미의 차이는, 각 의문형 어미의 형태론적 구성의 차이(-ㄹ-, -ㄴ-)에서 기인하는 것이라 보았다. "아이를 이제 집으로 돌려보낼까?" 같은 질문은, '아이를 댁으로 돌려보낼지, 말지'의 여부에 대한 의향에 대한 것이며, 이러한 여부에 대한 화자의 의향은 확정되지 않은 것이다. "지금 나가면 추울까?" 같은 질문은, '지금 나가면 추울지, 춥지 않을지'의 여부에 대한 상대방의 판단을 요구하는 질문이다. '-(으)ㄴ가', '-나'의 경우, "이제 다들 집에 가는가/가나?" 등의 의문이 필요로 하는 것은 '다들 집에 가는 것'에 대한 사실적인 정보이다 (박종갑 1986).

12 '사태에 대한 의향을 요구하는' 의미의 '-(으)ㄹ까'는 화자의 의향도 포함되어있는 의미기에 자문으로도 쓰일 수 있어, '-(으)ㄹ까 보-¹' 구성은 화자 중심의 의미인 화자의 [의도], [의지]를 나타낸다. '청자의 판단을 요구하는' 의미의 '-(으)ㄹ까'는 화자의 판단보다는 청자의 판단에 초점이 맞추어진 의미이므로, '-(으)ㄹ까 보-²' 구성은 주어 중심의 의미인 주어의 [가능성 추측]을 나타낸다. 이에 대해서는 3.1.2.에서 더 자세히 언급하도록 한다.

린 [의지], [의도]의 표현이 된다(6′). 또한, (6′)의 각 예문이 사태에 대한 의도를 굳히는 의미로 나타나는 것으로 보아, (6′)의 예문들을 발화하기 전에 화자가 판단을 굳게 하는 상황이나 심리적인 변화가 있었음을 짐작할 수 있을 것이다.

(6′다)의 경우는 '담배공장에 불을 지르는 행위'에 대한 화자의 의도 표현이다. 강영리(2016: 76)에서는 '-(으)ㄹ까 보-¹' 구문이 '확'과 같은 갑작스러움을 나타내는 부사와 공기하는 확률이 상대적으로 높으며, 화자의 충동적인 의향을 나타내는 데에 선호되는 표현으로 보았다. (6′다)와 같은 예문은 '확' 이외에도 부사 '그냥', 보조 용언 구성 '-어 버리-'와 같은 화자의 심리 태도를 드러낼 수 있는 요소들과 함께 쓰였기에 화자의 충동적인 의향으로 읽히는 것으로 보인다. 더하여, '-(으)ㄹ까 보-¹' 구성의 선행 사태가 '담배공장에 불을 지르는 행위'와 같이 화자의 어떠한 계획을 위해 의도하고자 하는 행위의 내용이 아닌, 단순히 무언가를 공격하거나 해를 가하는 행위일 때 '화자의 충동적인 의향'으로 읽히는 듯하다.

(7) 가. 확 그냥 담배공장에 불을 질러 버릴까 보다. (강영리 2016: 76)
　　나. 담배공장에 불을 지를까 보다.
　　다. 계획대로 담배공장에 불을 지를까 보다.
　　라. 그에게 크리스마스 선물을 안 줄까 보다.
　　마. 그에게 크리스마스 선물을 안 줄까 {봐/봐요/봅니다}.

(7다)와 같이 행위에 계획성이 더해지면 (7가, 나)보다 비교적 충동성이 적게 나타나는데, 이는 '-(으)ㄹ까 보다' 구성의 의미 자체에 의한 것이라기보다는 선행절이 의미하는 내용에 따른 것으로 보인다. (6′가)의 '누군가를 때리는 행위'도 해를 가하는 행위이므로 화자의 충동적인 의향으로

읽힐 가능성이 있다. 또, '-(으)ㄹ까 보-¹'에 다른 종결 어미가 결합하였을 때보다 종결 어미 '-다'가 결합하였을 때, 누군가에게 피해를 주는 행위이거나 충동적 행위로 읽힐 여지가 있는 행위의 내용이 '보다'에 잘 선행할 수 있는 것으로 보인다. 종결 어미 '-다'는 구어체로 잘 사용되지 않는 어미이며, '-아', '-아요', '-ㅂ니다' 등 주로 담화 상황에서 쓰이는 어미들에 비하여 청자를 의식하지 않는 혼잣말을 할 때 쓰이면 자연스러운 종결 어미이다(박재남 2013; 전후민 2015 등). 피해를 주거나 충동적 행위로 읽힐 여지가 없는 행위가 '-(으)ㄹ까 보-¹'에 선행되더라도, 종결 어미 '-다'와 쓰이면 충동적인 의향으로 읽힐 가능성이 커 보인다. (7라)와 (7마)의 '그에게 크리스마스 선물을 안 주는 행위'는 피해를 주거나 충동적인 행위로 읽히지 않으나, (7라)에서 (7마)보다 화자의 비교적 충동적인 의도를 읽어낼 수 있다. 혼잣말에 쓰이는 종결 어미 '-다'는 청자에게 화자의 의도나 판단을 전달하는 발화가 아니기 때문에 발화한 내용대로 해야 하는 책임감 또한 덜 가지게 되어, 실현하지 않아도 크게 상관이 없는 행위에 대한 의도를 발화하는 데 적합하다. 따라서 피해를 주는 행위이거나, 충동적 행위로 읽힐 여지가 있는 행위와 잘 결합할 수 있는 것으로 보인다. 이러한 행위에 대한 화자의 의도는 누군가에게 알리기에 부담이 큰 내용이기 때문에 주로 담화 상황에 쓰이는 종결 어미보다 혼잣말에 쓰이는 종결 어미인 '-다'와 더 잘 결합하는 것이다.

'-(으)ㄹ까 보-¹'의 의미가 후행하는 종결 어미에 따라 읽히는 의미가 달라지는 이유는, '-(으)ㄴ가 보-, -나 보-, -(으)려나 보-'와 다르게 화자의 주관적인 의도에 관한 의미를 띠기 때문이다. 후술하겠지만 '-(으)ㄴ가 보-, -나 보-, -(으)려나 보-'는 사실적인 정보에 대한 추측을 의미하여 '-(으)ㄹ까 보-¹'보다 비교적 객관적인 표현이다. '-(으)ㄹ까 보-¹'은 선행절의 행위를 의도하는 주체가 '화자'이므로, 어떠한 종결 어미에 결합하느냐에 따라 혼잣말로 말한 표현으로 읽힐 수도 있고, 담화 상황에서 말한 표현으로 읽힐 수도 있다. 혼잣말, 선언의 성격이 강한 종결어미 '-다'와 쓰일 때처럼 청자를 적극적으로 상정하지 않고 발화한 주관적인 의도의 내용인 경우, 내용에 대한 부담이 상대적으로 적기 때문에 화자의 충동적인 의향으로도 읽어 낼 수 있게 되는 것이다.[13]

이에 따라 이 글에서는 '-(으)ㄹ까 보-¹'의 기본 의미는 [의도], [의지]로 보며, 혼잣말에 쓰이는 종결 어미 '-다'와 결합하여 나타나는 의미는 [충동적 의도]로 본다.

3.1.2. '-(으)ㄹ까 보-²' 구성의 기능

다음으로는 연결형으로 쓰이는 '-(으)ㄹ까 보-²'에 대하여 논의하도록 하겠다.

(8) 가. 급우 애들이 자기에게 무슨 피해나 입힐까 봐서 전전긍긍하고 있어요. ⟨소설수필⟩

　　나. 아빠가 나한테 용돈 줄까 봐 안 자고 기다리고 있었는데. (박혜진 2020: 38)

　　다. 이모는 손님이 올까 봐 방을 치워두었다. (변정민 2008: 243)

(8가)는 [염려], (8나)는 [기대], (8다)는 [추측]의 의미로 쓰인 구문이다. '-(으)ㄹ까 보-²'는 '-(으)ㄹ까 보-¹'과 달리, 화자 외의 주어를 상정할 수 있고 선행 사태에 대한 주어의 추측이나 염려, 기대 등에 대한 화자의

13　박혜진(2020: 48)에서도 '-(으)ㄹ까 보-' 구문이 [위협]을 나타날 때에는 청자가 대화상에 도입되는 '-어(요)'와 함께 사용되기 어렵지만 혼잣말(또는 독백), 선언의 성격이 강한 '-다'와 함께 나타난다고 보았다.

판단을 나타내어, 주어 중심의 의미를 나타낸다. (8가)에서 '급우 애들이 자신에게 피해 입힐 것'이라고 추측한 것은, 문장의 표면에는 드러나지 않았지만 '-(으)ㄹ까 보-²'의 주어이기 때문이다. '-(으)ㄹ까 보-¹'과 달리, '-(으)ㄹ까 보-²'의 '-(으)ㄹ까'가 이끄는 절은 화자의 불확정적인 의향이 아닌 화자의 불확실한, 추정적인 판단의 내용을 나타낸다. 이에 '보다'가 결합하여 불확실한 판단이 [염려], [추측], [기대]의 의미로 기능하게 된다.

'-(으)ㄹ까 보-²'의 선행 사태는 실현 여부가 확실하지는 않지만, 주어가 추측하기에 실현될 가능성이 아예 없는 사태들은 아니다. 후행절에서 그러한 사태의 가능성에 대응하는 주어의 결과적인 행위가 나타나기 때문이다. '-(으)ㄹ까 보-²'의 기본 의미는 [추측]의 의미에 가까워 보인다. 물론 이 구성이 대부분 [염려]의 의미로 쓰이지만, 이 [염려]의 의미는 선행절의 사태가 발생할 것을 추측하고 대비하기 위해 후행절에서 결과적 행위가 나타나는 것에서 자연스럽게 발생하는 의미로 보인다. 아직 일어나지 않았으나 발생 가능성이 있는 미래 사태를 인식하여 후행절에서 어떠한 행위를 한다는 것은, 그 미래 사태를 '염려'하여 대비하기 위한 행위일 수도 있고, '기대'해서 하는 행위일 수도 있고, 단순히 '추측'해서 하는 행위일 수도 있다. 그러나 미래에 벌어질 사태를 '위해' 행동하는 것이기 때문에 '-(으)ㄹ까 보-²' 구성의 의미가 단순한 [추측]이나 [기대]보다는, 미래의 사태를 위해 행위를 하여 대비(對備)하는 [염려]의 의미로 더 자연스럽게 해석되는 것이 아닐까 한다. [기대] 혹은 [추측]의 의미로 쓰였을 때는, 주어의 인식 속에서의 선행 사태의 실현 가능성이 [염려]의 의미로 쓰였을 때보다 적다. 일어나길 원하지는 않으나 혹시라도 일어난다면 대비를 해야만 하는 '염려'하는 일들의 실현 가능성이, 일어나길 '기대'하고, 혹은 단순히 '추측'하는 일들의 실현 가능성보다 더 크게 느껴짐은 자연스러운 것이다.

(8′) 가. 급우 애들이 자기에게 무슨 피해나 입힐까 전전긍긍하고 있어요,
나. ?아빠가 나한테 용돈 줄까 안 자고 기다리고 있었는데.
다. ?이모는 손님이 올까 방을 치워두었다.

'-(으)ㄹ까 보-²'는 '-(으)ㄹ까 봐(서)'의 형태로 굳어져서 사용된다. [염려]의 의미로 쓰인 '-(으)ㄹ까 보-²' 구문에서 '봐'가 생략되어도 자연스러우나(8′가), [기대], [추측]의 의미로 쓰였을 때는 '봐'가 생략되면 다소 어색해진다(8′나, 다). 앞서 언급하였듯이, 미래에 벌어질 사태를 '위해' 행위하는 내용의 절이 '-(으)ㄹ까 보-²'에 후행하기 때문에 단순한 [추측]이나 [기대]보다는, 미래의 사태를 위해 행위를 하여 대비하는 [염려]의 의미로 더 자연스럽게 읽힌다. 따라서 '-(으)ㄹ까 봐(서)'의 '보다'가 생략되었을 때도 단순한 [추측]이나 [기대] 의미보다는 [염려]의 의미로 더 자연스럽게 읽히는 듯하다. (8′가)가 자연스러운 것 또한, 후행절의 '전전긍긍하다'의 의미가 '-(으)ㄹ까 보-²'의 선행 사태의 발생 가능성에 대비(對備)하는 결과적 행위로 자연스럽게 읽히기 때문이다. 이러한 이유로 '-(으)ㄹ까'만 쓰일 때 단순한 [추측]이나 [기대]의 의미보다는 [염려]로 읽혀, (8′나, 다)가 부자연스럽게 읽히는 것으로 보인다.

(8″) 가. 급우 애들이 자기에게 무슨 피해나 입힐까 <u>싶어</u> 전전긍긍하고 있어요,
나. 아빠가 나한테 용돈 줄까 <u>싶어</u> 안 자고 기다리고 있었는데.
다. 이모는 손님이 올까 <u>싶어</u> 방을 치워두었다.

'-(으)ㄹ까 보-²' 구성은 일어날 가능성이 있다고 인식되는 미래 사태

에 대한 추측을 나타내는 의미를 지니므로, '-(으)ㄹ까 보-²' 구성의 '보
-'는 가능성을 추측하는 [추측]의 의미를 나타내는 '싶-'으로도 교체가
가능하다(8″).

이 글에서는 '-(으)ㄹ까 보-²' 구성의 의미를 [가능성 추측]으로 보려
고 한다.[14] '-(으)ㄹ까 보-²' 구성의 연결 어미 '-아(서)'로 인해 선행절에
대응하는 결과적 행위가 후행절에 나타나기 때문에 [추측]의 의미가 [염
려]의 의미와 [기대]의 의미 모두로 읽힐 가능성이 있다고 본다. 다만
선행 사태의 추측에 대한 후행절의 결과적 행위가 벌어질 사태를 위해
그에 대비하는 행동인 것이, 일어날지도 모르는 일에 기대해서 행하는
행동 혹은 단순히 추측하여 행하는 행동인 것보다 자연스러워 단순한
[추측]이나 [기대]보다는 [염려]의 의미로 더 자연스럽게 해석되는 것으
로 본다. 변정민(2008: 244)에서도 후행절과의 의미를 '-(으)ㄹ까 보-²'에
포함하기보다는 의문형 어미 '-(으)ㄹ까'와 '보-'의 결합에서 생성되는
의미에 초점을 두어야 한다고 보고 있다. 이러한 논의에 동의하여, '-
(으)ㄹ까 보-²' 구성의 기본 의미를 사태의 가능성에 대한 [가능성 추측]
으로 파악하려고 한다.

3.2. '-(으)ㄴ가 보-' 구성의 기능

'-(으)ㄴ가 보-' 구성은 과거와 현재의 사태에 대한 화자의 [추측]을

---

14 안주호(2004)에서는 화자가 명제 내용에 관해 갖는 심리적 태도인 양태(modality)
   중 추측을 나타내는 여러 형태의 의미를, 명제 내용인 사태가 얼마만큼 이루어질 수
   있느냐의 확신도의 크기에 따라 [가능성 추측, 개연성 추측, 확실성 추측]으로 나누
   었다. 확실성의 강도가 가장 높은 '확실성 추측'에는 '-것이다'가 해당되며, 사태의
   가능성이 가장 낮은 '가능성 추측'에는 동사구 보문 구조로 이루어진 '싶다'가 해당된
   다. 확신도의 면에서 중간급은 '개연성 추측'으로, 동사구 보문 구조로 이루어진 '보
   다'가 해당된다(안주호, 2004).

의미한다고 논의된다(호광수 1999; 변정민 2008 등). 박종갑(1986: 398)에서
는 '-(으)ㄹ까', '-(으)ㄴ가'가 쓰인 문장 앞뒤의 언어적 상황을 별개로 생
각했을 때 상황 중립적인 의미를 [의문 제기]로 보았다. '-(으)ㄴ가'가 담
화 상황에 쓰이면 사실적인 정보에 대한 화자의 견해나 인식을 토대로
그 인식 내용을 물음의 형식으로 발화하는 것이고, 이는 곧 사실적인 정
보에 대한 화자의 불확실한 인식, [의문]을 의미한다. 이러한 의문형 어
미 '-(으)ㄴ가'에 '보다'가 결합하면, 사실적인 정보에 대한 화자의 의문
에 확신하는 정도가 증가하는 의미가 더해져 선행 사태의 개연성을 추측
하는 [개연성 추측]의 의미를 나타내게 된다. 화자 자신이 의문을 품은
현재 상황에 대해 객관적인 증거를 가지고 추측하는 것이기에 가능성
추측보다 확신도가 더 높은 개연성 추측에 가깝다.

'-(으)ㄴ가 보-' 구성은 '-(으)ㄹ까 보-[1]' 구성과 달리, 화자 자신이 의
문을 품은 현재 상황에 대해 객관적인 증거를 가지고 그 상황의 개연성
에 대한 확신이 증가한 표현이다.

(9)　가. 저 사람은 그동안 외국 생활에 길들여져서 그러는가?
　　나. 술이 너무 과해서 기억이 없으신가요?
　　다. 새로운 경비 아저씨인가?
(9′)　가. 저 사람은 그동안 외국 생활에 길들여져서 그러는가 보다. 〈소설수필〉
　　나. 술이 너무 과해서 기억이 없으신가 보군요. 〈소설수필〉
　　다. 새로운 경비 아저씨인가 보다, 왜 정복을 안 입으셨을까 했는데.
　　　〈일상대화〉

사실적인 정보에 대한 [의문]을 의미하는 (9)의 예문들의 의문형 종결
어미들에 '보다'가 결합하면, 불확실했던 명제 내용에 대한 인식은 명제
내용에 더 확신이 실린 추측의 표현이 된다(9′). (9′)의 예문들을 발화하

기 전에 화자가 선행절의 내용대로 추측하게 하는 객관적인 상황, 증거가 있었을 것이다. (9′가)의 경우, 화자가 생각하기에 '저 사람이 외국 생활에 길들여져서 그러는 것'으로 보이는 행동을 하는 등 화자가 선행절의 내용대로 추측하게 하는 객관적인 상황, 증거가 있었을 것이다. 호광수(1999: 44)에서는 '-(으)ㄴ가 보-' 구문이 추측의 근거가 표면 문장에 나타나는 것에 대해 강하게 관여한다고 하였는데, 이는 '-(으)ㄴ가 보-' 구성이 화자가 선행절의 내용대로 추측하게 하는 객관적인 증거가 존재하여야 하는 객관적인 표현이기 때문이다.[15] (9′다)의 '왜 정복을 안 입으셨을까 했는데'와 같이 화자가 선행절의 내용대로 생각하게 하는 객관적인 근거가 되는 상황이 표면 문장에 나타나면 문장의 의미가 더 뚜렷해진다. 이처럼 '-(으)ㄴ가 보-' 구성은 화자의 감각 경험이나 객관적인 사실을 근거로 한 추측의 의미를 나타내어, '보-'의 선행절에 선택 의문문이나 설명 의문문, 수사의문문은 올 수 없다.

(10) 가. 부모님께서 서울에 계신가, 인천에 계신가?

가′. *부모님께서 서울에 계신가, 인천에 계신가 보다.

나. 무엇을 먹었는가?

나′. *무엇을 먹었는가 보다.

다. 가야 할 때가 언제인가를 알고 가는 이의 뒷모습은 얼마나 아름다운가.

다′. *가야 할 때가 언제인가를 알고 가는 이의 뒷모습은 얼마나 아름다운가 보다.

---

15 물론 화자의 감각 경험이나 객관적인 사실을 근거로 하여 객관적인 확신성을 가진 추측이지만, 사태에 대한 화자의 추측이 객관적인 표현이라 하더라도 결국은 화자의 주관적인 인식을 나타내는 것이다.

화자의 감각 경험이나 객관적인 사실을 근거로 한 전혀 다른 여러 추측
이 하나의 '-(으)ㄴ가 보-' 구문에서 등장할 수 없기에 (10가´)처럼 선택
의문문은 '-(으)ㄴ가 보-' 구성으로 쓰일 수 없다. (10나´)의 경우는 자연
스러워 보일 수 있지만, (10나)의 '무엇'은 미정(未定)의 의미로 쓰인 것
이나 (10나´)의 '무엇'은 부정(不定)의 의미로 해석되어 의미가 달라진 것
이다. (10다´)의 경우, 수사의문문은 화자의 강한 긍정적 진술을 내포하
고 있는 의문문이다. 물음의 형식이지만 이미 말하고자 하는 바가 종결
된 문장이므로, 개연성과 관련된 추측의 의미인 '-(으)ㄴ가 보-' 구성과
함께 쓰일 수 없다.

3.3. '-나 보-' 구성의 기능

'-나 보-' 구성은 과거나 현재의 사태에 대한 화자의 [추측]의 의미를
띠는 것으로 논의되었다(호광수 1999; 변정민 2008 등).

> (11) 가. 소란한 주위 환경 때문에 벨소리를 듣지 못했었나?
>   나. 남편이 보기에도 그런 내가 안쓰러워 보였나?
>   다. 눈은 사람을 한층 깊이 잠재워 주나?
> (11´) 가. 소란한 주위 환경 때문에 벨소리를 듣지 못했었나 보다. 〈잡지〉
>   나. 남편이 보기에도 그런 내가 안쓰러워 보였나 봐. 〈잡지〉
>   다. 눈은 사람을 한층 깊이 잠재워 주나 보다. (호광수, 1999: 41)

'-나 보-'는 '-(으)ㄴ가 보-'와 거의 유사한 쓰임을 보여 준다. '-나'와
'-(으)ㄴ가'가 모두 사실적인 정보에 대한 화자의 의문을 의미하는 것은 맞
으나, (11다)처럼 '-나'는 사실적인 정보를 포함하여 사태에 대한 화자가
직관적으로 느낀 내용과도 나타나는 듯하다. 이는, '-(으)ㄴ가 보-'의
'-(으)ㄴ가'는 발화 시점에서 현재의 상태를 나타내므로, 직관적으로 느

긴 내용보다는 현재 상태의 사실적인 내용이 선행하기 때문이다.

(11)와 (11′)을 보자. [의문]을 의미하는 (11)의 예문들에 '보다'가 결합하면, '-나'가 이끄는 사실적인 정보에 대한 의문이나 화자가 직관적으로 느낀 내용에 대한 의문, 불확실했던 인식에 더 확신이 실린, [추측]의 표현이 된다(11′). 이때의 [추측]도 객관적인 증거나 화자의 감각 경험을 근거로 한 추측이므로, 가능성 추측보다 확신도가 높은 [개연성 추측]에 가까울 것이다. 다만, 화자가 직관적으로 느끼는 내용이 '-나 보-'의 선행 명제로 나타날 때는 [추측]의 확신도가 다소 낮아지는 것처럼 보인다. 이 경우에는 직접 느낀 사실적인 증거로 내린 판단은 아니다 보니, 객관적인 확신성이 떨어지는 표현이기 때문이다.

(12) 가. {아마도/어쩌면} 여행은 참으로 신비롭고 귀한 인연을 엮어내나 봅니다.
　　 나. {아마도/어쩌면} 눈은 사람을 한층 깊이 잠재워 주나 보다.

안주호(2004: 17)에서는 명제 내용의 확신도를 판단하는 데 신념의 확신도가 낮음을 나타내는 정도 부사인 '아마도, 어쩌면'과의 공기 여부를 살펴보는 방법을 사용하였다. (12)를 보면, 화자가 직관적으로 느끼는 내용이 '-나 보-'의 선행 명제로 나타날 때는 '-나 보-' 구성과 '아마도, 어쩌면'과의 공기가 자연스러운 것을 살펴볼 수 있다.

이렇게 보았을 때, '-나 보-'의 구성이 '-(으)ㄴ가 보-' 구성에 비해 추측의 확신도가 낮은 구성으로 보일 수 있으나, 이는 '-나 보-'의 구성이 '-(으)ㄴ가 보-' 구성보다 화자가 직관적으로 느낀 내용이 선행 사태로 잘 올 수 있고, 추측의 근거가 되는 상황이 문장 표면에 드러나지 않아도 자연스러운 것에 따른 것으로 보인다.

3.4. '-(으)려나 보-' 구성의 기능

여기에서는 '-(으)려나 보-' 구성의 기능을 살펴본다.

> (13) 가. 이제는 정말 여름이 되려나?
> 　　 나. 가방을 꾸리는 걸 보니, 집을 나가려나?
> 　　 다. 먹구름이 끼는 걸 보니, 비가 오려나?
> (13′) 가. 이제는 정말 여름이 되려나 봅니다. 〈수기전기〉
> 　　 나. 가방을 꾸리는 걸 보니, 집을 나가려나 보다.
> 　　 다. 먹구름이 끼는 걸 보니, 비가 오려나 보다. (호광수 1999: 44)

'-(으)려나'는 곧 일어날 상태의 변화나, 미래 사태의 발생에 대한 [의문]을 나타내는데(13), 이에 '보다'가 결합한 '-(으)려나 보-'는 미래 사태에 대한 [추측]의 의미를 나타낸다(13′). 미래 사태에 대해 추측하기 위해서는 그에 대한 객관적인 상황이나 화자의 감각 경험이 있어야 하므로, 화자가 (13′)의 예문들을 발화하기 전에 선행절의 내용대로 추측하게 하는 객관적인 상황, 증거가 있었을 것이다. 객관적인 상황, 증거를 토대로 추측하는 것이므로, '-(으)려나 보-' 구성은 미래 사태에 대한 [개연성 추측]의 의미를 나타낸다.

또, '-(으)ㄴ가 보-' 구성처럼 앞뒤 문맥에 추측의 근거가 나타나면 문장의 의미가 더 뚜렷하고 자연스러워진다. (13′가)의 경우도, 화자가 곧 여름이 올 것 같은 상황을 관찰하고 난 후, 여름이 될 것으로 추측하는 의미를 나타낸다. "기온이 점점 올라가는데, 이제는 정말 여름이 되려나 봅니다." 와 같이 추측의 근거가 문장 표면에 드러나면 더 자연스러운 문장이 된다.

각 '의문형 종결 어미+보다' 구성의 기능을 정리해 보면, 〈표 1〉의 내용과 같다.

<표 1> '의문형 종결 어미+보다' 구성의 의미

'의문형 종결 어미+보다' 구성	의미
'-(으)ㄹ까 보-¹'	[의도], [의지] [충동적 의도]
'-(으)ㄹ까 보-²'	[가능성 추측]
'-(으)ㄴ가 보-', '-나 보-'	현재나 과거 사태에 대한 [개연성 추측]
'-(으)려나 보-'	미래 사태에 대한 [개연성 추측]

<표 1>의 각 구성의 [추측] 의미는, 화자가 명제 내용인 사태에 대해 가지는 확신의 정도에 따라 약간의 차이가 있다. '-(으)ㄹ까 보-²'의 [추측]은 확신의 정도가 가장 낮은 등급인 '가능성 추측'에 가깝고, '-(으)ㄴ가 보-, -나 보-, -(으)려나 보-'의 [추측]은 확신의 정도가 중간급인 '개연성 추측'에 가까운 것으로 보았다. 그리고 '-(으)ㄴ가 보-, -나 보-' 구성은 '현재나 과거 사태'에 대한 개연성 추측을 의미하고, '-(으)려나 보-' 구성은 '미래 사태'에 대한 개연성 추측을 의미한다.

3.5. '의문형 종결 어미+보다' 구성의 '보다'의 기능

앞에서는 각 '의문형 종결 어미+보다' 구성의 기능에 대해 살펴보았다. '의문형 종결 어미+보다' 구성의 기능을 살펴볼 때, 선행 어미 역할을 하는 의문형 종결 어미의 의미도 중요하지만, '보다'도 구성 전체의 의미 분담에 큰 역할을 하므로 '보다' 자체의 기능에 관해서도 자세히 살펴볼 필요가 있다.[16]

---

16 의문형 종결 어미와 결합하는 '보다'의 의미에 대한 선행연구로는, 호광수(1999), 강홍구(2000), 엄정호(2005), 정혜선(2010)의 논의가 있다. 특히 호광수(1999: 175)에서는 본용언 '보다'의 의미 특성에는 [+시각성], [+행위성], [+판단성]이 있다고 하였다. [판단성]이란, 본용언 '보다'의 여러 의미 중 '헤아리거나 알아보다, 고려의 대상이나 판단의 기초로 삼다, 대상을 평가하다'의 의미에서 추출된 의미이며, 보조 용언 '보다'의 [추측]의 의미와도 깊은 연관을 가지게 된다고 하였다.

의문형 종결 어미 '-(으)ㄹ까', '-(으)ㄴ가'의 상황 중립적인 의미는 [의문 제기]이다(박종갑 1986). 응답자의 존재를 전제하지 않는다고 본 것이다. 이러한 의문형 종결 어미들이 담화 상황에서 쓰인다면 의문형 종결 어미 '-(으)ㄹ까'로 종결된 문장은 주어진 사태에 대한 화자의 판단이나 의향이 불확정적임을 나타낸다. 의문형 종결 어미 '-(으)ㄴ가, -나'는 사실적인 정보에 대한 화자의 견해나 인식을 토대로 인식 내용을 물음의 형식으로 발화하는 것이기에 이 역시 사실적인 정보에 대한 화자의 불확실한 인식을 나타낸다. '-(으)려나'도 마찬가지로 미래 사태에 대한 화자의 불확실한 인식을 나타낸다. 의문형 종결 어미가 이끄는 절의 의미와 의문형 종결 어미가 이끄는 절에 '보다'가 결합하였을 때의 의미를 비교해보자. '-(으)ㄹ까'가 이끄는 절의 화자의 불확정된 [의향]이 '-(으)ㄹ까 보-[1]' 구성에서 [의지], [의도]의 표현이 되고, '-(으)ㄴ가, -나, -(으)려나'가 이끄는 절의 사실적인 정보에 대한 불확실한 [의문]이 '-(으)ㄴ가 보-, -나 보-, -(으)려나 보-' 구성에서 개연성에 관한 [추측]의 표현이 된다. 불확정된 의향이 의도의 표현이 되고, 사실적인 정보에 대한 불확실한 의문이 개연성 추측이 되기 위해서는 '보다'의 선행 사태에 대한 화자의 인식에 확신이 실려야 한다. 이 확신을 실어주는 것은 '보다'의 기능이 담당하는 것이다.

다시 말해, 의문형 종결 어미와 쓰이는 '보다'의 기능은 선행 사태에 대한 화자의 의문이나 의향 등, 화자의 주어진 사태에 대한 인식에 대한 '인식에 대한 확신성',[17] '인식에 대해 확신하는 정도 증가'로 볼 수 있을

---

17 화자가 명제 내용인 사태에 대해 가지는 확신의 정도 중 '확실성 추측'은 확신도가 가장 높은 것이고, '개연성 추측'은 확신도의 면에서 중간급이며, '가능성 추측'은 확신도의 면에서 가장 낮은 등급이다(안주호 2004). 본문에서 말하는 '확신성'이란 '확신의 정도'와 유사한 의미로 쓰인 것이다.

것이다. 다만 이 '확신성'을 더하는 '보다'는 선행 사태에 대한 인식의 근
거가 객관적인 것인가, 화자 내면에 의한 주관적인 것인가에 따라 객관
적인 확신성을 더하느냐 주관적인 확신성을 더하느냐가 달라진다.[18] '보
다'는 '-(으)ㄴ가, -나, -(으)려나'와 결합하여 쓰였을 때는, 객관적인 상
황을 근거로 화자의 의문 내용에 확신하는 정도를 더하므로 객관적인
표현이 될 것이고, '-(으)ㄹ까'와 결합하여 쓰였을 때는, 화자 내면의 심
리적 변화 등에 의해 화자의 불확정적인 의향의 내용에 확신하는 정도를
더하여 주관적인 표현이 될 것이다.[19] 본용언 '보다'의 의미와의 유연성
을 생각해 보았을 때도, 시각적으로 보고 그것을 근거로 판단하는 의미
에서, '확신성', '확신하는 정도'의 의미를 생각해 볼 수 있을 것이다. 화
자에게 주어진 사태에 대한 화자의 의문 혹은 의향 등 화자가 화자 자신
에게 주어진 사태에 대한 인식의 의미는 의문형 종결 어미 자체의 기능
이 분담하는 것이고, 그 인식에 대한 확신하는 정도를 증가해주는 의미
를 분담하는 것은 '보다'의 기능으로 본 것이다.

　다만, 연결형 '-(으)ㄹ까 보-²' 구성에 쓰이는 '보다'의 의미는 달리 보
아야 할 것으로 보인다. 앞 절에서는 '-(으)ㄹ까 보-²' 구성의 기능을 [가
능성 추측]으로 보았다. '-(으)ㄹ까 보-²' 구문 내에서 '-(으)ㄹ까'가 이끄
는 절은 아직 일어나지 않았으나 주어의 인식 속에서 미래에 일어날 수
있는, 가벼운 가능성을 지닌 사태를 나타낸다. 이때 '-(으)ㄹ까 보-²'의

18　안주호(2004: 19-21)에서는 '싶다' 보다 '보다' 구문이 객관적인 사실에 근거한 추측
　　을 나타내는 상황에서 더 자연스럽다고 보았다.

19　강영리(2016: 75)에서는 '보다'가 본래 지각적 행위를 나타내다 '판단'이라는 의미를
　　가지게 된 것인데, 이는 어디까지나 '지각 행위'에서 확장된 의미이며 '고민', '생각'과
　　같은 사유 동사적인 의미까지는 확장되지 못했을 것으로 보고 있다. 따라서 '-(으)ㄹ
　　까 보다' 구문은 의향에 대해 생각하고 고민하는 과정을 나타내는 기능이 아닌, '미래
　　에 어떤 행위를 취할 의향이 있다'라는 선언을 하는 기능을 가진다고 하였다.

'보-'는 주어진 사태에 대한 인식에 대한 '인식에 대한 확신성'이 아닌, 앞말대로 될 것으로 가볍게 '추측'하는 의미를 더하는 것에 가까워 보인다. 근거의 연결 어미 '-아/어'가 함께 쓰여 후행절에 선행절의 추측에 대한 결과적 행위가 등장하여, 미래에 벌어질 사태를 위해 어떠한 행위를 함이 나타나 [추측]은 물론 [기대], [염려]의 의미로도 해석될 수 있다.[20] '-(으)ㄹ까 보-[2]'의 '보다'는 화자 이외의 다른 주어를 상정할 수 있고, 선행 사태는 '보다'의 주체인 주어의 판단과 관련되기 때문에 '-(으)ㄹ까 보-[1]', '-(으)ㄴ가 보-', '-나 보-', '-(으)려나 보-' 구성의 '보다'와 달리 화자 중심이 아닌 주어 중심의 의미로 사용된다.

김지은(1998: 27)에서는 양태의 하위범주로 화자 중심 양태와 주어 중심 양태를 설정하였다. 화자 중심 양태를 나타내는 화자 중심 양태 용언은 명제의 가능성, 개연성, 확실성 등에 대한 화자의 심리적인 태도나 명제 실현에 대한 화자의 희망, 바람, 유감, 의도 등을 표현하는 양태 용언이고, 주어 중심 양태 용언은 선행용언이 가리키는 행위나 상태와 관련하여 주어가 가지고 있는 의도, 바람, 능력, 의무 등의 조건이나 상태에 대한 화자의 판단을 나타내는 양태 용언이다(김지은 1998). 김지은(1998)의 '양태 용언'[21] 개념에 기대어, 의문형 종결 어미와 결합하여 쓰이는 '보다'의 기능을 화자 중심 양태와 주어 중심 양태의 쓰임으로 나누어 살펴보고자 한다.[22] 화자의 인식에 대해 확신성을 더하는 '-(으)ㄹ까 보-[1]', '-(으)ㄴ가

---

20 물론 앞서 언급하였듯이, 미래의 사태를 위해 행위를 하여 대비(對備)하는 [염려]의 의미로 더 자연스럽게 해석된다.

21 '양태 용언'이란, 독립된 용언의 형태를 갖추고 있으면서 일정한 형식 안에서는 그 어휘적 의미로 해석되지 않고 양태라는 특정한 범주를 나타내는 기능만을 담당하는 일련의 어휘형태들이다(김지은 1998). 이들은 기존에 보조 용언으로 다루어진 것들의 목록이나, 보조 용언이 갖고 있다고 제시되어 왔던 형태·통사적 특성을 기준으로 할 때는 일부만이 기존의 보조 용언에 포함된다고 하였다.

보-, -나 보-', '-(으)려나 보-' 구성의 '보다'는 화자가 인식하는 사실적인 정보 혹은 화자 자신의 의향과 관련되므로, '화자 중심 양태'를 표현하는 것으로 보인다. 다만, '-(으)ㄹ까 보-²'의 '보다'는 본용언이 가리키는 사태에 대한 주어의 추측이나 염려, 기대 등에 대한 화자의 판단을 나타내므로 '주어 중심 양태'를 표현하는 것으로 보인다.

여기에서 살펴본 '의문형 종결 어미+보다' 구성의 '보다'의 기능을 정리해 보면 〈표 2〉과 같다.

〈표 2〉 의문형 종결 어미와 쓰이는 '보다'의 기능

'의문형 종결 어미+보다' 구성	'보다'의 기능		화자 중심 양태/ 주어 중심 양태
'-(으)ㄴ가 보-', '-나 보-' '-(으)려나 보-'	인식에 대한 확신성, 인식에 대해 확신하는 정도 증가	객관적인 확신성	화자 중심 양태
'-(으)ㄹ까 보-¹'		주관적인 확신성	
'-(으)ㄹ까 보-²'	추측		주어 중심 양태

이렇게 '보다'의 기능을 생각해 본다면, 물론 더 자세한 검토가 필요할 것이나, '보다'에 선행하는 의문형 종결 어미가 '-(으)ㄴ가, -(으)ㄹ까, -나, -(으)려나'로 국한되는 것에 대해서도 연역적으로 생각해 볼 수 있을 것이다. 화자의 '인식에 대한 확신성', '인식에 대해 확신하는 정도 증가'의 의미를 더하는 보조 용언의 의미적 도움을 받기 위해서는 화자의 불확실한 인식을 의미하는 본용언이 보조 용언에 선행되어야 한다. 화자 자신의 불확실한 인식은 평서형 어미가 아닌 의문형 어미와 쓰여야 인식에 대한 불확실성이 잘 드러날 것이다. 또, '화자 자신'의 불확실한 인식

---

22 김지은(1998)의 논의에서는 '-(으)ㄴ가, -나' 형태와 결합하여 쓰이는 '보다'는 화자 중심 양태를 나타내는 것으로, '-어/아 보다' 구성의 '보다'는 주어 중심의 양태를 나타내는 것으로 보았다.

에 대한 것이므로, 혼잣말 종결 어미로도 쓰일 수 있는 의문형 종결 어미가 쓰여야 하지 않을까 한다.[23] 질문법의 혼잣말 종결 어미 중, '보다'에 후행할 수 있으려면 선행절이 미정(未定)의 의문 대명사를 포함하는 설명 의문문 형식이어서는 안 되고, 수사 의문문의 형식이어서도 안 된다. 설명 의문문의 경우, '보다'가 후행하면 선행 문장의 미정(未定)의 의문 대명사가 부정(不定)의 의문 대명사로 바뀌게 되고, 수사 의문문은 화자의 강한 긍정적 진술을 내포하여 물음의 형식이나 이미 말하고자 하는 바가 종결된 문장인데 이에 '보다'와 같이 화자의 인식에 확신하는 정도를 더하는 보조 용언이 붙으면 어색해지기 때문이다. 따라서 주로 설명 의문문이나 수사 의문문의 종결 어미로 쓰이는 '-(으)ㄴ고, -(으)ㄴ다, -남, -담, -더라' 등은 '보다'에 선행하는 의문형 종결 어미로 쓰이지 못하는 것이고, 앞서 언급하였듯이 '-(으)ㄴ가, -나, -(으)려나'는 화자의 의문, '-(으)ㄹ까'는 화자의 불확정적인 의향을 나타내기에 '보다'에 선행하는 의문형 종결 어미로 쓰일 수 있는 것이 아닐까 한다. 물론, 설명 의문문과 수사 의문문으로 쓰이는 '-(으)ㄴ가, -나, -(으)ㄹ까'는 '보다'에 선행하지 못한다.

---

23 전후민(2015: 14)에 따르면, 혼잣말 종결 어미를 문장종결법에 따라 분류하면 다음과 같다.

서술법	질문법
-구나, -군, -ㄴ걸, -다니까, -네, -다니, -더니, -더라니, -ㄹ걸, -로고, -리, -리오, -아라, -아야지	-ㄴ가, -ㄴ고, -ㄴ다, -나, -남, -담, -더라, -ㄹ까, -려나

혼잣말 종결 어미는 문장종결법에 따라 크게 서술법 어미(감탄법 어미 포함)와 질문법 어미로 나눌 수 있고, 명령법 어미와 청유법 어미는 청자에게 특정한 행동을 요구하기 때문에 혼잣말 종결 어미 중에는 명령법 어미와 청유법 어미가 존재하기 어렵다고 하였다(전후민 2015: 14).

4. '의문형 종결 어미+보다' 구문의 통사적 특징

앞에서는 '의문형 종결 어미+보다' 구성의 기능에 대해 살펴보았다. 이 절에서는 '의문형 종결 어미+보다' 구성의 통사적 특징에 대해 살펴보려고 한다. '-(으)ㄹ까 보-[1]'과 '-(으)ㄴ가 보-', '-나 보-', '-(으)려나 보-'는 화자 중심의 양태를, '-(으)ㄹ까 보-[2]'는 주어 중심의 양태를 나타낸다. 외부의 대상에 대한 화자의 인식을 표현하는 것인지, 화자 내면의 인식에 대한 화자의 인식을 표현하는 것인지에 따라 같은 화자 중심의 양태를 표현하더라도 그 통사적 특징이 달라진다. 각 구성의 통사적 특징을 살펴보고, 각 구성 간 통사적 특징의 차이가 나타나는 이유에 관해서도 살펴보려고 한다.

4.1. '-(으)ㄹ까 보-' 구문의 통사적 특징

4.1.1. '-(으)ㄹ까 보-[1]' 구문의 통사적 특징

(14) 가. 이 녀석 말을 안 들으니, (내가) 때려 줄까 보다. (호광수 1999: 25)
　　　나. (내가) 확 그냥 담배공장에 불을 질러 버릴까 보다. (강영리 2016: 76)
　　　다. *그녀는 그에게 크리스마스 선물을 안 줄까 보다.

종결형으로 쓰이는 '-(으)ㄹ까 보-[1]' 구성은 선행 명제에 대한 화자의 [의도], [의지]를 나타내는 구문으로, 화자 중심의 양태를 나타낸다. 행위에 대한 의도 표현이기에, 선행 용언으로는 동사만 올 수 있다. 선행 명제에 대한 '화자'의 의도를 표현하는 것이므로 1인칭 화자 이외의 요소가 주어 논항으로 올 수 없다(14다). 주어 논항의 자리에 화자도 오지 않는 것이 더 자연스럽다. 화자 자신의 의도에 대해 주관적인 확신성을 가지고 발화하는 표현으로, 발화하는 자신을 다시 주어로 알려 줄 필요는 없기 때문이 아닐까 싶다.

(14′) 가. 이 녀석 말을 안 들으니, 때려 줄까 {보다/봐/봐요/봅니다/*보네
/*보구나/*보군/*보더라}.

나. 확 그냥 담배공장에 불을 질러 버릴까 {*보아서/*보면/*보는데
/*보게}.

다. *그에게 크리스마스 선물을 안 줄까 보{았/겠/셨}다.

'-(으)ㄹ까 보-¹'은 종결 어미에 대한 제약이 있다. '-다, -아, -아요,
-(으)ㅂ니다' 등의 종결 어미만 후행할 수 있다. '-(으)ㄹ까 보-¹' 구성은
선행 명제에 대한 화자의 의도를 표현하는 것이기 때문에, 화자가 제3자
의 입장에서 외부의 대상에 대해 인식을 표현하는 '-네, -구나, -군,
-더라' 등 새로운 정보를 알게 될 때 쓸 수 있는 종결 어미를 쓸 수 없다
(14′가). 이미 화자 내면에서 의도를 인식하고 발화한 것이므로 이는 화자
에게 새로운 정보가 아니다.

이외에도, '보다'에는 연결 어미가 후행할 수 없으며(14′나), 시제 선어
말 어미와 결합하여 쓰일 수 없다(14′다). '-(으)ㄹ까 보-¹'의 경우 발화
시점의 화자 의도를 표현하는 것이고 화자가 의도를 가지게 된 시점이
발화시보다 앞서거나 늦을 수 없다. 따라서 본용언의 어간에 시제를 나
타내는 선어말 어미가 후행할 수 없는 것으로 보인다. 높임을 나타내는
선어말 어미 또한 쓰일 수 없다. 화자가 자신의 의도를 표현하는 것이기
때문에 화자가 자기 자신을 높일 수는 없기 때문이다.

이 외에도, 본용언과 '보다' 사이에 일반적인 보조사를 포함하여 보조
사 '서'와 일반적인 어휘 요소가 개재되기 어렵고, 본용언과 '보다'가 분
리된 위치에 나타날 수 없다.

4.1.2. '-(으)ㄹ까 보-²' 구성의 통사적 특징

연결형으로 쓰이는 '-(으)ㄹ까 보-²' 구성은 '-(으)ㄹ까 보-¹' 구성과 달리, 선행 사태에 대한 '보다' 주어의 추측이나 염려, 기대 등 화자의 판단을 나타내어, 주어 중심의 의미를 나타낸다. '-(으)ㄹ까 보-²' 구성의 본용언과 보조 용언 모두 주어의 인칭에 제약이 없고, 보조 용언의 주어로 화자 이외의 요소가 올 수 있다. 다만, '보다'의 주어는 [+인성(Human)] 또는 적어도 [+유정성(Animate)]의 자질을 가진 것이어야 한다.[24] 적어도 [+유정성(Animate)]의 자질을 가지지 않는 것이 주어로 오면 비문이 된다. '추측'을 하고 추측을 한 결과적 '행위'가 후행절에서 나타나야 하므로, 이는 당연한 현상이다. 본용언으로는 동사, 형용사, 서술격 조사 모두 올 수 있다.

(15) 가. 제작진은 이 장면 때문에 기껏 애써 만든 광고가 방송에 나가지 못할까 봐 노심초사했단다.
나. 할머니께서는 할아버지께서 피곤하실까 봐 미리 이부자리를 펴 두셨다.
다. 나는 그가 먼저 도착했을까 봐 걱정이었다.

(15)을 보면 본용언의 어간에 시제나 높임을 나타내는 선어말 어미가 모두 결합할 수 있다. 이 구성은 선행 사태에 대한 인식의 주체가 '보다'의 주어임에도 '보다'에는 시제나 높임의 선어말 어미가 결합할 수 없는데, 이는 '-(으)ㄹ까 봐(서)' 구성이 형태적으로 굳어져, 문법화를 겪고 있는 단계에 놓여 있어 이 형태 외로는 쓰이지 않는 것으로 보인다. 이러한 이유로 이 구문의 '보다'에는 '-아/어, -아서/어서' 이외의 연결 어미는

---

24 이는 김지은(1998: 78)에서 제시한, 주어 중심 양태 용언의 통사적 특성 중 하나이다.

결합할 수 없다.

'-(으)ㄹ까 봐'는 하나의 형태로 굳어져 종속 연결 어미와 유사한 기능을 하는데, '-(으)ㄹ까 봐'는 종결 어미의 기능으로도 쓰이는 듯하다.

> (16) 가. a: 왜 집에 빨리 가려 하니?
> b: 피곤할까 봐.
> 나. a: 왜 이렇게 노심초사해?
> b: 기껏 애써 만든 광고가 방송에 나가지 못할까 봐.

(16)처럼 후행절 부분이 삭제되더라도 정보 교류에 문제가 없는 담화 상황이면 b만으로도 발화할 수 있다. 김태엽(2001: 99)에서는 종속 연결 어미의 종결 어미화하는 과정을 '후행절의 삭제, 끊어짐의 수행~억양 얹힘, 문장 종결 기능 획득'의 단계로 제시하였다. 후행절이 삭제되고 끊어짐의 수행~억양이 얹힘으로써 문장을 끝맺는 기능을 획득하여 마침법을 실현하게 된다고 하였는데, 종속 연결 어미와 유사한 기능을 하는 '-(으)ㄹ까 봐'가 종결 어미의 기능으로도 쓰이는 듯한 현상도 이러한 과정으로 설명할 수 있지 않을까 한다.

이 외에도, 본용언과 '보다' 사이에 일반적인 보조사를 포함하여 보조사 '서'와 일반적인 어휘 요소가 개재되기 어렵고, 본용언과 '보다'가 분리된 위치에 나타날 수 없다.

4.2. '-(으)ㄴ가 보-, -나 보-, -(으)려나 보-' 구문의 통사적 특징

'-(으)ㄴ가 보-', '-나 보-' 구성은 과거와 현재의 사태에 대한 화자의 [개연성 추측]을 나타내며, 화자 중심의 양태를 나타낸다. '-(으)려나 보-' 구성은 미래 사태에 대한 화자의 [개연성 추측]을 나타내며, 화자 중

심의 양태를 나타낸다. 세 구성의 통사적 특징을 살펴보면 유사한 부분
을 많이 찾아볼 수 있다.

> (17) 가. 술이 너무 과해서 기억이 없으신가 보군요. 〈소설수필〉
>   나. 새로운 경비 아저씨인가 보다, 왜 정복을 안 입으셨을까 했는데.
>   〈일상대화〉
> (18) 가. 소란한 주위 환경 때문에 벨소리를 듣지 못했었나 보다. 〈잡지〉
>   나. 미치면 비상한 에너지가 생기나 봐요. 〈소설수필〉
>   다. 눈은 사람을 한층 깊이 잠재워 주나 보다. (호광수 1999: 41)
> (19) 가. 이제는 정말 여름이 되려나 봅니다. 〈수기전기〉
>   나. 먹구름이 끼는 걸 보니, 비가 오려나 보다. (호광수 1999: 44)

(17)은 '-(으)ㄴ가 보-' 구성, (18)은 '-나 보-' 구성, (19)는 '-(으)려나
보-' 구성의 예문이다. 세 구성 모두, 보조 용언 '보다'의 주어로는 화자
를 포함한 모든 주어가 문장 표면에 드러날 수 없으며, 본용언의 주어에
는 인칭 제약이 없다. 또, (17), (18)의 예문들에서도 살펴볼 수 있듯이
'-(으)ㄴ가 보', '-나 보-' 구성은 본용언의 어간에 시제와 높임의 선어말
어미가 모두 결합할 수 있지만, '-(으)려나 보-' 구성은 이미 구성 자체
가 미래 사태를 추측하는 의미를 나타내므로 본용언의 어간에 높임의
선어말 어미만 결합할 수 있고 시제의 선어말 어미는 결합할 수 없다.
세 구성 모두 '보다'에 과거 회상의 선어말 어미 '-더-'를 제외하고 시제
나 높임을 나타내는 선어말 어미가 올 수 없다.

'-(으)ㄴ가 보-' 구성의 본용언으로는 동사, 형용사, 서술격 조사 등이
쓰일 수 있다. '-나 보-' 구성의 본용언으로는 동사나 형용사가 오는 것
이 자연스러우며, 서술격 조사는 부자연스럽다(*그는 학생이나 봐). '-(으)
려나 보-' 구성의 본용언으로는 동사, 형용사가 오는 것이 자연스러우

며, 이 구성 또한 본용언으로 서술격 조사가 오는 것이 부자연스럽다(*그가 당선인이려나 봐).

> (20) 가. 저 사람은 그동안 외국 생활에 길들여져서 그러는가 {보다/봐/보네/보구나/보군/보더라/본데}.
>
> 　나. (당신은) 술이 너무 과해서 기억이 없으신가 {보군요/봅니다/봐요/보네요/본데요}.
>
> 　다. 내가 발령되려나 {보다/봐/보네/보구나/보군/보더라/본데}.
>
> 　라. 지금 세현이가 잠을 잘못 자서 멍한 상탠가 {봐/보다/보네/보구나/보군/보더라/본데}.

'-(으)ㄴ가 보-', '-나 보-' 구성은 '-(으)ㄹ까 보-[1]'보다 다양한 종결 어미가 결합할 수 있다(20). '-(으)ㄴ가 보-, -나 보-, -려나 보-'는 사실적인 정보에 대한 추측을 의미하여, 객관적인 사실에 대한 화자의 인식을 드러내는 표현이므로 인식의 대상이 화자 외부의 사실적인 정보이다. 따라서, 화자는 제3자의 입장에서 외부의 대상에 대해 인식을 표현하는 것이므로 '-네, -구나, -군, -(으)ㄴ데, -더라' 등 새로운 정보를 알게 될 때 쓸 수 있는 종결 어미를 쓸 수 있다. 물론, 화자 외부의 정보가 아니더라도, 화자 자신을 객관적으로 살피거나, 아직 일어나지 않은 것에 대한 인식도 '-(으)ㄴ가 보-, -나 보-, -(으)려나 보-' 구성으로 표현할 수 있고, 이 또한 자신에 대하여 객관적으로 살피는 것이므로 '-네, -구나, -군, -(으)ㄴ데, -더라' 등 새로운 정보를 알게 될 때 쓸 수 있는 종결 어미를 쓸 수 있다(20다). 이 외에도, 본용언과 '보다' 사이에 일반적인 보조사를 포함하여 보조사 '서'와 일반적인 어휘 요소가 개재되기 어렵고, 본용언과 '보다'가 분리된 위치에 나타날 수 없다.

　이상에서는 '의문형 종결 어미+보다' 구성의 통사적 특징에 대해 살펴보았다. '의문형 종결 어미+보다' 구성의 통사적 특징은 2절에서 논의했듯이 보조 용언의 특징과 거의 부합하나, 본용언과 보조 용언의 선행 어미로 의문형 종결 어미가 쓰이고, 종결형, 연결형으로 나뉘어 형태가 고정된 채로 사용되며 시제와 높임의 선어말 어미가 보조 용언 '보다'에 결합하지 못하는 등 다른 보조 용언 구성들과 다른 특징도 가지고 있다. 이러한 특성을 보면, 이미 '-(으)ㄹ까 보-, -(으)ㄴ가 보-, -나 보-' 구성과 '-(으)ㄹ까 봐(서)' 구성으로 굳어져 가는 과정에 놓여져 있는 것으로 볼 수 있지 않을까 한다.

(21) 가. 그를 내버려 두-+-(으)ㄹ까 보-+-다.
　　 나. 그는 밥을 이미 먹-+-었-+-는가 보-+다.
　　 다. 그는 [내가 아프-+-(으)ㄹ까 봐] 죽을 사 왔다.

(21)에서 볼 수 있듯이 종결형, 연결형으로 나뉘어 형태가 고정된 채로 사용되며 시제와 높임의 선어말 어미가 보조 용언 '보다'에 결합하지 못하는 '의문형 종결 어미+보다' 구성의 통사적 특징은, 보조 용언 구성 '의문형 종결 어미+보다'가 굳어져 한 구성 자체가 형식적인 측면에서 선행하는 절에 결합하는 선어말 어미와 같은 기능을 하는 구성들로 문법화되어 가는 단계에 놓여 있기 때문에 나타나는 특징으로 보인다. 박재연(1999), 변정민(2008) 등의 논의에서 '되게 목이 마른갑다. 철수가 갔는갑다.' 등의 '-(으)ㄴ가 보-'의 융합 형태의 방언형인 '-(으)ㄴ갑-'을 제시하였다. 고광모(2015)의 논의에서도 전라와 경상 방언의 '-은갑-', 충청과 전라 방언의 '-은가비여, -은가벼, -은가베'와 같은 융합 형태의 방언형을 제시하였는데, 이러한 방언형들 역시 '의문형 종결 어미+보다' 구성의 문법화 양상을 보여 주는 예시들이다.

5. 나가기

이 장에서는 '의문형 종결 어미+보다' 구성의 범주와 '의문형 종결 어미+보다' 구성의 '보다'의 기능과 통사적 특징에 대해 살펴보았다. '의문형 종결 어미+보다' 구성 중 '-(으)ㄴ가 보-', '-나 보-' 구성은 과거나 현재 사태에 대한 [개연성 추측], '-(으)려나 보-' 구성은 미래 사태에 대한 [개연성 추측], 종결형 '-(으)ㄹ까 보-' 구성은 [의도], [의지], [충동적 의도], 연결형 '-(으)ㄹ까 보-' 구성은 [가능성 추측]의 기능을 한다고 보았다. 이들은 보조 용언 구성이나, 형태적으로 굳어져 문법화되어 가는 단계에 놓여 있다는 것 또한 살펴보았다. 또, '-(으)ㄴ가 보-', '-나 보-', '-(으)려나 보-', 종결형 '-(으)ㄹ까 보-' 구성의 '보다'는 인식에 대한 확신성, 확신하는 정도를 증가시키는 기능을 하며 화자 중심의 양태를 나타내고 연결형 '-(으)ㄹ까 보-' 구성의 '보다'는 선행 사태대로 될 것이라 가볍게 추측하는 기능을 하며 주어 중심의 양태를 나타내는 것을 살펴보았다. '-(으)ㄴ가 보-', '-나 보-', '-(으)려나 보-' 구성에 결합하는 '보다'는 객관적인 확신성을 더해주고, 종결형 '-(으)ㄹ까 보-' 구성에 결합하는 '보다'는 주관적인 확신성을 더해주는 것도 살펴보았다.

보조 용언 구성인 '의문형 종결 어미+보다' 구성은, 의문형 종결 어미가 선행 어미의 역할을 하는, 여타 보조 용언 구성과 다른 형태의 보조 용언 구성이고 다른 보조 용언 구성과 달리 의문형 종결 어미를 구성에 포함하고 있기에 인용 구문과 혼동될 여지가 있는 구성이다. 하지만, 모든 '의문형 종결 어미+보다' 구성은 각 구성의 의문형 종결 어미들이 이끄는 절이 의미하는 바를 그대로 유지하지 않고 각 구성의 의문형 종결 어미와 '보다'가 의미적으로 긴밀하게 연결되어, 의문형 종결 어미가 이끄는 절이 인용 구문의 내포문으로 쓰일 때와는 다른 기능을 나타낸다.

화자에게 주어진 사태에 대한 화자의 의문 혹은 의향, 판단 등 화자가 인식하는 내용의 의미는 의문형 종결 어미 자체의 의미가 분담하는 것이고, 그 인식에 대한 확신하는 정도를 증가해 주는 의미를 분담하는 것은 '보다'의 기능이다. 여타 인용 구문에서 의문형 종결 어미가 기능하듯이 문장을 종결하는 기능만을 하지는 않는 것이다.

김선혜(2019)는 보조 용언에 선행하는 선행 어미를 기준으로 보조 용언의 외연을 정리하였다.[25] 제1부에서 논의하였듯이, 선행 어미를 어디까지 인정하느냐에 따라 보조 용언 구성의 범위가 달라질 수 있다. '의문형 종결 어미+보다' 구성이 '의문형 종결 어미+싶다' 구성보다 보조 용언 구성에 더 가깝다는 것을 살펴본 후, 보조 용언 구성의 선행 어미로 잘 논의되지 않았던 '-(으)ㄴ가, -나, -(으)려나, -(으)ㄹ까' 등과 같은 어미들도 그 자체의 기능을 유지하면서도 다른 문법적 기능도 담당하게 될 수 있는 가능성을 살펴볼 수 있었다.[26] 또, 의문형 종결 어미에 결합하는 동사가 어휘적인 의미를 거의 잃고 용언의 활용 양상도 보이지 않을 경우, 인용 동사나 사유 동사가 아닌 보조 용언으로 볼 수 있는 가능성 또한 살펴볼 수 있었다.

---

25 선행 어미에 따른 보조 용언의 외연 (김선혜, 2019: 506-507).

    (ㄱ) 연결 어미 '-어', '-고'에 후행하는 요소로 한정.

    (ㄴ) '-어', '-고' 뿐만 아니라 '-게', '-지', '-려고' 등과 같은 연결 어미에 후행하는 예들을 포함.

    (ㄷ) 연결 어미뿐만 아니라 '(-ㄴ가) 보-', '(-ㄹ까) 싶-'과 같이 종결 어미 뒤에 후행하는 예들을 포함.

    (ㄹ) 연결 어미뿐만 아니라 '듯싶-', '만하-', '척하-'와 같이 전성 어미에 후행하는 이른바 '보조형용사'를 포함.

26 최현배(1937), 김석득(1992), 류시종(1996), 고영근·구본관(2008/2018)에서 의문형 종결 어미를 보조 용언 구성의 범위 안에 포함하여 다루고 있으나, 이 외 다수의 논의에서는 의문형 종결 어미를 보조 용언의 선행 어미로 인정하고 있지 않다.

'의문형 종결 어미+보다' 구성에 쓰이는 의문형 종결 어미를 보조 용언 구성의 선행 어미의 범위로 인정하더라도, 해당 어미들과 결합하여 보조 용언 구성으로 쓰이는 것은 논의마다 다를 것이다. '의문형 종결 어미+보다' 구성이 '의문형 종결 어미+싶다' 구성보다 보조 용언 구성에 더 가깝다고 보았을 때, '의문형 종결 어미+싶다' 구성의 경우가 그러하다. '의문형 종결 어미+보다' 구성의 기능과 통사적 특징을 의문형 종결 어미와 쓰이는 다른 구성들과 비교하여, 같은 의문형 종결 어미를 선행 어미로 두더라도 어떠한 기능이나 통사적 특징을 가질 때 보조 용언 구성의 범위에 포함할 수 있는가에 대해서도 더 생각해 볼 수 있을 것이다.

8장

'-아/어지다'의 범주와 기능에 대한 고찰*

1. 들어가기

그간 '-아/어지다'에 대한 연구는 '-아/어지다'를 형태적 단위(접사)로 간주해야 하는지 통사적 단위(보조 용언 구성)로 간주해야 하는지의 범주적 문제와, '-아/어지다'의 문법적 기능이 무엇이며 그 기능이 어떤 문법 범주에 속하는 것인지의 문법적 기능 문제, '-이/히/리/기-' 등의 접미사에 의한 피동과 '-아/어지다'에 의한 피동이 어떻게 다른가 등에 대한 문제, '-아/어지다' 구성의 기원이 되는 '지다(디다)'의 의미와 관련한 문제 등으로 다루어져 왔다. 특히 보조 용언 '지다'의 경우 현대 국어에서는 본용언과 보조 용언 사이에 뚜렷한 의미적 관련성을 찾기 어렵고, 결합하는 선행 용언에 따라서 그 기능과 의미가 달라진다는 점에서 여러 주장이 있어 왔다. 또, 비교적 문법화가 많이 진행된 구성이라는 점에서 그 범주적 성격에 대한 논의도 계속하여 이어지고 있다. 이 글에서는 이러한 '-아/어지다'의 범주와 기능에 대하여 말뭉치 자료를 통하여 살펴

---

* 이 글은 2018년 상반기 형태론 집담회(2018.2.23. 서강대학교)에서 "'-어지다'의 담화·화용적 기능에 대하여'라는 제목으로 발표한 내용을 깁고 고친 것이다. 특히 2절과 3절의 내용은 이 책의 1부의 내용을 토대로 하여 새로이 작성한 것임을 밝힌다.

보고, '-아/어지다'의 문법적 기능뿐만 아니라 담화·화용적 기능에 대해서도 제시하고자 한다.

'-아/어지다'는 그 성격이 비교적 접사와 유사하다는 점에서 정서법상 붙여 쓰는 단위가 된 것으로 보인다. 특히 'V-아/어지다'류 합성 동사들이 사전에도 많이 등재되어 있는 것(유방 2018) 또한 '-아/어지다'가 접사의 성격을 가지고 있음을 드러내는 간접적인 근거라고 할 수 있다.[1] 그러나 '-아/어지다'는 전형적인 접사와는 달리 결합하는 용언의 분포가 넓고, 보조사의 개입이 가능하다. 이렇게 접사적 성격과 보조 용언적 성격을 모두 보이는 단위에 대해서는 일정한 기준에 따라 범주를 구분해 보는 작업이 필요하다. 따라서 이 글에서는 1부에서 제시한 보조 용언의 판별 기준에 따라 '-아/어지다'의 범주를 제시할 것이다.

또한, 어떤 표현 또는 형식이 어떠한 기능을 수행하는가는 언어 사용자가 왜 그 표현을 사용하였는가와 밀접한 관련이 있다. 특히, 동일한 명제적 의미를 전달하는 여러 가지 표현이 있는 경우에 그중 특정한 표현(특히 유표적인 표현)을 선택하여 사용하는 경우에는 그 표현에 특정한 기능이 있다고 보는 것이 자연스럽다. 따라서 언어 사용자가 왜 그 표현을 선택하여 사용하였는가, 왜 이 담화에서는[2] 다른 표현이 가능함에도

---

1 그런데, 유방(2018)에서도 언급된 것처럼 그 등재 기준에는 일관성이 없다. 또한, 선행 용언과 '-아/어지다'의 의미가 단순히 합성된 것, 즉 의미적 합성성이 있는 단위에 대해서도 등재하는 경우가 있어 사전에 등재되었다고 모두 합성 동사라고는 볼 수 없다. 그러나 사전에서 그러한 단위도 등재하고 있는 것은 어느 정도 '-아/어지다'에 대하여 접사적 성격을 인정하였기 때문이 아닌가 싶다.

2 '담화(discourse)'에 대한 정의는 '한 문장 이상의 단위'로 간주되는 형식적 정의와 '사용되고 있는 언어'로 간주되는 기능적 정의가 있다. 이 글에서는 문장들 사이의 의미적 관계를 가지는 언어 사용(language in use)과 관련된 개념으로 받아들이고자 한다. 즉, 담화를 각 문장들 사이의 유기성·결속성이 인정되는 한 문장 이상의 단위로 이해하는 것이다. 이는 기존의 연구들에서 '텍스트(text)'로 논의되어 온 개념

이 표현을 사용하는가에 대한 논의에 대한 논의는 해당 표현의 문법성뿐만 아니라 '적절성(appropriateness)',[3] 즉 그 표현이 (화용적으로) 적절한가에 대한 논의가 필수적이다. 이는 최근 한국어 교육 등의 분야에서 주로 논의하는 '담화 (중심) 문법'과 관련이 있다.

이러한 관점에서, '-아/어지다'의 담화·화용적 기능을[4] 논의하는 것은 매우 중요하다고 할 수 있다. 피동 표현(피동문)은 일반적으로 그에 대응하는 능동 표현(능동문)이 존재하기 때문이다. 따라서 해당 담화에서 일반적으로 무표적인 표현으로 간주되는 능동 표현이 아닌 피동 표현을 사용하는 것은 특정한 이유에 따라 선택된 결과라고 보는 것이 자연스러우며, 여기에서도 이와 같은 입장을 취하고자 한다.

이 글의 구성은 다음과 같다. 먼저, 2절에서 '-아/어지다'의 분포를 제시하고, 분포에 따라 '-아/어지다'의 범주가 어떻게 같고 다른지 살펴본다. 특히, 1부에서 보조 용언의 정의와 범위에 대하여 논의하였는데 해당 내용을 따라 검증한다. 3절에서는 '-아/어지다'의 분포에 따라 어떠한 문법적 기능을 나타내는지 제시한다. 그리고 4절에서는 '-아/어지다'가 신문 담화, 학술 담화 등에서 보이는 담화·화용적 기능을 제시한다. 마지막으로 5절에서는 남은 문제에 대해서 논의하도록 하겠다.

과 유사하지만 윤현애(2011)에서 지적한 것처럼 텍스트가 일반적으로 문어 자료에만 해당하는 것으로 간주된다는 점에서 다르다.

3   여기에서 논의하는 '적절성'이란 적절한 상황에서 적절한 언어 표현을 사용하는 것으로, 어휘, 억양, 문법 표현 등의 사용이 해당 상황에서 적절하게 화자의 의도를 표현하였는가에 대한 것이다. 최근 기능 문법(function grammar)에서 한 표현이 사용되는 적절한 상황 또는 맥락을 고려하고자 하는 논의가 이루어져 왔는데, 이 글에서 또한 그러한 관점을 따라 논의를 진행하고자 한다.

4   여기에서 다루는 담화·화용적 기능이 무엇인가에 대해서는 4절에서 다루고 있다.

2. '-아/어지다'의 분포와 범주적 특성

여러 선행 연구에서 언급된 것처럼, '-아/어지다'는 그 분포에 따라 특성이 다르다. 선행 연구들에서는 주로 분포에 따른 기능에 대하여 논의한 바 있다. 그런데 분포에 따라 기능에 차이가 있다는 것은 분포에 따라 범주도 다를 수 있다는 것을 함축한다. 여기에서는 '-아/어지다'를 분포, 즉 선행 용언에 따라 나누어 그 범주적 성격을 알아보고자 한다. 이 글에서 따르는 보조 용언 구성의 판별 기준은 제1부의 내용을 따랐는데, 이에 접사와의 구분 기준을 추가하여 검토하고자 한다. 구체적 내용을 간단히 정리하면 다음과 같다.

먼저, 보조 용언 구성의 판별 기준은 다음과 같다.

〈표 1〉 보조 용언 구성 판별 기준(제1부 2장과 5장에서 제시됨)

보조 용언 구성 판별 기준	
의존성/ 비분리성	선행 어미 결합 제약이 있는가?
	본용언과 보조 용언 사이 다른 성분의 개입 불가한가?
	논항과 무관한가?
문법적 의미 기능	단독으로 대용형 대치가 불가능한가?
	단독으로 부사의 수식 범위나 부정 범위에 들 수 없는가?
	보조 용언 구성이 거듭해서 출현할 수 있는가?
통사적 핵 기능	시상 선어말 어미가 후행 용언에만 결합하는 것이 자연스러운가?
	주체 높임 선어말 어미 '-(으)시-'가 후행 용언에만 결합하는 것이 자연스러운가?
문법화	화용론적 추론이 일어났는가?
	언어 형태의 구조적 경계가 재분석되었는가?
	음성, 음운적 소실이 있는가?

〈표 1〉의 판별 기준은 일반적인 보조 용언 구성들이 만족하는 특성으로, 보조 용언 구성은 문법화의 산물이자 그 진행 과정에 있는 단위이므로 문법화의 정도에 따라 만족하는 특성의 개수에는 차이가 있다. '-아/어

지다'의 경우 접속 용언이나 합성 용언으로 판단되는 일이 거의 없으므
로 대체로 만족할 것으로 보이는데, 실제로 그러한지는 아래에서 검토한
다. 그리고 문법화와 관련된 판별 기준은 세부적으로 검토하지 않는다.
그 이유는, '-아/어지다'의 경우에는 이미 본용언으로부터 멀어진 문법
적 기능을 가진 것이 분명하고, 오히려 접사와의 비교가 주요 쟁점이므
로 해당 기준은 적절한 검토 기준이 아니기 때문이다.

　〈표 1〉의 문법화 기준보다 더 중요한 것은, 보조 용언 구성과 접사와
의 구분이다. 이 글에서는 보조 용언 구성과 접미사의 구분 기준을 두
가지 제시하고 이에 대해서도 검토해 보고자 한다. 첫째로, 접사는 결합
하는 용언의 수가 적고, 보조 용언 구성은 결합하는 용언의 수가 많다.
접사는 다른 단어(어근)에 붙어서 새로운 단어를 만드는 것이며 이러한
특성은 생산성(productivity)과 관련된다. 즉, 다양한 단어에 결합하는 경
우 생산성이 높고 소수의 단어에 결합하는 경우 생산성이 낮다. 그리고
접사는 대체로 보조 용언 구성에 비해 생산성이 낮은데, 보조 용언 구성
이 선행 용언에 대하여 갖는 제약이 대체로 품사 제약 또는 어휘상 제약
수준인 것에 비교하여 접사는 더 작은 단어 부류로 제약되기 때문이다.

　둘째로, 접사는 선행 용언의 논항 구조에[5] 영향을 줄 수 있고, 보조
용언 구성은 대체로 선행 용언의 논항 구조를 바꾸지 못한다. '-아/어
주다', '-게 하다' 등 일부 보조 용언 구성은 선행 용언의 논항 구조에
영향을 주는 것으로 논의되었다. 그런데, 제1부에서도 언급된 것처럼 '-게

5　여기에서 논의하는 논항 구조란, 구체적으로는 그 서술어가 요구하는 문법 관계와
　　의미 역할의 대응을 의미한다. 예를 들어, 동사 '먹다'의 경우 주어-행위주 논항과
　　목적어-대상 논항이 요구된다. 그런데 동사 '먹히다'의 경우에는 주어-대상, 부사어
　　(또는 사격어)-행위주 논항을 갖는다. 이와 같이 문법 관계(이른바 '문장 성분')와
　　의미 역할(이른바 '의미역')의 대응 관계가 달라지는 것을 논항 구조에 변화를 준 것
　　으로 본다.

하다'는 복문 구조를 형성하고 있으며 '-아/어 주다'는 '주다'의 본용언으로
서의 용법이 남아 있기 때문에 수혜주 논항을 추가하는 것을 허가하는
것으로 보인다. 한국어의 피동 접미사 또는 사동 접미사는 대표적인 파생
접사 중 하나인데 이들 접사는 선행 결합하는 용언의 논항 구조를 변화시키
는 것이다. 이렇게 논항 구조를 변화시키는 것이 보조 용언 구성보다 접사에
가까운 기능인 이유는, 논항 구조가 용언에 내재되어 있는 고유한 문법적
속성 중 하나이기 때문이다. 따라서, 이 글에서는 선행 용언의 논항 구조를
바꾸는 기능은 접사에 더 가까운 속성이라고 보아 판별 기준으로 삼는다.

이 밖에도, 보조사의 개입 가능성 등에서도 접사와 보조 용언 구성 사
이의 차이점이 나타난다. 그러나, 'N-하다' 용언의 경우 'N{는/도/만}
하다'와 같이 보조사의 결합이 가능하기도 하고, 보조 용언 구성 중에서
도 보조사의 개입이 불가능한 경우가 있어 이 글에서는 적극적으로 검토
하지는 않는다.

즉, 이 글에서는 아래와 같은 기준으로 '-아/어지다'의 범주를 판별한다.

<표 2> '-아/어지다'의 범주 판별 기준

보조 용언 구성의 판별 기준 및 접사와의 구분 기준	
의존성/비분리성	선행 어미 결합 제약이 있는가?
	본용언과 보조 용언 사이 다른 성분의 개입 불가한가?
	논항과 무관한가?
문법적 의미 기능	단독으로 대용형 대치가 불가능한가?
	단독으로 부사의 수식 범위나 부정 범위에 들 수 없는가?
	보조 용언 구성이 거듭해서 출현할 수 있는가?
통사적 핵 기능	시상 선어말 어미가 후행 용언에만 결합하는 것이 자연스러운가?
	주체 높임 선어말 어미 '-(으)시-'가 후행 용언에만 결합하는 것이 자연스러운가?
접사와의 구분	결합하는 용언에 제약이 없는가?
	선행 용언의 논항 구조에 영향을 미치지 않는가?

2.1. 형용사에 결합하는 '-아/어지다'의 범주

형용사에 결합하는 '-아/어지다'의 예는 다음과 같다.

(1) 가. 겨울이 되니 날이 <u>짧아졌다</u>.

나. 운동을 할수록 몸이 <u>젊어지는</u> 것을 느낄 수 있었다.

(남수경 2011: 187)

다. 그러나 그런 것이 계기가 되어 주민들과 우리들은 더 빨리 <u>가까워</u>
<u>졌다</u>. 〈신문〉

먼저, 의존성 및 비분리성 기준을 적용해 보면 다음과 같다. '-아/어
지다'는 선행 어미가 '-아/어'로 고정되어 있으므로 선행 어미 결합 제약
이 있다. 그리고 선행 용언과 '-아/어지다' 사이에는 다른 선어말 어미
가 올 수 없다.

또한, '-아/어지다'에는 중간에 다른 성분의 개입은 불가능한데 '-아/
어'와 '지다' 사이에는 보조사가 개입할 수 있다.

(2) 가. 날이 더 추워졌다.

나. *날이 추워 더 졌다.

다. 우리는 거리가 가까워졌다.

라. *우리는 가까워 거리가 졌다.

(2)를 보면, 부사를 비롯하여 다양한 성분이 '-아/어'와 '지다' 사이에는
개입이 불가능함을 알 수 있다. 이는 보조 용언 '지다'가 본용언에 긴밀
하게 결합하여 있다는 것을 보여 준다.

(3) 가. 걔가 요즘 예뻐는 졌어.
　　나. 걔가 요즘 성적이 좋아는 졌어.
　　다. *걔가 요즘 키가 커는 졌어.

(3)은 '-아/어지다' 구성 내부에 보조사 '은/는'의 개입이 가능한가에 대하여 일부 예는 가능하지만 일부 예는 불가능함을 보인 것이다. 대부분의 '형용사+-아/어지다' 구성에 '은/는', '도', '만'을 비롯한 보조사가 개입 가능하지만, '키가 커는 졌어'와 같은 일부 형용사는 불가능함을 알수 있다. 그런데 이때 '크다'가 형용사인지 자동사인지는 차치하고라도, 불가능한 원인이 품사가 아닌 음절 수에 있는 것이 아닌가 싶다.

(4) 가. 요즘 산에 (잘) {*가는 졌어, 가졌어, 가지기는 했어}.
　　나. 요즘 날씨가 {*차는 졌어, 차졌어, 차지기는 했어}.
　　다. 요즘 잠이 (잘) {*자는 졌어, 자졌어, 자지기는 했어}.

(4)에서 볼 수 있는 것처럼, 자동사이든 타동사이든 형용사이든, 선행용언이 '-아/어'와 결합하여 단음절이 되는 경우에는 일반적으로 보조사의 개입이 불가능하다. 즉, 보조사의 개입 가능성은 선행 용언의 품사가 아닌 활용형의 음절 수에 의존하여 결정된다는 것이다. 따라서 일반적으로 형용사에 결합하는 '-아/어지다'는 선행 용언의 활용형이 단음절인 경우를 제외하면 보조사의 개입이 가능하다.

　다음으로, 형용사에 결합하는 '-아/어지다'는 논항 구조와는 무관하다.

(5) 가. 하늘이 예쁘다.
　　나. 하늘이 예뻐졌다.

(5)에서 볼 수 있는 것처럼, '-아/어지다'는 형용사에 결합하였을 때 주어 논항 하나만을 요구하는데 이는 형용사문의 일반적인 특징이다. 또한, '지다'가 독립적인 논항 관계를 가진다고 보기도 어렵다. 따라서 형용사에 결합하는 '-아/어지다'는 논항 구조와는 무관함을 알 수 있다.

다음으로, '-아/어지다'의 문법적 의미 기능에 대한 기준을 적용해 보자. 먼저, 단독으로 대용형 대치가 가능한지 살펴보면 다음과 같다.

> (6) 가. 얼굴이 예뻐졌다.
> 나. 마음도 그래졌다.
> 다. *마음도 예뻐 그랬다.
> 라. 마음도 그랬다.

(6)에서와 같이, '-아/어지다'의 '지다'는 단독으로 대용형 대치가 불가능하다. 그러나 선행 용언이 단독으로 대용되는 것은 가능하며, 선행 용언과 보조 용언 구성 전체를 대용하는 것도 가능하다. 이는 일반적으로 보조 용언 구성이 가지는 특징이다.

'-아/어지다'는 단독으로 부사의 수식 범위나 부정 범위에 들 수 없고, 거듭하여 쓰일 수 있다. 특히 단독으로 부정의 초점이 되지 못한다는 것을 보이면 다음과 같다.

> (7) 가. 날씨가 추워졌다.
> 나. 날씨가 안 추워졌다.
> 다. *날씨가 추워 안 졌다.

(7)과 같이, '-아/어지다'는 '-아/어 안 지다'의 구성으로 사용할 수 없다. 그리고 주목할 만한 것은, (7나)에 두 가지 의미가 있다는 점이다.

첫 번째 의미는 '날씨가 추워지지 않았다'는 것이고, 두 번째 의미는 '날씨가 춥지 않게 되었다', 즉 '날씨가 비교적 따뜻해졌다'는 것이다. 두 가지 의미를 구조에 반영하여 제시하면 다음과 같다.

> (8) 가. 날씨가 안 [추워졌다]. (날씨가 추워지지 않았다.)
>
> 나. 날씨가 [안 춥-]-어졌다. (날씨가 전에 비해 따뜻해졌다.)

(8나)와 같은 구조가 가능하다는 것은, '춥-'과 '-아/어' 사이에 통사적 경계가 존재한다는 것이다. 즉, 형용사에 후행하는 '-아/어지다'가 접사가 아닌 보조 용언 구성이라는 것의 중요한 근거가 된다.

또, '-아/어지다'에는 다른 보조 용언 구성들이 후행할 수 있다.

> (9) 가. 날씨가 추워지고 있다.
>
> 나. 날씨가 추워져 왔다.
>
> 다. 날씨가 추워질 듯하다.
>
> 라. 날씨가 추워지나 싶다.
>
> 마. 날씨가 추워져야 한다.

(9)와 같이 다양한 유형의 보조 용언 구성들이 결합 가능한데, 이는 접사과 구별되는 특성은 아니다. 접미사의 경우에도 접미사가 결합한 용언 뒤에 다양한 보조 용언 구성이 오는 것이 가능하기 때문이다.[6]

---

6 예를 들어, '잡히다' 등의 동사를 보면 알 수 있다.
　(ㄱ) 범인들이 속속 잡히고 있다.
　(ㄴ) 범인들이 잡힐 듯하다.
　(ㄷ) 범인들이 잡힐까 싶다.
　(ㄹ) 범인들이 잡혀야 한다.
　'-아/어지다'가 접사라고 하더라도, 이러한 특성에는 변함이 없다. 이는 이러한 특성

(10) 가. *날이 짧았어지다.

　　 나. *주민들과 우리들은 더 빨리 가까웠어지다.

(10)에서는 과거 시제 선어말 어미 '-았/었-'에 대하여 보조 용언 구성 앞에 올 수 있는지 보인 것인데 불가능함을 알 수 있다. 이러한 특성은 통사적 핵 기능과 관련이 있는 것이다. '-았/었-'뿐만 아니라, '-겠-'이나 '-(으)시-'가 '-아/어지다' 앞에 오는 것은 불가능한데, 특히 '-(으)시-'의 개입조차 불허한다는 것은 '-(으)시-'가 선행 결합 가능한 일부 보조 용언에 비해 선행 용언과 '-아/어지다' 구성이 더 긴밀하다는 것을 보여 주는 것이다. 그러나 이는 '-아/어지다'의 접사로서의 성격을 보여 주는 특성이기도 하다.

　가장 중요하다고도 할 수 있는, 접사와의 구분 기준을 적용해 보면 다음과 같다. 먼저, 결합하는 용언, 그중에서도 형용사에 대하여 (앞서 제시한 음절 수를 제외하면) 제약이 없으나, 형용사와 결합하여 자동사 구문을 형성한다는 점에서 변화가 있다.

(11) 가. 심리 형용사: 나는 혼자 집에 남아 있기가 무서워졌다.

　　 나. 감각 형용사: 몸이 피곤해졌다.

　　 다. 판단 형용사: 나는 아무래도 관계없어졌다.

　　 라. 성상 형용사: 아랫목이 알맞게 따뜻해졌다.

　　 마. 장소 교차: 안방 툇마루 앞이 벌써 신발로 그득해졌다.

　　 바. 대칭 형용사: 영희는 순희와 키가 같아졌다.

　　 사. 기준 형용사: 그녀의 모습은 천사의 모습에 다름없어졌다.

　　 아. 소유 형용사: *마침 아내에게 몸살 기운이 있어졌다.

이 보조 용언 구성을 다른 범주와 구분하기 위한 조건이라기보다 보조 용언 구성이 가지고 있는 결합적 특성이기 때문이다.

자. 소재 형용사: *학교 후문 쪽에 과수원이 있어졌다.

차. 가능 형용사: 철수는 그런 차림에 익숙해졌다.

카. 대응 형용사: 노간주나무는 다른 나무보다 추위와 병충해에 강해
졌다.

타. 태도 형용사: 그가 거기에 있는 것이 확실해졌다.

(11)은 유현경(2000)에서 제시한 형용사의 유형에 '-아/어지다'가 결합
가능한지 제시한 것이다.[7] (11가-다)는 주관 형용사, (11라-타)는 객관
형용사인데, 다른 모든 유형의 형용사에 '-아/어지다'가 결합 가능한 것
과는 달리 '있다'로 예시되는 소유 형용사와 소재 형용사에는 '-아/어지
다'가 결합 불가능함을 알 수 있다.

(12) 가. 나에게 돈이 많아졌다.

나. *나는 지금 집이어졌다.

그런데 소유 형용사의 경우, '나에게 돈이 많다'와 같이 '많다'의 예도 있
는데 (12가)와 같이 '나에게 돈이 많아졌다'가 가능한 것으로 보아 '있다'
와 '-아/어지다'의 결합이 제약되는 것은 소유 형용사 전체가 아닌 '있
다'인 것을 알 수 있다. 또, 소재 형용사의 경우 '있다' 이외에 이른바
서술격 조사 '이다'도 속할 가능성이 있는데, '이다'와 '-아/어지다'는 결
합이 불가능한 것으로 보인다. 종합해 보면, 형용사에는 대체로 '-아/어
지다'가 결합 가능하지만, '있다', '이다' 등의 특정 형용사에는 '-아/어
지다'의 결합이 불가능하다. 그러나 이러한 제약은 매우 적은 수의 형용

---

7 유현경(2000)에서는 형용사를 일반 형용사와 제약 형용사로 나누고 있다. 제약 형용
사는 그 명칭에서부터 알 수 있듯이 활용 등에 제약이 있는 형용사이다. 즉, 결합
가능성 검증에 해당 형용사 자체의 영향이 크다. 따라서 이 글에서는 다루지 않는다.

사를 제약할 뿐이므로 생산성 측면에서는 보조 용언 구성에 가까운 특성
을 보인다고 할 수 있겠다.

그리고 '-아/어지다'는 형용사에 결합하여 논항 구조를 바꾸지 않는다.

(13) 가. 얼굴이 예쁘다. [주어-대상]

나. 얼굴이 예뻐지다. [주어-대상]

(13)에서와 같이, '예쁘다'라는 속성을 가지는 대상(theme)이 주어로 나
타나는 형용사 '예쁘다'는 '-아/어지다'와 결합하여도 여전히 '예뻐지다'
라는 변화를 겪은 대상(theme) 주어를 갖는다. 즉 논항 구조에 변화가
없다. 따라서 보조 용언 구성에 더 가까운 특성을 보인다.

전체 검증 결과를 정리하면 다음과 같다.

<표 3> 형용사에 결합하는 '-아/어지다'의 범주 판별

보조 용언 구성의 판별 기준 및 접사와의 구분 기준		
의존성/비분리성	선행 어미 결합 제약이 있는가?	O
	본용언과 보조 용언 사이 (보조사가 아닌) 다른 성분의 개입 불가한가?	O
	논항과 무관한가?	O
문법적 의미 기능	단독으로 대용형 대치가 불가능한가?	O
	단독으로 부사의 수식 범위에 들 수 없는가?	◎ (부사가 선행 용언만을 수식하는 것 가능)
	보조 용언 구성이 거듭해서 출현할 수 있는가?	O
통사적 핵 기능	시상 선어말 어미가 후행 용언에만 결합하는 것이 자연스러운가?	O
	주체 높임 선어말 어미 '-(으)시-'가 후행 용언에만 결합하는 것이 자연스러운가?	O
접사와의 구분	결합하는 용언에 제약이 없는가?	O
	선행 용언의 논항 구조를 바꾸지 않는가?	O

2.2. 타동사에 결합하는 '-아/어지다'의 범주

타동사에 결합하는 '-아/어지다'의 범주를 알아보기 위해 2.1.과 동일하게 적용해 보면 다음과 같다. 먼저, '-아/어지다'는 선행 어미가 '-아/어'로 고정되어 있으므로 선행 어미의 결합 제약이 있고, (14가, 나)와 같이 본용언과 보조 용언 사이에 다른 성분의 개입이 불가능하다. 그러나 (14라)와 같이 본용언과 보조 용언 사이에 보조사는 개입이 가능하다. 또, (14마)와 같이 '지다'는 문장의 주어와 무관하므로 논항과 관계가 없음을 알 수 있다.

> (14) 가. 입김을 불자 촛불이 훅 꺼졌다. (박혜진 2018: 53)
>   나. *입김을 불자 촛불이 꺼 훅 졌다.
>   다. 아파트가 지어졌다.
>   라. 아파트가 지어는 졌다.
>   마. *아파트가 졌다.

다음으로 문법적 의미 기능에 대한 기준을 살펴보면 다음과 같다.

> (15) 가. 형광등이 꺼졌다.
>   나. 촛불도 그래졌다.
>   다. *촛불도 꺼 그랬다.
>   라. 촛불도 그랬다.

(15)와 같이, 타동사에 '-아/어지다'가 결합한 경우 단독으로 대용형 대치가 불가능하고 선행 용언만 대치시키거나 전체 구성을 대치시키는 것만이 가능하다. 또, 아래의 (16가-다)과 같이 단독으로 부사의 수식 범위나 부정 범위에 들 수 없고, (16라, 마)와 같이 다른 보조 용언 구성과

거듭하여 쓰일 수 있다.

(16) 가. 방이 치워졌다.
　　　나. 방이 안 치워졌다.
　　　다. *방이 치워 안 졌다.
　　　라. 방이 치워지지 않았다.
　　　마. 방이 치워지고 있었다.

　그런데 형용사에 '-아/어지다'가 결합한 것과 다른 점은, 부정의 초점
이 선행 용언에만 주어질 수 없고 전체 구성을 부정하는 것만이 가능하
다는 것이다. 형용사의 예와 함께 비교하면 다음과 같다.

(17) 가. 날씨가 안 [추워졌다]. (날씨가 추워지지 않았다.)
　　　나. 날씨가 [안 춥-]-어졌다. (날씨가 전에 비해 따뜻해졌다.)
　　　다. 종이가 안 [찢어졌다]. (종이가 찢어지지 않았다.)
　　　라. *종이가 [안 찢-]-어졌다. (종이가 붙게 됐다/종이가 안 찢기게
　　　　　됐다.)

이는 형용사에 결합하는 '-아/어지다'에 비해 타동사에 결합한 '-아/어
지다' 구성이 더 긴밀함을 보여주는 것이다.
　다음으로 통사적 핵 기능과 관련하여, 시상 선어말 어미와 주체 높임
선어말 어미는 모두 후행 용언에만 결합할 수 있다.

(18) 가. 할머니는 손자가 갑자기 낯설게 {느껴지셨다, *느끼셔지다, *느
　　　　　끼셔졌다}.
　　　나. 타국에서 그의 소식이 {전해졌다, *전했어지다, *전했어지셨다}.

접사와의 구분 기준에서, '-아/어지다'는 결합하는 타동사에 제약이 있다. (19가, 나)와 같이 '하다'형 타동사 일부와 (19다, 라)와 같이 무정물이 타동사의 목적어인 구문의 일부는 '-아/어지다'와의 결합이 제약된다.[8]

(19) 가. 그는 그의 부모님을 존경했다.
　　　나. *그의 부모님은 존경해졌다.
　　　다. 그는 공원을 빙빙 돌았다.
　　　라. *공원이 돌아졌다.

그런데 이러한 제약이 발생하는 원인과 그 범위가 명확하지 않다. 특히, (19다, 라)의 경우 대상역의 유정성과 관련이 있을 것이라 추측해 볼 수 있으나 (19가, 나)의 경우에는 유정성과는 관계가 없다. 또 'N-하다'류 타동사의 경우 '-아/어지다'의 피동 의미를 나타내기 위해 'N-되다/받다/당하다'를 형성하는 것이 일반적이기 때문인 것으로 생각해 볼 수 있다. 그렇다고 가정해 본다면, '-아/어지다'에 결합하는 타동사에는 논항제약 및 형태론적 제약(접사 '하다'의 유무) 등이 관여하는 것이다. 이는 형용사에 '-아/어지다'가 두루 결합하는 것과는 다른 것이다. 즉, 타동사에 결합하는 '-아/어지다'는 형용사에 결합하는 '-아/어지다'보다 생산

8　그러나 그러한 조건의 모든 타동 구문이 '-아/어지다'와 결합 불가능한 것이 아니다.
　　(ㄱ) 그는 적국에 무자비한 공격을 가했다.
　　(ㄴ) 적국에 무자비한 공격이 가해졌다.
　　(ㄷ) 그는 앞으로의 청사진을 그렸다.
　　(ㄹ) 앞으로의 청사진이 그려졌다.
　　위의 예와 같이, '하다'형 타동사에 '-아/어지다'가 결합한 예도 있고, 무정물 대상역을 가지는 구문도 '-아/어지다'와의 결합이 가능한 경우가 있다. 어떤 경우에 '-아/어지다'의 결합이 제약되는지에 대해서는 전체 타동사 부류에 대한 더 깊이 있는 고찰이 선행된 뒤에 후속 연구가 진행될 필요가 있다.

성이 낮다.

다음으로, 타동사에 결합하는 '-아/어지다'는 선행 용언의 논항 구조를 바꾸는 것이 기본적이다. (20)과 같이, '-아/어지다'는 타동사에 결합하여 행위주 주어를 부사어로 강등시키고(때로는 아예 삭제되기도 함) 대상 목적어 성분을 주어로 승격시키는 기능을 한다. 따라서, 타동사에 결합하는 '-아/어지다'는 선행 용언의 논항 구조를 바꾼다.

(20) 가. 종수가 불을 껐다. [주어-행위주], [목적어-대상]
   나. 불이 꺼졌다. [주어-대상]

여기에서 살펴본 타동사에 결합하는 '-아/어지다'의 특성을 정리하면 다음과 같다.

〈표 4〉 타동사에 결합하는 '-아/어지다'의 범주 판별

보조 용언 구성의 판별 기준 및 접사와의 구분 기준		
의존성/비분리성	선행 어미 결합 제약이 있는가?	O
	본용언과 보조 용언 사이 (보조사가 아닌) 다른 성분의 개입 불가한가?	O
	논항과 무관한가?	O
문법적 의미 기능	단독으로 대용형 대치가 불가능한가?	O
	단독으로 부사의 수식 범위나 부정 범위에 들 수 없는가?	O (부사가 선행 용언만을 수식하는 것 불가)
	보조 용언 구성이 거듭해서 출현할 수 있는가?	O
통사적 핵 기능	시상 선어말 어미가 후행 용언에만 결합하는 것이 자연스러운가?	O
	주체 높임 선어말 어미 '-(으)시-'가 후행 용언에만 결합하는 것이 자연스러운가?	O
접사와의 구분	결합하는 용언에 제약이 없는가?	X
	선행 용언의 논항 구조를 바꾸지 않는가?	X

2.3. 자동사에 결합하는 '-아/어지다'의 범주

자동사에 결합하는 '-아/어지다'의 예는 다음과 같다.

> (21) 가. 오늘따라 좀처럼 <u>취해지지</u>가 않았다.
> 나. 내 마음은 어느새 그쪽으로 <u>기울어졌다</u>.
> 다. 이 병은 관절이나 연골이 <u>닳아져</u> 생기는 질병이다.

또, '-아/어지다'는 선행 어미가 '-아/어'로 고정되어 있으며 (22가, 나)와 같이 본용언과 보조 용언 사이에 보조사 이외의 성분을 개재시키는 것이 불가능하다. 그리고 형용사, 타동사와 마찬가지로 자동사에 결합하는 '지다'도 (22다, 라)와 같이 문장의 어떤 성분과도 관계를 가지지 않는다.

> (22) 가. *오늘따라 취해 좀처럼 지지가 않았다.
> 나. *내 마음은 기울어 {어느새, 그쪽으로} 졌다.
> 다. *오늘따라 지지가 않았다.
> 라. *내 마음은 어느새 그쪽으로 졌다.

다음으로 문법적 의미 기능에 대한 기준을 살펴보면 다음과 같다.

> (23) 가. 요즘은 학교에 자주 가진다.
> 나. 도서관에도 그래졌다.
> 다. *도서관에도 가 그랬다.
> 라. 도서관에도 그랬다.

(23)과 같이, 자동사에 '-아/어지다'가 결합한 경우 단독으로 대용형 대치가 불가능하고 선행 용언만 대치시키거나 전체 구성을 대치시키는 것만이 가능하다. 또, 아래의 (24, 25)와 같이 단독으로 부사의 수식 범위

나 부정의 범위에 들 수 없다.

(24) 가. 신발이 커서 빨리 안 뛰어졌어. (박재연 2007: 277)

　　나. *신발이 커서 빨리 뛰어 안 졌어.

　　다. 신발이 커서 [빨리] 안 [뛰어졌어]. (빨리 뛸 수 없었어.)

　　라. ??신발이 커서 [빨리 안 뛰-]-어졌어. (빨리 뛰지 않을 수 있었어.)

(25) 가. 근데 너무 졸리면 안 일어나지잖아요. (박재연 2007: 277)

　　나. *근데 너무 졸리면 일어나 안 지잖아요.

　　다. 근데 너무 졸리면 안 [일어나지잖아요]. (일어날 수 없잖아요.)

　　라. ?근데 너무 졸리면 [안 일어나-]-지잖아요. (일어나지 않을 수 있잖아요.)

(26) 가. 날씨가 안 추워졌다.

　　나. 날씨가 안 [추워졌다]. (추워지지 않았다.)

　　다. 날씨가 [안 춥-]-어졌다. (춥지 않게 되었다.)

그리고 앞서 형용사에 결합하는 '-아/어지다'는 (26)과 같이 두 가지 의미로 해석되는 것과 달리, 자동사에 결합하는 '-아/어지다'(25)는 대체로 한 가지 해석만 가능한 것을 볼 수 있다. 그런데 자동사의 경우에는, 이것이 본용언과 '-아/어지다' 사이에 통사적 경계가 없어서라기보다는 '-아/어지다'의 의미에 따른 제약인 것으로 보인다. 즉, 3절에서도 언급하겠지만, 자동사에 결합하는 '-아/어지다'는 그러한 일이 가능하다거나(가능), 그러한 능력이 있다거나(능력), 그러한 일을 의도하지 않았음에도 발생했다는(무의도) 것을 나타낸다. 그런데 '안'은 의도 부정, 즉 주어가 사태의 부정을 의도한다는 의미가 있다. 이러한 두 표현의 의미 사이에 충돌이 발생하는 것이다. 이에 따라 '안 V-아/어지다'는 'V-아/어지지 않다'의 단순 부정으로만 해석된다. 즉, 선행 용언만 부정의 수식을 받는 것이 어색하지만 그것은 통사적인 제약이 아닌 의미적인 제약인 것으로 보인다.

또, 자동사에 결합하는 '-아/어지다'에는 다른 보조 용언 구성들이 후행할 수 있다.

> (27) 가. 신발이 커서 잘 안 뛰어지고 있어.
> 나. 신발이 커서 잘 안 뛰어질 듯하다.
> 다. 신발이 커서 잘 안 뛰어지나 싶다.

그리고 자동사에 결합하는 '-아/어지다'는 본용언과 '-아/어' 사이에 선어말 어미가 올 수 없다.

> (28) 가. 내 마음은 어느새 그쪽으로 {기울어졌다, *기울었어지다, *기울었어졌다}.
> 나. 선생님의 자세가 한쪽으로 {치우치셨다, *치우치셔졌다, *치우치셔지셨다}.

다음으로, 자동사 유형에 따라 '-아/어지다'의 결합 제약이 있는지 살펴보면 다음과 같다.

> (29) 가. 대상 자동사: 저녁 해는 일찍 저물어졌다.
> 나. 소재 자동사: 그 돌은 물속으로 쉽게 가라앉아졌다.
> 다. 비교 자동사: 오랜만에 돌아오니 나만 한참 뒤쳐져 있는 것 같다.
> 라. 변성 자동사: 모르던 새에 동네가 많이 바뀌어졌구나.
> 마. 대칭 자동사: 이 옷은 내가 가진 옷들이랑 잘 어울려지겠다.
> 바. 피동 자동사: 오랜 잘못이 바로잡혀지려면 많은 노력이 필요할 것이다.
> 사. 심리 자동사: 이 노래는 얼마나 들려졌을까?

아. 행위 자동사: 신발이 커서 빨리 안 뛰어졌어.

자. 위치 자동사: 그는 저절로 주저앉아졌다.

차. 이동 자동사: 요즘은 학교에 잘 가진다.

카. 대칭 자동사: 이런 대결은 처음이었는데 생각보다 잘 싸워졌다.

(29)는 한송화(2000)에서 제시한 자동사의 유형에 따라 각 유형에 속하는 자동사 예문을 '-아/어지다'와 결합 가능한지 확인해 본 결과, 대체적으로 자연스럽게 결합 가능함을 알 수 있다.[9] 이 글에서는 전체 자동사와 결합 가능한지 검증한 것이 아니고 각 유형의 대표적인 자동사와 결합 가능한지를 살펴본 것이므로 전체 자동사와 결합 가능한지는 후속 검토가 더 필요하겠으나, 일단 결합할 수 없는 자동사에 대한 제약이 발견되지는 않았다고 할 수 있다. 또한, (29)의 예를 보았을 때, 선행 동사의 논항 구조를 바꾸거나 하는 등의 현상은 나타나지 않았다. 따라서, 자동사에 결합하는 '-아/어지다'의 범주 판별 결과를 정리하면 다음과 같다.

〈표 5〉 자동사에 결합하는 '-아/어지다'의 범주 판별

보조 용언 구성의 판별 기준 및 접사와의 구분 기준		
의존성/비분리성	선행 어미 결합 제약이 있는가?	O
	본용언과 보조 용언 사이 (보조사가 아닌) 다른 성분의 개입 불가한가?	O
	논항과 무관한가?	O
문법적 의미 기능	단독으로 대용형 대치가 불가능한가?	O
	단독으로 부사의 수식 범위나 부정 범위에 들 수 없는가?	O

9　모든 유형의 자동사에 대한 '-아/어지다'의 결합 예시를 말뭉치 등을 통해 검증한 것은 아니다. 자동사에 결합하는 '-아/어지다'는 일부 '-아/어지다' 연구에서는 정문이 아니라고 판단하기도 하는 만큼, 그 문법성에 대해서도 이견이 있을 수 있다. 그러나, 특히 구어에서 [가능] 또는 [무의도]의 의미로 사용되는 경우에 수용성이 낮다고 보기는 어려울 듯하다.

		(부사가 선행 용언만을 수식하는 것 불가)
	보조 용언 구성이 거듭해서 출현할 수 있는가?	O
통사적 핵 기능	시상 선어말 어미가 후행 용언에만 결합하는 것이 자연스러운가?	O
	주체 높임 선어말 어미 '-(으)시-'가 후행 용언에만 결합하는 것이 자연스러운가?	O
접사와의 구분	결합하는 용언에 제약이 없는가?	O
	선행 용언의 품사를 바꾸지 않는가?	O

이상의 논의를 종합하여 제시하면 다음과 같다. 의존성과 비분리성 기준에서 형용사, 타동사, 자동사에 결합하는 '-아/어지다' 각각은 모두 동일한 특성을 보인다. 이는 보조 용언의 특징과 일치하는 것(선행 어미 결합 제약이 있으며 본용언과 보조 용언 사이에 보조사를 제외한 다른 성분의 개입이 불가능하고 논항과 직접적인 관계를 맺지 않음)이다. 다음으로 문법적 의미 기능 측면에서, 세 가지 분포의 '-아/어지다' 모두 단독으로 대용형 대치가 불가능하고, 단독으로 부사의 수식 범위가 되거나 부정의 초점을 받을 수 없고, 다른 보조 용언 구성이 거듭하여 출현할 수 있다는 점에서 일반적인 보조 용언 구성과 동일하다. 그러나 형용사에 결합하는 '-아/어지다'의 경우 선행 용언만이 부정의 초점을 받는 것이 가능하기 때문에 타동사나 자동사에 비해 선행 용언과 '-아/어지다' 사이에 더 뚜렷한 통사적 경계가 있음이 확인되었다. 다음으로 통사적 핵 기능과 관련하여 시상 선어말 어미가 후행 용언에만 결합하는 것이 자연스럽고 주체 높임 선어말 어미 '-(으)시-'가 후행 용언에만 결합하는 것이 자연스럽다는 점에서 보조 용언 구성의 특징을 모두 만족한다. 따라서 의존성 및 비분리성, 문법적 의미 기능, 통사적 핵 기능 측면에서는 모든 분포의 '-아/어지다'가 동일하게 보조 용언 구성과 특성을 공유한다.

그러나 접사와의 구분을 위한 조건에서는 다소 다른데, 생산성 즉 결합하는 용언에 제약이 없는가에 대해서는 결합할 수 있는 타동사에 제약이 있는 것으로 나타났으며, 선행 용언의 논항 구조를 바꾸지 않는 것은 형용사와 자동사에 결합할 때인 것으로 나타났다. 이러한 결과를 토대로 표를 통합하였을 때는 다음의 〈표 6〉과 같다.

〈표 6〉 자동사에 결합하는 '-아/어지다'의 범주 판별

보조 용언 구성의 판별 기준 및 접사와의 구분 기준		형용사	타동사	자동사
의존성/ 비분리성	선행 어미 결합 제약이 있는가?	O	O	O
	본용언과 보조 용언 사이 (보조사가 아닌) 다른 성분의 개입 불가한가?	O	O	O
	논항과 무관한가?	O	O	O
문법적 의미 기능	단독으로 대용형 대치가 불가능한가?	O	O	O
	단독으로 부사의 수식 범위나 부정 범위에 들 수 없는가?	◎	O	O
	보조 용언 구성이 거듭해서 출현할 수 있는가?	O	O	O
통사적 핵 기능	시상 선어말 어미가 후행 용언에만 결합하는 것이 자연스러운가?	O	O	O
	주체 높임 선어말 어미 '-(으)시-'가 후행 용언에만 결합하는 것이 자연스러운가?	O	O	O
접사와의 구분	결합하는 용언에 제약이 없는가?	O	X	O
	선행 용언의 논항 구조를 바꾸지 않는가?	O	X	O

〈표 6〉을 고려하면, 전형적인 보조 용언 구성의 특성을 보이는 것은 자동사나 형용사에 결합하는 '-아/어지다'이고 타동사에 결합하는 '-아/어지다'는 비교적 접사적 성격이 강한 것을 알 수 있다. 또, 형용사에 결합하는 '-아/어지다'는 선행 용언만이 부정의 초점을 받을 수 있다는 점에서 통사적 경계가 확실하게 확인된다. 이런 점을 고려하면 자동사에 결합하는 '-아/어지다'보다는 좀 더 보조 용언 구성의 성격이 강하다고 할 수 있겠다. 따라서 이 글에서는 다음과 같이 '-아/어지다'의 범주적 특성을 제시하는 바이다.[10]

(30) [접사] ⋯ Vt+-아/어지다 〈 Vi+-아/어지다

　　　　　　　 〈 Va+-아/어지다 ⋯ [보조 용언 구성]

(Vt: 타동사, Vi: 자동사, Va: 형용사)

3. '-아/어지다'의 문법적 기능

이 글에서는 '-아/어지다'의 문법적 기능을 결합하는 본용언에 따라 제시하고자 한다. 기존의 논의에서 '-아/어지다'의 문법적 기능을 [피동], [상태 변화] 등으로 제시해 왔는데, 이 글에서도 남수경(2011) 등의 논의에 따라 형용사와 함께 나타나는 '-아/어지다'는 [상태 변화]의 기능을, 타동사와 함께 나타나는 '-아/어지다'는 [피동]의 기능을[11] 하는 것으로 본다. 최현배(1937)에서 '입음법(피동)'으로 제시된 이후로, 성광수(1999), 남수경(2007) 등은 특히 타동사에 결합하는 '-아/어지다'의 기능을 [피동]으로 제시하였다.

(31) 가. 철수가 불을 끄다.

　　 나. 불이 (철수에 의해) 꺼지다.

　　 다. 얼굴이 예쁘다.

　　 라. 얼굴이 예뻐지다.

10　타동사에 결합하는 '-아/어지다'가 가장 접사적 성격이 크다고 볼 수 있으나 그렇다고 해서 완전히 접사가 되었다고는 보기 어렵다. 현재 '-아/어지다'의 타동사에 대한 제약이 어느 정도의 제약인지 완전히 규명되지 않았으며, 주로 자동사와 결합하는 '-아/어지다'에서 나타나는 [가능], [능력], [무의도] 등의 의미가 타동사와 결합할 때에도 나타나기 때문이다. 따라서 타동사에 결합하는 '-아/어지다'와 자동사에 결합하는 '-아/어지다'가 완전히 분리된 것인지에 대해서도 더 논의가 필요하다.

11　한국어 문법론의 많은 논의에서 '-아/어지다'의 기능을 피동에 두고 논의해 왔다. '-아/어지다'는 통사적 피동의 형식으로, 제약이 많은 형태적 피동(피동사)에 비해 넓은 범위로 쓰일 수 있다는 특징이 있다.

(31가, 나)과 같이, '-아/어지다'는 선행 동사가 타동사인 경우 목적어를
주어로 만들고 주어를 사격어 또는 생략 가능한 구성으로 만드는 기능을
한다. 이에 따라 서술어의 자릿수도 한 자리 줄어든다. 이러한 기능은
피동법의 기본적인 기능으로서 '-아/어지다'의 문법적 기능임에 틀림없
다. 그런데 (31다, 라)와 같이 형용사에 결합하는 경우에는 '-아/어지다'
는 형용사의 논항 구조를 바꾸지 않는다. 단지, 형용사 A('예쁘다')에 결
합한 '-아/어지다' 구성('예뻐지다')은 'A 하지 않았던 것이 A 하게 되다'
('예쁘지 않았던 것이 예쁘게 되다') 또는 '덜 A 하던 것이 더 A 하게 되다'('덜
예뻤던 것이 더 예쁘게 되다')의 의미를 가지게 되어 [상태 변화]의 의미를
가진다.

그런데 '-아/어지다'의 [상태 변화] 기능과 [피동] 기능은 완전히 관계
가 없는 기능은 아니다. 김민국(2017)의 논의 등에서 언급한 것처럼 행위
주의 비초점화와 관련하여 형용사에 '-아/어지다'가 결합한 구문에서도
행위주의 존재가 함축되는 경우가 있기 때문이다.

> (32) 가. 영희 얼굴이 예쁘다.
> 　　　가'. (친구가 화장을 예쁘게 해 줘서) 영희 얼굴이 예뻐졌다.
> 　　　나. 방이 따뜻하다.
> 　　　나'. (주인이 방에 불을 때서) 방이 따뜻해졌다.
>
> 김민국(2017: 345)

김민국(2017)에서는 (32가, 나)에서 행위주를 전혀 상정할 수 없는 반면,
'-아/어지다'를 결합한 (32가', 나')에서는 행위주의 존재가 함축될 수
있다고 하였는데, 이는 [피동]이 가지는 기능 중 '행위주 비초점화' 기능
이 행위주의 존재를 전제할 때에 성립하는 것이기 때문이라고 하였다.

여기에서도 이러한 논의를 따라 '-아/어지다'의 [상태 변화] 기능이

[피동]의 기능과 무관하지 않다는 것에 동의하는 바이다. 그러나 이때의 '-아/어지다'의 문법적 기능을 [피동]이라고 제시하기에는 무리가 있는 것으로 보이므로 형용사에 통합하는 '-아/어지다'는 [상태 변화] 기능을 하는 것으로 본다.

자동사에 결합하는 '-아/어지다'의 기능은 [가능], [능력], [무의도] 등으로 다양하고, 주로 양태적 기능을 하는 것으로 보인다. (33)의 예는 화자가 의도하지는 않았으나 그렇게 되었다는 의미로 사용되는 '-아/어지다'의 예이다.

> (33) 가. 나는 도서관에 간다.
>   나. 나는 도서관에 가진다.
>   다. 나는 나도 모르게 도서관에 가진다.
>   라. *나는 일부러 도서관에 가진다.
>
> (박혜진 2018: 59-60)

(33)과 같은 '-아/어지다'의 '무의도'의 의미는 남수경(2007), 박재연(2007) 등에서도 언급된 바 있고, '-네', '-구나'와 같이 의외성 범주로 논의되는 종결 어미들과도 함께 쓰인다. 그러나 이때의 '-아/어지다'를 의외성을 나타내는 형식이라고 보기는 어렵고, '-아/어지다'의 의미가 행위자가 의도하지 않은 것, 즉 [무의도]이기 때문에 그러한 종결어미와 함께 쓰일 수 있다는 것이 더 적절한 설명이다. 또한 아래의 (34)를 보면 '-아/어지다'가 선어말 어미 '-더-'와 결합하면 '-더-'의 1인칭 주어 제약이 사라지는 것을 알 수 있는데 이 또한 '-아/어지다'가 행위자의 의도가 없는 것을 의미하기 때문에 행위주성이 약화된 결과이다(박혜진 2018).

(34) 가. 나는 요즘에 새벽에 일어나지더라.

　　 나. *나는 요즘에 새벽에 일어나지더라.

(박혜진 2018: 61)

'-아/어지다'의 [능력] 또는 [가능]의 의미는 박재연(2007), 남수경 (2011) 등에서 논의된 바 있다. (35가)에서는 어떤 행위(산에 올라가는 것) 를 할 능력이 주어에게 있음을 나타내는 것이고, (35나)는 타동사에 '-아/어지다'가 결합한 예이지만 역시 철수에게 영희를 업을 수 있는 능력 이 없음을 나타내므로 [능력]의 예라고 할 수 있다.

(35) 가. 이까짓 산이야 나도 올라가진다. (최현배 1937)

　　 나. 영희가 철수에게 업어지지 않는다. (박혜진 2018: 63)

　　 다. 이 종이는 잘 오려진다.

　　 라. 이 연필은 잘 써진다.

(35다)와 (35라)는 얼핏 보면 (35가)와 (35나)의 [능력]의 의미와 동일한 것으로 보이지만 주어(또는 행위주)가 유정물인지 무정물인지가 다르다. (35가)는 '나'가 산을 오르는 주체, (35나)에서는 '철수'가 영희를 업는 주체로 나타나지만 (35다)와 (35라)에서는 '종이'가 오려지는 대상, '연 필'이 쓰는 도구이다. 특히 (35다)와 (35라)는 해당 주어의 내재적 특성 에 가까운 성질을 나타낸다는 점에서 (35가)와는 다른 의미임을 알 수 있다. 이와 같이 주로 무정물 주어가 가지는 내재적 성질을 나타내는 '-아/어지다'의 기능은 [가능]을 나타내는 것으로, 이때의 [가능]이란 인식 양태에서의 명제의 실현 가능성과는 다소 다른 기능이다. 그런데 이러한 기능은 타동사에 결합하는 '-아/어지다'에서도 나타나는 것으로, [피동] 기능과의 관련성이 있다고 볼 수 있다.[12]

4. '-아/어지다'의 담화·화용적 기능

3절에서 논의한 것처럼, '-아/어지다'의 기능은 [상태 변화], [피동], [무의도], [가능], [능력] 등 다양하다. 그런데 여기에서는 어떤 담화 내에서 (일반적으로) 능동문에 비하여 무표적인 피동문을 선택하여 사용하는 데에는 어떠한 이유가 있을 것이며, 그 이유가 피동 표현의 담화·화용적 기능에 있다고 보는 관점을 취한다. 이에 따라 여기에서는 타동사에 통합하는 '-아/어지다'에 더 초점을 두고 논의를 진행한다.

여기에서 논의하는 담화·화용적 기능이란, 담화 내에서 어떤 표현(또는 형식)이 가지는 의사소통 기능(정보 전달, 감정 표현 등),[13] 정보구조적 기능(화제 도입, 화제 전환 등), 화용적 기능(화행, 화용 전략, 공손성 등) 등을 포괄한 개념이다. 이를 하나로 묶어 담화·화용적 기능이라고 명명한 이유는 이러한 기능이 기본적으로 담화를 전제하지 않고서는 이루어질 수 없는 것이며, 광의의 화용론적 기능에 대부분 속하는 것이기 때문이다. 또한, '담화 기능'이라는 용어를 담화 자체의 기능 또는 담화의 목적으로 사용하는 논의나 좁은 의미의 화용론에 해당하는 것만을 화용 기능이라고 지칭하는 논의가 다수 있기 때문에 이들 논의에서 다루는 것과는 다

---

12 그러나 이 글에서는 그것이 어떻게 구분되는지까지는 논의하지 않는다. 이러한 다양한 기능이 있음을 언급하고, 4절에서 서술될 담화·화용적 기능에는 주로 [피동]의 기능이 많은 영향을 미치고 있음을 보이고자 한다.

13 강현화(2007)에서는 한국어 교육의 의사소통 기능 항목을 생각 표현(가능성, 소망과 의지, 추측, 확신 등), 느낌 표현(희로애락, 감각적 느낌, 좋거나 싫음, 정서적 느낌 등), 친교 활동(인사, 초대, 약속, 칭찬이나 격려 등), 일상적 대인 관계(소개, 전화, 감사, 사과나 변명 등), 지시적 기능(권유나 의뢰, 부탁과 요청, 승낙과 거절, 지시와 명령, 주의나 경고, 금지, 허용, 충고, 제안과 설득 등), 의견 교환(의견 묻기, 의사 표시, 동의, 반대, 토론 등), 정보·문제 해결(안내, 보고, 묘사, 설명, 정의, 확인, 경험, 비교 등), 선언(임명, 지명, 선고, 선포, 해임, 사임 등), 창조적 기능(가설, 상상 등)으로 구분하였다.

소 차이가 있음을 나타내기 위하여 담화·화용적 기능이라고 부르기로 한다. 그리고 앞서 언급한 의사소통 기능, 정보 구조적 기능, 화용적 기능이 모두 같은 층위의 것이라고 전제하는 것은 아니지만 각기 다른 기능들이라 하더라도 긴밀한 관련성을 맺고 있을 수 있다는 가능성을 열어 두도록 하겠다.

또한, 이 글에서는 말뭉치 자료를 통하여[14] '-아/어지다'의 담화·화용적 기능을 확인하고자 한다. 앞서 언급한 것처럼 '담화'는 실제 사용된 언어를 전제로 하는 것이기 때문에 말뭉치 자료를 통하여 담화·화용적 기능을 다루는 것이 적합한 방법이라고 생각된다.

이 글에서 중점적으로 다룬 말뭉치 장르는[15] 문어 말뭉치에서 '신문', '소설·수필', '학술·교양', 구어 말뭉치에서 '강의·강연', '일상 대화'이다. 이때, '학술·교양'과 '강의·강연' 자료는 지식의 전달이라는 측면에서 담화의 목적이 같다. 따라서 이 글에서는 '학술·교양' 자료와 '강의·강연' 자료를 묶어 '학술 담화'로 부르기로 한다. 즉 여기에서 다루는 말뭉치 자료는 크게 '신문 담화', '소설·수필 담화', '학술 담화', '일상 대화 담화'이다.

신문 담화는 주로 정보 제공의 기능을 하는 담화로 사실 전달의 측면에서 객관성을 확보하고자 하는 성격이 있다. 특히 논설 등은 주장에 대

---

14 이 절에서 사용한 말뭉치 용례는 연세대학교 서상규 교수가 배포한 〈새 연세 말뭉치 1〉(이하 문어 말뭉치) 약 100만 어절과 〈새 연세 말뭉치 2〉(이하 구어 말뭉치) 약 100만 어절에서 추출한 것이다. 또한 예문 추출은 주석 말뭉치 전용 검색 프로그램인 '말씀2017(미국 밴더빌트 대학 장석배 교수 개발)'을 사용하였다.

15 말뭉치 자료의 종류를 이르는 용어로는 다양한 용어(사용역, 장르 등)가 있는데, '사용역(register)'은 주로 격식성에 따른 분류를 이르는 것으로 논의되어 왔다. 따라서 말뭉치 자료에서의 담화 목적 및 성격에 따라 나누는 분류를 이르는 말로는 '장르(genre)'가 더 적절한 것으로 보인다.

한 근거를 제시하면서 그 주장이 논리적이고 객관적인 것으로 전달하려고 하는 의도를 가지고 쓴 글로 학술 담화와 비슷한 측면을 보이기도 한다. 또한 불특정 다수를 상대로 쓰는 글이기 때문에 어느 정도의 공손성을 확보하려는 특성도 존재한다.

이에 비해 소설·수필 담화는 이야기의 흐름이 중요하게 다루어지는 담화이면서 전경과 배경이 두드러지게 구분되어 나타나는 장르이기도 하다. 특히 해당 이야기에서 중요한 인물 또는 사건에 대하여 화제를 계속 이어나가거나 다른 화제로의 전환이 일어나기도 하는 등 내용상의 흐름과 글의 형식적 구성이 밀접한 관련을 맺고 있는 장르이다.

학술 담화의 경우 정보 전달의 기능을 한다는 점에서 신문 담화와 비슷한 측면이 있으나, 학술 담화는 신문 담화보다 더욱 설득적인 측면을 가진다. 학술 담화의 목적은 독자 또는 청자에게 정보를 전달하는 것뿐만 아니라 그 주장에 대한 동의를 얻고자 하는 목적이 더해져 있기 때문이다. 이에 따라 필자 또는 화자의 주장이 매우 객관적이며, 충분히 설득력을 가질 수 있도록 보이기 위한 여러 가지 책략을 사용한다.

일상 대화 담화는 아주 일상적인 주제에 대하여 다른 사람과 대면하고 대화하는 것으로 다양한 의사소통 목적이 공존하는 것이다. 정보 전달뿐만 아니라 감정 표현, 요청, 지시 등의 다양한 화행이 일어나는 담화이기 때문에 특수한 목적이 있는 다른 세 가지 담화에 비하여 일반적인 담화의 성격을 지니고 있다. 또한, 청자와 대면하고 이루어지는 대화이므로 즉각적인 반응이나 발화 오류 등 다양한 형태의 발화를 관찰할 수 있다.

먼저, 신문 담화에서는 '~인 것으로 전해지다/밝혀지다'류의 '-아/어지다' 구문의 쓰임이 두드러지게 나타났다. 이는 '그러한 내용을 전하는/밝히는 주체'에 관심을 두지 않고 그 '내용'에 집중함으로써 사실과 정보 전달을 목적으로 하는 신문 담화의 특징에 부합하는 것이다. 특히 '전해지다'의 경우 어떤 경로로 해당 소식을 접하고 기사를 쓰게 된 것인지 밝히지 않게 된다. 정보 제공자를 보호하거나 정보의 출처가 확실하지 않을 때, 또는 정보의 출처가 중요하지 않을 때 이러한 표현을 사용하는 것으로 보인다.

> (36) 신문 담화에서의 '전해지다/밝혀지다' 용례
> 　　가. 자산공사 사장 공금유용 입건. 뇌물 혐의는 안 <u>밝혀져</u>.
> 　　나. 애틀랜타 올림픽 참가를 결정한 북한은 9개 종목 중 여자 마라톤
> 　　　　에 기대를 걸고 있는 것으로 <u>전해졌다</u>.

위와 같이 '선거의 승자와 패자가 가려졌다' 등과 같이 구체적인 행위자가 없거나 일반적인 사람인 경우에는 '-아/어지다'뿐만 아니라 다양한 피동 표현이 쓰여 행위주 성분을 문장에 드러내지 않는 경우가 많다. 그런데 특히 신문 담화의 경우 행위주의 의도성을 약화시키거나 모종의 이유로 행위주를 숨기고자 할 때 '-아/어지다'를 이용하여 제시하는 경우가 많았다. 특히 아래와 같이 법정 판결이나 어떤 논의의 결과를 보도할 때, 그 직접 행위자를 제시하지 않음으로써 그 결정에 대한 책임자가 드러나지 않도록 하는 것이다.

> (37) 가. 올 3월 OOO 전무 (현 사장)의 면직 처분이 정직 2개월로 <u>낮춰졌다</u>.
> 　　나. 당초 7월 1일 합병 예정이었으나 협의과정에서 시기가 다소 <u>늦춰</u>
> 　　　　<u>졌다</u>.
> 　　다. 논란이 됐던 고교 검인정 한국 근현대사 교과서에 현 정부 부분을
> 　　　　포함한다는 방침이 <u>정해졌다</u>.

또한, '~에 관심이/기대가 모아지고 있다' 등 신문 담화에서 자주 쓰

이는 구성에서도 '-아/어지다'의 쓰임이 나타났다. (38)에서와 같이, '~에 관심이 모아지고 있다'는 '~가 ~에 관심을 모으고 있다'보다 다소 의도성이 약화된 것처럼 느껴진다. 예를 들어 (38가)와 (38가')를 비교해 보면, (38가')는 (38가)에 비하여 훨씬 조직적이고 의도적으로 관심을 표현하는 것처럼 보인다. 또한, (38나)와 (38나')를 비교해 보면 (38나)에서는 누가 관심을 두고 있는지 문장에서 드러나지 않았으나 (38나')와 같이 능동문으로 표현할 경우 구체적인 행위자가 필요해지면서 필자의 부담이 커질 것으로 보인다. (38나)에서는 마치 일반적인 사람들이 모두 그렇게 생각하는 것처럼 독자들에게 자연스럽게 읽히지만 (38나')에서는 구체적인 행위자를 제시해야 하므로 필자의 책임량이 더 많아지는 것이다.

> (38) 가. 자본 시장 개방을 우려와 기대가 섞인 시각으로 바라보는 국내 금융·증권가의 관심은 자연스럽게 여기에 <u>모아지고</u> 있다.
> 가'. 자본 시장 개방을 우려와 기대가 섞인 시각으로 바라보는 국내 금융·증권과는 관심을 자연스럽게 여기에 <u>모으고</u> 있다.
> 나. 내년 정부 예산편성 작업이 막바지 단계에 들어가 있는 가운데 과기처가 희망을 성취할 수 있을지 관심이 <u>모아지고</u> 있다.
> 나'. 내년 정부 예산편성 작업이 막바지 단계에 들어가 있는 가운데 과기처가 희망을 성취할 수 있을지 (누가) 관심을 <u>모으고</u> 있다.

또한 일반적인 피동문이 갖는 초점 이동의 기능으로 보이는 예도 신문 담화에서 나타난다.

(39)의 예는 'X가 트로트를 부르다'가 아니라 '트로트가 불려지다'라고 표현함으로써 '트로트'에 더 초점을 두고 기술하는 예이다. 의미적으로 '트로트'가 가지는 성질 때문에 '트로트가 불려지는 것'이 금지되는 것이

기 때문이다. 예를 들어 '서울대 교정에선 학생들이 트로트를 부를 수 없다'라고 제시한다면, '학생들'의 속성 때문인지 '트로트'의 속성 때문인지, 둘 모두의 속성 때문인지 명확하지 않으나 '트로트가 불려질 수 없다'라고 제시할 경우 '트로트'에 집중하여 의미를 파악할 수 있다.

(39) 예술의 전당에서 딴따라들의 노래는 안 되고 서울대 교정에선 트로트가 <u>불려질 수</u> 없다.

(40)의 예문은 신문 담화에서 나타난 '치러지다', '펼쳐지다'의 예문으로 주로 스포츠 신문에서 '경기가/승부가 펼쳐지다'의 구성이나, 생활 또는 사회 기사 등에서 '행사가/공연이 펼쳐지다'의 구성으로 사용되는 예이다. 즉, 경기나 행사가 '열리다' 또는 '진행되다'의 의미로 사용되는 것이다. 이와 같이 어떤 행사나 일정, 시합이나 경기가 진행된 것을 보도하는 경우에도 '-아/어지다'가 빈번하게 사용된다. 이때에는 문장 또는 문맥에서 행위주가 드러나기는 하지만 그 주체보다는 그 행사 또는 경기에 더 초점을 맞추어 기술하는 것이라고 할 수 있다.

(40) 가. 한편 홍 원로의 장례식은 28일 오전 10시 국내 체육역사상 처음으로 태권도인들이 참석한 가운데 대한태권도협회장으로 <u>치러졌다</u>.
나. 지난해 10월 독일 함부르크에서 CALS유럽95가, 지난 5월 프랑스 파리에서 CALS유럽96이 각각 <u>치러졌다</u>.
다. 오늘 우승후보인 한라 위니아와 대학 강팀 연세대의 경기가 <u>펼쳐진다</u>.
라. 이날 연주회는 푸치니의 대표적인 오페라 아리아와 듀엣으로 <u>펼쳐졌다</u>.

앞서 신문 담화에서 나타난 '펼치다'와는 달리, 소설·수필 담화에서 나타나는 '펼치다'는 그 성격이 다르다. 신문 담화와는 달리 (41)와 같은 소설·수필 담화에서는 '풍경이/지평선이/들판이 펼쳐지다'의 구성으로 쓰여 주로 이야기 내부의 배경을 설명하는 데에 쓰인다. 특히, 소설·수필 담화에서는 '(무엇을) 펼치는' 행위의 주체가 상정되기 어려운 문장이 주를 이룬다. 이는 신문 담화에서는 주로 어떤 행사 또는 경기(경기, 연주회 등)가 있다는 것을 그것의 주체(한라 위니아와 연세대)보다 강조하여 표현하기 위해서 '펼쳐지다'를 사용했고, '소설·수필' 텍스트에서는 이야기가 전개되는 것(전경)에 대비하여 배경을 설명하는 기능으로 사용된다는 것이다.

(41) 가. 눈을 감고 바람을 마주하고 있는 그의 뒤로 다시 바다가 <u>펼쳐진다</u>.
    나. 그 길을 따라가니 한쪽에 습지가 나타나고 갈대밭이 <u>펼쳐지더군요</u>.

소설·수필 담화에서는 '느껴지다' 구성의 비율이 높았는데, 어떤 인물이 어떤 감정을 느꼈을 때 그것이 의도적으로 이루어진 것이 아니라는 점을 강조하기 위하여 '느껴지다'의 구성으로 쓰인 것으로 보인다. 또한 감정을 느끼는 사람보다 그 감정 자체나 그러한 감정의 대상을 내세워 제시하는 효과도 있다.

(42) 가. 콩나물 시루처럼 건물들이 꽉 들어 차 있는 도심속에 제 아무리 커다란 집을 비싸게 구입하고 호화롭게 치장했다 하더라도 맑은 공기와 보기 좋은 전망이 단절되어 언덕 위의 하얀집보다는 못하기 때문에 그런 집이 그토록 좋게 <u>느껴지는</u> 것입니다.
    나. 아침이 올수록 빗줄기는 거세지고 , 밝아야 할 하늘이 점점 어둡게 <u>느껴진다</u>.
    다. 매일매일의 궤도에 오른 생활이 뽀얀 오후의 먼지 속에서 유난히

염증나게 느껴진다.

라. 무엇인가 불안한 그림자가 있는 것같이 느껴졌다.

학술 담화에서는 행위자보다 피행위자 또는 상황, 대상에 초점을 맞추기 위하여 '-아/어지다'를 사용한다. 또한, 구체적인 행위자가 상정되기 어려운 경우에도 '-아/어지다'를 사용하여 제시하고 있다.

(43) 가. IMF 구제금융을 받으면서 대규모 기업 집단들의 구조조정이 일부 행해지고는 있으나, 아직까지는 커다란 성과가 가시화되지 못하고 있다.

나. 알츠하이머 치매나 각종 암의 경우에도 해당 장기를 구성하는 건강한 세포를 이식한다면 난치병 극복의 시간은 훨씬 앞당겨질 것이다.

또한, 학술 담화에서는 그 담화의 화제를 도입하거나 앞서 제시된 화제를 이어갈 때 사용할 수 있다. 학술 담화의 특성상 하나의 담화 내에서 여러 문장에 동일한 화제가 계속적으로 논의되는 경우가 많은데, 이러한 특성에 따라 '-아/어지다'의 사용 역시 화제 지속의 기능을 가지는 경우가 많은 것으로 보인다.

(44) 가. 그 밖에 글쓰기 교육 분야에 관한 연구에 앞서 학문 목적 한국어 교육과정 개발을 위한 연구들 또한 활발히 진행되고 있는데, (생략) 이와 같은 연구들 중 목적 지향적 글쓰기 교육을 위한 연구들은 비교적 최근에 이루어지고 있습니다.

나. 방송사들의 시청자 확보를 위한 경쟁이 날로 치열해지고 있다. 방송시간연장 후 각 방송사가 시청자 직접 참여 프로그램을 대폭 늘리면서 경품제공도 더욱 다양해진 것. 즉 방송사 간 시청률 경쟁이 치열해지자 시청자들의 참여를 적극 유도하기 위해서다.

학술 담화에서는 필자 또는 화자가 어떤 주장이나 견해를 나타내는 경우가 많은데, 이때 이러한 주장이나 견해를 강하지 않게, 단정적이지 않은 표현으로 제시하고자 하는 동기에 의하여 '-아/어지다'를 사용하는 경우도 있다. 특히 학술 담화에서는 이러한 표현이 매우 굳어져 있는 것으로 보인다. '보여지다', '여겨지다' 등의 표현은 대부분의 학술 담화에서 가설에 대하여 어떤 결과, 해석 등을 제시할 때 드러나는 '-아/어지다'의 대표적인 쓰임이다.

> (45) 가. 최근 한국어 교육 과정은 일반적 담화 능력 배양을 목적으로 하던 것에서 유학생들을 위한 학문 목적 교육 과정의 개발과 실행에 중점이 <u>두어지고</u> 있다.
> 나. 이 실험에 따르면 생애 주기와 관련된 기존의 여러 변인들은 큰 관련을 맺고 있지 않은 것으로 <u>보여진다</u>.

또한, 학술 담화에서는 일종의 이중 피동 표현인 'N-되어지다'의 구성도 다른 담화에 비해 다수 등장하였다. 분석한 말뭉치에서 나타난 'N-되다'류의 동사는 총 18종으로, 다음과 같다.

> (46) 되다(15), 골절되다(2), 개선되다, 공유되다, 관련되다, 구분되다, 보존되다, 생각되다, 소실되다, 요구되다, 이해되다, 적용되다, 전달되다, 진행되다, 집중되다, 추방되다, 형성되다, 훈련되다

이들 용언은 대체로 1회 출현한 것이 많은데, '추방되다', '훈련되다'는 소설·수필 담화에서, '생각되다', '이해되다'는 신문 담화에서 출현한 것이고 나머지 용언은 모두 학술 담화에서 나타난 것이다.

(47) 'N-되어지다'의 용례

　가. 그러나 이와 같은 노인 스스로의 의식 변화는 (중략) 상황 인식에
　　　서 비롯된 것으로 생각<u>되어진다.</u>

　나. '소마(SOMA)'는 다른 이들에게 체험될 수 있는 형체를 지닌 인간
　　　으로 이해<u>되어집니다.</u>

　다. 강북으로 추방<u>되어진</u> 나 같은 경우는 등교 시간이 더욱 당겨지기
　　　마련이었다.

　라. 그녀의 반듯하고 정갈한 솜씨들이 <u>훈련되어진</u> 것 같아 오히려 가
　　　슴이 아프다.

　마. 교실이냐 집이냐에 따라서 습득 환경이 크게 <u>구분되어진다고</u> 했
　　　는데, 이런 주변적인 환경 (생략)

　바. 사회적으로 이렇게 이슈화되거나 이목을 끌 수 있는 부분에 <u>집중되</u>
　　　<u>어져</u> 있다 보니까, 균형이 잡히기 좀 어려운 것이 아닌가 합니다.

　그런데, 이들은 'N-되어지다'의 꼴이 아닌 'N-되다'로 쓰여도 큰 의
미 차이가 없는 것이다. 또한, 'N-되다'는 'N-하다'에 대한 어휘적 피동
형으로 분류되는 것이므로 이들 또한 일종의 이중 피동 구성과 함께 다
루어질 수 있다는 점을 고려할 때, 'N-되어진다'의 꼴은 단순한 과잉 피
동이거나 피동성의 강조로 보인다. 특히, 신문 담화와 소설·수필 담화
에서 각각 2종의 'N-되어지다' 꼴이 1회씩 출현하고, 학술 담화에서 13
종의 'N-되어지다'가 1회씩 출현한 것을 보았을 때, 유독 학술 담화에서
많이 나타난 것은 화자가 피동성 또는 비의도성을 강조하려다 과잉 피동
의 표현을 쓴 것으로 추측해 볼 수 있다. 이때 화자가 피동성을 강조하려
는 동기는 일종의 책임 회피를 위한 방책인 것으로 보이는데, 화자가 강
력하게 주장하는 바가 아니거나 화자의 의도와는 관련이 없음을 나타내
는 것이다. 2회 출현한 '골절되어지다'의 경우에도 한 화자가 동일한 담
화 내에서 두 번 발화한 것으로, 다른 'N-되어지다'의 꼴과 동일한 동기

로 나타난 것이다.

　일상 대화 담화에서는 일반적으로 기본적인 피동의 기능으로 간주할 수 있는 '-아/어지다'의 쓰임이 많이 나타났다. 일상 대화 담화에서는 (48)과 같이 행위자를 알 수 없거나 행위자가 중요하지 않은 경우에 '-아/어지다'를 많이 사용하였다.

> (48) 가. (포장에) 바닐라도 아니구 바닐로라고 써졌어.
> 　　 나. 황당했겠지. 차가 뒤집어져 있구.
> 　　 다. 크기 다른 여러 가지 것들이 다 엉켜져 있어서 깜짝 놀랐어.

　이상의 내용을 정리하면, 대부분의 담화에서 드러나는 '-아/어지다'의 기능은 행위주의 의도성 약화, 행위주 숨기기이다. 일상 대화 담화에서도 이러한 일반적인 '-아/어지다'의 기능이 두드러졌다. 그러나 신문 담화에서는 객관성을 확보하기 위하여 '-아/어지다'를 사용하는 경우가 많았고, 소설·수필에서는 이야기의 배경을 제시하거나 어떤 인물이 다른 대상에 대해 느끼는 감정을 표현하기 위해 '펼쳐지다', '느껴지다' 등의 특정한 표현을 사용하는 경우가 많았다.

　학술 담화의 경우 '-아/어지다'의 담화·화용적 기능이 주로 화제와 관련하여 나타났는데, 주로 도입된 화제를 이어가는 기능으로 쓰이는 경우가 많았다. 또한 필자 또는 화자의 책임성을 약화시키면서 주장을 조심스럽게 제시하는 쓰임이 있었고, 특히 어떤 실험의 결과를 제시할 때 객관성을 확보하기 위하여 '보여지다', '여겨지다' 등의 표현을 사용하는 경우가 많았다.

5. 나가기

앞에서 살펴본 바와 같이, '-아/어지다'는 분포에 따라 범주적 성격, 문법적 기능 등이 다르게 나타난다. 특히 결합하는 용언에 따라 문법화의 정도가 다를 수 있음을 제시한 것이 이 글의 중요한 의의라고 할 수 있다. 그러나 '-아/어지다'의 문법화 정도에 대해서는 이 글에서 검토한 기준들 이외에 추가적인 검증이 더 필요하다. 더불어 '-아/어지다'의 결합 제약에 대해서도 더 많은 표본을 통한 검증이 필요하다. 타동사의 경우 '-아/어지다'와의 결합 가능성이 타동성 검증 기제로도 사용될 수 있는 만큼, 많은 종류의 타동사에 대하여 '-아/어지다'와의 결합 여부를 검토해 볼 필요가 있다. 이와 관련해서는 후속 연구를 기약하는 바이다.

또, '-아/어지다'는 상태 변화, 피동, 무의도, 가능 등의 다양한 문법적 기능을 한다. 특히 피동 기능으로부터 비롯한 '-아/어지다'의 담화·화용적 기능은 행위주의 의도성 약화, 행위주 숨기기, 화자의 책임 회피(부담 회피) 등이 있다. 또한, 정보 구조적인 측면에서는 화제 지속의 기능이 두드러진다.

이 글에서 담화·화용적 기능에 대한 논의는 피동의 기능을 하는 '-아/어지다', 즉 타동사에 결합한 '-아/어지다'에 한정하여 진행한 것이기 때문에 앞으로 후속 연구가 더 필요할 것으로 보인다. 특히 피동사와 대비하여 '-아/어지다'만이 가지는 기능이 있는지, 또한 다른 언어와 비교하였을 때 한국어의 피동만이 가지는 특별한 담화·화용론적 기능이 있는지, 형용사 또는 자동사와 결합하는 '-아/어지다'의 담화·화용적 기능이 있다면 무엇인지 등을 살펴볼 필요가 있을 것으로 보인다. 특히 자동사에 결합하는 '-아/어지다'의 기능은 이른바 의외성과 관련될 가능성이 있다. 이에 대해서도 후고를 기약하는 바이다.

9장

보조 용언 구성에 대한
남북한 문법 기술 비교

1. 들어가기

남한의 보조 용언 연구는 최현배의 『우리말본』(1937)에서 보조 용언을 본용언을 돕는 '도움풀이씨'라는 독립된 품사로 범주화한 이래로 '보조 용언의 판별 기준', '형태·통사적 특징', '보조 용언 구문의 논항 구조' 등의 이론적 논의뿐만 아니라 유형에 따른 개별 보조 용언 구성의 특성까지 다양한 논의가 진행되었다. 반면에 북한은 김두봉의 『조선말본』(1916), 『깁더 조선말본』(1922)에 보조 용언에 대한 기술이 없으나 정렬모의 『신편 고등 국어문법』(1946)에서 보조 용언을 '형식동사'로서 실질적인 뜻이 없지만 형식적인 뜻만 가지고 있는 동사로 기술하였다.[1] 정렬모(1946)에서는 동사를 동작동사와 형용동사로 분류하는데[2] 이외에도 동사를 다양한 기준으로 구분한다. 예를 들어 동사가 어떤 논항을 요구하는지에 따라서 구분

---

1   여기에서는 북한 문법에 기술된 내용을 특별한 이유가 없다면 원문을 그대로 쓴다. 북한의 문법 용어를 남한 용어로 대응하여 표현하지 않고 그대로 명시할 때에는 북한 문법의 규범에 따라서 띄어쓰기 및 붙여쓰기를 한다.

2   정렬모(1946)에서는 동사에 형용사를 포함시킨다.

하기도 하고(귀착성동사, 귀착성아닌동사)[3], 동사가 만드는 구문의 유형에
따라 구분하기도 하고(휘두를동사(타동사), 제대로동사(자동사)), 동사가 문장
에서 어떤 역할을 하는지 및 동사 간 기능에 따라서 구분하기도(본동사,
대동사, 미정동사, 형식동사) 한다. 정렬모(1946)의 형식동사는[4] '여행한다,
명백하다, 잊어 버린다, 줄어 든다, 가리처 준다, 찾아 본다' 등의 '하다,
버리다, 들다, 주다, 보다' 등의 동사를 가리킨다. 정렬모(1946: 90)에서는
앞에 있는 '여행, 명백, 가리처'와 같은 말은 형식동사의 보탬말이고 형식
동사는 서양식으로 말하면 조동사(auxiliary verb)라고 하였는데 이는 남한
문법의 보조 용언에 대응한다고 볼 수 있다.

　김수경의 『조선어문법』(1954)에서는 동사가 어떠한 기능을 하는지를
상세히 살펴보며 동사의 상(aspect)과 태(voice)[5] 기능을 살펴보았고 이후에
발간된 1960년대 및 1970년대 문법서에서도 동사의 의미, 기능을 중심으
로 태적 표현, 상적 표현 등을 구체적으로 살펴보았다. 북한은 1970년대에
문화어문법에서 동사 가운데에서 특수하게 자립적으로 쓰이지 못하고 보
조적으로 쓰이는 동사를 '보조적으로 쓰인 동사'라고 표현하다가
1980~90년대를 거치며 『조선어품사론』(2005), 『조선어단어론』(2005)에
서는 '보조적 동사'라고 칭하며 상적, 태적인 의미를 중심으로 보조 용언의

3　정렬모(1946: 80-82)의 '귀착성동사'는 보어나 목적어와 같이 주어 외에 보충어가
　필요한 동사이고 '귀착성아닌동사'는 주어 외에 보충어가 필요 없는 동사를 이른다.
4　정렬모(1946: 65)에서는 명사가 문장에서의 어떤 역할과 기능을 하느냐에 따라서
　'본명사, 대명사, 미정명사, 형식명사'로 구분하는데 이러한 기준을 동사, 관형사, 부
　사, 동사에도 동일하게 적용함으로써 '형식성'을 문법 범주를 구분하는 주요한 특성
　의 하나로 둔다.
5　북한에서는 해방 후부터 줄곧 남한 문법의 '태(態, voice)'를 '상(相, voice)'으로 칭하
　고, 남한 문법의 '상(相, aspect)'을 '태(態, aspect)'로 칭한다. 여기에서는 논의의
　일관성을 위하여 남한 문법의 용어를 따른다. 따라서 북한 문법서에 '피동상'이라고
　서술된 것은 '피동태'로 칭하고, '완료태'라고 서술된 것은 '완료상'으로 칭한다.

의미·기능을 서술하였다.

남북한은 모두 우리말의 보조 용언이 수적으로 많고 다양하게 쓰임을 인지하고 있으나 보조 용언의 무엇에 관심을 가지며 연구하느냐에 차이가 있다. 남한에서는 보조 용언에 대한 이론적 고찰 및 개별 용언의 통사적 특징 및 의미·기능을 중심으로 살폈다면 북한에서는 품사론에서 동사의 기능 가운데 하나로 보조적 동사를 살펴보았다.

정렬모(1946)에서 보조 용언을 '형식동사'로 보았다는 것은 최현배(1937)와 같이 보조 용언을 본용언을 돕은 용언으로 간주한 것이다. 보조 용언은 '(보조적 연결) 어미+보조 용언'의 구성으로 문법화 단계가 많이 진행되어 조사와 어미와 같은 문법소로서 역할을 하는 구성이 있고, 보조 용언의 의미나 기능이 여전히 많이 존재하여 아직까지 문법화되었다고 보기 어려운 구성도 있다. 여기에서는 북한 문법에서는 보조 용언의 어떤 특징을 중심에 두고 인식하였는지를 살펴보고 남북한의 보조 용언 구성 연구의 차이점과 공통점을 확인하도록 한다.

2. 북한에서 이루어진 보조 용언 연구의 특징

품사는 단어를 문법적 성격에 따라 나눈 부류인데 품사에 대한 지식은 언어 연구의 기본 방향을 반영한다. 여기에서는 먼저 북한의 품사 체계를 살펴봄으로써 북한에서 이해하는 한국어의 특성을 간략하게 확인하고자 한다. 다음으로 북한에서 무엇을 주안점으로 두며 보조 용언 연구를 진행하였는지를 살펴보도록 한다.

2.1. 북한의 품사 체계

『조선문화어문법규범』(1984/2011), 김옥희의 『조선어품사론』(2005)에서는 품사를 '명사, 수사, 대명사, 동사, 형용사, 관형사, 부사, 감동사'로 두어 8품사 체계로 설정하였다.[6] 『조선문화어문법규범』(1984/2011: 129)에서는 품사를 단어의 어휘적 의미와 문법적 특성의 공통성에 의하여 나눈 단어들의 문법적 갈래라고 하였다. 품사는 본래 단어가 가지는 어휘적 의미의 공통성에 의해 분류되지만 품사는 언어의 문법적 구조 및 현상을 파악하고자 하는 것이기 때문에 문법적 특성을 결코 무시할 수 없다는 것이다. 북한 문법에서는 품사를 문법적 범주라고 할 때 '문법적'이라는 것은 형태론적 측면, 문장론적 측면, 단어조성적 측면을 모두 염두에 둔 포괄적인 것으로 보았다(김옥희 2005: 11). 품사 분류의 기준에 단어조성(형성)까지 제시하는 것은 남한 문법과 차이를 보이는 부분인데 남북의 품사 분류 기준은 아래의 〈그림 1〉과 같다.

---

6   『조선문화어문법규범』(1984/2011), 『조선어품사론』(2005)과 달리, 김백련의 『조선어단어론』(2005)에서는 품사 체계를 '명사, 수사, 동사, 형용사, 관형사, 부사, 상징사, 감탄사(=감동사)'로 설정하여 '대명사'를 품사로 설정하지 않고 '상징사'를 새롭게 설정하였으며 '감동사' 대신 '감탄사'라는 명칭을 사용하였다. 『조선문화어문법규범』(1984/2011)은 북한의 표준 문법서로서 역할을 하며 인민대중이 지켜야 할 언어 규범을 서술한다면, 『조선어품사론』(2005), 『조선어단어론』(2005)은 이전 연구의 성과를 망라하여 오늘날의 단어의 구조와 품사 체계를 해명한다는 데에서 이론문법적 성격을 가진다. 그런데 『조선문화어문법규범』(1984/2011)에서는 보조 용언의 기술이 소략하기 때문에 이 글에서는 북한의 보조 용언 연구를 『조선문화어문법규범』(1984/2011)뿐만 아니라 『조선어품사론』(2005), 『조선어단어론』(2005), 『조선어의 보조적단어에 대한 연구』(1988/2010)를 적극적으로 참고할 것이다.

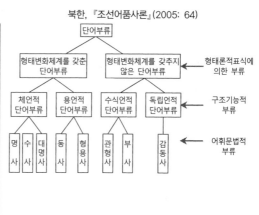

남한, 『한국어 표준 문법』(2018: 231)

1단계(형태)	2단계(기능)	3단계(의미)
불변어 (형태가 변하지 않는 부류)	체언	명사
		대명사
		수사
	수식언	관형사
		부사
	독립언	감탄사
	관계언	조사
가변어 (형태가 변하는 부류)	용언	동사
		형용사

북한, 『조선어품사론』(2005: 64)

〈그림 1〉 남북한의 품사 분류

주지하다시피 북한은 남한 문법의 조사와 어미에 해당하는 '토'를 단어로 설정하지 않는다. 우리말의 토는 굴절어와 달라서 품사에 따라 같은 의미의 형태가 서로 다르게 변하는 것이 아니고 같은 의미의 토가 어떤 품사에서나 같은 형태로 이루어진다고 본다. 북한은 이것을 우리말의 중요한 특성으로 보며 '토'에 단어의 자격을 부여하지 않고 품사 체계에서 제외하여 별도의 문법 분과, '형태론'을 구성한다. 〈그림 1〉은 북한의 이러한 문법관을 보여준다.

〈그림 1〉을 언뜻 보면 남북한이 품사를 분류하는 기준이 유사해 보인다. 남북은 모두 1단계에서 형태론적 특성을 살피고 2단계에서는 구조적으로 문장에서 어떤 기능을 하는지 살핀 후에 3단계에서 어휘가 가지는 문법적 의미를 살핀다. 그러나 남북이 품사 분류의 기준으로 '형태, 기능, 의미'를 단계적으로 적용하지만 1단계에서 '형태가 변하는지, 변하지 않는지'를 판단할 때 차이가 존재한다. 북한은 해방 이후부터 지금까지 동사의 활용을 인정하지 않았다. 북한 문법에서는 '우리말이 곡용과 활용을 한다'라는 문법관은 우리말을 교착어가 아닌 굴절어로 여기는 설

명 방식이라고 여긴다. 그렇기 때문에 '명사(체언)+조사', '동사(용언)+어
미'는 불변어인 '명사', '동사'에 문법적 의미를 부여하는 '토(조사, 어미)'
가 교착된 것으로 보아 북한 문법에서는 남한 문법과 달리 '동사, 형용
사'가 가변어가 아닌 불변어가 된다. 이외에 품사를 분류하는 원칙은 남
북이 큰 이견이 없다.

『조선문화어문법규범』(1984/2011: 168-170)에서는 동사의 갈래를 일정
한 기준에 따라서 '타동사와 자동사', '자립적 동사와 보조적 동사'로 나
눈다. 동사를 '타동사와 자동사'로 나누는 기준은 동사로 표현되는 움직
임의 성격적 특성, 즉 자동성, 타동성에 따라서 나눈 것이다.

동사를 '자립적 동사와 보조적 동사'로 나누는 기준은 동사가 고유한
의미를 가지고 자립적 뜻으로 쓰이며 문장구조 속에서 자립적으로 쓰이
느냐, 문장 안에서 자립적으로 쓰이지 못하고 자립적 동사와 결합하여
쓰이면서 동사의 본래의 실질적인 자립적 의미로 쓰이지 않고 여러가지
문법적 의미나 특수한 의미를 보충적으로 나타내느냐에 따른다(김옥희
2005: 201). 김옥희(2005: 202)에서는 지난 시기에 보조적 동사를 나타내
는 여러 명칭, '보조 동사, 조동사, 형식동사, 불완전동사, 도움움직씨'
등이 있었으나 '우리말에는 보조 동사가 존재하지 않는다'고 보았다.

『조선어문법편람』(2001: 82-83)에서는 문법 범주는 일정한 문법적 형
태에 의해 표현되는데 문법적 의미의 공통성에 기초하여 추상화된 문법
적 현상들의 총체 혹은 그 통일을 나타내는 문법적 개념이라고 정의하였
다. 이러한 인식은 북한 문법이 '토(조사, 어미)'를 중심으로 기술되기 때
문으로 보인다. 구체적으로 정순기의 『조선어형태론』(2005: 55)에서는
조선어에서 행동의 수행방식과 관련된 상적 의미는 찾아볼 수 있으나
문법적 형태(토)에 의해서 그것이 표현되지 않는 만큼 상 범주가 설정되
지 않는다고 서술하였다. 또한 상적 의미는 단어의 반복이나(예: 뛰고 뛰

다, 가고 가다) 부사(예: 계속 오라, 자꾸 불어나다), 보조적 단어(예: 삼켜 버리다, 쓰고 있다, 먹어 보다)를 통해 이루어지기 때문에 이를 문법 범주로 인정하지 않는다. 즉, 형태론적인 문법적 범주를 규정함에 있어서는 문법적 형태가 있는지 없는지 하는 것을 매우 중요하게 여긴다. 그렇기 때문에 피동, 사동의 의미가 있는 '-아/어지다', '-게 하다'와 같은 다단어 구성에 의한 표현은 피동과 사동으로 인정하지 않는다. 북한 문법에서는 '본용언+(보조적 연결)어미+보조 용언' 구성의 '보조 용언'은 자립적 동사가 본래의 의미로 쓰인 것은 아니지만 동사의 여러 의미 중 하나가 부수적으로 표현된 것으로 여긴다. 따라서 북한 문법에서는 보조 용언은 문법화 진행 단계에 있을지언정 순수하게 문법적 의미나 기능을 나타내는 보조 용언은 없다고 본다.

2.2. 북한에서 이루어진 보조 용언 연구의 특징

북한에서는 보조 용언이가지는 우리말의 특성을 포착하여 보조 용언에 대한 연구를 활발히 진행하였는데[7] 여기에서는 북한의 보조 용언 연구가 무엇에 중점을 두고 이루어졌는지를 살펴보도록 한다.

첫째, 북한의 보조 용언 연구는 보조 용언(보조 동사)이 실재하는가를 연구의 중요한 착안점으로 삼았다.[8] 정순기(1988/2010: 289-292)에서는 우리말의 '보조 동사'는 인구어의 보조 동사와도 구별되고 일본어의 보조 동사와도 구별되며 교착어에 속하는 다른 언어의 보조 동사와도 구별된다고 하였다. 영어의 경우, 보조 동사는 '연결동사(connecting verb)'와

---

7 우리말은 형태론적 측면에서 보았을 때 토에 의한 문법적 조성과 함께 보조적 단어 (보조적 동사 포함)가 매우 풍부하게 발달되어 있다(정순기 1988/2010: 3).

8 북한의 규범 문법에서는 우리말에 보조 형용사는 없고 보조 동사만 있다고 하였다. 따라서 여기에서 북한의 보조 용언 연구는 보조 동사를 중심으로 살핀다.

'방조동사(Auxiliary Verb)'로 구별되는데 '연결동사(connecting verb)'는
be동사를 포함하여 'begin, continue, finish, may, must' 등이 있고
'방조동사(Auxiliary Verb)'에는 'I have seen it.'의 'have'와 같은 예가
있다. 그러나 우리말에서는 이른바 보조적 동사를 영어와 같이 '연결동
사(connecting verb)'와 '방조동사(Auxiliary Verb)'로 구별할 수 없고 보조
적 동사는 문법적 의미를 나타내는 것이 아니라 구체적인 실질적 의미와
그와 관련된 어휘적 의미를 나타낸다고 하였다. 따라서 우리말의 보조
동사(보조 용언)는 그와 결합한 본동사의 어느 한 문법적 형태를 형성할
수 없으며 그 어느 때에도 분석 구조를 이를 수 없다고 보았다.

북한에서는 우리말의 보조 용언은 문법화 과정에 있는 것도 있지만
대부분 본동사의 실질적인 어휘적 의미를 나타낸다고 여긴다. 북한 문법
에서는 이것을 중요하게 여기며 보조 동사가 본동사의 어휘적 의미에
근본적 변화를 가져오지 않는다고 여기며 보조 동사는 있을 수 없고 '보
조적 동사'가 쓰인다고 본다. 결합 구조 측면에서도 영어는 과거 분사와
같은 어느 한 문법적 형태로 고정되어 있는 반면에(정순기 1988/2010: 293)
우리말은 '-아/어', '-고', '-게', '-지' 등 다양한 문법적 형태를 취할
수 있고 '-아/어', '-고', '-게', '-지' 등과 결합한 용언은 그 자체로 문
장에서 기능을 할 수도 있다. 영어에서 보조 동사가 문법적 형태 조성에
관여한다면 우리말에서는 문장 성분으로서 문장에서 일정한 기능을 할
가능성을 가진다.

정순기(1988/2010: 295)에서는 우리말의 보조 용언을 일본어의 도움동
사(보조 동사)와 비교하였을 때에도 차이가 있다고 하였다. 일본어의 보
조 동사는 자립적인 동사로 쓰이면서도 다른 동사의 뜻을 도와 그와 함
께 문장 성분을 이루면서 보조적인 동사로 쓰인다. 그 예로 'いる, する,
みる' 등은 이음형 'ーて' 뒤에 붙어 쓰인다. 이런 동사의 다른 예로는

합성 동사를 이루면서 행동의 시발, 행동의 중지 등 여러 가지 상의 의미를 가지는 'はじぬる, つづはる, おわる, なおす' 등의 동사가 있다. 이것들은 언제나 합성 동사의 뒤 요소로서 동사의 이음형과 결합하여 '運轉してぬる, 讀んでみる'나 'かきはじぬる' 등 합성 동사에서 보조 동사들은 상적 의미를 나타낸다고 서술하였다. 즉, 일본어에서는 행동의 시작, 지속, 완료, 반복 등과 관련된 상적 의미가 문법적 기능을 가진 어휘소의 결합으로 이루어지지만 우리말에서는 '시작하다, 계속하다, 끝나다, 하고 있다' 등의 상적 의미는 어휘적 의미로 파악되지 문법적 의미로 파악되지 않기 때문이라고 서술하였다.

이외 '말다', '싶다'의 용언이 비자립성의 측면에서 특색을 갖는데 정순기(1988/2010: 299)에서는 '말다'는 비자립적 용법뿐만 아니라 자립적 용법으로도 쓰이는 동사이고 '싶다'는 역사적 문헌을 살펴보았을 때 형용사로 존재하였다고 보았다. '싶다'는 중세 시기에도 자립적인 단어로 쓰인 예를 찾기 힘들고 오늘날 '싶다'는 '무슨 수가 있나 싶어 …', '편지라도 왔으면 싶은 생각이 …', '달았다 싶었다', '놓으리라 싶었다' 등의 쓰임에도 순수한 의미의 비자립적 사용이라고 보기 힘들다고 여겼다. 왜냐하면 '싶다'와 그 앞에 오는 단어와의 사이가 보통의 보조 용언이 맺는 결합 관계와 다르게 맺음형 어미가 오는 경우가 많기 때문이다.

결론적으로 북한 문법에서는 우리말에 고유한 의미의 보조 동사를 찾아보기 힘들고 비자립적으로만 쓰이는 동사는 없다고 보며 보조 동사는 존재하지 않고 자립적 동사가 보조적으로 용법으로 쓰이는 '보조적 동사'만이 존재한다고 여긴다.

둘째, 북한 문법(『조선문화어문법규범』(1984/2011), 정순기의 『조선어의 보조적단어에 대한 연구』(1988/2010), 김옥희의 『조선어품사론』(2005) 등)에서는 우리말에서 보조 동사의 부류를 설정할 수 없다고 보지만 '보조적 단어'의 부류는 설정할 수 있다고 보며 보조적 단어의 의미·기능에 초점을 두고 보조 용언을 연구하였다. 북한 문법에서는 '가다, 가지다, 나다, 내다, 놓다, 말다, 먹다, 버리다, 보다' 등의 동사가 '-아/어', '-고' 등과 같은 어미와 결합하여 보조적 용법으로 사용될 때 상 범주 및 동작의 행동 방식과 관련된 표현을 나타낸다고 본다. 또한 남한 문법과 다르게 '관하여, 관해, 대하여, 대한' 등이 체언과 결합하여 특수한 형태의 보조적 동사의 기능도 있다고 본다. '관하여, 관해, 대하여, 대한' 등의 단어들은 조사와 유사한 기능을 하는데 북한에서는 이러한 단어들이 문장에서 어떤 역할을 하는지를 보았을 때 후치사적[9] 단어로서 역할을 하지만 그 기원과 품사적 측면에서는 보조 동사적 단어로 보았다.

북한 문법 형태론의 구성은 남한보다 엄격하게 형태소를 중심으로 구분하기 때문에 문법적 의미·기능을 하는 '토'를 중심으로, 단일 형식만을 대상으로 삼는다. 북한 문법에서는 단일 형식이 아닌 다단어 표현, 소위 '우언적 구성'이 하나의 덩어리로 문법적 기능을 한다고 보지 않기 때문에 이는 어휘의 의미, 기능을 다루는 단어론 혹은 품사론의 측면에서 고찰한다. '~에 관하여', '~을 말미암아' 등은 오늘날 일정한 형태로 굳어져 격의 의미 등 문장에서 제한된 형태로 사용되지만 '~을 말미암아'에 단어 '말미암다' 고유의 어휘적 의미가 남아 있다고 보아 보조적 동사로 분류한다.

---

9 정순기(1988/2010: 204-206)에서는 우리말에서 독자적인 품사로서 후치사를 설정하는 것은 불합리하다고 보았다. 하지만 단어들의 후치사적 사용을 중시하여 후치사적 단어가 존재한다고 말하는 것은 합리적이라고 주장하였다. 이런 이유로 후치사의 어휘, 문법적 부류에 관한 문제는 제기되지 않지만 단어들의 후치사적 사용은 가능하다고 본 것이다. 그 예로는 '관하여, 관한, 대하여, 의하여, 의한' 등이 있다. 정순기(1988/2010)에서는 이런 단어들이 보조 동사 문제와 관련되었다고 보며 보조적 동사로 취급하였다.

셋째, 북한 문법에서는 '상(aspect)'과 관련된 문제는 어휘적 성격이 짙게 남아서 있으면서 문법적 경향성을 지닌 문제로 설정하며 문법 범주로 설정하지 않았다. 정순기(1988/2010: 263-264)에서는 우리말은 인구어와 달리 '완료-불완료'와 같은 쌍이 존재하지 않고 상의 문법적 의미를 표현하기 위한 형태론적 수단, 접두사나 접미사가 존재하지 않기 때문에 상 범주를 형태론의 문법 범주로 설정할 수 없다고 보았다. 또한 우리말은 상형태 표현을 위한 분석 구조도 존재하지 않는다며 동사 '받다, 당하다, 시키다, 입다' 등은 상형태 표현을 위한 분석적 형태를 조성하지 않는다고 서술하였다. 위 동사는 자신의 어휘적 의미 특성으로 인하여 그것이 들어간 결합 구조에 '피동', '사동'과 비슷한 어휘적 의미를 부여한다. 문법 범주는 대응 체계가 존재하지 않고 문법적 표현 수단이 존재하지 않는다면 새로운 문법적 범주로 설정하기가 어렵기 때문에 북한 문법에서는 '상'을 문법 범주로 설정하지 않는다고 주장한다. 남한 문법에서 '받다, 당하다, 시키다' 등의 동사가 가지는 어휘적 의미에 의해서 형성되는 상을 어휘상으로 '본용언+(보조적 연결)어미+보조 용언' 구성을 문법상으로 구분하지만 정순기(1988/201)에서는 어휘상과 문법상을 구별하여 서술하지 않고 '보조 용언 구성'을 상적 의미를 나타내는 표현으로 구분함으로써 문법 범주로 설정하지 않는다.

북한은 1960년 문법서에서부터 동사의 의미, 기능의 부분에서 '상(aspect)'을 상세하게 서술한다. 북한 문법의 이러한 기술 방식은 동사의 상 범주 문제를 동사라는 품사의 '어휘문법적' 특성과 관련된 것으로 여기는 것이다. 정순기(1988/2010: 267)에서는 만약 상 범주를 어휘의미적 특성으로 나누면 동사의 의미에 따라서 동사 부류를 나누어 그에 맞는 수많는 동사의 상형태를 가르게 되는 결과를 가져오게 되어 '완료, 진행, 반복, 시작' 등의 상형태 외에도 '중단, 지속, 실험, 재생, 금지' 등의 상

형태가 생길 수 있다고 하였다. 정순기(1988/2010)에서는 의미를 중심으로 문법 범주를 체계화하면 어휘문법적 범주에 대한 이해를 단어의 어휘적 의미 특성에 따라 분류되는 품사론적 문제로만 귀착시키고 단어의 문법적 형태에 관한 문제를 보지 않게 된다고 비판하였다. 북한의 이러한 시각은 상을 어휘상과 문법상으로 분리하여 보지 않는다는 점, '토'만이 문법 형태소로 기능하고 소위 우언적 구성과 같은 다단어 구성의 문법적 기능을 인정하지 않는다는 점에서 생기는 문제인 듯하다. 북한은 1950년대 중반부터 동사가 시간의 흐름에 따른 사태를 표현한다는 것을 인식하여 어휘의미의 일부로서 상의 개념을 중요하게 서술하였다. 이는 어휘상의 개념을 일찍이 인식하고 동사의 어휘적 의미가 문장의 상을 결정하는 토대가 된다고 본 것이다. 그러나 어휘상이 부사와의 결합 관계로 실현된 상이나 보조 용언 구성과 같은 문법 구성에 의해 실현된 문법상과 차이가 있다는 점을 주목하지 않았다. 정리하면 북한 문법에서는 보조적 동사(용언)의 기능은 동사의 어휘적 의미로 인한 것이기 때문에 이를 문법 범주로서 '상 범주'를 설정할 수 없다고 여긴다.

3. 북한 문법의 보조 용언 구성

북한에서는 보조 동사(보조 용언)를 인정하지 않지만 보조적 단어의 하나로 '보조적 동사'를 설정한다. 여기에서는 북한 문법에서 보이는 보조적 동사의 정의와 특징을 살펴볼 것이다. 그리고 보조 용언 구성의 기능과 범위 및 유형을 확인하도록 한다.

3.1. 보조적 동사의 정의와 특성

북한 문법에서는 우리말에 보조 용언이 없고 '보조적 동사', '보조적 형용사'만 있을 뿐이라고 판단하는데『조선문화어문법규범』(1984/2011) 등 다수의 북한 문법서에서 보조 형용사에 대한 기술이 없으므로 이 글에서는 보조적 동사를 중심으로 정의와 특성을 살펴보도록 한다.

보조 용언은 표면적으로 두 개의 서술어가 연결 어미의 연결로 잇달아 나타나는데『조선어문법』(1949), 김수경의『조선어문법』(1954)에서는 '보조적 동사'에 대한 언급을 하지 않았고 동사를 설명하는 부분에서 '동사에 의해 표현되는 상적 의미, 태적 의미' 등 동사 기능의 하나로 자세히 서술되었다. 보조적 동사에 대한 직접적 언급은『조선어문법1』(1960)에서 처음으로 언급된다.『조선어문법1』(1960: 263)에서는 '보조적 동사는 순수한 어휘적 의미를 가지지 못하고 다른 자립적 동사와 함께 사용되면서 합성적인 문장 성분을 이루는 데에 보조적 역할을 하며 상적 (aspect), 양태적 의미를 첨가한다'고 서술하며 하나의 동사가 자립적 동사로도 쓰이고 보조적 동사로도 쓰일 수 있다고 보았다.『조선어문법1』(1960)에서 보조적 동사의 판별 기준은 동사가 지니는 어휘적 의미에 있다. 예를 들어 '짚어 가고, 우거져 가는 자연은 ……'에서 '가다'는 본래의 의미 '한 곳에서 다른 곳으로 움직이다'로 쓰이지 않고 '행동의 진행'을 의미하는 보조적 의미로 사용되었다. 이와 같이 본래의 의미와 다르게 쓰였다는 것, 문장에서 혼자서 쓰일 수 없고 다른 동사와 함께 쓰인다는 것을 중요한 기준으로 삼아 이때 '가다'를 '보조적 동사'로 칭한다.『조선어문법1』(1960)에서 보조적 동사가 순수한 어휘적 의미를 가지지 않는다는 것은 동사 본래의 의미를 가지지 않는다는 것이지만 어휘적 의미가 완전히 상실되었다고 보지는 않는다. 위의 예에서 '가다'가 한 곳에서 다른 곳으로 장소를 이동한다는 본래의 의미를 지니지는 않지만 움직임의 성질이 완전히 제거되지 않았다는 것에서 순수한 어휘적 의미를 완전히 상실했다고 보지 않는다.

또한 '관하다, 더불다, 대하다, 말미암다, 비롯하다' 등의 동사들은 격형태를 갖춘 명사 뒤에 쓰이면서 명사의 격 의미를 도와준다. 이 동사들은 자립적 동사에 기원하면서도 오늘날 그 형태에 있어서는 자립적 동사가 가지고 있는 것 중 일부의 형태만 가진다. 따라서 이 동사들은 전반적 체계에서 고립되어 가고 있으며 점차 보조적 품사로 되어 간다고 하였다(『조선어문법1』 1960: 266). '~에 관하여, ~와 더불어' 등에 대한 문법적 설명은 이후 문법서에도 유사하게 반복되어 기술된다.

1970년대 문화어문법에서도 '보조적 동사'라고 칭하고 '보조 동사'라는 표현은 사용하지 않는다. 『조선어품사론』(2005: 202-203)에서는 일반적으로 보조 동사는 분석 구조 형태의 언어에서 보편적으로 쓰이는 것으로 그 자체는 독자적인 문장 성분이 될 수 없고 일정한 단어의 문법적 형태를 이루면서 문법적 의미를 나타내는 것으로 순수한 문법적 기능을 수행한다고 보았다. 영어 문장 'I have seen it.'에서 'have'는 의미론적으로 볼 때 뜻이 비어 있고 이 문장에서 동사 사용의 의의는 'seen(see)'에 있기 때문에 'have'와 같은 보조 동사는 순전히 문법적인 기능을 한다. 그러나 북한 문법에서는 우리말에 이렇게 순수하게 문법적 의미와 기능만을 나타내는 보조 동사가 없다고 보며 '보조 동사'를 두지 않는다.

우리말의 일부 동사가 보조적으로 사용될 때 나타내는 의미는 일정하게 문법적 성격을 띠기는 하지만 완전히 문법화된 것이 아니고 문법적 경향성을 가진 의미로서 자신의 실질적인 어휘적 의미와 밀접한 연계를 가지며 여러 가지 뜻을 가진다. 다시 말해 문법적인 것과 함께 어휘적 의미가 잔재하기 때문에 북한 문법에서는 우리말에는 순수한 의미에서 보조 동사는 존재하지 않고 자립적 의미를 가진 자립적 동사가 자립적 의미로도 쓰이고 보조적으로도 사용되어서 '자립적 동사의 보조적 사용만 있을 뿐'이라고 여긴다. 『조선어품사론』(2005)에서는 우리말의 '보조 동사'라고 하는 일부 동사들은 자립적인 실질적 의미를 가지고 자립적으로 쓰이기도 하고 장면이나 문맥, 제약된 결합 구조 속에서 일정한 문법적 경향성을 띤 여러 가지 보충적 의미를 나타낸다고 하였다. 결론적으로 고유한 의미에서의 보조 동사가 존재하지 않고 자립적 동사가 보조적으로 쓰이기 때문에 '보조 동사'가 아니라 '보조적 사용'으로 표현하는 것이 합리적이고 타당성이 있다고 서술하였다. '보조적 동사'라는 용어는 제한된 단어들이 아직은 보조 동사로 완전히 문법화되지 못하고 다만 보조 동사와 비슷하게 쓰인다는 의미를 나타내기 때문이다. 이러한 인식을 바탕으로 북한 문법에서 바라보는 보조적 동사의 정의와 특성을 정리하면 다음과 같다.

(1) 북한 문법의 보조적 동사(보조 용언)에 대한 정의
　　보조적 동사는 문장에서 자립적으로 쓰이지 못하고 자립적 동사와 결합하여 쓰이면서 동사 본래의 실질적인 자립적 의미(주된 의미)로 쓰이지 않고 여러 가지 문법적 의미나 특수한 의미를 보충적으로 나타내는 동사를 말한다.
(2) 북한 문법에서 바라보는 보조적 동사(보조 용언)의 특성
　　가. 문장론적 특성: 문장에서 주어 및 다른 선행하는 문법적 요소에 개별적으로 서술어 기능을 할 수 없다.
　　나. 형태론적 특성: 보조 용언 구성 전체가 형태적 구성으로 쓰여야 한다.
　　다. 문법적 의미·기능: 문법적 성격을 띠지만 완전히 문법화된 것이 아니고 본래의 실질적 어휘의 의미와 밀접한 관계를 가진다.

3.2. 보조적 동사의 기능

북한 문법에서는 1950년대부터 동사가 상적, 태적 그리고 양태적 의미를 지나고 있음을 중요하게 기술하였고 1970년대 이후 규범 문법서에서는 보조적 동사가 상, 양태 등의 기능을 할 수 있다고 서술하였다. 북한의 문법서에 기술된 보조적 동사의 문법적 의미를 김옥희의『조선어품사론』(2005)을 참고하여 아래와 같이 정리하였다.

〈표 1〉 김옥희의 『조선어품사론』(2005)에서 보이는 보조적 동사의 문법적 의미·기능

문법적 기능	의미	형태[10]
상	지속	-아/어 오다/가다/나가다, -고 있다
	완료	-아/어 가지다/놓다/버리다/두다/내다/치우다/먹다, -고 나다
양태 및 기타	경험, 추측, 의지	-아/어 보다
	봉사	-아/어 주다
	중지	-아/어 두다
	움직임의 반복	-아/어 나다
	가능성	-아/어 내다
	움직임이나 행동이 세차게 진행됨	-아/어 대다
	움직임이나 성질, 상태를 얕잡거나 속되게 나타냄	-아/어 먹다
	부정, 금지	-(동사)지 말다, -(형용사)어 말다

김옥희(2005)에서는 용언과 함께 쓰이는 보조적 동사는 행동 수행의 방식과 관련된 상적 의미와 양태적 의미뿐만 아니라 여러 가지 의미를 나

---

10 북한 문법에서는 보조 용언을 보조적 연결 어미와 붙여 쓴다. 예를 들어 '읽고 있다'가 아니라 '읽고있다'로 쓴다. 그러나 여기에서는 보조 용언이 어떤 어미와 결합하는지를 명시적으로 보기 위해서 '-고있다'가 아니라 '-고 있다'로 띄어 쓴다.

타내어 구어에서 많이 쓰인다고 하였다. 먼저 '지속', '완료'의 상적 의미를 가지는 보조적 동사의 예는 아래와 같다.

(3) 가. 그는 한평생 위대한 수령님께 충성 <u>다해왔다</u>.
    나. 수도의 밤은 소리없이 <u>깊어간다</u>.
    다. 강성대국을 향하여 <u>총진격해나가자</u>.
    라. 아버지가 지금 신문을 <u>읽고있다</u>.
    마. 혁명소설을 <u>읽고난</u> 뒤의 감격은 매우 컸다.
    바. 오늘 내준 과제를 다 <u>해가지고</u> 와야 한다.
    사. 자립적민족경제의 토대를 튼튼히 <u>마련해놓았다</u>.
    아. 기다리다 못해 <u>가버렸다</u>.
    자. 농사차비는 미리미리 <u>해두어야</u> 한다.
    차. 조국으로 가자면 어려운 난관과 시련을 <u>견디여내야</u> 한다.
    타. 그 떡은 오늘중으로 다 <u>먹어치워라</u>.[11]

(3)은 김옥희(2005)에서 제시한 지속과 완료의 의미로 쓰인 보조적 동사의 예로 (3가-라)는 지속의 의미를, (3마-타)는 완료의 의미를 지닌다. (3가) '-아/어 오다'는 일정한 기한까지 계속되고 있다는 의미, (3나) '-아/어 가다'는 일정한 기한보다 뒤로 계속됨을 나타내고, (3다) '-아/어 나가다'는 일정한 기한보다 뒤로 더 힘차게 계속됨을, (3라) '-고 있다'는 어떤 움직임이 지속상태에 있음을 나타낸다. (3마) '나다'는 '-고' 뒤에만 쓰이면서 움직임이 일단 끝을 봄을 나타내고, (3바) '-아/어 가지다'는 어떤 움직임이 끝나거나 어떤 성질, 상태에 있다는 것을 강조함을 나타낸다. (3사~타)는 유사한 의미를 나타내는데 (3사) '-아/어 놓다'는

---

11 북한의 문법서에서 가져온 예의 띄어쓰기, 맞춤법 등은 일부 특별한 경우를 제외하고 모두 원문을 그대로 따른다. 예문의 밑줄은 글쓴이가 한 것이다.

어떤 움직임을 <u>완전히</u> 끝냄을, (3아) '-아/어 버리다'는 어떤 움직임을 <u>드디어</u> 끝냄을, (3자) '-아/어 두다'는 어떤 움직임을 <u>마음먹고</u> 끝냄을, (3차) '-아/어 내다'는 어떤 행동이 끝까지 <u>계속되거나 끝내 이루어짐</u>을 나타내고, (3타) '-아/어 치우다'는 어떤 움직임을 <u>완전히 남김없이</u> 끝냄을 의미한다(김옥희 2005: 210-212). 보조적 동사는 '지속', '완료'와 같은 상적 의미 외에도 다양한 뜻을 지니며 양태 표현을 나타낸다.

> (4) 가. 감자로 만든 떡이랑 꽈배기랑 <u>먹어보니</u> 참 별맛이더군.
> 나. 새로 온 지배인이 정말 좋은 <u>사람인가 보다</u>. (추측)
> 다. 래일 내가 할머니한테 <u>갈가 보다</u>.
> 라. 아버지는 아이들에게 재미나는 옛 이야기를 <u>들려주었다</u>.
> 마. 오늘은 <u>그만두고</u> 래일 마저 하자.
> 사. 여러번 <u>먹고나서</u> 이젠 파악이 있다.
> 아. 명령만 하면 그 어떤 과업이든지 <u>해낼수</u> 있다.
> 자. 매미들이 소란스럽게 <u>울어댄다</u>.
> 차. 이렇게 힘들어서야 반장일을 <u>해먹겠어요</u>?

(4가) '-아/어 보다'는 어떤 행동을 시험적 혹은 경험적으로 한다는 의미를, (4나) '-인가 보다'는 추측의 의미를, (4다) '-(으)ㄹ가 보다'는 의지를 의미한다. (4라) '-아/어 주다'는 상대방을 위하여 일정하게 봉사를 한다는 뜻이 담겨 있고, (4마) '-아/어 두다'는 어떤 동작이나 행동을 더 계속하지 말고 중단한다는 뜻을, (4사) '-아/어 나다'는 움직임이 반복된다는 의미, (4아) '-아/어 내다'는 가능성을, (4자) '-아/어 대다'는 어떤 움직임이나 행동이 강하게 반복적으로 진행됨을, (4차) '-아/어 먹다'는 움직임이나 성질, 상태를 얕잡거나 속되게 나타내는 표현이다(김옥희 2005: 212-213). (4)는 모두 화자가 문장에서 이야기하는 내용들에 대해

주관적 태도를 나타내는 양태적 성격의 표현들이다. 명제에 대한 화자의 심리적 태도, 즉 양태적 의미를 나타내는 보조적 동사 구문은 개별 용언이 가지고 있는 구체적인 의미와 상황 맥락에 따라서 매우 다양하게 세분화가 되어 담화적 기능을 한다. '의지, 추측, 경험, 봉사, 중지' 등의 문법적 의미뿐만 아니라 '명령, 충고, 거절, 변명, 후회, 제안' 등의 의미를 나타낼 수 있다.

정순기(2005: 57)에서 우리말의 양태성의 문법적 의미는 양태적 '단어'에 의해서 표현되는데 이러한 단어들은 양태적 의미의 특성으로 인하여 단어의 문법적 형태로 표현되지는 못한다고 보았다. 북한 문법에서는 우리말에서 행동의 수행 방식과 관련된 상적 의미를 찾아볼 수 있지만 이것이 ('토'라는) 문법적 형태에 의해서 표현되지 않는 만큼 상 범주 및 양태범주를 문법 범주로 설정하지 않고 의미 범주로 설정한다. '부정'을 나타내는 표현도 마찬가지로 문법 범주로 다루지 않고 '부정 표현'을 나타내는 의미 범주로 다룬다. '상', '양태', '부정' 등을 문법 범주로 다루지 않고 의미 범주로 다루는 부분은 남한 문법과 차이가 나는 부분이다.

(5)　가. 울지 말아 을남아.
　　나. 일하지 않는자는 먹지 말라.
　　다. 어려워 마십시오.

(김옥희 2005: 214)

(5)에서 '말다'는 동사의 '-지'형 뒤와 형용사의 '-아/어/여'형 뒤에 쓰이면서 행동의 부정과 금지, 만류, 제지 등의 뜻을 나타낸다. 북한 문법에서는 문법 범주의 성립을 '토'에 의한 것으로 보기 때문에 보조적 동사에 의해서 표현되는 '-지 말다', '-지 않다' 등을 형태론의 문법 범주의 하나로 기술하지 않고 품사론 중 '보조적 동사'의 의미·기능에서 기술한다.[12]

3.3. 보조적 동사의 범위와 유형

『조선문화어문법규범』(1984/2011: 169)에서는 보조적 동사를 크게 두 가지로 나누는데 첫째, 보조적으로만 쓰이고 자립적으로는 쓰이지 않는 동사, 둘째, 자립적으로도 쓰이고 보조적으로도 쓰이는 동사가 있다. 보조적으로만 쓰이고 자립적으로 쓰이지 않는 동사는 다시 두 가지 경우, '동사 뒤에 붙어서만 쓰이는 것', '체언이나 바꿈토((으)ㅁ, 기)가 붙은 용언 뒤에서만 쓰이는 것'으로 나뉜다. 이를 정리하면 〈그림 2〉와 같다.

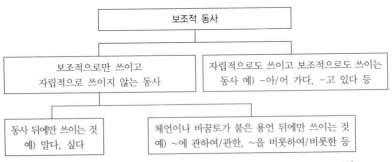

〈그림 2〉 보조적 동사의 범위(『조선문화어문법규범』 1984/2011: 169)

먼저 『조선문화어문법규범』(1984/2011)에서는 보조적으로만 쓰이고 자립적으로 쓰이지 않는 동사의 예로 '말다, 싶다'를 제시한다. (6가-라)는 『조선문화어문법규범』(1984/2011)에서 보조적으로만 쓰이고 자립적으로

---

12 정순기(2005: 56)에서는 형태론적인 문법 범주는 '문법적 의미'와 '문법적 형태', 두 개의 기둥으로 형성된 문법적 개념인 만큼 문법적 의미를 나타내기 위한 문법적 수법(예: 굴절, 교착, 포합 등)과 직접적으로 연결되지 않고 간접적으로 연결된다고 보았다. 그리고 문법적 의미를 나타내는 문법적 형태가 어떤 수법에 의해 조성되었든 일단 조성된 다음에는 문법적 수법은 뒤로 물러가고 문법적 형태가 앞서게 된다고 하였다. 그렇기 때문에 문법적 범주의 규정에서는 문법적 의미와 문법적 형태가 중요한 역할을 한다고 본다.

쓰이지 않는 동사의 예이다. (6가)의 '말다', (6나)의 '싶다'는 동사 뒤에서만 붙어 쓰이는 예이고 (6다, 라)는 체언이나 바꿈토가 붙은 용언 뒤에서만 쓰이는 예이다. 그러나 (6가, 나)의 '말다, 싶다'가 보조적으로만 쓰이고 자립적으로는 쓰이지 않는지는 의문이다. '말다'는 보조적 동사로만 쓰이지 않고 자립적 동사로도 쓰이기 때문이다.

(6) 가. 어려운 문제였으나 차돌이는 끝내 자기 혼자 힘으로 <u>풀어내고말</u>
     <u>았다</u>.
    나. 부르고 불러도 또 <u>부르고싶은</u> 이름
    다. …… 우리 민족의 수난의 력사 또한 수령님에 <u>의하여</u> 영광의 력사
     로 전환되였나니!
    라. 근로자들에게 자본주의에 <u>비한</u> 사회주의의 우월성을 똑똑히 알려
     주어야 한다.
(7) 가. 저만 믿고 걱정 <u>마세요</u>.
    나. <u>일어설까 말까</u> 망설이는데 애가 잠을 깼다.
    다. <u>이것 말고</u> 저것을 주시오.
    라. 이곳에서 <u>수영하지 마시오</u>.
    마. 기차가 떠나 <u>버리고야 말았다</u>.[13]

(7)은 '말다'의 여러 가지 쓰임을 보여준 예로 (7가-다)는 '말다'가 자립적 동사로 쓰인 예이고 (7라, 마)는 보조적 동사로 쓰인 예이다. (7가)는 '말다'가 본동사로서 '어떤 행동을 하지 않거나 그만두다'의 의미로 쓰였고, (7나, 다)는 '부정'이나 '제외'의 의미로 쓰였고, (7라, 마)는 보조적 동사로서 '금지'의 의미나 '행동의 완료'를 의미한다. '말다'는 자립적으

---

13 (7)의 예문은 국립국어원의 『표준국어대사전』(웹버전: https://stdict.korean.go.k
    r/main/main.do)을 참조하였다.

로 쓰이거나 보조적으로 쓰이거나 어원적 의미라고 볼 수 있는 '부정', '금지'와 관련이 있음을 보여준다. '말다'는 보조 동사로서 '행동의 완료'라는 상적 의미도 나타내는데 김옥희(2005: 206)에서는 '말다'의 본래 의미인 '부정', '금지'로부터 견고한 결합 구조 속에서 '강조'하는 뜻도 나타내고 나아가 상적 의미를 가지는 '행동의 완료'를 나타내는 것으로 보았다. 김옥희(2005)에서는 『조선문화어문법규범』(1984/2011)과 달리 '말다'를 순수한 보조적 동사로만 볼 수 없음을 주장했고 '싶다' 역시 순수한 보조적 동사로 보지 않았다.

남한 사전에 '싶다'는 '보조 형용사'로 명시되어 있고 김옥희의 『조선어품사론』(2005)에서는 '싶다'를 '형용사'로 보아야 한다고 주장한다.[14] 『표준국어대사전』에서는 '싶다'의 의미를 '앞말이 뜻하는 행동을 하고자 하는 마음이나 욕구를 갖고 있음을 나타내는 말', '앞말이 뜻하는 내용을 생각하는 마음이 있음을 나타내는 말', '앞말대로 될까 걱정되거나 두려워하는 마음을 나타내는 말'이라고 서술하였다. 김옥희(2005: 208)에서도 '싶다'가 『표준국어대사전』과 같은 형용사적인 어휘적 의미를 가진다고 보며 '싶다'가 여러 가지 형태의 결합 구조 속에서 실현된다고 하였다. '-고 싶다', '-면 싶다', '-ㄹ(ㄴ)성 싶다', '-ㄹ듯 싶다', '-ㄹ(ㄴ)가 싶다' 등은 형용사적인 어휘적 의미가 구체화되어 표현되고 있는 것이지 상적 의미나 관계적

---

14 김옥희의 『조선어품사론』(2005: 208)에서는 '싶다'를 '보조 형용사'가 아니라 '형용사'로 본 이유는 다음과 같다. '싶다'를 품사적 측면에서 규정한다면 '보조 형용사'라고 해야 하지만 형용사의 경우에 보조 동사와 같은 기능으로서 보조 형용사 문제를 제기한 예가 없고 '동사+형용사'의 결합 구조로 문법적 경향성을 띠기가 힘들기 때문이다. 오직 '동사+동사'의 결합 구조에서만 앞의 동사가 나타내는 의미를 뒤의 동사가 받아서 문법적 기능을 나타낼 수 있으므로 '싶다'는 보조 형용사가 아니라고 하였다. 반면에 김백련의 『조선어단어론』(2005: 229-231)에서는 '싶다', '보다(그 동무 아주 <u>건강하다나 봅디다</u>)', 하다(<u>좋기는 하다</u>)' 등은 보조 형용사로 사용되었다고 하였다.

의미를 찾을 수 없다고 하며 중세 국어에서 '싶다'의 쓰임을 살펴보았을 때 오늘날보다 자립성이 강하였고 형용사로 존재하였음을 보여준다고 하였다.[15] 그러므로 『조선문화어문법규범』(1984/2011)의 주장과 달리, 우리 말에는 고유한 의미에서 순수 보조 동사는 존재하지 않고 자립적 동사의 보조적 사용(보조적 동사)만 존재한다고 보며 보조 동사의 부류는 상정하지 않았다.[16]

다음으로 자립적 동사가 보조적으로 쓰이는 경우는 두 가지로, 첫 번째 유형은 용언과 함께 쓰이는 보조적 동사이고 두 번째 유형은 체언과 함께 쓰이는 보조적 동사이다.

> (8) 용언과 함께 쓰이는 보조적 동사 　　　　　　　　(김옥희 2005: 210-214)
> 　　가. '-아/어/아/여' 뒤: 오다, 가다, 가지다, 놓다, 버리다, 두다, 내
> 　　　　　다, 치우다, 먹다, 보다, 주다, 나다, 대다 등
> 　　나. '-고' 뒤: 있다, 나다 등
> 　　다. '-지' 뒤: 말다 (*'형용사'-아/어/아/여 말다)
> 　　라. '-ㄴ/은/는가' 뒤: 보다

김옥희(2005)에서는 용언과 함께 쓰이는 보조적 동사를 의미·기능을 중심으로 구별하였는데 여기에서는 이를 본용언과 결합하는 어미의 유형에

15　예) 잔을 남기는가 <u>시버뵈니</u> (첩해신어(捷解新語) 13권 5쪽)
　　　김옥희(2005: 209)에서는 중세 문헌 '첩해신어'에서 '시퍼 뵈다(싶어 보이다)'와 같은 예를 들며 과거에 '싶다'는 오늘날보다 자립성이 높은 단어였다고 서술하였다.

16　『조선문화어문법규범』(1984/2011)은 1970년대에 쓰여진 『조선문화어문법규범』 (1976) 이후 거의 내용의 변화가 없는데 문화어 문법서 이외에 대부분 북한 문법서 및 『조선말사전』(1960) 등에서는 '말다'를 '자립적으로도 쓰이고, 보조적으로도 쓰이는 동사'로 본다. 즉, '말다', '싶다'를 '보조적으로만 쓰이고 자립적으로는 쓰이지 않는 동사'로 보는 문법서는 문화어 문법서 외에는 거의 없는 것으로 보아, 『조선문화어문법규범』(1984/2011)의 논의는 북한 문법론에서 받아들여지지 않는 것으로 보인다.

따라 재구성하여 (8)과 같이 정리하였다. '-아/어/여' 뒤에 올 수 있는 동사는 '오다, 가다, 가지다, 놓다, 버리다, 두다, 내다, 치우다, 먹다, 보다, 주다, 나다, 대다' 등으로 가장 다양한 동사가 와서 행동의 움직임, 지속, 완료 등과 같은 상적인 문법적 의미를 비롯한 여러 가지 보조적 의미를 나타낸다. '-고'와 '-지'의 경우, '-고 있다'는 지속의 의미를, '-고 나다'는 완료의 의미를 지니고, '말다'는 동사의 '-지'형 뒤와 형용사의 '-아/어/여'형 뒤에 쓰이면서 행동의 부정과 금지, 만류 등의 뜻을 나타낸다.

다음으로 체언과 함께 쓰이는 보조적 동사를 김옥희(2005)에서 다음과 같이 정리하였다.

(9) 체언과 함께 쓰이는 보조적 동사　　　　　(김옥희 2005: 214-218)

　　가. 위격토 '에'와 함께 쓰이는 경우: 관하다, 대하다, 비하다, 인하다, 의하다, 즈음하다 등

　　　　예) ~에 관하여/관한, ~에 즈음하여/즈음한, ~에 의하여/의한

　　나. 대격토 '를(을)'을 요구하는 경우: 비롯하다, 향하다, 통하다 등

　　　　예) ~를 비롯하여/비롯한, ~를 향하여/향한, ~를 통하여/통한

　　다. 구격토 '로(으로)'를 요구하는 경우: 말미암다, 인하다 등

　　　　예) ~로 말미암아/말미암은, ~로 인하여/인한

　　라. 구격토 '와(과)'를 취하는 단어와 결합하는 단어: 더불다, 어우르다 등

　　　　예) ~와 더불어, ~와 아울러

　　마. 동사 자체의 형태가 '고' 형태로 된 것

　　　　ㄱ. '에'를 요구하는 경우: ~에(도) 불구하고

　　　　ㄴ. 대격토 '를(을)'을 요구하는 경우: ~를(을) 보고/가지고/놓고/두고

북한 문법의 보조 용언 기술에서 남한 문법과 크게 차이가 나는 부분이
바로 (9)와 관련된 부분이다. 남한 문법에서는 (9)와 같이 체언과 결합한
동사의 변형 형태들은 문장에서 선행하는 체언(명사)의 격의 의미를 돕는
다는 것을 중요한 기능으로 여긴다. 즉, 남한에서는 (9)와 같은 구성이
선행 체언의 격의미를 정밀하게 하여 격조사와 같은 기능을 한다고 보며
'어미+동사의 변형 형태'를 하나의 구성으로(소위 우언적 구성) 보아, 보조
용언에서 다루지 않는다. 그러나 북한에서는 '단어'의 어휘적 의미를 중
요하게 보기 때문에 (9)의 '~에 관하여, ~을 비롯하여, ~로 말미암아'
등은 본동사 '관하다, 비롯하다, 말미암다'의 의미가 여전히 잔존하고 문
법화의 진전도가 높지 않다고 보며 보조적 동사로 취급한다. 물론 북한
문법에서 '~에 대하여'와 같은 구성이 격의 기능을 하는 것을 부정하지
는 않는다. 김옥희(2005: 215)에서 (9)와 같은 유형의 보조적 동사는 동사
의 문장론적 기능을 돕는 기능을 수행하는 것이 아니라 명사의 격의 의
미를 돕기 때문에 엄밀한 의미에서 보조적 동사로 보기 어렵다고 하였
다. 그런 의미에서 이런 형태들이 후치사적 기능을 수행한다고 볼 수 있
지만 아직 과도적 상태에 있는 단어라는 특성을 고려하여 보조적 동사의
한 부류로 설정한다. 북한 문법은 '~에 대하여'와 같은 구성이 문장에서
술어로서 기능을 하지 않는다는 사실보다 동사의 어휘의미를 더 중요시
여기는 것이다.

4. 남북한의 보조 용언 기술 비교

남한 문법에서 보조 용언은 최현배의 『우리말본』(1937)을 시작으로 체
계화가 되었고 이후 호광수(1994), 손세모돌(1996) 등에서 보조 용언에 대

한 범위, 유형, 기능 등 다양한 논의가 진행되었다. 북한에서도 정렬모의 『신편 고등 국어문법』(1946)에서는 보조 용언을 '형식동사'로서 기술한 이래도 보조 용언의 유형과 특성에 대한 논의를 꾸준히 진행하였다. 여기에서는 앞에서 살펴본 북한의 보조 용언 연구의 특징을 되새기며 남북한의 보조 용언 연구가 어떠한 차이점과 공통점이 있는지를 확인함으로써 남북한의 보조 용언 연구를 비교하고자 한다.

4.1. 보조 용언의 의존성과 문법적 의미

보조 용언의 가장 큰 특징은 '의존성'이다. 최현배(1937), 남기심·고영근(1985), 서정수(1994/1996) 등의 선행연구에서는 '보조 용언은 자립성이 없다'라고 표현하며 보조 용언의 의존적 성격을 분명히 하였다. (10)은 남한의 비교적 최근 문법서에서 보이는 보조 용언에 대한 정의이다.

(10) 가. <u>다른 말에 기대어 쓰이면서 그 말에 문법적 의미를 더해 주는 용언</u>을 보조 용언이라고 한다. (남기심 외 2019: 108)

　　 나. 보조 용언은 문장에서 자립적으로 쓰여 서술어의 기능을 하는 본용언에 상대되는 용어이다. 보조 용언은 <u>자립성이 결여되어 있거나 거의 희박하고</u> 의미에 있어서도 어휘적이기보다는 <u>문법적인 성격이 강하다는 점에서 의존 명사와 함께 준자립 형식으로</u> 다루고 있다. (고영근·구본관 2008/2018: 102-103)

　　 다. 동사를 본동사와 보조 동사로 나누기도 한다. 본동사는 문장에서 자립적으로 서술어의 기능을 하지만 <u>보조 동사는 문장에서 홀로 쓰이지 못하고</u> 본동사와 함께 쓰여 본동사를 도와주는 역할을 한다. <u>보조 형용사도 문장에 홀로 쓰이지 못하고</u> 본용언으로 쓰인 형용사를 도와주는 역할을 한다. (구본관 외 2015: 177, 181)

(10)에서는 보조 용언의 주요한 특징이 의존적 성격과 문법적 의미를 가진다는 데에 있다는 것을 잘 보여 준다. 특히 (10나)에서는 보조 용언이 문법적 성격이 강하다는 점에서 의존 명사와 함께 준자립 형식으로 다룬다고 언급한다. 보조 용언이 준자립적 형식이라는 말은 보조 용언이 본용언에 매여 의존적 성격을 지니고 문법적 의미·기능을 하지만 조사, 어미와 같은 문법 형태소로 볼 수 없고 그 자체로 의미를 지닌 어휘 범주로 인정한다는 의미로 해석된다. 따라서 보조 용언을 생략하거나 어순을 바꾼다면 보조 용언 본래의 기능이 드러나지 않는다.

한편, 북한의 보조적 동사(보조 용언) 정의에서도 보조적 동사가 문장에서 혼자 쓰일 수 없으며 동사가 가지는 본래의 의미가 아닌 보조적 의미로 사용됨을 서술한다. (11)은 각 문법서에서 기술된 보조적 동사의 정의이다.

> (11) 가. 보조적 동사는 문장에서 <u>혼자서 쓰일 수 없고</u> 다른 동사와 함께
> 쓰인다.   『조선어문법1』(1960)
> 나. 동사가 보조적으로 쓰인다는 것은 <u>본래의 실질적 의미(자립적 의</u>
> <u>미) 그대로 쓰이지 않고 특수하게 문법적인 의미</u>로 쓰이는 것을
> 말한다.   『조선어실용문법』(2005)
> 다. 다른 단어의 뒤에 연결되어 그에 <u>보충적 의미를 부여하는</u> 동사이다.
>   『조선어단어론』(2005)

북한의 규범 문법서는 『조선어문법1』(1960) 이래로 보조적 동사에 대한 서술이 유사하다. 그러므로 (11)에서는 규범 문법의 성격을 가진 『조선어문법1』(1960)과 실용서 『조선어실용문법』(2005), 이론서 『조선어단어론』(2005)의 보조 동사의 정의를 살펴보았는데 남한의 보조 용언의 기술과 다르지 않게 '의존성', '문법적 의미를 지님'을 서술한다.

다만, 북한 문법에서 보조 형용사 혹은 보조적 형용사는 문법서에 따라서 다루지 않는다는 차이가 있다. '싶다'를 독특한 보조어로서 인식하며(『조선어실용문법』 2005: 92, 『조선어단어론』 2005: 229 등) 다른 단어 뒤에서 보충적 의미를 부여하는 보조 형용사라고 서술하는 문법서가 있는가 하면 『조선문화어문법규범』(1984/2011)에서는 보조 형용사(혹은 보조적 형용사)에 대해 언급 자체를 하지 않는다. 북한의 규범 문법서에서 보조 형용사를 인정하지 않는 이유는 형용사에 양태적 의미를 부여할 수 없다고 보기 때문으로 추정된다. 그러나 『조선어단어론』(2005: 229)에서는 기존 논의에서 '싶다'가 '싶는다'로 되지 않음에도 불구하고 동사로 취급한 것은 부적절하다고 지적하며 '싶다'는 형태적 특성에 따라 형용사로 간주해야 한다고 주장한다.[17] 『조선어단어론』(2005)에서는 기존 논의에서 우리말의 양태적 의미가 반드시 동사에 의해서만 표현된다고 한 주장은 언어 현실에 부합되지 않는다며 형용사에서도 양태적 의미가 실현될 수 있다고 서술하였다.

   (12) 가. 비가 <u>오려나 보다</u>.

      나. 그 동무 아주 <u>건강하다나 봅디다</u>.

      다. 눈이 <u>올듯 하다</u>.

      라. 기분이 <u>좋을사 하더구나</u>.

『조선어단어론』(2005: 232)

---

17   또한 『조선어실용문법』(2005: 92)에서는 '싶다'가 문장에서 독자적인 문장 성분으로 되지 못한다는 점에서 보조적으로만 쓰이는 단어이기 때문에 '보조적 형용사'라기보다 '보조 형용사'라고 부르는 것이 더 좋겠다고 하였다.

(12)는 『조선어단어론』(2005: 232)에서 '보다', '하다'가 보조 형용사로 전환되어 사용되는 예이다. (12가)의 본용언은 동사 '오다'이므로 '보다'는 보조 동사로 쓰인 것이고 (12나)의 본용언은 형용사 '건강하다'이므로 '보다'는 보조 형용사로 전환되었다. (12다)는 본용언 '오다'에 보조 동사 '하다'가 결합된 것이고 (12라)는 본용언 '좋다'에 보조 형용사 '하다'가 보조적 연결 어미의 도움을 받아 구성되었다. 이러한 기술은 남한 문법에서 대체로 보조 동사는 본동사 뒤에, 보조 형용사는 주형용사 뒤에 오는 것일 일반적이라는 서술(유현경 외 2018: 278)과 같은 맥락이라는 점에서 남북의 보조 용언에 대한 정의와 특성에 대한 기술은 대체로 유사하다고 볼 수 있다.

4.2. 문법 범주로서 보조 용언 구성

앞서 북한 문법에서는 행동의 수행 방식과 관련된 상적 의미가 '토'에 의해 실현되지 않는 만큼 '상 범주', '양태 범주' 등을 문법 범주로 설정하지 않고 의미 범주로 설정한다는 것을 확인하였다. 반면에 다수의 남한 문법에서는 보조 용언의 의미·기능을 중시하며 보조 용언을 '상, 양태, 부정, 피·사동' 등을 표시하는 문법 범주로 취급한다. 이는 남한 문법과 차이가 나는 부분이기 때문에 문법 범주로서 보조 용언을 대하는 남북한 시각을 살펴볼 필요가 있다.

먼저 상 범주를 살펴보도록 한다. 상(aspect)은 어떤 사태의 내적 시간 구성을 가리키는 문법 범주로 문법적 혹은 문법적 수단을 통해 표현된다. 상은 어미와 같은 문법 형태소로 표현되거나 보조 용언 구성, 의존 명사 구성과 같은 준문법 형태소로 표현된다. 그래서 이를 '문법상 (grammatical aspect)'이라고도 한다. 그러나 동사의 어휘 자체에도 상적 의미가 담겨 있는데 이를 '어휘상(lexical aspect)'이라고 하여 일반적인 상(문법상)과 구별한다(구본관 외 2015: 318).

앞에서 한국어 보조 용언 구성은 '완료상(perfective)'과 '진행상(progre-ssive)'의 기능을 할 수 있다고 보았다. 완료상은 어떠한 사태가 끝났거나 끝난 후에 결과의 상태가 지속되고 있음을 나타내는 표지로 행위의 종결에 초점을 두면 종결상(-아/어 나다, -아/어 내다, -아/어 버리다, -고 나다, -고 (야) 말다), 그 이후의 상태에 초점을 두면 결과상(-아/어 놓다, -아/어 두다, -아/어 가지다, -고 있다1, -아/어 있다/계시다)으로 세분화시킬 수 있다. 진행 상은 동작의 진행을 표시하며 동적인 사태를 나타내는 동사와 주로 결합한 다는 특징이 있는데 '-아/어 가다, -아/어 오다, -고 있다2'의 보조 용언 구성이 있다.

이와 같이 남한 문법에서 상을 문법 범주로 설정하는 근거는 첫째, 상 이 완료상(perfective)과 비완료상(imperfective)과 같이 대립하는 꽉 짜인 체계를 가지고 있고, 둘째, 소위 우언적 구성과 같이 일정한 문법 형태소 로 실현되고, 셋째, 인구어에서 '직설법, 가정법'의 서법 대립이 필수적 으로 나타나는 것과 같이 '상'이 필수성을 갖추었다고 보기 때문이다. 문 법 범주는 한 언어의 문법에서 동일한 종류의 의미나 기능을 갖는 속성 의 모임인데 남한 문법에서는 보조 용언 구성으로 이루어진 한국어의 상 체계가 일정한 조건을 실현한다고 보며 문법 범주로 본다.

한편, 북한 문법에서는 보조 용언 구성이 아니라 보조 용언에 초점을 두어 보조 동사를 보조적 '단어'에 대한 문제로 보며 문법 범주로 설정하 지 않는다. 보조적 동사의 정의에서 확인했듯이 보조적 동사는 본래의 어휘적 의미를 가지지 못하고 선행 용언을 보충하는 역할을 한다. 즉, 북한 문법에서는 보조적 동사가 문법적 의미를 가지며 본래의 동사와 구분되는 특성을 보이지만 문법 범주를 형성할 수 없다고 본다. 그것은 문법 범주는 '토'와 같은 문법 형태소에 의해서 문법적 의미가 드러나야 하는데 상, 양태 등은 그렇지 않기 때문에 어말 어미('-다', '-(으)니', '-아/어라', '-자', '-고', '-거나', '-(으)ㄴ' 등)나 선어말 어미(-았/었-, -겠- 등)에 의해서 표시되는 경우만 문법 범주를 만든다고 본다. 북한의 이러한 관점은 문법 범주 형성은 의미뿐만 아니라 형태적 요건도 갖추어야 함을 중요시 여기기 때문이다. 또한 보조적 동사는 본동사의 어휘적 의미가 약하나마 남아 있는 경우가 있고 의미적 측면에서 선행하는 용언과 밀접한 의미적 결합 관계를 갖기 때문에 토(조사, 어미)와 같은 문법 형태소와 다르다고 본다.

정순기(1988/2010: 265-266)에서는 이른바 상적 의미를 나타낸다고 하는 '내다, 나다, 놓다, 버리다, 주다, 말다' 등 동사들은 러시아어나 인구어에서 찾아볼 수 있는 행동의 진행과 관련한 대응성을 형성하지 못하고 단어조성의 수단도 되지 못한다고 서술하였다. 우리말의 상은 동사의 '-아/어/여'형과 결합한 자립적 동사가 보조적으로 쓰이면서 그 동사 자체의 어휘적 의미에서부터 출발한 문법화된 의미로서 즉, 동사의 어휘적 의미가 여전히 남아 있으면서 행동의 진행 성격과 관련된 의미를 나타낸다고 보았다. 따라서 북한에서는 우리말에서 동작 수행의 방식이 일반언어학의 문법적 범주로서 상 범주와 유사한 성질을 보여주는 것이 아니라 어휘적 성격이 강한 단어의 결합 관계의 특성을 더 많이 보여준다고 판단하며 문법 범주로서 상 범주를 상정하지 않고 의미 범주로 이해한다.

다음으로 양태를 살펴보도록 한다. 우리말은 화자의 주관적 태도를 세분화하여 표현하는 문법적 장치가 발달되어 있는데 이와 관련된 문법 범주를 양태(modality)라고 한다. 양태는 한국어에서 주로 어미와 우언적 구성에 의해서 실현된다. 양태를 의미 범주로 볼 것인지 문법 범주로 볼 것인지에 대한 논의가 다양하지만[18] 우리는 앞선 장에서 (남한 문법의 경우) 보조 용언이 양태의 기능을 가진다고 보았다. 그리고 양태 기능을 갖는 보조 용언 구성은 인식 양태, 행위 양태, 감정 양태의 세 체계로 나눌 수 있다. 인식 양태는 [시인](-기도/는/야 하다), [추측](-(으)ㄴ가 보다, -(으)ㄴ가 싶다, -(으)ㄹ 듯하다, -(으)ㄹ 듯싶다, -(으)ㄹ 법하다), [가식](-는 체하다, 척하다), [가치](-(으)ㄹ 만하다, -(으)ㅁ 직하다) 등의 문법적 기능을 나타내고, 행위 양태는 [당위](-아야/어야 하다), [희망](-고 싶다), [봉사](-아/어 주다/드리다), [시행](-아/어 보다), 감정 양태는 [강세](-아/어 쌓다), [과기](-(으)ㄹ 뻔하다) 등의 문법적 기능을 나타낸다.

반면에 북한 문법에서는 양태의 문법적 의미는 양태적 '단어'에 의해서 표현된다고 본다. 정순기(2005: 231)에서는 양태성은 [희망], [동경], [추측], [가능성], [당위성], [필연성] 등 다양한 문법적 의미를 나타내는데 양태성의 의미는 술어의 위치에서만 나타나는 것이 아니라 규정어(관형어)나 상황어(부사어)의 위치에서도 찾아볼 수 있다고 하였다. 즉, 양태성은 토와 같은 형태론적 수단(맺음토)뿐만 아니라 어휘적 수단(부사 '아마도', '반드시' 등)이나 문장론적 수단(우언적 구성)에 의해서 표현되기도 하여 의미 범주로 설정한다.

다음으로 부정을 살펴보도록 한다. 남한 문법에서 부정의 기능을 하는 보조 용언으로는 '-지 아니하다(않다)', -지 못하다', '-지 말다'가 있다. 고영근·구본관(2008/2018), 구본관 외(2015), 유현경 외(2018), 남기심 외(2019) 등의 많은 문법서에서 부정의 기능을 하는 보조 용언을 인정한다. 남한 문법에서 이들을 보조 용언으로 보는 이유로는 이들의 통사적 특징이 다른 보조 용언과 비슷하고, 본용언을 도와 문장을 서술하며,

---

18 양태를 문법 범주가 아닌 의미 범주로 보고 양태적 의미가 문법적 장치를 통해서 나타나면 서법이라고 보기도 한다. 양태를 무엇으로 볼 것인가는 논의의 여지가 있지만 여기에서는 이것이 주요 논점이 아니기 때문에 앞선 논의에 따라서 (남한 문법의 경우) 양태를 문법 범주의 하나로 본다.

특별한 의미를 더하고 연결 어미가 고정되어 쓰인다는 점 등이 이들을 보조 용언 구성으로 보지 않을 이유가 없기 때문이다. 그러나 북한 문법에서는 상과 양태를 문법 범주로 설정하지 않는 것처럼, '부정'을 나타내는 표현도 문법 범주로 다루지 않고 '부정 표현을 나타내는 의미 범주'로 다룬다.

　마지막으로 사동과 피동을 살펴보도록 한다. 남한 문법에서 사동의 기능을 하는 보조 용언은 '-게 하다'와 '-게 만들다'가 있으며 선행 용언으로는 동사가 올 수 있다. 앞장에서 우리는 사동의 의미를 가지는 보조 용언도 문법 범주로서의 '사동법'에 해당하며 장형 사동문을 만드는 역할을 한다고 보았다. 그리고 피동의 기능을 하는 보조 용언에는 '-아/어지다'와 '-게 되다'가 있다. 한편, 북한 문법에서는 토 '이, 히, 리, 기' 등 문법 형태소에 의해서 실현되는 피·사동의 문법 범주는 인정하지만 '-게 하다', '-게 만들다', '-아/어지다', '-게 되다'와 같은 보조 용언 구성은 선행 용언과 함께 하나의 문장 성분을 이루며 피·사동의 의미를 가진다고 본다.

　명사, 대명사, 동사, 형용사 등의 단어는 문장에서 그 자체의 어휘적 의미를 유지하며 일정한 문장 성분으로서 역할을 하지만 보조 용언은 동사나 형용사 본래의 의미로 쓰이기보다 상의 의미, 상태의 의미 등 문법적 의미로 쓰인다. 그러나 이 경우에도 본동사의 어휘적 의미가 완전히 상실되었다고 보기가 어려운 경우가 많다. 북한 문법에서는 이 점을 중요하게 여기며 보조 용언을 바라본다.

　또한 동일한 결합 구조에서 어떤 동사가 어느 때에는 완전한 자립적 동사의 의미로, 어느 때에는 행동의 완료를 나타내는 경우가 있다.

(13) 가. 사람들은 옆에서들 <u>키워주어야지</u> 자기 혼자만 <u>애써가지고도</u> 되지
　　　않는 법이다.

나. 그가 부탁했던 공구 2가지를 <u>만들어주었다</u>. ('만들어서 주었다'가
　　가능)

다. 무명고지에 틀고앉아 저항하던 적들을 우리의 강력한 포화력이
　　한놈도 남김없이 모조로 <u>쓸어버리였다</u>.

라. 마당에 널려있던 쓰레기를 말끔히 <u>쓸어버리였다</u>. ('쓸어서 버리
　　였다'가 가능)

(정순기 1988/2010: 262)

(13)은 정순기(1988/2010)에 보이는 예인데 (13가)의 '주다', (13다)의 '버
리다'는 행동의 진행이나 완료를 의미하고 (13나)의 '주다', (3라)의 '버
리다'는 완전한 자립적 동사의 의미로 쓰였다. 그러나 (13가), (3다)와
(13나), (13라)는 결합하는 보조적 연결 어미가 '-아/어/여'로 같고, (13
다)와 (13라)는 본용언도 같다. (13)의 문장은 동일한 결합 구조일지라도
이렇게도 해석되고 저렇게도 해석된다. 정순기(1988/2010)에서는 이것은
상의 의미를 전형적으로 나타낸다고 하는 동사들에서조차 행동의 완료
나 행동의 진행이라는 문법적 의미가 제한적이며 문맥적이기 때문으로
보았다. 따라서 일반언어학에서 '상'이 순수한 문법적 범주일지라도 우
리말에서는 문법적 범주로서 상을 설정하는 것이 어렵다고 보았다.

　남북한이 문법 범주로서 보조 용언을 다르게 보는 이유는 남한에서는
'보조 용언 구성'이 문장에서 어떤 기능을 하는지를 중심으로 판단하고
북한에서는 '(보조적) 단어'가 어떤 의미를 지니는지를 중심으로 판단하
기 때문으로 보인다. 최근 남한에서는 다단어 구성의 우언적 구성도 문
법적 의미·기능을 할 수 있다고 보며 적극적 논의를 펼치고 있다. 하지
만 북한에서는 문법적 기능은 문법 형태소 '토'만이 가지는 고유한 성질

로 보기 때문에 우언적 구성으로 형성된 기능은 '의미 범주'로 설정한다. 남북한이 보조 용언 구성을 통해 실현하는 상 범주 설정에는 분명한 차이가 있지만 양태의 경우는 남한에서도 북한과 같은 입장을 취하기도 한다. 우리말의 양태 관련 요소들은 문법화의 진전도가 높지 않아 꽉 짜인 서법(mood) 체계를 구성하고 있다고 볼 수 있는 경우는 관형형 및 명사형 이외에는 별로 없다고 보며(박진호 2011) 양태를 의미 범주로 설정하기도 한다. 지금까지 논의를 정리하면 아래와 같다.

<표 2> 남북한의 보조 용언에 대한 이해 비교

	남한	북한
공통점	1) 보조 용언(보조적 동사)의 정의와 특성 • 자립적으로 쓰이지 않고 의존성을 가진다. • 본래의 실질적 의미로 쓰이지 않고 문법적 의미, 특수한 의미를 나타낸다. • 동사 본래의 의미가 잔존할 수 있다. 2) 보조 용언의 기능 • 상 　– 진행(진속)상: –아/어 오다/가다/나가다, –고 있다 등 　– 완료상: –아/어 가지다/놓다/버리다, –고 나다 등 • 양태[19] 　– 인식 양태(추측, 경험 등): –아/어 보다 등 　– 행위 양태(봉사, 희망): –아/어 주다, –고 싶다 등 　– 감점 양태(강세, 과기 등): –아/어 대다/먹다, –(으)ㄹ 뻔하다 등 • 부정: –지 말다, – 지 않다 등 • 피·사동: '–게 하다, –게 만들다, –아/어지다, –게 되다 등	
차이점	1) 보조 용언 구성이 문장에서 어떤 기능을 하는지를 중심으로 이해 • 우언적 구성을 문법 형태소로 인정한다. • 보조 용언 구성은 우언적 구성으로 하나의 문법 형태소로서 기능한다.	1) (보조적) 단어가 어떤 의미를 지니는지를 중심으로 이해 • 우언적 구성을 문법적 형태소 인정하지 않는다. • 보조적 동사의 문법적 의미를 인정하지만 어휘적 의미가 잔존함을 중요하게 여긴다. • 단어를 중심으로 판단하기 때문에 '~에 대하여'와 같이 격조사의 의미를 담는 구성도 보조 용언 구성에서 다룬다.

| 2) 보조 형용사를 인정한다.
 3) 상, 양태, 부정, 피·사동을 문법 범주로 설정
 • 완료상과 비완료상이 대립 체계를 형성할 수 있다.
 • 보조 용언 구성이 일정한 문법 형태소 (우언적 구성)로 구성될 수 있다.
 • '상'은 필수성을 가지고 있다. | 2) 규범 문법에서 보조 형용사를 인정하지 않는다.
 3) 상, 양태, 부정, 피·사동을 의미 범주로 설정
 • 보조적 동사는 본래의 어휘적 의미 잔존하여 단어의 성격이 강하게 유지된다.
 • (인구어와 달리) 우리말의 상은 대립 체계가 형성되지 않는다.
 • 양태는 의미 범주이기 때문에 인식 양태, 행위 양태, 강점 양태 외에 다양한 의미 범주로 세분화할 수 있다.
 • 따라서 상, 양태, 부정, 피·사동은 문법 범주로 형성할 수 없다. |

5. 나가기

남북한에서 바라보는 보조 용언의 정의와 특성은 유사하다. 그 유사점은 보조 용언이 문장에서 자립적으로 쓰이지 않고 자립적 동사와 결합하여 의존성을 가진다는 점, 보조 용언 구성 전체가 형태적 구성으로 쓰여야 한다는 점, 보조 용언이 문법적 성격을 띠지만 완전히 문법화된 것이 아니고 본래의 실질적 어휘의 의미와 밀접한 관련이 있다는 점이다.

그러나 남북한은 보조 용언 연구에서 차이점도 보인다. 남한에서는 보조 용언 구성으로 실현되는 상, 양태, 부정, 피사동을 문법 범주로 보지만 북한에서는 이를 의미 범주로 설정한다. 이러한 차이는 소위 우언적 구성을 문법 범주로 인정할 것인가 말 것인가에 따른 것으로 남한에서도 양태와 관련된 보조 용언 구성은 문법화의 진전도가 높지 않아 의미 범주로 설정하기도 한다.

---

19 북한 문법에서 양태 기능을 세부적으로 나누지 않았기 때문에 필자가 임의로 정리하였다.

북한 문법은 남한보다 형태를 중시하기 때문에 보조 용언 구성보다 선행 어미를 제외한 보조 용언에 더욱 주목하여 소위 보조적 동사의 어휘적 의미와 기능을 중요하게 본다. 북한의 이러한 면모는 1960년대 초반에 동사의 의미, 기능에 주목하며 이를 중점적으로 서술하는 데에서부터 엿볼 수 있다. 남북한의 품사 체계 및 품사를 구분하는 기준의 차이는 보조 용언 구성을 이해하는 데에 이견을 낳기도 한다. 그러나 다양한 논의는 한국어에 대한 지평을 넓힐 수 있는 계기가 된다는 것을 되새기며 글을 마친다.

제3부

보조 용언 구성의
응용적 연구

10장

한국어 교육용 보조 용언 구성 목록 선정 연구

1. 들어가기

한국어에서 보조 용언은 본용언과 함께 쓰이면서 다양한 기능을 담당하고 있다. 하지만 직접적인 의미를 가지는 본용언과 달리 보조 용언은 원래의 어휘적 의미에서 달라져 문법적인 의미를 나타내기 위해 사용하는 경우가 많다. 국어학에서는 한국어 보조 용언에 대해 보조 용언의 범주 설정 등과 같은 다양한 방면에서 연구가 이루어져 왔지만 한국어 교육에서는 국어학적인 문제들을 교육에 직접적으로 적용하는 데에는 어려움이 있다. 한국어 학습자들에게는 기존에 국어학에서 적용하고 있는 문법적인 조건이나 범주 설정 문제보다는 실제 한국인 화자들이 어떤 의미를 나타내기 위해 보조 용언을 사용하는지, 어떤 상황에서 주로 사용하는지 등이 더 중요하기 때문에 보조 용언의 기능이나 의미에 초점을 맞추어 교육해야 한다. 보조 용언은 같은 보조 용언이더라도 다른 연결 어미나 종결 어미와 함께 쓰이면 다양한 의미로 나타나게 된다. 그렇기 때문에 보조 용언만을 가르치는 것이 아닌 선행하는 어미와 보조 용언의 결합으로 볼 수 있는 보조 용언 구성 자체를 가르치는 것이 더 효과적일 것이다.

보조 용언은 단순히 본용언에 대한 보조적인 역할을 하는 것이 아니라 담화 상황에서 필수적으로 쓰일 때가 많다. 〈새 연세 말뭉치 1, 2〉에서[1] 확인해 보았을 때, 문어 말뭉치에서는 서술어를 포함하는 약 86,000문장 중 약 32,000문장에서 보조 용언이 사용되었고, 구어 말뭉치에서는 서술어를 포함하는 약 170,000문장 중에서 약 30,000문장에서 보조 용언이 사용되었다. 전체 약 256,000문장 중에서 약 62,000문장에서 보조 용언이 사용된 것을 보면 4문장 중 한 문장 이상에서 보조 용언이 쓰이는 것을 알 수 있다. 한 문장 내에서 보조 용언이 여러 번 사용되는 경우를 생각한다면 그 수는 더 많을 것이다. 이처럼 한국어 모어 화자들은 보조 용언을 인식하지 않아도 발화 상황에서 자연스럽게 사용하기 때문에 한국어에 대한 직관이 없는 한국어 학습자들에게는 보조 용언의 사용 양상을 이해하는 것이 어려울 수 있다.

보조 용언은 한국어 학습자들이 의사소통하는 상황에서 잘못 사용하거나 보조 용언을 사용해야 자연스러운 상황에서 사용하지 않는다면 의사소통이 힘들 것이다. 또한 고급 학습자로 갈수록 보조 용언을 적절하게 사용해야 대화의 폭도 넓어질 수 있다. 보조 용언은 다양한 의미를 지니고 있기 때문에 이를 제대로 알지 못할 경우 발화 의도를 오해할 수 있으며 내용을 이해하는 데도 어려움을 겪는다. 또한 같은 보조 용언이라도 보조 용언 앞에 연결되는 것이 무엇인지에 따라 의미가 달라지기

---

1   이 장에서는 〈새 연세 말뭉치 1, 2〉를 사용하여 보조 용언 구성의 빈도 등을 확인하였다. 〈새 연세 말뭉치 1〉과 〈새 연세 말뭉치 2〉는 연세대학교 서상규 교수가 배포한 자료로, 각각 문어 약 100만 어절과 구어 99만 어절로 이루어져 있다. 또한, 보조 용언 구성의 검색을 위해 주석 말뭉치 전용 검색 프로그램인 '말씀2017(미국 밴더빌트 대학 장석배 교수 개발)'을 사용하였다. 이하의 내용에서는 〈새 연세 말뭉치 1〉과 〈새 연세 말뭉치 2〉 각각을 '문어 말뭉치'와 '구어 말뭉치'로 부르도록 하겠다.

때문에 보조 용언 구성으로 학습해야 한다. 한국어 학습자들에게 보조 용언 구성에 대한 교육은 필수적이기 때문에 한국어 학습자를 위한 한국어 보조 용언 구성의 목록 선정이나 교육 방안이 다양하게 논의될 필요가 있다. 한국어 교육에서는 '표현'이나 '표현 문형', '문법' 등 다양한 범주에서 보조 용언이나 보조 용언 구성을 함께 포함하여 이른바 '덩어리 형태'로 함께 교육하고 있다. 하지만 '보조 용언 구성'은 함께 포함되는 다른 구성 요소인 조사, 어미, 의존 명사 등과는 성격이 매우 다르다고 보기 때문에 따로 교육할 필요가 있다고 보았다.

또한 보조 용언만을 학습하는 것보다 선행하는 어미와 함께 보조 용언 구성 전체를 학습하는 것이 학습자들의 부담을 줄일 수 있을 뿐만 아니라 문장을 만드는 데도 용이할 것이다. 따라서 효율적인 보조 용언 교육을 위한 한국어 교육용 보조 용언 구성의 목록을 선정하고자 한다. 이를 위해 2절에서는 한국어 교육 문법서와 한국어 교재에서 보조 용언 구성이 어떻게 제시되고 있는지 현황을 확인하고자 한다. 3절에서는 보조 용언 구성이 한국어 교육 문법서와 한국어 교재, 말뭉치에서 나타난 빈도를 비교하여 한국어 교육용 보조 용언 구성의 목록을 선정하고 4절에서는 논의를 마무리할 것이다.

2. 한국어 보조 용언 구성 제시 현황

한국어 교육용 보조 용언 구성 목록을 선정하기에 앞서 한국어 교육용 문법서에서 한국어 교육용 보조 용언 구성으로 볼 수 있는 항목들을 어떻게 제시하고 있는지 비교하여 한국어 교육용 보조 용언 구성을 선정하고자 한다. 또한 한국어 교육 현장에서 사용하고 있는 한국어 교재에서 보조 용언 구성이 어떻게 제시되고 있는지 교재별 비교 분석을 해 볼 것이다.

2.1. 한국어 교육용 문법서에서의 한국어 보조 용언 구성 목록

한국어 교육용 문법서에서는 '보조 용언'이나 '보조 용언 구문' 등으로 제시하고 있는 경우도 있었지만, 문법 형태나 표현을 나열하는 방식으로 제시하는 경우가 대부분이었다. 나열된 문법 형태나 표현 중에서 보조 용언 구성으로 분류될 수 있는 것들을 추출하여 제시하였다. 한국어 교육용 문법서로는 외국인을 위한 한국어 문법이나 표현에 대한 문법서로 보조 용언이나 보조 용언 구성 등의 목록을 제시하고 있거나 보조 용언 구성을 추출할 수 있는 표현이나 문법 등의 목록을 제시하고 있는 서로 다른 연도에 발간된 10종을 선정하였다.

먼저 임호빈 외(1997)에서는 보조 용언을 다루는 장을 따로 두어 진행, 종결, 봉사, 시도, 반복, 보유, 희망, 상태, 부정, 불능을 나타내는 보조 용언을 각각 제시하였다. 또한 각각의 형태에서 어떤 연결 어미가 붙고 그 연결 어미와 함께 어떤 의미로 쓰이는지, 예문과 함께 제시하고 있다. 다음 〈표 1〉은 임호빈 외(1997)에서 의미에 따라 분류하여 제시하고 있는 보조 용언의 표에서 제시 형태를 추가하여 나타내었다.

〈표 1〉 임호빈 외(1997)에서 제시한 보조 용언 구성 목록

분류	형태	제시 형태
진행	가다, 오다, 있다, 들다	-어(아, 여)가다/오다, -고 있다, -(으)러 가다/오다, -(으)러 들다
종결	내다, 나다, 버리다, 말다, 빠지다, 치우다	-어(아, 여) 내다, -고 나다, -어(아, 여) 버리다, -고 말다, -어(아, 여) 빠지다, -어(아, 여) 치우다

봉사	주다, 드리다	-어(아, 여) 주다/드리다, -어(아, 여) 드릴까요?/-어(아, 여) 주십시오, -어(아, 여)주시겠습니까?/-어(아, 여) 드리겠습니다
시도	보다	-어(아, 여) 보다, -어(아, 여) 볼까요?, -어(아, 여) 본 일이 있다/없다
반복	대다	-어(아, 여) 대다, -곤 하다
보유	놓다, 두다, 가지다	-어(아, 여) 놓다, -어(아, 여) 두다, -어(아, 여) 가지다
희망	싶다	-고 싶다, -었(았, 였)으면 싶다, -나 싶다
상태	있다, 지다	-어(아, 여) 있다, -어(아, 여) 지다
부정	말다, 않다, 아니하다	-지 말다, -지 않다/아니하다
불능	못하다	-지 못하다
'하다'류	-게 하다, -어(아, 여)야 하다, -기는 하다, -(으)ㄴ/체하다, -(으)ㄴ/는 양 하다, -(으)ㄴ/는 척하다, -(으)ㄹ 듯하다, -(으)ㄹ 뻔하다, -(으)ㄹ 만하다, -곤 하다, -는가 하다, -(으)까 하다	

〈표 1〉은 임호빈 외(1997)에서 보조 용언의 목록을 정리한 표에 각각의 분류에서 세부적으로 제시하고 있는 형태를 더하여 나타내었다. 중복되는 보조 용언 구성을 제외하면 총 40개의 보조 용언 구성을 제시하고 있다. 한 보조 용언에 어떤 연결 어미가 함께 쓰이는지 각각 나타내고 있으며, 각각의 보조 용언 구성에 대한 설명과 예문을 제시하고 있다.

다음으로 국립국어원(2005)는 표제어와 가표제어 약 1400여 개의 문법 형태에 대한 의미와 결합 정보, 사용 맥락 등을 예문과 함께 설명하고 있는 문법 사전이다. 해당 사전에서는 보조 용언 구성으로 따로 제시하고 있는 목록이 없으므로 제시하고 있는 표제어와 가표제어 중 보조 용언 구성을 추출하여 나열하면 다음 〈표 2〉와 같다.[2]

---

2   몇몇 한국어 교육용 문법서에서는 따로 보조 용언 구성이라고 명시하고 있지는 않지만 여기에서의 기준에 따라 보조 용언 구성으로 보고자 한다. 뒤에서 제시하는 다른 문법서 또한 마찬가지이다.

〈표 2〉 국립국어원(2005)에서 제시한
표제어·가표제어 목록에서 추출한 보조 용언 구성 목록

-게 되다, -게 마련이다, -게 만들다, -게 생겼다, -게 하다, -고 나다, -고는 하다, -고
들다, -고 말다, -고 보다, -고 싶다, -고 있다, -고 해서, -곤 하다, -기 마련이다, -ㄴ가
보다, -ㄴ 척하다, -나 보다, -나 싶다, -는 척하다, -는 체하다, -ㄹ까 보다, -ㄹ 법하다,
-ㄹ 뻔하다, -아 가다, -아 가지고, -아 계시다, -아 내다, -아 놓다, -아 대다, -아 두다,
-아 드리다, -아 버리다, -아 보다, -아 보이다, -아야 되다, -아야 하다, -아 오다, -아
있다, -아 주다, -아지다, -아 치우다, -어 가다, -어 가지고, -어 내다, -어 놓다, -어
대다, -어 두다, -어 드리다, - 어 버리다, -어 보다, -어 보이다, -어 오다, -어 있다,
-어 주다, -어 치우다, -어야 되다, -어야 하다, -어지다, -여 가다, -여 가지고, -여
내다, -여 놓다, -여 대다, -여 두다, -여 드리다, -여 버리다, -여 보다, -여 보이다,
-여야 되다, -여야 하다, -여 오다, -여 있다, -여 주다, -여지다, -여 치우다, -으려고
하다, -은가 보다, -은 모양이다, -은 척하다, -은 체하다, -을까 보다, -을 만하다, -을
모양이다, -을 법하다, -을 뻔하다, -지 말다, -지 못하다, -지 않다

국립국어원(2005)에서는 같은 의미와 용법으로 쓰이지만 다른 형태로 나
타나는 것도 모두 각각 기술하였다. 예를 들어, '-아 가다'와 '-어 가다'
는 앞의 용언의 형태에 따라 달라지는 것이지만 따로 제시하면서 먼저
나오는 표제어에 설명을 붙이고 뒤에 나오는 표제어에는 해당 표제어와
같은 의미가 몇 쪽에 제시되었는지만 나타난다. 국립국어원(2005)에서
제시하고 있는 보조 용언 구성은 모두 89개이다. 하지만 같은 보조 용언
구성이면서 변이형으로 제시된 것을 제외하면 총 45개의 보조 용언 구
성이 제시된 것을 알 수 있다.

다음으로 최윤곤(2007)에서는 초급, 중급, 고급 단계의 구문 표현을
제시하며 단계별 보조 용언 구성을 제시하고 있다. 단계별 구문 표현의
보조 용언 구성 목록은 다음과 같다.

<표 3> 최윤곤(2007)에서 제시한 보조 용언 구성 목록

단계	보조 용언 구성
초급	-고 싶다, -고 있다, -아/어/여 보다, -아/어/여 주다, -아/어야 하다
중급	-고 말다, -곤 하다, -아/어/여 가다, -아/어/여 놓다, -아/어/여 되다, -아/어/여 두다, -아/어/여 버리다, -아/어/여 오다, -아/어/여 있다
고급	-아/어/여 내다, -아/어/여 대다

최윤곤(2007)에서는 다른 문법서에나 기존의 국어학 선행 연구에서 보조 용언 구성으로 보고 있는 부정 표현(-지 않다/못하다/말다)과 피동 표현(-게 되다, -아/어/여 보이다), 사동 표현(-게 하다)을 보조 용언 목록에 포함시키지 않고 보조 용언과 '-고', '-아/어'가 결합한 경우만을 보조 용언 구성으로 제시하고 있다. 부정 표현, 피동 표현, 사동 표현을 보조 용언 구성으로 보지 않고 따로 제시하여 보조 용언 구성의 수가 초급 5개, 중급 9개, 고급 2개 등 총 16개로 다른 문법서보다 매우 적게 나타났다.

다음 김종록(2008)에서는 보조 동사와 보조 형용사를 의미별로 제시하고 있다. 보조 동사는 18가지 의미에 따라 총 30개를 제시하였고 보조 형용사는 9가지 의미에 따라 15개의 보조 형용사를 제시하였다.

<표 4> 김종록(2008)에서 제시한 보조 동사 목록

의미	보조 동사
진행	-아/어 가다/오다, -고 있다/계시다
완료+아쉬움/속 시원함	-아/어 버리다, -고(야) 말다
완료+수행	-아/어 내다, -고 나다
보유+완료	-아/어 놓다/두다
경험+시도	-아/어 보다
봉사	-아/어 주다/드리다
부정+화자의 의도	-지 않다
불능+상황에 의한 제약	-지 못하다
금지	-지 말다
필연+강조	-야 한다

시킴	-게 하다
시인	-기는/기도 하다
보유	-아/어 가지다
예정	-게 되다
반복+강조	-아/어 쌓다/대다
추측	-는/은/을 듯하다, -을 성싶다, -을 법하다
시늉+비사실	-는/은 척하다/체하다/양하다
가치+정도	-을 만하다

〈표 5〉 김종록(2008)에서 제시한 보조 형용사 목록

의미	보조 형용사
진행	-고 있다, -는 중이다, -고 있는 중이다
상태	-아/어 있다/계시다, -아/어 있는/계시는 중이다
추측	-지/는가/인가 싶다, -는가/인가/나 보다
의도+미확정	-ㄹ/을까 싶다
희망	-고 싶다
예정+사실	-게 되어 있다
시인+인정	-기는/기도 하다
부정	-지 않다
불급	-지 못하다

〈표 4〉와 〈표 5〉는 김종록(2008)에서 제시하고 있는 보조 동사와 보조 형용사의 목록이다. 각각 '보조 동사', '보조 형용사'로 칭하였지만 제시하고 있는 목록은 '보조 동사 구성'과 '보조 형용사 구성'의 목록이다. 제시된 '보조 형용사' 중 '-고 있는 중이다'와 '-아/어 있는/계시는 중이다'는 각각 '-고 있다'와 '-아/어 있다/계시다'에 '-는 중이다'를 붙인 것으로 이를 모두 보조 형용사로 보고 있다는 점에서 다른 문법서와 차이를 보인다.

다음으로 이태환 외(2010)에서는 문법 항목을 의미 기능별로 나누어 제시하고 있다. 문법 항목별로 표제어와 세부적인 기능어를 확인하고 유사 문법을 함께 제시하여 비슷한 문법을 파악할 수 있도록 하였다.

〈표 6〉 이태환 외(2010)에서 제시한 문형 목록에서 추출한 보조 용언 구성 목록

의미·기능	형태
원인·이유	V/A-아/어 가지고, V/A-고 해서
경험	V-아/어 보다, V-아/어 보니까, V-고 보니까, V-고 보면, V-고 나니까, V-고 나면
계획	V-(으)려고 하다, V-고 말겠다, V-(으)ㄹ까 보다/하다/싶다, V-고자 하다.
가정	V-(으)려고 하면
소망	V-고 싶다, V/A-았/었으면 싶다/하다
조건	V/A-지 않고서는, V-(으)려고 하면
당위	V/A-아/어야 하다/되다, V/A-지 않으면 안 되다, V-아/어야지요, V/A-기 마련이다, V/A-게 마련이다
상반	V/A-(으)ㄴ/는가 하면
시인	V/A-기는 하다
의견	V/A-(ㄴ/는)다고 보다, V/A-(ㄴ/는)다고 할 수 있다, V/A-지 않겠습니까?
판단	A-아/어 보이다, V-(으)ㄹ 만하다
명령·권유	V-지 마십시오, V-지 마세요
봉사	V-아/어 주십시오, V-아/어 주시겠습니까?, V-아/어 드릴게요, V-아/어 드릴까요?
제안	V-지 맙시다
유일·한정	V/A-기만 하다
가능	V-(으)ㄹ 만하다

〈표 6〉의 의미·기능 중 [경험]에 포함되는 'V-아/어 보다, V-아/어 보니까'와 'V-고 보니까, V-고 보면'은 각각 'V-아/어 보다', 'V-고 보다'에서 분화된 것이지만 하나의 보조 용언 구성으로 제시하지 않고 각각의 문형으로 제시하고 있다. 또한 문형을 제시하는 중간에 '비교' 부분을 통해 두 가지 표현을 서로 비교하여 보여 준다. 예를 들어 [경험]의 '-아/어 보니까'와 '-고 보니까'가 어떻게 다른지 비교하며 설명을 제시하고 있다. 이를 통해 하나의 보조 용언이 어떤 연결 어미와 연결되는지에 따라 의미의 차이가 있다는 것을 학습자들이 이해할 수 있을 것이다.

연세대학교 한국어학당(2012)는 한국어 교재가 아닌 한국어 교육을 위

한 문법서로, 초급, 중급, 고급의 3권으로 이루어져 있으며 각 단계에
맞는 문법 항목을 제시하고 있다. 그중에서 보조 용언 구성으로 볼 수
있다고 생각하는 목록을 선정하였다.

〈표 7〉 연세대학교 한국어학당(2012)에서 추출한 보조 용언 구성 목록

단계	보조 용언 구성
초급	-게 되다, -고 싶다, -고 있다, -기는 하지만, -나 보다, -어 가지고, -어 보다, -어 보이다, -어야 하다, -어 있다, -어 주다, -어지다, -으려고 하다, -을까 하다, -지 말다, -지 못하다, -지 않다
중급	-게 마련이다, -게 하다, -고 나서, -고 말다, -고 보니, -고 해서, -곤 하다, -긴 하는데, -는 모양이다, -는 척하다, -어 가면서, -어 놓다, -어 버리다, -을 만하다, -을 뻔하다, -을까 봐
고급	-는 듯싶다, -어 봤자, -어 주십사 하다, -을 법하다

〈표 7〉에 제시한 것처럼 초급은 17개, 중급은 16개, 고급에서는 4개를
선정하였다. 여기서 중복되는 '-어 보다'와 '-어 주다'를 제외하면 총 37
개이다. 중복되는 두 개의 보조 용언 구성은 모두 초급에서는 기본형으
로 제시되고 있지만, 고급에서는 종결 어미를 달리하여 제시하고 있다.

　다음으로 송영숙 외(2013)에서는 한국어 교사를 위한 문형별 목록을
제시하였다. 해당 책에서도 마찬가지로 조사와 어미 등은 세부 구분을
하지 않고 조사와 어미, (의존)명사, 보조 용언 등이 결합한 형태로 공기
관계가 밀접한 것은 '표현'으로 제시하였음을 밝히고 있다. '-게 되다'는
피동으로 제시하고 있지만 다른 문형에 대해서도 따로 보조 용언 구성이
라고 명시하고 있지 않기 때문에 '-게 되다'도 보조 용언 구성으로 포함
하였다.

〈표 8〉 송영숙 외(2013)에서 제시한 보조 용언 구성 목록

-게 되다, -게 하다, -고 나다, -고 들다, -고 말다, -고 보다(-고 보니/-고 보면), -기/게 마련이다, -나 보다/-(으)ㄴ가 보다/는가 보다, -나 싶다, -다고 해도/-라고 해도, -아 가다/-어 가다/-여 가다, -아 가지고/-어 가지고/-여 가지고, -아 놓다/-어 놓다/-여 놓다, -아 대다/-어 대다/-여 대다, -아 두다/-어 두다/-여 두다, -아 드리다/-어 드리다/-여 드리다, -아 버리다/-어 버리다/-여 버리다, -아 오다/-어 오다/-여 오다, -(으)ㄴ 모양이다/-는 모양이다, -ㄴ 척하다/-는 척하다, -(으)ㄹ 뻔하다/을 뻔하다, -(으)ㄹ까 보다/-을까 보다, -(으)ㄹ까 봐서/-을까 봐서, -(으)ㄹ까 하다(싶다)/-을까 하다(싶다), -(으)ㄹ 만하다/-을 만하다, -아지다/-어지다/-여지다

〈표 8〉은 송영숙 외(2013)에서 제시하고 있는 문형 중 보조 용언 구성을 추출하여 나열한 것이다. 이형태를 함께 제시하고 있으며 '-고 보다(-고 보니/-고 보면)'과 같이 활용형도 함께 제시하고 있는 형태도 있다. 반면, 활용형을 표제어에서 제시하지 않고 유사 문형으로 제시하고 있는 '-고 나다'와 같은 몇몇 표제어의 경우, 활용형인 '-고 나서, -고 나면'을 유사 문형으로 제시하고 있지만, 설명 부분에서는 '-고 나서'와 '-고 나니'를 언급하고 있다. 이처럼 활용형이 표제어에 제시되거나 유사 문형이나 설명에서도 제시되어 문법 형태가 기준이 없이 각 보조 용언마다 다르게 나타나고 있어 학습자들에게 오히려 혼란을 줄 가능성이 있다.

이주행(2017)에서는 동사의 용법과 형용사의 용법에서 각각 보조 동사와 보조 형용사를 구분하여 제시하였으며 보조적 연결 어미와 보조 동사, 보조적 연결 어미와 보조 형용사로 각각 제시하였으며 목록은 다음과 같다.

〈표 9〉 이주행(2017)에서 제시한 의미별 보조적 연결 어미와 보조 동사 목록

의미	보조적 연결 어미	보조 동사
사동	-게	하다
		만들다

피동	-아/어/여	지다
	-게	되다
부정	-지	아니하다
		못하다
		말다
완료	-고	나다
	-아/어/여	내다
		버리다
진행	-아/어/여	가다
		오다
	-고	있다
		계시다
시행	-아/어/여	보다
보유	-아/어/여	놓다
		두다
봉사	-아/어/여	주다
		드리다
반복	-아/어/여	대다
		쌓다
당위	-아야/어야/여야	하다
원인·이유	-아/어/여	가지다
방법	-아/어/여	가지다

〈표 10〉 이주행(2017)에서 제시한 의미별 보조적 연결 어미와 보조 형용사 목록

의미	보조적 연결 어미	보조 형용사
상태 지속	-아/어/여	있다
부정	-지	아니하다
		못하다
희망	-고	싶다
추측	-(으)ㄴ가/-는가	보다
	-나	

〈표 9〉와 〈표 10〉은 각각 이주행(2017)에서 보조 동사와 보조 형용사를 문법적 의미에 따라 나누어 나타낸 것이다. 보조 동사는 12개의 의미에

따라 23개의 보조 용언 구성을 제시하고 있으며 '-아/어/여 가지다'는 두 가지의 의미로 나타내었다. 보조 형용사는 4개의 의미에 따라 6개의 보조 용언 구성을 나타내었다. 보조 동사보다 보조 형용사에 연결되는 보조적 연결 어미가 더 다양하게 나타나는 것을 확인할 수 있다.

다음 양명희 외(2018)에서는 문법과 표현 항목의 내용 기술을 목적으로 조사, 표현, 선어말 어미, 전성 어미, 종결 어미로 나누어 제시하고 있는데 그중에서도 보조 용언 구성은 '표현'에서 확인할 수 있다. 학습자의 수준에 따른 초급과 중급의 문법과 표현 항목을 나누어 제시하고 있다.

〈표 11〉 양명희 외(2018)에서 추출한 보조 용언 구성 목록

단계	보조 용언 구성
초급	-게 되다, -고 싶다, -고 있다, -기로 하다, -어 보다(-아 보다, -여 보다), -어 있다(-아/-여 있다), -어 주다(-아 주다/-여 주다), -어도 되다(-아도 되다/-여도 되다), -을까 보다(-ㄹ까 보다), -지 말다, -지 못하다, -지 않다
중급	-게 하다, -고 나다, -고 말다, -고 보다, -고 해서, -나 보다, -나 싶다, -어 가다(-아 가다/-여 가다), -어 가지고(-아 가지고/-여 가지고), -어 놓다(-아 놓다/-여 놓다), -어 대다(-아 대다/-여 대다), -어 두다(-아 두다/-여 두다), -어 드리다(-아 드리다/-여 드리다), -어 버리다(-아 버리다/-여 버리다), -어 오다(-아 오다/-여 오다), -어지다(-아지다/-여지다)

〈표 11〉은 양명희 외(2018)에서 제시한 '표현' 중 보조 용언 구성을 선정한 것이다. 보조 용언 구성은 초급에서 13개, 중급에서 16개를 제시하여 총 29개이다. 보조적 연결 어미의 변이형이 있는 것은 함께 제시하고 있다. 양명희 외(2018)에서는 해당 표현의 예문, 형태 정보, 문항 구성 정보, 제약 정보, 확장, 유사 문법 등을 함께 제시하고 있는데, '-지 말다, -지 못하다, -지 않다'와 같이 비슷한 문법끼리 묶어서 공통점 및 차이점도 함께 제시하고 있다.

마지막으로 강현화(2022)에서는 교육용 문법 항목으로 구 단위 표현을

제시하고 있는데 여기서 보조 용언 구성의 목록을 선정한 것은 다음 〈표 12〉와 같다.

〈표 12〉 강현화(2022)의 구 단위 표현 중 추출한 보조 용언 구성 목록

표현	기능	보조 용언 구성
연결 표현	대립 표현	-는가 하면
	시간 표현(선후관계)	-고 나서
	양보 표현	-어 봤자
	원인 및 이유 표현	-어 가지고
화자의 태도 표현	가능성 표현	-을 만하-, -을 법하-
	경험 표현	-어 보-
	능력 표현	-기/게 마련이-
	부담 제거 표현	-어 버리-, -어 치우-
	상태 지속 표현	-어 두-, -어 놓-, -어 있-, -고 있-
	성취 표현	-고 말-, -어 내-
	안타까움 표현	-고 말-, -어 버리-
	의도 및 계획 표현	-으려고 하-, -을까 싶-
	의무 표현	-어야 되-, -어야 하-
	진행 표현	-고 있-
	추측 표현	-나/은가 보-, -나/은가 싶-, -나/은가 하-, -은/는/을 듯싶다/듯하-
	희망 표현	-고 싶-, -으면 싶-

강현화(2022)에서는 구 단위 표현을 연결 표현, 화자의 태도 표현, 종결 표현으로 나누어 제시하고 있는데, 이 중에서도 보조 용언 구성은 연결 표현과 화자의 태도 표현에서 나타난다. 연결 표현은 4가지 기능에서 4개의 보조 용언 구성, 화자의 태도 표현의 12가지 기능에서는 26개의 보조 용언 구성이 나타난다. 여기서 중복되는 것을 제외하면 총 27개의 보조 용언 구성을 제시하였다.

한국어 교육용 문법서를 살펴보았을 때, 보조 용언이나 보조 동사, 보조 형용사와 같이 따로 분류하여 목록을 제시한 문법서도 있었지만 대부

분 보조 용언을 따로 분류하여 제시한 것이 아니라 '표현', '문형', '표제어·가표제어' 등에 보조 용언을 포함하여 다른 문법 형태들과 함께 제시하고 있다. 여기에서 본 보조 용언 구성은 문법서에서 제시된 '표현', '문형' 등의 목록에서 국어학에서 보조 용언 구성으로 제시된 적이 있는 표현이나 한국어 교육 문법서에서 보조 용언 구성으로 제시하고 있는 것을 추출하였다.

2.2. 한국어 교재에서 나타난 보조 용언 구성 목록

여기에서는 한국어 교육에서 보조 용언 구성이 실제 교육 환경에서 어떻게 교육되고 있는지 현황을 살펴보고자 한국어 교육용 교재에서 나타나는 보조 용언 구성을 확인하였다. 교재는 국내 주요 대학 기관에서 사용하는 교재를 중심으로 『서강한국어 1-6』, 『서울대한국어 1-6』, 『새연세한국어 어휘와 문법 1-6』 3종을 검토하였다.[3]

〈표 13〉 한국어 교재 보조 용언 구성 제시 현황

교재	급수	『서강대』	『서울대』	『연세대』[4]
1급	1A	X	X	-고 싶다 -지 않다 -지 못하다
	1B	-지 않아요 -아/어 보세요 -아/어야 해요 -아/어 봤어요 -아/어 주세요	V-지 마세요 V-아야/어야 되다 V-고 있다 V-(으)려고 하다 V-아/어 주다 V-아/어 보세요 V-고 싶다 V-고 싶어 하다 V-(으)러 가다(오다)	-어 주다 -어야 하다 -으려고 하다 -고 있다 -지 않아요?

---

3   이하 각각 교재를 『서강대』, 『서울대』, 『연세대』로 기술하고자 한다.

2급	2A	-고 있다 -아/어 드릴까요? -아/어 주시겠어요?	V-아/어 보다 V-고 나서 V-아/어 버리다	-어지다 -어 보다1 -어 보다2 -어도 되다 -을까 하다 -어 가지고 -지 마 -게 되다
	2B	-아/어지다 -게 되다	V-아/어 보이다 A-아지다/어지다 V-게 되다 V-아/어 놓다 V-(으)ㄹ까 하다 V-(으)ㄹ 뻔하다 V-아/어 있다	-어 달라고(주라고) 하다 -지 않으면 안 되다 -지 말고
3급	3A	-긴 하다 -아/어 보니까	A-(으)ㄴ가 보다, V-나 보다, N인가 보다 V-아/어 보니(까) A/V-아야/어야 할 텐데(요) v-아지다/어지다	-어 보이다 -어 있다 -어 놓다 -고 나서 -게 하다 -을 뻔하다 -고 말다 -을까 봐
	3B	-아/어 있다 -은가/나 보다 -고 나서 -을까 하다	A/V-(으)ㄹ까 봐 V-고 있다 A/V-았어야/었어야 했는데 V-게 하다 V-(으)ㄹ 만하다 V-고 보니 A-(으)ㄴ/V-는 척하다 V-고 말다	-기는 하다 -을 만하다 -곤 하다 -는 척하다 -고 해서 -어 버리다
4급	4A	-아/어서 -게 됐어요 -다 보니 -게 됐어요 -다 보면 -게 될 거예요 -을까 봐	A/V-고 해서 여간 A/V지 않다 A-(으)ㄴ 듯하다, V-는 듯하다	-고 보니까 -었어야 하다
	4B	A만큼은 -아/어야 돼요 -아/어 주셨으면 해요	V-곤 하다 V-아/어 대다	-어 가면서
5급	5A	-아/어/여 가다.	A-(으)ㄴ가/V-는가	-어 내다

		-아/어/여 오다 -고 말다 -게 하다 -(으)ㄴ/는가 싶다	하면 A/V-지 않을까 하다	-나 하고 -고자 하다
	5B	-(으)ㄹ 뻔하다 -(으)ㄴ/는 척하다 -아/어/여 내다 -아/어/여 두다	V-아/어 내다 A/V-(으)ㄹ 법하다 V-고 말다	-게 생기다 -어 주십사 하고 -나 싶다 -는 듯하다
6급	6A	X	X	-어 봤자
	6B	X	A/V-(으)ㄹ 성싶다 V-아/어 주십사(하고) V-아/어 봤자[봤댔자]	-는 듯싶다 -을 법하다
합계		31	44	46

〈표 13〉의 한국어 교재에서 제시된 보조 용언 구성을 살펴보면 교재별로 제시하고 있는 보조 용언 구성의 수가 매우 차이 나는 것을 알 수 있다. 전체 교재는 1급에서 6급으로 이루어져 있는데, 여기서 1~2급은 초급, 3~4급은 중급, 5~6급은 고급으로 파악하였다. 『서강대』에서는 보조 용언 구성이 31번 제시되었는데 여기서 중복되는 것을 제외하면 24개의 보조 용언 구성이 나타났다. 전체적으로 교재에서 보조 용언 구성이 많이 나타나지 않았고, 1A와 6급 전체에서는 보조 용언 구성을 하나도 제시하지 않은 것을 확인할 수 있다.

『서강대』의 1B 교재에서는 '-아/어 보다'를 원형으로 하는 '-아/어 보세요'와 '-아/어 봤어요'를 따로 제시하고 있는데, 같은 원형을 가진 보조 용언 구성은 함께 제시하고 활용형을 알려주는 것이 더 효과적일 것이다.

---

4 연세대 교재에서는 급수를 1A, 1B가 아닌 1-1, 1-2와 같이 나누고 있지만, 편의상 『서강대』, 『서울대』와 같은 형식으로 기술하였다.

(1) 가. 한 번 먹어 보세요.

　　　나. 프랑스 음식 먹어 봤어요?

(1가)와 (1나)는 모두 '-어 보다'가 변형되어 나타난 형태이다. 하지만 이는 모두 각각 다른 문법 형태로 따로 분리되어 교육되고 있다. 각 형태의 의미가 다르게 나타나기 때문에 따로 제시하고 있는 것으로 보이나, 의미나 기능이 다르게 나타난다면 함께 제시하고 그 차이를 설명해주는 방향으로 교육하는 것이 더 효과적일 것이다. 또한 2B에서 제시한 '-게 되다'를 4A에서는 '-아/어서 -게 됐어요, -다 보니 -게 됐어요, -다 보면 -게 될 거예요'와 같이 '-게 되다'를 앞에 오는 구성에 따라 여러 번 제시하고 있다. 『서강대』뿐만 아니라 모든 교재에서 하나의 보조 용언 구성을 여러 급수나 심지어 같은 급수에서도 활용형을 달리하여 제시하고 있는 것을 확인할 수 있다.

　『서울대』에서는 보조 용언 구성이 44번 나타났는데, 중복되는 것을 제외하면 총 33개의 보조 용언 구성이 제시되었다. 『서강대』에서와 마찬가지로 1A와 6A에서는 보조 용언 구성을 하나도 제시하지 않고 있다. 『서울대』에서는 1급에서 3급까지는 급수별로 9개, 10개, 12개를 제시하다가 4급부터 6급까지는 6개, 5개, 3개를 제시하여 고급으로 갈수록 제시하는 보조 용언 구성의 수가 크게 줄었다. 『연세대』 교재에서는 보조 용언 구성이 46번 나타났고, 중복되는 것을 제외하고 34개의 보조 용언 구성이 제시되었다. 다른 교재들에 비해 초급 단계인 1A에서부터 6B까지 골고루 보조 용언 구성을 제시하고 있는 것을 확인할 수 있었다.

　교재에서 보조 용언 구성을 제시하는 현황을 전반적으로 살펴보면 교재들에서 제시되는 보조 용언 구성 중 일부는 한 교재에서만 제시되기도 한다. 뒤에서 본격적으로 다루겠지만 제시 빈도가 낮은 보조 용언 구성 중 일부를 여기서 살펴보겠다. 하나는 'A/V-(으)ㄹ 성싶다'로 『서울대』 6B에서만, 다른 하나는 '-는 듯싶다'로 『연세대』 6-2에서만 제시하고 있다. 두 보조 용언 구성 모두 의존 명사 뒤에 '싶다'가 결합한 것인데, 보조 용언 '싶다'의 제시 빈도는 높은 데 비해 해당 구성의 제시 빈도는 낮다는 것이 특징적이다.

〈표 14〉 말뭉치에서의 '-성싶다', '-듯싶다'의 출현 빈도

	문어		구어	
	발견 출전	용례 수	발견 출전	용례 수
-성싶다	8	9	0	0
-듯싶다	11	12	1	1

〈표 14〉는 '-성싶다'와 '-듯싶다'의 말뭉치 출현 빈도이다. 문어 말뭉치에서는 각각 9개, 12개의 용례가 나타났고 구어에서는 거의 쓰이지 않는 것을 확인할 수 있었다. 이는 말뭉치에서의 사용 빈도가 한국어 교재 제시 빈도에 반영되었다고도 볼 수 있고, 말뭉치에서 빈도가 낮게 나타남에도 불구하고 한국어 교재에서는 해당 보조 용언 구성을 제시한다는 점에서 검토의 여지가 있다고도 볼 수 있다. 여기에서는 이를 한국어 교육 문법서와 한국어 교재에서 제시하는 보조 용언 구성 목록의 문제점이라고 보고 그 원인은 보조 용언 구성의 범위가 일정하지 않다는 데 있는 것으로 파악하였다. 또한 뒤에서는 이러한 점들을 전반적으로 검토하여 한국어 교육용 보조 용언 구성의 목록을 선정 및 제시하고자 한다.

3. 한국어 교육용 보조 용언 구성 목록 선정

본 절에서는 앞서 살펴본 한국어 교육용 문법서와 한국어 교재 등에서

추출한 한국어 보조 용언 구성의 목록과 보조 용언 구성의 말뭉치 빈도를
확인하여 한국어 교육용 보조 용언 구성의 목록을 다시 선정하고자 한다.

3.1. 선행 연구에서의 보조 용언 구성 목록

아래에서는 앞서 한국어 교육 문법서에서 제시한 보조 용언 구성의
목록을 종합하여 살펴보았다. 또한 개별 보조 용언 구성의 빈도를 비교
하여 등급화함으로써 고빈도 형태를 확인하였다.

<표 15> 한국어 교육용 문법서별 보조 용언 구성 목록

	임호빈 외 (1997)	국어원 (2005)	최윤곤 (2007)	김종록 (2008)	이태환 외 (2010)	연세대 (2012)	송영숙 외 (2013)	이주행 (2017)	양명희 외 (2018)	강현화 (2022)	빈도	등급
-고 나다	O	O	O	O	O	O	O	O	O	O	10	A
-고 싶다	O	O	O	O	O	O	O	O	O	O	10	A
-고 말다	O	O	O	O	O	O	O		O	O	9	A
-아/어 가지다(가지고)	O	O		O	O	O	O	O	O	O	9	A
-아/어 놓다	O	O	O	O		O	O	O	O	O	9	A
-아/어 버리다	O	O	O	O		O	O	O	O	O	9	A
-아/어 보다	O	O	O	O	O		O		O	O	9	A
-고 있다	O	O	O	O		O		O	O	O	8	A
-아/어 가다	O	O	O	O		O	O	O	O		8	A
-아/어 두다	O	O	O	O		O		O	O	O	8	A
-아야/어야 하다	O	O	O	O	O	O		O		O	8	A
-아/어 있다	O	O	O	O		O		O	O	O	8	A
-게 하다	O	O		O		O	O	O	O		7	A
-(으)ㄹ 만하다	O	O		O	O	O	O			O	7	A
-아/어 대다	O	O	O				O	O	O		7	A
-아/어 오다	O	O	O	O			O	O	O		7	A
-아/어 주다	O	O	O	O		O		O	O		7	A
-아/어지다	O	O			O	O	O	O	O		7	A
-지 말다	O	O		O	O	O		O	O		7	A
-지 않다(아니하다)	O	O		O	O	O		O	O		7	A
-게 되다		O		O		O	O	O	O		6	B

보조 용언 구성										빈도	등급
-(으)ㄴ가/나 보다	O	O				O	O	O	O	6	B
-아/어 내다	O	O	O	O			O		O	6	B
-아/어 드리다	O	O		O			O	O	O	6	B
-지 못하다	O	O		O		O		O	O	6	B
-게 마련이다		O			O	O	O		O	5	B
-고 보다		O			O	O	O		O	5	B
-(으)ㄴ 척하다	O	O		O		O	O			5	B
-나/(으)ㄴ 싶다	O	O					O	O	O	5	B
-(으)ㄹ까 보다		O			O	O	O		O	5	B
-아야/어야 되다		O	O		O			O	O	5	B
-고 하다(해서)		O			O	O		O		4	B
-곤 하다	O	O	O			O				4	B
-기(는/도/로/만) 하다	O				O	O		O		4	B
-기 마련이다		O			O		O		O	4	B
-(으)ㄴ가 하다	O				O	O			O	4	B
-(으)ㄹ까 싶다				O	O		O		O	4	B
-(으)ㄹ까 하다	O				O	O		O		4	B
-(으)ㄴ 모양이다		O			O	O			O	4	B
-(으)ㄹ 법하다		O		O		O			O	4	B
-(으)ㄹ 뻔하다	O	O				O	O			4	B
-(으)려고 하다		O			O	O			O	4	B
-(으)ㄴ 체하다	O	O		O						3	C
-(으)ㄴ 듯하다	O			O					O	3	C
-아/어 보이다		O			O	O				3	C
-아/어 치우다	O	O							O	3	C
-았/었으면 싶다	O				O				O	3	C
-게 만들다		O					O			2	C
-고 계시다				O			O			2	C
-고 들다		O				O				2	C
-(으)ㄴ 듯싶다						O			O	2	C
-(으)ㄴ 양하다	O			O						2	C
-(으)ㄴ가/지 싶다				O						1	C
-아/어 계시다		O		O						2	C
-아/어 쌓다				O			O			2	C
-게 생기다		O								1	C

											합계	
-(으)ㄴ 중이다				O							1	C
-(으)ㄹ 성싶다				O							1	C
-(으)러 가다	O										1	C
-(으)러 오다	O										1	C
-(으)러 들다	O										1	C
-아/어 빠지다	O										1	C
합계	40	45	17	36	23	34	27	26	27	27	302	

〈표 15〉는 2장에서 살펴본 한국어 교육 문법서의 보조 용언 구성 목록을 종합하여 본 것이다. 전체 문법서에서 추출한 보조 용언 구성은 총 61개이며 목록을 제시할 때 보조 용언이나 보조 용언 구성을 따로 제시한 문법서에서는 목록을 그대로 가져왔다. 하지만 따로 제시하지 않고 '문법', '표현', '표현 문형' 등으로 나타낸 문법서에서는 앞선 제1부에서 제시된 국어학 연구, 보조 용언 구성이 제시된 한국어 교육용 문법서, 『표준국어대사전』, 『한국어기초사전』 등에서 언급된 적이 있는 보조 용언 구성을 모두 추출하였다. 전체 문법서 10개에서 모두 나타난 보조 용언 구성은 '-고 나다'와 '-고 싶다'로 2개였고, 전체 중 하나의 문법서만 제외하고 9개에 나타난 보조 용언 구성이 '-고 말다', '-아/어 가지다', '-아/어 놓다', '-아/어 버리다', '-아/어 보다'로 5개였다. 그 뒤로 8개의 문법서에 나타난 보조 용언 구성이 5개, 7개의 문법서에 나타난 것이 8개, 6개의 문법서에 나타난 보조 용언 구성이 6개, 5개의 문법서에 나타난 보조 용언 구성이 6개, 4개의 문법서에 나타난 구성이 10개, 3개의 문법서에 나타난 구성이 5개, 2개의 문법서에 나타난 보조 용언 구성이 7개, 마지막으로 하나의 문법서에만 나타난 보조 용언 구성이 8개였다.

이들 중 문법서에 제시된 빈도가 높은 것들은 보조 용언 구성일 가능성 역시 높은 것이라 보고 빈도가 낮은 것들을 위주로 그 지위를 검토해 보고자 한다. 검토의 과정에서는 빈도가 2 이하인 것들에 대해서는 개별 단위들을 하나씩 살펴보고 기술하되, 3 이상인 것들은 제외 대상이 되는 단위와 그 근거만을 제시하기로 한다.

먼저, 빈도가 1인 것들에 대해서는 우선적으로 본용언과 구분되는 지점이 있는지를 살펴보고자 한다. 즉, 본용언의 의미가 그대로 남아 있는 것들은 보조 용언으로 볼 수 없으므로 해당 목록에서 제외할 것이다. 빈도가 1인 것 중 '-(으)러 가다/오다/들다'는 제외 대상이 된다. 이들은 본용언 '가다, 오다, 들다'의 의미가 그대로 남아 있을 뿐만 아니라 제1부 등에서 제시된 보조 용언 구성의 기준을 만족시키지 못하므로 보조 용언 구성이 될 수 없기 때문이다. '-(으)ㄴ 중이다' 역시 해당 목록에서 제외되어야 한다. '-(으)ㄴ 중이다'는 '전성 어미+의존 명사+이다'의 구성으로 이는 보조 용언을 포함하는 구성이 아니며 보조 용언 구성의 형태와는 차이를 보이기 때문이다. 한국어 교육에서 '-(으)러 가다/오다/들다'와 '-(으)ㄴ 중이다'를 제외한 나머지 빈도 1의 단위들은 모두 보조 용언 구성에 포함하는 것이 가능하다. 이들은 공통적으로 『표준국어대사전』, 『한국어기초사전』 등에서 보조 용언으로 다루고 있으며 본용언의 의미와도 구분된다. '-(으)ㄹ 성싶다' 역시 의존 명사 뒤에 '싶다'가 결합한 것으로 포함이 가능하다. '-아/어 빠지다'의 경우 주로 부정적인 말 뒤에 붙어 사용되는데 사전에서도 역시 [강조]의 의미로서 제시하고 있다. 마지막으로 '-게 생기다'는 본용언의 의미와 유사해 보이는 듯하지만 '새로 있게 되다'의 의미가 아닌 '일의 상태가 부정적인 어떤 지경으로 이르게 됨'이라는 의미이므로 본용언과 명확히 구분된다. 이러한 점에서 '-러 가다/오다/들다'는 보조 용언 구성에서 제외되지만 나머지 단위들은 포함할 수 있을 듯하다.

빈도가 2인 것 중에서는 '-(으)ㄴ가/지 싶다'의 경우 종결 어미의 종류가 다를 뿐 비교적 빈도가 높은 '-나 싶다', '-ㄹ까 싶다'와 같이 종결 어미 뒤에 '싶다'가 결합한 같은 유형이므로 보조 용언 구성에 포함할 수 있다.[5] '-(으)ㄴ 듯싶다'의 경우 빈도가 1인 '-ㄹ 성싶다'와 같은 유형으로 의존 명사 뒤에 '싶다'가 결합한 것으로 이와 같은 유형에 포함할 수 있다. 'ㄴ/는 양하다'는 전성 어미에 보조 용언이 결합한 것으로 'ㄴ/는 체하다/척하다' 등과 같이 보조 용언 구성으로 볼 수 있다. 나머지 '-게 만들다', '-고 계시다', '-고 들다', '-아/어 쌓다'와 '-아/어 계시다'의 경우 모두 보조적 연결 어미와 결합한 보조 용언의 형태로 보조 용언 구성으로 볼 수 있다.

빈도가 4로 나타난 '-(으)ㄴ 모양이다'는 앞서 제시한 '-(으)ㄴ 중이다'와 비슷하게 '전성 어미+핵 의존 명사+이다'의 구성으로 볼 수 있는데 이 구성은 우언적 구성으로 단일 형태소 차원에서 다루어질 수 없고 일반적인 보조 용언 구성과 동일한 차원에서 논의하기에 어려움이 있으므로 교육용 보조 용언 구성의 목록에서 제외하고자 한다. 또한 빈도가 각각 4, 5로 나타난 '-기 마련이다'와 '-게 마련이다'도 보조 용언 구성으로 보기 어렵다. '-기 마련이다'와 비슷한 '-기 일쑤이다', '-기 십상이다' 등과 같이 한국어 교육에서의 '표현 문형' 정도로 볼 수 있기 때문에 여기에서의 보조 용언 구성 목록에 포함시키지 않겠다.

〈표 15〉의 목록에서 묶어서 제시할 수 있는 보조 용언 구성은 함께 제시하고자 한다. 첫째는 '-고 하다'와 '-곤 하다'이다. 이 두 가지 보조 용언 구성은 보통 '-고 해서'와 '-고는 하다'에서 '고는'의 줄임 형태인

---

5   본서 제1부 등에서도 기술되듯, '종결 어미+보조 용언'의 문법적 지위에 대해서는 여러 논의가 있지만 여기서는 통사적인 특성을 따지기보다 외국인을 위한 한국어 교육용 목록을 제시하는 데 중점을 두고자 한다. 비교적 넓은 범위의 보조 용언 구성을 제시하는 것이 목적이므로 해당 형태가 가진 의미와 사전에서 제시한 품사 등을 기준으로 보조 용언 구성에 포함하기로 한다.

'곤'이 쓰인 '-곤 하다'로 쓰는데, 이는 결국 '-고 하다'의 변형으로 볼
수 있기 때문이다. 둘째는 '-나 싶다'와 '-(으)ㄴ가/지 싶다'이다. 앞에서
제시한 문법서에서는 각각 '-나/(으)ㄴ가 싶다'가 제시되거나 '-(으)ㄴ가/
지 싶다'로 제시되는데, 이는 결국 종결 어미 뒤에 '싶다'가 결합한 경우
로 의미 기능이 비슷하기 때문에 함께 묶어서 제시하고자 한다.

한국어 교육용 문법서에서 나타난 보조 용언 구성의 전체 목록 중 빈
도가 7~10인 경우 A, 4~6인 경우 B, 1~3인 경우 C로 A, B, C 세 등급
으로 나누어 제시하였다. A등급은 20개, B등급은 21개, C등급 20개로
여기서 나눈 등급을 다른 기준의 등급과 비교하여 한국어 교육용 보조
용언 구성의 목록을 선정하고자 한다.

3.2. 한국어 교재에서의 보조 용언 구성 목록과 말뭉치에서의 빈도

앞서 2장에서 제시한 3종의 한국어 교재에서 나타난 보조 용언 구성
의 목록을 함께 제시하면 다음 〈표 16〉과 같다.

〈표 16〉 한국어 교재 3종에서 나타난 보조 용언 구성의 목록

보조 용언 구성	『서강대』	『서울대』	『연세대』	빈도	등급
-고 나다	O	O	O	3	A
-고 말다	O	O	O	3	A
-아/어 보다	O	O	O	3	A
-고 있다	O	O	O	3	A
-아야/어야 하다	O	O	O	3	A
-아/어 있다	O	O	O	3	A
-게 하다	O	O	O	3	A
-아/어 주다	O	O	O	3	A
-아/어지다	O	O	O	3	A
-지 않다(아니하다)	O	O	O	3	A
-게 되다	O	O	O	3	A

-아/어 내다	O	O	O	3	A
-(으)ㄴ 척하다	O	O	O	3	A
-(으)ㄹ까 보다	O	O	O	3	A
-(으)ㄹ까 하다	O	O	O	3	A
-(으)ㄹ 뻔하다	O	O	O	3	A
-고 싶다		O	O	2	B
-나/(으)ㄴ가/지 싶다	O		O	2	B
-아/어 놓다		O	O	2	B
-아/어 버리다		O	O	2	B
-아/어 가다	O		O	2	B
-(으)ㄹ 만하다		O	O	2	B
-지 말다		O	O	2	B
-(으)ㄴ가/나 보다	O	O		2	B
-고 보다		O	O	2	B
-아야/어야 되다	O	O		2	B
-고(곤) 하다(해서)		O	O	2	B
-기(는/도/로/만) 하다	O		O	2	B
-(으)ㄹ 법하다		O	O	2	B
-(으)려고 하다		O	O	2	B
-(으)ㄴ 듯하다		O	O	2	B
-아/어 보이다		O	O	2	B
-아/어 가지다			O	1	C
-아/어 두다	O			1	C
-아/어 대다		O		1	C
-아/어 오다	O			1	C
-아/어 드리다	O			1	C
-지 못하다			O	1	C
-(으)ㄴ가 하다		O		1	C
-(으)ㄴ 듯싶다			O	1	C
-(으)ㄴ 양하다		O		1	C
-게 생기다			O	1	C
-(으)ㄹ 성싶다		O		1	C
-(으)ㄹ까 싶다				0	C
-(으)ㄴ 체하다				0	C

−아/어 치우다				0	C
−았/었으면 싶다				0	C
−게 만들다				0	C
−고 계시다				0	C
−고 들다				0	C
−아/어 계시다				0	C
−아/어 쌓다				0	C
−아/어 빠지다				0	C
합계	24	33	34	91	

한국어 교재 3종에서 나타난 보조 용언 구성의 목록에서 3종의 교재
모두 출현한 보조 용언 구성은 총 16개이고 3개 중 2종의 교재에서 나타
난 보조 용언 구성은 16개, 하나의 교재에서만 출현한 보조 용언 구성은
11개이다. 모든 교재에서 나타나지 않은 보조 용언 구성이 10개였다. 한
국어 교육용 문법서에서 출현 빈도가 높았던 보조 용언 구성이 한국어
교재에서도 대부분 높은 빈도를 보였다. 하지만 '−아/어 가지다'와 '−아
/어 두다'와 같이 1종의 교재에서만 제시되었지만 한국어 교육 문법서에
서는 높은 빈도로 나타난 보조 용언 구성도 있었다. 또한 '−(으)ㄹ까/을
까 하다', '−(으)ㄹ 뻔하다'와 같이 3종의 교재에 모두 제시되었지만 한국
어 교육용 문법서에서의 빈도는 상대적으로 낮게 나타난 보조 용언 구성
도 확인할 수 있었다. 이처럼 한국어 학습자가 보조 용언 구성을 접할
수 있는 문법서나 교재에서의 빈도 또한 큰 차이가 나기 때문에 여러
기준을 모두 고려한 교육용 보조 용언 구성의 목록이 필요하다.

앞서 한국어 교육용 문법서에서의 빈도에 따라 보조 용언 구성의 등급
을 나눈 것과 같이 한국어 교재에서의 보조 용언 구성의 등급도 빈도에
따라 나누었다. 여기서는 모든 교재에 나온 빈도가 3인 것을 A등급, 두
개의 교재에서 나타난 빈도가 2인 것을 B등급, 하나의 교재에서만 나오

거나 모든 교재에서 나타나지 않았던 것을 C등급으로 설정하여 각각 16
개, 16개, 21개로 나누었다.

　다음으로 한국어 보조 용언의 사용 빈도를 분석하기 위하여 보조 용언
구성의 목록을 말뭉치에서도 확인해 보았다. 이를 통해 실제 한국어 화
자들의 언어생활에서 보조 용언의 사용 빈도와 예시를 파악하고자 한다.
앞서 한국어 교육용 문법서와 한국어 교재에서 추출한 목록 중 보조 용
언 구성으로 볼 수 없는 것을 제외하고 추출한 보조 용언 구성 목록의
말뭉치에서의 빈도를 살펴보고자 한다.

　문어 말뭉치와 구어 말뭉치 각각에서 나타난 보조 용언 구성의 발견
출전과 용례 수를 나타내면 다음 표와 같다.

〈표 17〉 말뭉치에서의 보조 용언 구성의 빈도

	문어 용례 수	구어 용례 수	합계	등급
-고 있다	8,764	3,703	12,467	A
-지 않다	5,197	2,795	7,992	A
-아/어 주다	2,891	4,527	7,418	A
-아/어 있다	3,854	2,241	6,095	A
-아/어지다	3,391	1,838	5,229	A
-아/어 보다	1,223	3,749	4,972	A
-아/어 가지고	46	4,637	4,683	A
-아야/어야 되다	176	3,726	3,902	A
-게 되다	2,247	1,377	3,624	A
-아야/어야 하다	2,872	457	3,329	A
-고 싶다	948	1,031	1,979	A
-기(는) 하다	1,459	476	1,935	A
-지 못하다	1,486	400	1,886	A
-아/어 놓다	766	1,042	1,808	A
-아/어 버리다	871	575	1,446	B
-게 하다	904	492	1,396	B
-아/어 오다	1,090	166	1,256	B

-아/어 가다	776	372	1,148	B
-지 말다	436	623	1,059	B
-아/어 내다	563	223	786	B
-아/어 드리다	113	570	683	B
-(으)ㄹ 만하다	303	167	470	B
-아/어 보이다	282	150	432	B
-아/어 두다	322	103	425	B
-(으)ㄴ 듯하다	350	50	400	B
-(으)ㄹ 뻔하다	303	67	370	B
-(으)려고 하다	52	301	353	B
-고 말다	282	50	332	B
-게 만들다	175	80	255	B
-고 나다	24	221	245	B
-고 계시다	53	153	206	B
-아/어 대다	192	10	202	B
-(으)ㄴ가/나 보다	38	119	157	B
-고 보다	74	39	113	B
-고 해서	27	44	71	C
-(으)ㄴ 척하다	35	35	70	C
-아/어 계시다	22	32	54	C
-나 싶다	34	14	48	C
-(으)ㄹ까/을까 싶다	21	22	43	C
-(으)ㄹ까/을까 보다	18	16	34	C
-(으)ㄹ 법하다	23	5	28	C
-(으)ㄴ 체하다	11	5	16	C
-(으)ㄴ 듯싶다	12	1	13	C
-(으)ㄹ 성싶다	9	0	9	C
-게 생기다	4	4	8	C
-았/었으면 싶다	4	3	7	C
-아/어 빠지다	4	1	5	C
-아/어 치우다	4	0	4	C
-고 들다	2	0	2	C
-(으)ㄴ 양하다	2	0	2	C
-(으)ㄹ까 하다	0	1	1	C

-아/어 쌓다	1	0	1	C
-(으)ㄴ가 하다	0	0	0	C
합계	42,756	36,713	79,469	

말뭉치에서의 보조 용언 구성의 출현 빈도는 문어 말뭉치에서 42,756회, 구어 말뭉치에서 36,713회, 말뭉치 전체에서 79,469회 나타났다. 대체로 각각의 보조 용언 구성이 구어 말뭉치보다 문어 말뭉치에서 빈도가 높게 나타났으며, 문어 말뭉치에서의 빈도와 전체 빈도의 정도가 비슷하게 나타났다. 말뭉치 전체에서 '-고 있다', '-지 않다', '-아/어 주다', '-아/어 있다', '-아/어지다' 순으로 빈도가 높게 나타났고, 문어 말뭉치에서도 '-고 있다', '-지 않다', '-아/어 있다', '-아/어지다', '-아/어 주다' 순으로 비슷하게 나타났다. 일부 차이가 나는 것들은 문어 말뭉치보다 구어 말뭉치에서 빈도가 매우 높게 나타나서 전체 빈도에 영향을 주는 것을 확인할 수 있었다. 예를 들어, 구어 말뭉치에서는 가장 높은 빈도로 나타난 '-아/어 가지고'는 문어 말뭉치에서 빈도는 매우 낮게 나타나 둘의 차이가 4,591회 나타났다. 이와 같이 문어 말뭉치와 구어 말뭉치에서의 빈도 차이가 많이 나는 보조 용언 구성이 있는데 둘 중 하나에서만 빈도가 높게 나타나는 것이라도 실제 생활에서 한국어 화자들의 사용 빈도가 높다고 보았기 때문에 문어 말뭉치와 구어 말뭉치 전체 빈도를 더한 총합에 따라 등급을 나누고자 하였다.

앞서 나누었던 방식과 같이 말뭉치에서의 보조 용언 구성의 빈도에 따라 등급을 나누었을 때 전체 빈도의 평균인 1,472를 넘는 것은 A등급으로, 빈도가 100회 이상이고 평균 미만인 것을 B등급, 빈도가 100회 미만으로 나타나는 것을 C등급으로 보았다. 그 결과 A등급은 14개, B등급은 20개, C등급은 19개로 나타났다.

3.3. 한국어 교육용 보조 용언 구성 목록

위에서는 각각 한국어 교육용 문법서, 한국어 교재, 말뭉치에서의 보조 용언 구성의 빈도를 확인해 보았다. 각 기준별 보조 용언 구성의 등급을 비교하여 선정 여부를 선정한 것은 다음 표와 같다.

〈표 18〉 보조 용언 구성의 기준별 등급과 교육용 보조 용언 구성 선정 여부

보조 용언 구성	문법서 등급	교재 등급	말뭉치 등급	선정 여부
-게 되다	B	A	A	O
-게 만들다	C	C	B	X
-게 생기다	C	C	C	X
-게 하다	A	A	B	O
-고 계시다	C	C	B	X
-고 나다	A	A	B	O
-고 들다	C	C	C	X
-고 말다	A	A	B	O
-고 보다	B	B	B	O
-고 싶다	A	B	A	O
-고 있다	A	A	A	O
-고 해서	B	B	C	O
-기(는/도/로/만) 하다	B	B	A	O
-(으)ㄴ 양하다	C	C	C	X
-(으)ㄴ 척하다	B	A	C	O
-(으)ㄴ 체하다	C	C	C	X
-(으)ㄴ 듯싶다	C	C	C	X
-(으)ㄴ 듯하다	C	B	B	O
-(으)ㄴ가 하다	B	C	C	X
-(으)ㄴ가/나 보다	B	B	B	O
-나 싶다	B	B	C	O
-(으)ㄹ 만하다	A	B	B	O
-(으)ㄹ 법하다	B	B	C	O
-(으)ㄹ 뻔하다	B	A	B	O
-(으)ㄹ 성싶다	C	C	C	X
-(으)ㄹ까/을까 보다	B	A	C	O
-(으)ㄹ까/을까 싶다	B	C	C	X

−(으)ㄹ까/을까 하다	B	A	C	O
−(으)려고 하다	B	B	B	O
−아/어 가다	A	B	B	O
−아/어 가지고	A	C	A	O
−아/어 계시다	C	C	C	X
−아/어 내다	B	A	B	O
−아/어 놓다	A	B	A	O
−아/어 대다	A	C	B	O
−아/어 두다	A	C	B	O
−아/어 드리다	B	C	B	O
−아/어 버리다	A	B	B	O
−아/어 보다	A	A	A	O
−아/어 보이다	C	B	B	O
−아/어 빠지다	C	C	C	X
−아/어 쌓다	C	C	C	X
−아/어 오다	A	C	B	O
−아/어 있다	A	A	A	O
−아/어 주다	A	A	A	O
−아/어 치우다	C	C	C	X
−아/어지다	A	A	A	O
−아야/어야 되다	B	B	A	O
−아야/어야 하다	A	A	A	O
−았/었으면 싶다	C	C	C	X
−지 말다	A	B	B	O
−지 못하다	B	C	A	O
−지 않다	A	A	A	O

〈표 18〉은 보조 용언 구성의 등급을 비교하여 교육용 보조 용언 구성의 선정 여부를 표시한 것이다. 한국어 교육용 보조 용언 구성에 포함하는 등급 구성과 포함하지 않는 등급 구성을 나타내면 다음과 같다.

(2)　가. 포함하지 않는 등급 구성 : CCC / CCB, CBC, BCC / CCA, CAC, ACC

　　　나. 포함하는 등급 구성 : AAA / AAB, ABA, BAA / AAC, ACA,

CAA / ABB, BAB, BBA / BBB / ABC, ACB, BAC, BCA, CAB, CBA / BBC, BCB, CBB

한국어 교육용 보조 용언 구성에 포함하지 않는 등급 구성은 모두 C로 구성된 것과 C 2개와 A 1개 또는 B 1개로 구성된 것이다. 각각의 등급 구성에 포함되는 보조 용언 구성을 확인하면 다음과 같다.

(3) 가. CCC : -게 생기다, -고 들다, -(으)ㄴ 양하다, -(으)ㄴ 체하다, -(으)ㄴ 듯싶다, -(으)ㄹ 성싶다, -아/어 계시다, -아/어 빠지다, -아/어 쌓다, -아/어 치우다, -았/었으면 싶다
나. BCC : -(으)ㄴ가 하다, -(으)ㄹ까 싶다
다. CCB : -게 만들다, -고 계시다

세 가지 기준에서 모두 C등급으로 나타난 보조 용언 구성은 모두 11개였고, 세 기준 중 두 기준에서 C등급으로 나타난 보조 용언 구성은 BCC 구성과 CCB 구성 각각 2개씩 4개로 총 15개를 제외하였다. 보조 용언 구성에 포함하지 않는 등급 구성 중 CBC, CCA, CAC, ACC는 하나도 나타나지 않은 것을 두 가지의 기준에서 빈도가 낮게 나타난 것이 하나에서 높게 나타날 수 없는 것을 알 수 있었다. 이를 통해 한국어 교육용 문법서, 한국어 교재, 말뭉치에서 빈도가 긴밀한 관계가 있는 것을 확인할 수 있다.

다음으로 한국어 교육용 보조 용언 구성에 포함하는 등급 구성은 모두 A로 구성된 것, A 2개와 B 1개로 구성된 것, A 2개와 C 1개로 구성된 것, A 1개와 B 2개로 구성된 것, A B C 각 한 개씩 구성된 것, B 2개와 C 1개로 구성된 것이 있다. 각각의 등급 구성에 포함되는 보조 용언 구성은 다음과 같다.

(4) 가. 3개 모두 A로 구성된 것
         - AAA : -고 있다, -아/어 보다, -아/어 있다, -아/어 주다,
         -아/어지다, -아야/어야 하다, -지 않다
      나. A 2개와 B 1개로 구성된 것
         - AAB : -게 하다, -고 나다, -고 말다
         - ABA : -고 싶다, -아/어 놓다
         - BAA : -게 되다
      다. A 2개와 C 1개로 구성된 것
         - ACA : -아/어 가지고
      라. A 1개와 B 2개로 구성된 것
         - ABB : -(으)ㄹ 만하다, -아/어 가다, -아/어 버리다, -지 말다
         - BAB : -(으)ㄹ 뻔하다, -아/어 내다
         - BBA : -기(는/도/로/만) 하다, -아야/어야 되다
      마. B 3개로 구성된 것
         - BBB : -고 보다, -(으)ㄴ가/나 보다, -(으)려고 하다
      바. A, B, C 각 1개로 구성된 것
         - ACB : -아/어 대다, -아/어 두다, -아/어 오다
         - BAC : -(으)ㄴ 척하다, -(으)ㄹ까 보다, -(으)ㄹ까 하다
         - BCA : -지 못하다
      사. B 2개와 C 1개로 구성된 것
         - BBC : -고 해서, -나 싶다, -(으)ㄹ 법하다
         - BCB : -아/어 드리다
         - CBB : -(으)ㄴ 듯하다, -아/어 보이다

세 가지 기준에서 모두 A로 나타난 것은 7개, A 2개와 B 1개로 이루어진
것은 AAB, ABA, BAA 구성 각각 3개, 2개, 1개씩 총 6개, A 2개와 C
1개로 이루어진 것은 ACA 구성에서만 1개 나타났다. A 1개와 B 2개로
이루어진 ABB, BAB, BBA 구성은 각각 4개, 2개, 2개로 총 8개가 나타

났으며, 모두 B로 이루어진 구성은 3개이다. A B C 각각 하나씩 포함된 구성은 6가지의 구성 방법 중 ACB, BAC, BCA 구성에서만 각각 3개, 3개, 1개씩 나타났다. 마지막으로 B 2개와 C 1개로 이루어진 BBC, BCB, CBB 구성은 각각 3개, 1개, 2개씩 나타났다.

모든 기준에서 A등급으로 나타나거나 2개 이상의 기준에서 A로 나타난 보조 용언 구성은 초급에서, A가 1개 나머지 구성이 B와 C로 이루어진 것과 모두 B로 이루어진 것은 중급에서, 마지막으로 B 2개와 C 1개로 이루어진 것은 고급에서 가르칠 수 있을 것이다. 상세한 등급화를 진행하지는 못하였지만 이렇게 선정된 보조 용언 구성 38개를 최종적인 한국어 교육용 보조 용언 구성 목록으로 선정하였다.

4. 나가기

한국어 의사소통 상황에서 중요한 역할을 하는 보조 용언 구성이 한국어 교육 문법서와 한국어 교재에서 다르게 제시되고 있음을 확인하였다. 한국어 교육 문법서와 교재에서 여러 번 중복되어 나타나고 실제 언어생활에서 높은 빈도로 사용되는 보조 용언 구성을 선정하여 한국어 교육용 보조 용언 구성 목록을 선정하고자 하였다.

2절에서는 한국어 교육 문법서와 한국어 교재에서 나타나는 보조 용언을 확인하였다. 문법서 10개 중 4개에서는 보조 용언의 목록을 제시하고 있었고 나머지 6개에서는 '문법', '표현' 등에 보조 용언을 포함하여 제시하였다. '문법', '표현', '문형' 등 다양한 목록에 포함되어 있는 보조 용언은 사전에서 보조 용언으로 제시하고 있거나 국어학적 논의에서 보조 용언으로 보고 있는 것을 모두 검토하여 보조 용언 구성을 추출하였다.

3절에서는 10개의 한국어 교육 문법서에서 보조 용언이나 보조 용언 구성으로 제시한 목록과 '문법', '표현 문형' 등의 목록에서 추출한 보조 용언 구성을 확인하고 한국어 교육용 보조 용언 구성으로 보기 어려운 7개를 제외하였다. 문법서에서 추출한 총 62개 중 7개를 제외하고 함께 묶을 수 있다고 본 보조 용언 구성을 4개 선정하여 각각 2개씩 묶어서 제시하여 53개의 목록을 선정하였다. 이렇게 선정한 53개의 목록을 다시 한국어 교재와 말뭉치에서의 빈도를 확인하였다. 한국어 교육 문법서와 한국어 교재, 말뭉치에서의 빈도를 각각 A, B, C의 등급으로 나누어 이를 비교하여 전체적인 빈도가 낮아 교육용으로 적합하지 않다고 본 15개를 제외하여 최종적으로 38개의 한국어 교육용 보조 용언 구성을 선정하였다.

한국어 교육용 문법서와 한국어 교재에서 보조 용언이나 보조 용언 구성을 따로 선정하여 다루고 있는 경우가 많지 않았고, 대부분 한국어 교육에서의 관점으로 '표현'이나 '문법' 등 다른 표현들과 함께 제시하고 있었다. 한국어 교육용 문법서나 한국어 교재에서 제시되지 않지만 많이 사용하고 있는 보조 용언 구성에 대해서는 확인해 보지 못했다는 점에서 한계가 있지만 보조 용언 구성은 문법서나 교재, 심지어는 사전에서도 다르게 제시하고 있어 이를 통일하여 한국어 교육용 보조 용언 구성 목록을 제시하였다는 점에서 의의가 있다.

■11장■

한국어와 몽골어의
보조 용언 구성에 대한 대조 연구

1. 들어가기

한국어 보조 용언과 마찬가지로 몽골어도 다양한 보조 용언을 가지고 있다. 한국어에는 '형용사'가 보조 용언으로 성립이 가능한 반면에 몽골어에는 '형용사'는 용언이 아니므로[1] 보조 용언으로 성립되지 않고 동사만이 보조 용언으로 성립한다. 한국어와 몽골어는 교착어이므로 어근에 결합하는 다양한 조사와 어미가 발달되어 있다. 이와 마찬가지로 본동사로 사용되는 동사들이 문법화를 거쳐 보조 동사로 사용될 때 본동사에 뒤따라 보조 동사가 나타난다. 두 언어에서 본용언과 보조 용언 구성이 결합한 구조는 'V₁+어미+V₂'이다.

이 장의 목적은 한국어와 몽골어의 보조 용언 구성의 개념 및 체계를

---

1 몽골어 형용사의 형태는(ylaan-빨갛다, sain-좋다, xol-멀다, mergen-지혜롭다) 등이며 활용하지 않는다. 동사의 경우(yav-가다, mart-잊다)는 활용을 한다. 그러나 한국어의 경우 형용사와 동사 모두 '-다'로 끝나며 활용하는 용언인데 몽골어의 경우 형용사는 꼭 일정한 형태를 갖지 않으며 동사처럼 활용하지 않는다. 이처럼 서로 다른 형태를 지닌다. 따라서 여기에서 보조 용언의 의미는 보조 동사를 가리킨다.

대조하는 것이다. 한국어와 몽골어는 본용언과 보조 용언이 구별되며, 각각 독특한 의미 및 기능적 특성을 가지고 있다. 이에 여기서는 한국어와 유사한 보조 용언 구성 체계를 가지고 있는 몽골어와 대조해 봄으로써 보조 용언의 개념 정립은 물론이거니와 보조 용언 구성 체계의 특징을 정리할 것이다.

또한 한국어와의 유사성과 차이점을 살핌으로써 공통적인 보조 용언 구성의 특성을 살필 것이다. 그동안 한국어와 몽골어의 개별 보조 동사 체계에 대해서 논의해 왔지만 대조 연구는 활발히 이루어지지 않았다. 최근 한국어와 몽골어 연구자의 몽골어 보조 동사에 대한 연구는 한국어 보조 용언의 판별기준이 몽골어에도 적용이 가능한지 그렇지 않은지를 판단하는 논의가 주를 이룬다. 그러나 몽골어 보조 용언 구성 고유의 특징을 살펴보고 한국어와 몽골어의 보조 용언 구성을 대조하는 논의는 많지 않다. 따라서 여기에서 몽골어 고유의 보조 용언 구성 특징을 살펴보고 대조한다는 것에 의의가 있다고 본다. 또한 한국어와 몽골어의 보조 용언 구성의 전체적인 체계를 대조하고 그 안에 있는 세부적인 특징에 대해서도 검토하는 것은 의의가 있다. 각 개별 언어의 문제를 다른 언어와 대조 함으로써 그 언어의 문제점을 어떻게 다룰 것인지를 살펴보는 것 역시 의의가 있는 작업이다.

이 글에서 다루는 대상은 한국어와 몽골어의 보조 용언이고 여기에서는 'V₁+어미+V₂'의 통사적 구성을 보조 용언 구성으로 볼 것이다. 한국어의 보조 용언 구성에 대한 이론적인 내용 및 보조 용언 구성의 목록과 기능은 이 책의 제1부에서 정의한 내용과 한국어의 주요 문법서를 바탕으로 살펴보고자 한다. 여기에서 다룬 한국어의 주요 문법서는 고영근·구본관(2008/2018), 구본관 외(2015), 유현경 외(2018), 남기심 외(2019) 등이다. 몽골어의 보조 용언 구성에 대한 이론적인 내용 및 보조 용언 구성의 목록과 기능에 대해서는 몽골어의 주요 문법서를 바탕으로 살필 것이다. 몽골어의 주요 문법서는 Byambasan, et al.(1987), Tumurtogoo, et al.(2008), Unurbayan(1998), Unurbayan, et al.(2022)이다. 3절에서는 한국어와 몽골어의 보조 용언 구성을 대조하여 형태, 의미, 기능적으로 두 언어의 보조 용언 구성이 지니고 있는 유사점과 차이점을 밝히고자 한다. 4절에서 대조 연구를 통해 밝힌 내용들을 정리하여 결론을 제시한다.

한국어와 몽골어 보조 동사를 대조한 연구를 살펴보면 다음과 같다. 한국어와 몽골어 보조 동사를 대조한 연구로는 나랑게를(2007)이 있다. 이 연구에서는 한국어와 몽골어의 보조 용언을 대조 고찰하여 몽골어 보조 용언의 구별 기준을 제시하였다. 이외 한국어 보조 용언 구성의 판별기준이 몽골어에도 적용이 가능한지를 판단한 논의가 있었으나 두 언어를 대조하여 몽골어 보조 용언 구성 고유의 특징을 살핀 연구는 거의 없었다. 송재목(1998)에서는 처음으로 몽골어 보조 동사 구문이 한국어 보조 동사 구문과 여러 가지 점에서 서로 유사하다는 것을 확인하였다. 강신(2003)에서는 처음으로 보조 동사의 분류 기준을 제시한 바 있다. 박덕유(2006)에서 한국어와 몽골어의 상에 대한 비교 연구로 시제와 구별되는 '본용언+보조 용언' 형식의 문법상과 상 자질을 통해 분류된 동사 부류의 어휘상을 모두 인정하는 상 체계를 고찰한 바 있다. 위와 같이 그동안 한국어와 몽골어의 개별 보조 동사 체계에 대해서 논의해 왔지만 대조 연구가 그다지 활발히 이루어지지 않았다고 할 수 있다.

2. 한국어와 몽골어의 보조 용언 구성에 대하여

2.1. 보조 용언 구성의 개념에 대한 대조

2.1.에서는 제1부 '한국어 보조 용언의 정의와 특성'에서 기술한 한국어의 보조 용언 구성의 특성을 바탕으로 몽골어의 보조 용언 구성의 특성을 대응시키는 방법으로 보조 용언 구성의 특징을 대조하고자 한다. 몽골어 보조 용언 구성은 한국어의 보조 용언 구성과 비슷한 문법 기능을 한다. 보조 용언이 본용언 뒤에 오는 것은 몽골어와 한국어에 모두 적용되는 공통적인 특징이다 'V₁+V₂'. 제1부 '한국어 보조 용언의 정의와 특성'에서 보조 용언의 정의와 특성에 대해서 살펴본 바 있다. 그리하여 보조 용언을 정의하는 데 ① 보조 용언의 의존성, ② 보조 용언의 기능, ③ 보조 용언의 어순, ④ 보조 용언의 형태·통사론적 성격이라는 네 가지 요소가 필요한 것을 확인하였다. 보조 용언이라는 문법 범주를 정의하기 위해 강조한 여러 요소 중에서 가장 눈에 띄는 것은 바로 보조 용언의 의존적인 성격이다. 다음으로, 한국어의 보조 용언은 문장 속에서 어휘적인 의미가 아니라 이보다 더 추상화된 문법적인 의미를 담당한다. 셋째, 보조 용언의 어순은 언제나 본용언의 뒤에 등장한다. 넷째, 보조 용언은 형태론과 통사론의 경계에 걸쳐 있는 문법 범주이다.

몽골어의 보조 용언의 개념을 살펴보면 다음과 같다. 몽골어 보조 용언의 경우 주요 문법서 Byambasan, et al.(1987), Unurbayan, et al.(2022), Tumurtogoo, et al.(2008: 174), Unurbayan(1998: 211-212)에서 보조 용언에 대해 다룬 정의는 다음과 같다. 그동안의 몽골어 보조 동사에 대한 연구 흐름을 보면 몽골어의 보조 동사로 'bai-, bol-' 위주로 기술한 연구와 'bai-, bol-'에 더하여 기타 보조 동사들을 기술한 연구로 나눌 수 있다. 즉, 몽골어에 보조 동사는 그동안 'bai-, bol-' 같이, 지위가 확고한 아주 소수의 보조 동사 위주로만 정의되어 기술되어 왔다. 그 외 보조 동사들에 대한 기술은 1980년대 주요 문법서에 등장하다가 2000년대 초기 문법서에는 'bai-, bol-'만 기술된 것도 있다. 그러나 2022년에 연구된 최근의 문법서에서는 문법적인 위치가 정해진 것으로 기술되었다.

　먼저 몽골어의 보조 용언에 대해서 'bai-, bol-' 위주로 기술한 연구로는 Tumurtogoo, et al.(2008: 174), Unurbayan(1998: 211-212)이 있다. 이에 현대 몽골어 동사는 활용하는 성격에 따라 '완전 동사 및 불완전 동사'로 구분한다. 모든 활용 어미에 의해서 활용하는 동사와 활용하지 않는 동사 ('a-' 어근류 동사, 'bu-' 어근류 동사를 불완전 동사)라 구분한다. 불완전 동사 활용형의 굳어진 형태들이 드물게 문어체에서 사용된다. 그중에서 'ajee, bilee, bulgee, avai, amui' 등의 형태들은 자립 용언이나 체언 뒤에 나타나 시제·서법을 가리키는 보조 동사의[2] 기능을 한다.

(1)　Namaig baga baixad manai nytagt negen tsetsen tselmeg uvgun baij bilee.[3][4]

2　들어가기에서도 밝힌 것처럼 몽골어에서 보조 용언에 보조 동사만 있으며 보조 형용사가 없다. 따라서 여기에서는 몽골어의 보조 용언을 가리킬 때 보조 동사를 의미한다.

3　여기에서 몽골어의 로마자 전사를 다음과 같이 한다. a-a, о-о, у-у, э-e, ө-u, ү-u, и-i, аа-aa, оо-oo, уу-yy, ээ-ee, өө-uu, үү-uu, ий-ii, ай-ai, о й-oi, уй-yi, үй-ui, м-m, л-l, р-r, н-n, б-b, в-v, г-g, д-d, з-z, ж -j, к-k, ф-f, п-p, х-x, т-t, с-s, ш-sh, ц-ts, ч-ch, я-ya, е-ye, ё-yo, ю-yu, ы-i.

4　아래에서는 몽골어 예문에 대한 이해를 돕기 위하여 각주로 대략적인 형태소 분석을 보인다.
나(대명사+목적격조사) 어리다(형용사) 있다(동사+과거시제어미) 우리(대명사+복수) 고향(명사+부사격조사) 한(수사) 지혜롭다(형용사) 할아버지(명사) 있다(본동사+보조적 연결어미) 있다(보조 동사+과거시제어미)

"내가 어렸을 때 우리 고향에 어떤 지혜로운 할아버지가 <u>있고(살고)</u>
<u>계셨다.</u>"

(1)의 'baix'는 본동사이고, 'bilee'는 보조 동사이다. 자립용언 'baix'뒤
에 결합되어 bi(어근)+lee(과거시제어미)를 활용하여 과거 시제를 나타내
고 있다.

그 다음으로 Byambasan, et al.(1987: 174-184)에서 몽골어에서 주요
동사를 보조하여 그 어휘적 의미가 어느 정도 약화되어 사용된 단어가
다양하게 있다는 것을 부정할 수 없다고 하였다. 그러나 이러한 동사를
보조 동사라고 정의하지는 않았지만 보조적 역할을 하여 문법적 기능을
하는데 이것이 문법적 의미를 표시하는 흔한 방법이라 보았다. 몽골어에
서 진정한 보조 동사가 없으며 일부 동사들이 보조 동사 역할을 한다고
하였다. 이외에도 소수의 불완전 동사가 있다고 덧붙였다. 그러나 보조
용언에 대한 확고한 정의를 Unurbayan, et al.(2022)에서 비로소 찾아
볼 수 있다. Unurbayan, et al.(2022)에서 독립적인 어휘적 의미를 잃
고, 결합 관계에서 주요 동사의 문법적 의미를 나타내고 결합 관계의 구
성을 형성하는 동사를 보조 동사라 한다고 하였다. 이외에도 소수의 불
완전 동사를 기술하기도 하였다.

지금까지 살펴본 바에 따르면 몽골어는 보조 동사를 두 가지로 정의하
고 있다. 몽골어에는 보조 동사를 좁은 개념에서 '불구 동사, 불완전 동
사'라는 용어도 쓰고 있으며 이 용어의 뜻은 동사이지만 전형적인 활용
방식을 취하지 못하는 점을 고려하여 불구 동사라고 명명하고 있다. 이
와 동시에 '독립적인 어휘적 의미를 잃고 결합 관계에서 주요 동사의 문
법적 의미를 나타내어 결합 관계를 구성하는 동사를 보조 동사라 한다'
는 정의를 최근에 내리게 된 것을 확인하였다. 그러나 모든 몽골어 문법

서에서 불완전 동사, 불구 동사 중에서 보조 동사의 역할을 하는 보조 동사들을 불구 동사의 개념하에 다루고 있다. 여기에서는 불구 동사로 간주하는 보조 동사 일부를 보조 동사 개념하에 기술하고 보조 동사에 포함되지 않는 불구동사들을 보조 동사와 별개로 다루어야 한다고 본다. 왜냐하면 보조 동사 중에 일부 통사적 제약이 있는 보조 동사도 있을 수 있기 때문이다.

이처럼 몽골어 보조 용언 정의에 필요한 요소는 ① 일부 보조 용언의 활용의 제약성, ② 보조 용언의 의존성, ③ 보조 용언 구성의 기능 등이라는 것을 확인하였다. 보조 용언의 의존성으로 주요 동사를 보조하는 것, 어휘적 의미가 약화되거나 어휘적 의미를 완전히 잃는 것, 본용언과 결합 관계를 형성하는 성격이다. 보조 용언 구성의 기능으로는 주요 동사의 문법적 의미를 나타낸다는 것이 있다. 두 언어의 개념에 공통적으로 나타나는 것은 보조 용언의 의존성 및 기능과 관련된 것이다. 그러나 한국어에서는 보조 용언의 어순, 형태·통사적 성격에 대해서 정의한다는 차이가 있다. 반면에 몽골어에서는 일부 보조 용언에 활용의 제약성이 있다는 점, 그리고 일부 보조 용언이 체언 뒤에 나타난다는 차이점이 있다.

2.2. 한국어와 몽골어 보조 용언 구성의 형태 및 통사적 특성

2장의 '한국어 보조 용언의 정의와 특성'에서 보조 용언의 특성에 대해서 살펴보았듯이 여기에서도 보조 용언의 특성들의 목록을 그러한 특성의 원인에 따라서 분류해 보았다. 2장에서는 ① 보조 용언의 의존성, ② 보조 용언의 문법적 의미, ③ 보조 용언의 통사적 핵 기능, ④ 보조 용언의 유래라는 네 가지 원인을 설정하여 분류를 진행한 바 있다. 몽골어에 대해서도 선행 연구들에서 언급된 보조 용언의 특성들을 종합해 보면 ① 보조 용언의 의존성, ② 보조 용언의 통사적 핵 기능, ④ 보조 용언의 문법적 의미, ④ 보조 용언의 유래 네 가지 원인을 설정하여 분류를 진행할 수 있다. 이 중에서 두 언어를 대조해 볼 수 있는 요소를 가지고 살펴보면 다음과 같다.

2.2.1. 보조 용언의 의존성 대조

2장의 보조 용언의 정의에서 드러나듯, 양 언어의 보조 용언의 개념에 공통적으로 나타나는 것은 보조 용언의 의존성 및 기능과 관련한 특성이다. 두 언어에 보조 용언의 의존성과 관련한 것으로 보조 용언의 자립성을 대조하면 다음과 같다.

한국어 보조 동사 가운데는 그 형태가 본동사와 같아서 보조 동사임을 식별하기 어려운 것이 적지 않다(고영근·구본관 2008/2018: 101-106; 남기심 외 2019).

    (2)   가. 날씨가 점점 추워 온다.
           나. 날씨가 점점 춥다.
           다. *날씨가 점점 온다.

보조 동사임을 식별하는 기준으로 많이 사용되는 것은 보조 동사만으로 문장이 성립되는가를 따져 보는 것이다. (2)의 예들은 보조 동사를 포함하고 있는 것인데 이를 다시 본용언과 보조 동사로 구별하는 문장을 제시한 것이다. 본용언을 서술어로 하는 문장은 성립되고 (2다), 보조 동사를 서술어로 하는 문장은 성립되지 않는다. 이는 본용언이 사용된 문장은 (2)의 의미의 한 부분으로 포함되어 있으나 보조 용언이 사용된 문장은 (2)의 의미의 한 부분으로 포함되어 있지 않음을 의미한다.

몽골어 보조 동사 구성은 보통 두 개의 동사가 연결되어 나타나기 때문에 복합 서술어 구문과 유사해 보이기도 한다. 하지만 보조 동사 구문이 복합 서술어 구문과는 다른 통사적 특징을 갖는다.

(3) Bi solongosoor zaxia <u>bichij uzsen</u>.[5]
   "나는 한국어로 편지를 <u>써 보았다</u>."

(4) 가. Bi solongosoor zaxia <u>bichsen</u>.
   나. *Bi solongosoor zaxia <u>uzsen</u>.

(5) Bi jims <u>xalisalj idsen</u>.[6]
   "나는 과일을 <u>깎아 먹었다</u>."   (송병구 2012: 238)

위의 (3), (5)는 형태적으로 보면 비슷해 보여서 보조 동사인지 합성어인지를 쉽게 구분 짓기가 어렵다. 한국어에서는 보조 동사는 띄어 쓰기도 하고 붙여 쓰기도 하고 합성동사의 경우 대부분 붙여 쓴다. 하지만 몽골어는 합성 동사와 보조 동사 구성을 모두 띄어 쓰므로 식별하기가 어려울 수도 있다. (5)는 'Bi jims xalisalsan.(나는 과일을 깎았다.)', 'Bi jims idsen.(나는 과일을 먹었다.)'라는 두 문장을 합친 복합 서술어 구문이다. 즉 'xalislax(깎다)'와 'idex(먹다)'가 각기 주어의 본동사로 사용되고 있다는 것이다.[7] 그러나 (3)의 경우 'bichij uzsen'을 통해서 우리는 보조 용

---

5 나(대명사) 한국어(명사+부사격 조사) 편지(명사) 쓰다(본동사+보조적 연결 어미)
   보다(보조 동사+과거 시제 어미)

6 나(대명사) 과일(명사) 깎다(본동사+보조적 연결 어미) 먹다(보조 동사+과거 시제
   어미)

7 이렇게 보조 동사는 형태적으로 복합 서술어와 유사한 점이 있으므로 보조 동사를
   복합 서술어 구문의 후행 동사와 구별해 낼 수 있는 기준을 강신(2003)에서 제시한
   바 있다. 여기에 '의존성, 비분리성, 대용화, 이동 가능성, 생략 가능성, 중출 가능성'
   등이 있다.

언의 의존성이 다음과 같이 드러남을 알 수 있다. 보조 용언은 (4나)와 같이 홀로 등장하였을 때는 반드시 비문이 된다. 보조 용언은 본용언과 어울렸을 때만 그 의미가 드러난다. (4나)에는 보조 용언으로서의 'uzex(보다)'의 의미인 [시행]의 의미가 드러나지 않는다. 따라서 보조 용언은 의미적으로 의존적이다. 지금까지 살펴본 것처럼 한국어와 몽골어의 보조 용언의 의존성의 특성으로 보조 용언은 본용언과 함께 쓰인다는 것, 본용언과 어울려 쓰일 때 의미가 드러나는 것 등을 확인하였다.

2.2.2. 보조 용언의 연결 방법 대조

한국어와 몽골어 보조 용언은 그 구성의 특징상 어미가 선행해야 하는데 이에 따른 제약도 있다. 한국어의 본용언과 보조 용언을 이어 주는 연결 어미에는 부사형 어미, 관형사형 어미, 접속 어미, 종결 어미 등이 있다. 그러나 몽골어에는 보조적 연결 어미와 관형사형 어미만이 있다. 두 언어의 보조적 연결 어미와의 결합 방법은 대체로 유사하지만 관형사형 어미를 결합할 때는 상이하다. 한국어의 경우 관형사형 어미가 나타나는 구성은 의존 명사가 꼭 포함되어 있는데 몽골어는 의존 명사가 포함되어 있지 않다.

한국어의 보조 용언은 '본용언+어미+보조 용언'의 구성이다.[8] 한국어에서는 보조적 연결 어미로 '-아/어, -고, -지, -게'의 네 가지가 주로 사용된다. 한국어에는 대부분의 보조 동사 구성에서 선행 동사에 연결

---

8   류시종(1996: 234)에서 일정한 의미 없이 다만 본용언과 보조 용언을 이어 주는 구실만 하는 연결 어미에는 부사형 어미, 관형사형 연결 어미, 명사형 연결 어미, 접속형 연결 어미, 문장 종결형 어미가 있다고 하였다. 본용언과 보조 용언을 매개하는 어미는 '-아/어'가 가장 많이 쓰이고, '-게, -고, -지, -고야' 등도 쓰인다. 보조 용언은 정해진 어미와 결합해야 하는 제약을 받는다.

어미 '-아/어'가 연결되는 경우가 많다. 또한 본용언에 보조 용언이 결합될 때 일정한 어미만을 요구하는 제약도 있다. 예를 들어 보조 용언 '가다'와 '주다'는 연결어미 '-아/어' 뒤에서 나타날 때만이 보조 용언의 구실을 한다. 다른 연결 어미 아래 쓰이면 두 개의 본용언이 병치된 것으로 보아야 한다(고영근·구본관 2008/2018; 남기심 외 2019).

    (6) 가. 어머니가 바구니를 들고 가셨다.
         나. 어머니가 바구니를 들었다.
         다. 어머니가 가셨다.

(6가)는 '들다'와 '가다'가 연결어미 '-고'에 의해 연결된 구성이다. '-어/아'에 의해 연결된 것이 아니므로 '가다'를 보조 용언으로 볼 수 없다. (6다)가 성립하는 것을 보아도 '가다'가 보조 용언이 아니라는 사실을 확인할 수 있다. (6가)는 (6나, 다)가 합쳐진 문장인 것이다. 관형사형어미, 부사형 어미와 종결 어미를 결합한 보조 용언의 사용을 보면 다음과 같다.

    (7) 가. 아이가 자는 척한다.
         나. 나는 아들에게 장난감을 치우게 했다.
         다. 나는 이제 그만 집에 갈까 싶었다.   (김선혜 2019)

(7가)는 관형사형 어미를 사용했는데 의존명사 '척'이 꼭 나타나야 한다. (7나)는 부사형 어미 '-게'의 사용, (7다)는 종결어미 '-(으)ㄹ까'의 사용을 보여 준다.

    몽골어의 보조 동사 구성의 선행 동사에 연결 어미를 결합하므로 구성은 'V$_1$+연결 어미+V$_2$'와 같다. 몽골어에 보조 동사 앞에 올 수 있는 연결 어미는 '-j, -aad, -n, -saar'의 네 가지에 불과하다. 몽골어에 보조 동사들이 항상 연결 어미로 끝나는 선행 동사 뒤에서만 사용되는 것은 아니다. 관형사형 어미로[9] 끝나는 선행 동사 뒤에 오는 보조 동사들도 있다(V_1+관형사형 어미+V_2). 보조 동사 'baix(있다, 이다)', 'bolox(되다)', 'gex(말하다)' 등은 관형사형 어미로 끝나는 선행 동사 뒤에서도 사용되는데 주로 양태적인 의미를 나타낸다. 특히 'gex(말하다)'는 관형사형 어미를 취하는 선행 동사 뒤에서만 보조 동사로 사용된다는 점에서 다른 보조 동사들과는 다르다. (8)에서 본동사 'yav'에 관형사형 어미 '-san'을 활용하여 'gev' 보조 동사가 결합되고 있다. 이 구성에서 보면 관형사형 어미와 보조 동사 사이에 다른 요소가 개입되지 않는 것을 볼 수 있다.

    (8)   Bat <u>yavsan gev</u>.[10]
        "Bat가 <u>갔다고 말하였다</u>."

 'bai-, bol-' 외에 보조 동사들은 보조적 연결 어미 '-j(ch), -aad[4], -n'을 결합한 동사 뒤에 보조 동사로 사용된다(Byambasan 1987: 177-178). 그러나 어미를 결합할 때 제약이 있다. 즉 'ugux, uzex, garax, aldax, salax, medex, taarax, orxix, xevtex, avax, tarax' 등의 대부분의 보조 동사가 어미 '-j(-ch)' 뒤에 나타난다. 반면에 어미 '-n'을 결합한 동사 뒤에는 'aldax, odox, syyx'밖에 나타나지 않는다. 또, '-saar'를 결합한 동사 뒤에는 'yarix, syyx'만이 나타난다.

---

9   몽골어에서 관형사형 어미는 '-san[4], -dag[4], -aa[4], -x, -maar[4], -xyits[2], -gch'이다. (Munkh-Amgalan, et al. 2018: 194-195).

10   Bat(명사) 가다(본동사+관형사형 어미) 하다(보조 동사+과거 시제 어미).

2.2.3. 보조 용언의 위치 및 이동의 대조

제1부 2장에 따르면 '보조 용언이 포함된 서술어는 문장 속에서 그 위치를 이동할 때, 반드시 '본용언+보조 용언'이 함께 움직여야 한다고 한 바 있다. 이는 보조 용언의 의존성을 보여 주기도 한다.

(9) 가. 준범이는 은색 숟가락을 <u>사 두었다</u>.
    나. 준범이는 <u>사 두었다</u>, 은색 숟가락을.
    다. <u>사 두었다</u>, 준범이는, 은색 숟가락을.
    라. *준범이는 <u>두었다</u> 은색 숟가락을 <u>사</u>.
    마. *<u>두었다</u> 은색 숟가락을 준범이는 <u>사</u>.

몽골어에 보조 동사는 문장의 끝이나 중간에 나타난다. 문장의 끝에 나타날 경우 보조 동사는 종결 어미, 인칭 종결 어미를 결합할 수 있다. 보조 동사는 주어의 인칭과 주어에 따라 활용 어미를 결합한다. 이어진 문장에서 보조 용언 구문이 연결 어미의 도움으로 나타날 수 있다. 그러나 이어진 문장에서 단독으로 생략될 수 없다. 이렇게 문장에서 자리 이동을 할 때 '본동사+보조 동사'가 함께 이동해야 한다.

(10) Egch xotod <u>amidarch baiv</u>.[11]
    "언니가 도시에 <u>살고 있었다</u>."
(11) 가. Egch <u>amidarch baiv</u> xotod.
    나. <u>Amidarch baiv</u>, egch xotod.
    다. *Egch <u>amidarch</u>, xotod <u>baiv</u>.
    라. *Egch <u>baiv</u> xotod <u>amidarch</u>.

---

11 언니(명사) 도시(명사+부사격 조사) 살다(본동사+보조적 연결 어미) 오다(보조 동사
    +과거 시제 어미) 있다(보조 동사+과거 시제 어미).

몽골어 보조 동사 뒤에 양태를 뜻하는 첨사가 나타날 수 있는 것이
한국어와 다른 점이다. 그러나 인칭 종결 어미를 결합할 경우 'buu,
bitgii' 등의 부정의 첨사는 본동사 앞에 나타난다.

> (12) 가. End syyj baina shuu.[12]
> "여기에 앉아 있네."
> 나. End <u>bitgii syyj bai</u>![13]
> "여기에 <u>앉지 마</u>!"

(12가)에서 확인의 첨사 'shuu'가 보조 동사 'baina' 뒤에 나타난다. (12
나)에서 인칭 종결 어미를 결합했으므로 부정 첨사(수식사) 'bitgii'는 본
동사 'syyx' 앞에 나타난다.

2.2.4. 보조 용언의 통사적 기능 대조

2장 '한국어 보조 용언의 정의와 특성'에 따르면 한국어의 보조 용언
의 통사적 핵 기능과 관련한 것으로는 시상 선어말어미와 존대 선어말어
미는 보조 용언에만 결합하는 것이 가장 자연스럽다고 제시한 바 있다.

> (13) 가. 범주는 만년필을 사고 싶었다.
> 나. *범주는 만년필을 샀고 싶다.
> 다. *범주는 만년필을 샀고 싶었다.

---

12 여기(대명사+부사격 조사) 앉다(본동사+보조적 연결 어미) 있다(보조 동사+현재 시
제 어미) '-네'(확인 첨사).

13 여기(대명사+부사격 조사) 말다(부정 첨사-선행 수식사) 앉다(본동사+보조적 연결
어미) 있다(보조 동사+이인칭 명령형 어미).

문장의 최종적인 활용이 보조 용언에서 일어나기 때문에 (13가)는 정문
이고 (13나, 다)는 비문이다. 이와 비슷하게 존대의 선어말어미 '-(으)시
-' 역시 문장의 최종적인 활용을 보조 용언이 담당하기 때문에 보조 용
언에만 결합하는 것이 가장 자연스럽다. 그러나 이러한 제약에 관해서라
면 '-(으)시-'는 시상 선어말 어미보다 조금 더 제약에서 자유로운 모습
을 보인다고 하였다.

> (14) 가. 선생님께서는 우리를 위해 원고를 빨리 마무리해 주신다.
> 나. *선생님께서는 우리를 위해 원고를 빨리 마무리하셔 준다.
> 다. ?선생님께서는 우리를 위해 원고를 빨리 마무리하셔 주신다.

(14가)는 정문이며 (13다)는 (13나)보다는 수용성이 높을 것으로 예상되
지만 여전히 비문에 가까운 것으로 판단된다.

몽골어의 경우는 시제 종결 어미로 마친 보조 용언 구성의 앞에 부정
의 첨사 'ul, es'가 나타나지 않는다. 만약에 이러한 결합 구성을 부정으
로 만들려면 보조 동사의 기능을 하는 동사에 관형사형 어미와 '-gui'를
순서대로 결합하여 부정형으로 만들 수 있다.

> (15) 가. Eejid <u>tysalj uguv.</u>[14] (긍정)
> "어머니께 <u>도와 드렸다.</u>"
> 나. Eejid <u>tysalj uguugui.</u>[15] (부정)
> "어머니께 <u>도와 드리지 않았다.</u>"

---

14 어머니(명사+부사격조사) 돕다(본동사+보조적 연결 어미) 드리다(보조 동사+과거
   시제 어미).
15 어머니(명사+부사격 조사) 돕다(본동사+보조적 연결 어미) 드리다(보조 동사+관형
   사형 어미+부정 어미).

태(voice)나 상적(aspectual) 의미로 활용할 때에도 활용 어미들이 본동사에만 결합하는 것이 가장 자연스럽다.

> (16) Chi nadtai <u>bailtsaj uzeerei</u>.[16]
> "네가 나와 같이 <u>있어 봐</u>."

어미 결합의 순서상 동사의 태나 상의 어미는 연결 어미나 종결 어미 앞에 나타난다. 본동사가 보조적 연결 어미의 도움을 받아서 보조 동사와 결합되기 때문에 '-lts'의 태 어미가 '-j' 보조적 연결 어미 앞에 나타난다(Byamabasan, et al. 1987). 그러나 여기에서 태나 상적 의미로 활용할 때 보조 동사 구성에 결합할 수도 있다고 본다. 위의 설명처럼 종결 어미 앞에 나타나려면 보조 동사 구성에 결합할 수도 있다.

> (17) Duu nom <u>ynshij xaragdav</u>.[17]
> "동생은 책을 <u>읽어 보인다</u>."(직역) "동생은 책을 읽고 <u>있는 것으로 보였다</u>."(의역)
> (18) Duu zyrag <u>zyrj uzuulev</u>.[18]
> "동생은 그림을 <u>그려서 보았다</u>."(직역) "동생은 그림을 <u>그려서 보여주었다</u>."(의역)

---

16 너(대명사) 나(대명사+부사격 조사) 있다(공동태 어미+보조적 연결 어미) 보다(보조 동사+명령형 종결 어미).

17 동생(명사) 책(명사) 읽다(본동사+보조적 연결 어미) 보다(보조 동사+피동형 어미+과거 시제 어미).

18 동생(명사) 그림(명사) 그리다(본동사+보조적 연결 어미) 보다(보조 동사+사동형 어미+과거 시제 어미).

(17), (18)에서 보조 동사 'xarax'에 피동형 어미 '-gd'를, 'uzex'에 사동형 어미 '-yyl'를 각각 결합한 것을 볼 수 있다. 또한 문장의 끝에 나타날 경우 보조 동사는 종결 어미, 인칭 종결 어미를 결합할 수 있다. 몽골어의 종결 어미는 시제 종결 어미와 인칭 종결 어미가 있기 때문이다. 한국어와 비슷하게 문장의 최종적인 활용을 보조 용언이 담당하기 때문에 보조 용언이 시제 종결 어미와 인칭 종결 어미를 결합한다. 위 (16)는 인칭 종결 어미의 사용을 보여 주고, (17), (18)는 각각 시제 종결 어미를 결합한 것을 보여 주는 예이다. 그러나 인칭 종결 어미가 한국어에 없는 대신에 몽골어에 없는 주체 존대의 선어말 어미 '-(으)시-'가 있는 것이 차이점이다. 또한 (12가)처럼 몽골어 보조 동사 뒤에 첨사가 나타날 수 있는 것이 한국어와 다른 점이다.

또한 Unurbayan, et al.(2022)에서 몽골어의 보조 동사 중에서 'baix, bolox'는 동사나, 보조적 연결 어미를 결합한 동사 뒤에 나타나는 것 외에 일부 체언 뒤에 나타나기도 한다고 하였다. 몽골어에서는 한국어처럼 체언 뒤에 나타나는 '이다'와 같은 서술격 조사가 없으므로 'baix'는 '이다'의 기능을 대신한다고 볼 수 있다.

(19) Ene bol <u>Tumur baijee</u>.[19]

"이 사람은 <u>Tumur 였다</u>."

(20) (중략)... Malchin xund <u>xugjim zygaa bolno</u>.[20] (Byamabasan, et al. 1987)

"...목자에게 <u>희락이 된다</u>."

---

19 이것(대명사) 는(보조사) Tumur(명사+주격 조사) 있다(보조 동사+과거 시제 어미).
20 목자(명사) 사람(명사+부사격 조사) 음악(명사) 즐거움(명사) 되다(보조 동사+미래 시제 어미).

이처럼 몽골어의 보조 용언의 결합 구성은 부정의 표시, 동사의 태, 종결 어미 등과 결합하여 활용한다. 한국어는 시상 선어말 어미나 존대 선어말 어미의 활용이 본용언이 아닌 보조 용언에서 나타난다. 몽골어에 부정과 피동을 나타내는 보조 용언이 없으므로 이처럼 보조 동사와 해당 어미를 활용함으로써 나타낸다고 볼 수 있을 듯하다.

2.2.5. 보조 용언의 문법적 기능 대조

한국어의 보조 용언의 문법적 기능은 2장에서 보조 용언은 부사의 단독 수식을 받을 수 없는 것, 보조 용언은 부정의 단독 초점이 될 수 없는 것, 보조 용언 구성은 거듭하여 출현할 수 있는 것 등으로 제시하였다. 이를 기준으로 대조해 보면 다음과 같다.

한국어의 보조 용언은 부사의 단독 수식을 받을 수 없다.

(21) 가. 해준이는 새로 나온 과자를 빨리 먹어 보았다.
　　 나. *해준이는 새로 나온 과자를 먹어 빨리 보았다.
　　 다. 해준이는 새로 나온 과자를 빨리 먹었다.

보조 용언은 부정의 단독 초점이 되는 것이 불가능하다. 부사의 경우와 마찬가지로 부정의 대상은 '본용언+보조 용언' 전체가 되는 것이 가장 자연스럽다고 하였다.

(22) 가. 준범이는 방을 안 치우고 있다.
　　 나. 준범이는 방을 치우고 있지 않다.
　　 다. *준범이는 방을 치우고 안 있다.
　　 라. 준범이는 방을 안 치운다.

또, 보조 용언 구성은 거듭하여 쓰일 수 있다.

(23) 가. 현창이는 많은 사람들에게 편지를 써 주어 왔다.
    나. 세원이는 글이 써지지 않고 있다.

(23)은 보조 용언 구성이 연속적으로 쓰인 경우들이다. (23가)는 '-아 주다'와 '-아 오다', 총 2개의 보조 용언 구성이 연속된 경우이고, (23나) 는 '-아 지다', '-고 있다', '-지 않다', 총 3개의 보조 용언 구성이 연속 된 경우이다.

몽골어의 경우에는 보조 용언 결합 관계에 다른 성분이 개입할 수 없다.

(24) *Bi neg xeleed <u>ix</u> aldlaa.[21]
    "내가 한번 <u>말할 많이 뻔했다.</u>"

보조 용언은 부정의 단독 초점이 될 수 있다. 보조 용언 구성의 앞에 부정의 첨사 'ul, es' 등이 나타나지 않는다. 만약에 보조 용언 구성을 부정으로 만들려면 보조 동사의 기능을 하는 동사에 관형사형 어미와 '-gui'를 순서대로 결합하여 부정형으로 만들 수 있다(위의 (15) 예시 참고).

몽골어의 보조 용언 구성은 거듭하여 출현할 수 있다.

(25) 가. Egch xotod <u>amidarch irsen baiv</u>.[22]
    "언니가 도시에 <u>살아 왔다.</u>"

---

21   나(대명사) 한번(수사) 말하다(본동사+보조적 연결 어미) 많이(부사) 뻔하다(보조 동 사+과거 시제 어미).

22   언니(명사) 도시(명사+부사격 조사) 살다(본동사+보조적 연결 어미) 오다(보조 동사 +과거 시제 어미) 있다(보조 동사+과거 시제 어미).

나. ⋯ Bi xamyyl shig, salxi uleesen tiish <u>yavj yavna</u>.[23] (Pagba 2008: 49)

"⋯ 내가 풀 덩어리처럼 바람 부는 데로 <u>가 간다</u>."

(25가)는 2개의 다른 보조 용언 구성이 연속적으로 쓰인 경우이며 동일 형태의 본용언과 보조 용언의 연속적 사용을 (25나)에서 볼 수 있다.

2.2.6. 보조 용언의 유래 대조

보조 동사는 일반적으로 본동사로 사용되는 동사들이 문법화를 거쳐 생성된다(Hopper & Traugott 1993: 108-112; Heine 1993: 27-31). 한국어의 보조 용언은 동일한 형태의 본용언에서 그 의미가 유래하였으나, 그 어휘적 의미가 점차 옅어져서, 현재는 어휘적인 의미보다는 문법적인 의미를 지니게 된 것들이라고 한 바 있다. 몽골어의 보조 용언의 정의에서 살펴본 것처럼 '진정한 동사 중에서 주요 동사를 보조하여 그 어휘적 의미가 어느 정도 약화되어 사용된 단어가 있다(Byambasan, et al. 1987)', '독립적인 어휘적 의미를 잃고⋯(Unurbayan, et al. 2022)'와 같은 기술에서 보이듯이 보조 용언이 독립적인 동사에서 어휘적 의미를 잃고 유래된 것으로 보인다. 이러한 보조 용언의 유래로 인하여, 보조 용언은 동일한 형태가 본용언으로 쓰일 수 있다.

2장에 따르면 다른 용언의 뒤에 위치한다고 해서 반드시 보조 용언인 것은 아니다. 동일한 형태의 본용언과 보조 용언이 잇달아 쓰일 수 있다고 하였다.

---

23 나(대명사+주격 조사) 풀 덩어리(명사) 처럼(접속어) 바람(명사) 불다(동사+관형사형 어미) 데(명사+부사격 조사) 가다(본동사+보조적 연결 어미) 가다(보조 동사+현재 시제 어미).

(26) 가. 아이가 책을 <u>들고 간다</u>.

　　나. 그가 날마다 우산을 <u>가지고 온다</u>.

　　다. 제비는 벌레를 <u>잡아먹고 산다</u>.

　　라. 사람이 범을 <u>잡아 가오</u>.

(26)에서는 특히 '사람이 범을 잡아 가오.'라는 예문이 보다 적절한 예시가 될 것이다. '-아 가다'의 꼴로 출현하였지만, 이는 [진행]의 의미를 지닌 보조 용언 구성으로 사용된 것이 아니라, 본동사 '가다'로 사용된 것이다.

또한 동일한 형태의 본용언과 보조 용언이 잇달아 쓰일 수도 있다.

(27) 가. 윤성이는 찢어진 종이를 버려 버린다.

　　나. 윤성이는 약속 장소에 다 가 간다.

　　다. 윤성이는 그 영화를 한 번 봐 본다.

일반적인 동사나 형용사와는 달리 어휘적인 의미가 명시적이지 않고 문장에서 혼자서 서술어로 쓰이지도 않는 보조 동사도 있다.

(28) 가. 나는 독서 후에는 늘 감상을 적어 둔다.

　　나. 나는 그 섬에 가고 싶다.

(29) 가. *나는 독서 후에는 늘 감상을 둔다.

　　나. *나는 그 섬에 싶다.[24]

(고영근·구본관 2008/2018: 101)

---

24 'V₁+V₂'에서 V$_1$, V$_2$가 각각 독립적인 복합 용언 구성의 경우에는 각각 성립이 가능하다.

　(ㄱ) 민우는 사과를 깎아 먹었다.

　(ㄴ) 민우는 사과를 깎았다.

　(ㄷ) 민우는 사과를 먹었다.　　　　　　　　　　　　　(호광수, 1994: 25)

(28가)의 '두다'는 동사이고, (28나)의 '싶다'는 형용사이다. 그러나 이들
은 일반적인 동사나 형용사와는 달리 어휘적인 의미가 명시적이지 않고
문장에서 혼자서 서술어로 쓰이지도 않는다. 이런 유형의 서술어들은
(29가), (29나)에서 알 수 있는 것처럼 선행하는 서술어 '적다'와 '가다'
를 제거하면 문장이 성립하지 않는다.

몽골어의 경우를 살펴보면 다음과 같다.

(30) Bi jims <u>xalisalj idsen</u>.[25]
　　　"나는 과일을 <u>깎아 먹었다</u>."

(송병구 2012: 238)

(30)에서는 '-j idex'의 꼴이 나타났지만, 이는 [시도]의 의미를 지닌 보
조 용언 구성으로 사용된 것이 아니라, 본동사 'idex(먹다)'로 사용된 것
이다. 즉 'xalislax(깎다)'와 'idex(먹다)'가 각기 주어의 본동사로 사용되
고 있다는 것이다.

또한 앞서 언급한 것처럼 동일한 형태의 본용언과 보조 용언이 잇달아
쓰일 수도 있다.

(31) ⋯Bi xamyyl shig, salxi uleesen tiish <u>yavj yavna</u>.[26]
　　　"⋯내가 풀 덩어리처럼 바람 부는 데로 <u>가 간다</u>."

(Pagba 2008: 49)

25　나(대명사) 과일(명사) 깎다(본동사+보조적 연결 어미) 먹다(보조 동사+과거 시제
　　어미).

26　나(대명사+주격 조사) 풀 덩어리(명사) 처럼(접속어) 바람(명사) 불다(동사+관형사
　　형 어미) 데(명사+부사격 조사) 가다(본동사+보조적 연결 어미) 가다(보조 동사+현
　　재 시제 어미).

한국어와 마찬가지로 몽골어의 보조 동사들은 대부분 본동사에서 유래
되어 본동사로도 사용된다는 점에서 유사하지만 한국어와 마찬가지로 몽
골어에도 어휘적인 의미가 명시적이지 않고 문장에서 혼자서 서술어로
쓰이지도 않는 보조 동사가 있다. 'chadax(할 수 있다)', 'yadax(다하다)'
등은 본동사로는 잘 쓰이지 않는다.

    (32) 가. Bat uuniig <u>urguj yadlaa</u>.[27]
            "바트가 이것을 간신히 <u>들어 올렸다</u>."
       나. *Bat uuniig <u>yadlaa</u>.[28]
            "바트가 이것을 올렸다."
       다. Bi uuniig <u>xiij chadna</u>.[29]
            "나는 이것을 할 수 있다."
       라. [?]Bi uuniig <u>chadna</u>.[30]
            "나는 이것을 수 있다."

(32나)의 'yadlaa'는 본동사로 사용될 수 없다. (32라)와 같이 본동사로
사용되는 것처럼 보이는 경우도 있으나, 이러한 문장들은 'chadax' 앞에
본동사가 생략되었다고 분석하는 것이 타당한 것으로 보인다(송재목 1998).

---

27 바트(명사) 이것(대명사+목적격 조사) 들다(본동사+보조적 연결 어미) 올리다(보조
    동사+과거 시제 어미).
28 바트(명사) 이것(대명사+목적격 조사) 올리다(보조 동사+과거 시제 어미).
29 나(대명사) 이것(대명사+목적격 조사) 하다(본동사+연결 어미) 수-있다(보조 동사+
    현재 시제 어미).
    이때, '수-있다'로 표시한 것은 한국어의 '-(으)ㄹ 수 있다'와 같이 [가능] 또는 [능력]
    을 나타내는 보조 동사임을 나타낸 것이다.
30 나(대명사) 이것(대명사+목적격 조사) 수-있다(보조 동사+현재 시제 어미).

2.3. 보조 용언 구성의 분류 및 기능 대조

한국어의 보조 용언 구성의 분류 및 기능은 제1부의 3장 '한국어 보조 용언 구성의 기능' 및 5장 '한국어 보조 용언 구성의 범위'의 기술을 따를 것이다. 이에 보조 용언 구성은 기능으로 상, 양태, 사동, 피동, 부정의 의미를 나타낸다고 보았다.

몽골어의 보조 동사는 종류가 많으며 다양한 문법적 기능을 가지고 있다. 보조 동사 구성의 의미는 대체로 몽골어의 문법 범주들과 관련지을 수 있다. 몽골어 보조 동사 구성은 크게 보면 시제, 상, 양태와 관련된 것 등 문법 범주들과 관련해서 의미를 기준으로 나눌 수 있다. 몽골어 보조 동사 구성은 한국어처럼 사동, 피동, 부정 등과 같은 의미 기능을 표현하지 않는다. 몽골어에서 사동이나 피동은 보조 동사 구성에 의해 표현되지 않고 동사 어간에 붙는 사동·피동형 어미에 의해 표현된다.[31] 또한 부정은 동사 앞이나 뒤에 놓이는 부정 첨사(수식사) 'es, ul, bitgii, buu' 및 부정 어미 '-gui' 의해 표현된다(앞의 예문(12), (15) 참고). 그러므로 선행 연구 결과에 따라 보조 동사 구성 목록을 살펴보면 아래와 같이 12개~16개의 보조 동사 구성을 제시할 수 있다(Street 1963; Luvsanvandan 1987; Pagba 2008; Byambasan, et al. 1987; Unurbayan, et al. 2022 등). 여기에 서 몽골어의 보조 동사로 다루는 동사들은 몽골어의 주요 문법서인 Byambasan, et al.(1987), Unurbayan, et al.(2022)를 기준으로 보조 동사 구성 목록을 확정한 것이다. 이에 따르면 다룰 몽골어 보조 동사 구성의 목록은 다음의 19개이다.[32]

---

31 몽골어의 사동 접미사에는 '-yyl/uul, -lga⁴, -ga⁴, -aa⁴', 피동 접미사에는 '-gd, -d, -t' 등이 있다.

32 보조 동사로는 'garax(나가다, 나오다)', 'irex(오다)', 'baix(있다, 이다)', 'bolox(되다)', 'yavax(가다)', 'syyx(앉다, 살다)', 'avax(받다, 가지다)', 'ugux(주다)', 'xayax

몽골어 보조 동사 구성을 기능에 따라 다음과 같이 나누어 볼 수 있다.

〈표 1〉 기능에 따른 몽골어 보조 동사 구성의 분류[33]

문법 범주	보조 동사 구성	의미
시제	-dag bai-laa/-jee/-v	과거(습관)
양상	-j aldax	지속
	-j baix	진행
	-aad baix	결과/지속
	-saar baix	지속
	-j/-saar irex	지속
	-j/-saar syyx	지속
	-j yavax	지속
	-j ochix	지속
	-j orxix	완료/보유
	-j dyysax	완료
	-n aldax	완료
	-j xayax	완료
	-j odox	완료
	-j garax	기동
	-san/-dag/-x bolox	기동
양태	-j/-aad avax	주어 자신에 대한 수혜
	-san baix	간접적인 지식
	-x baix	가정
	-j bolox	허가
	-san bolox	달갑지 않음
	-x gex	희망/의도/추측
	-j medex	추정
	-j/-aad ugux	대상에 대한 수혜

(버리다)', 'aldax(잃다)', 'ochix(가다)', 'odox(떠나다)', 'uzex(보다)', 'medex(알다)', 'dyysax(끝나다)', 'chadax(할 수 있다)', 'yadax(다하다)', 'orxix(두다)', 'gex(말하다)'가 있다. 선행 어미를 포함한 구성을 기준으로 분류하면 〈표 1〉과 같다.

33 이 표는 송재목(1998: 103-104)의 내용을 참고하여 표로 만든 것이며, 본 논의에서 대조 대상으로 정한 보조 용언 구성을 추가하였다.

−j/−aad uzex	시행
−j chadax	능력
−j yadax	어려움

아래에서는 한국어와 몽골어 보조 용언 구성의 시제, 상, 양태를 대조해 보고자 한다. 한국어의 보조 동사 구성의 분류 및 기능에 대해서는 제1부의 3장 '한국어 보조 용언 구성의 기능', 5장 '한국어 보조 용언 구성의 범위'을 따를 것이다.

2.3.1. 시제 기능의 보조 용언 구성

몽골어의 보조 용언 구성의 기본 기능 중의 하나는 시제 범주를 나타내는 것이다. 본동사가 홀로 시제를 표현할 수 없는 경우에는 보조 용언 구성을 사용한다. 한국어가 시제 선어말 어미로 시제를 표현하는 반면에 몽골어의 시제 범주는 보조 용언 구성의 도움으로도 표시된다는 점에서 한국어와 다르다. 또한 몽골어에 체언 뒤에 보조 동사가 나타나는 경우가 있는데 체언의 시제를 표현하는 데에 보조 용언 구성의 도움을 받는 것이 특징이다. 몽골어의 'ajee, bilee, bulgee, avai, amui' 등의 형태들은 자립 용언이나 체언 뒤에 나타나 시제·서법을 가리키는 보조 동사의 기능을 한다(Byambasan, et al. 1987). 또한 동사의 시제는 한국어와 같이 시제형 어미를 활용하여 나타낸다. 한국어와 몽골어의 시제의 활용 방법들을 대조하면 다음과 같다.

〈표2〉 한국어와 몽골어의 시제 실현 방법 대조

시제	한국어/표시 방법	몽골어/표시 방법	예
과거	과거 시제 선어말 어미: −았/었−, −더−	과거 시제 어말 어미 / 보조 용언 구성+과거 시제 어말 어미: −san[4], −v,	가. Nom ynshsan.[34] "책을 읽었다." 나. Nom ynshij baisan/bailaa/

		-laa⁴, -jee/chee / baix+ -san⁴, -v, -laa⁴, -jee/chee	baiv/baijee.³⁵ "책을 읽고 있었다." 다. Bi syragch baisan.³⁶ "내가 학생이었다."
현재	현재 시제 선어말 어미: -느-(동사)	현재 시제 어말 어미/보조 용언 구성: -na⁴	가. Bagsh amui.³⁷ "선생님이다." 나. Nom ynshina.³⁸ "책을 읽는다."
미래	미래 시제 선어말 어미 (및 대당 표현): -겠-, -(으)ㄹ 것이-, -리	미래 시제 어말 어미/보조 용언 구성: -na⁴	가. Margaashnaas nom ynshina.³⁹ "내일부터 책을 읽겠다." 나. Margaash saixan bolno.⁴⁰ "내일은 좋을 것이다."

2.3.2. 상 기능의 보조 용언 구성

한국어와 몽골어의 보조 용언 구성들의 기본 기능 중의 하나는 상 문법 범주를 나타내는 것이다. 본동사가 홀로 상적 복잡한 문법적인 의미들을 표현할 수 없는 경우에는 한국어나 몽골어에서는 보조 용언 구성들이 사용된다. 따라서 한국어와 몽골어의 상 범주는 보조 용언 구성의 도움으로 표시된다는 부분에서 유사하다. 뒤에 3절에서 상세하게 서술할 것이므로 표로 간단하게 보이고자 한다. 한국어와 몽골어의 상 문법 방법들을 대조하면 다음과 같다. 제1부 '한국어 보조 용언 구성의 기능'에서 밝힌 상 분류에 따라 몽골어 상을 대조해 보면 다음과 같다.

---

34 책(명사+목적격 조사) 읽다(본동사+과거 시제 어미).

35 책(명사+목적격 조사) 읽다(본동사+연결 어미), 있다(보조 동사+과거 시제 어미).

36 나(대명사) 학생(명사) 이다(보조 동사+과거 시제 어미).

37 선생(명사) 이다(보조 동사).

38 책(명사+목적격 조사) 읽다(본동사+현재 시제 어미).

39 내일(명사+부사격 조사) 책(명사) 읽다(본동사+미래 시제 어미).

40 내일(명사) 좋다(형용사) 되다(보조 동사+미래 시제 어미).

〈표 3〉 한국어와 몽골어의 완료상 보조 용언 구성

한국어	몽골어	예문(34)를 가져옴
-고 나다	-j dyysax	밥을 먹고 나서 어디로 가겠니? Xooloo idej dyysaad xaashaa yavax ve?
-아/어 내다	-j orxix	진수는 마침내 자격증을 얻어 냈다. Jin Su etsest ni erxiin bichig olj avsan.
-아/어 버리다	-j avax	인수는 운동장으로 나가 버렸다. In Su bieiin tamirin talbai ryy garch orxison.
-고(야) 말다	-j orxix	기어이 이루어 내고야 말겠다. Zaaval buteej orxino.

〈표 4〉 한국어와 몽골어의 진행상 보조 용언 구성

한국어	몽골어	예문(34)를 가져옴
-고 있다	-j baix (-고 있다)	지금 편지를 쓰고 있다. Odoo zahia bichij baina.
-아/어 가다	-j yavax (-아/어 가다)	이제 청소를 다 해 간다. Ugluu narni gerel baga bagaar gereltej irne.
-아/어 오다	-j irex (-아/어 오다)	아침 햇빛이 점점 밝아 온다. Odoo tseverlegeeg bugdiig ni dyysgaj yavna.
없음	-j/n, -saar syyx (-고 앉다)	Odoo zaxia bichij syyna. 지금 편지 쓰고 앉는다.

2.3.3. 양태 기능의 보조 용언 구성

제1부 3장에서 드러나듯 양태는 어떠한 사실을 단순히 기술해 주는 것이 아니라 그 사실에 대한 화자의 태도, 생각, 추측, 능력, 의무, 허가, 의도나 희망 같은 여러 가지 관계를 표현해 준다. 한국어와 몽골어의 보조 용언 구성이 양태의 역할을 한다. 양태 범주를 표시할 때 주로 사용되는 보조 용언 구성들을 정리해 보면 다음과 같다.

〈표 5〉 한국어와 몽골어의 양태 보조 용언 구성

양태 의미	보조 용언 구성		예문
	한국어	몽골어	
시행	-아/어 보다	-j uzex(보다)	예문(38, 39) 참고
당위	-아야/어야 하다	없음	
짐작	-아/어 보이다	없음	
강세, 반복	-아/어 대다, -아/어 쌓다	-aad baix, -aad baix(있다)	예문(47) 참고
봉사	-아/어 주다/드리다	-j ugux(주다)	예문(35-37) 참고
희망	-고 싶다	-xiig xusex	
추측	-(으)ㄴ가/나 보다	없음	
	-(으)ㄴ가/나/(으)ㄹ까 싶다	없음	
시인	-기(는) 하다	없음	

〈표 5〉에서 보이듯이 몽골어에 일부 양태 보조 용언 구성이 없는 것으로 표시되어 있다. 이것은 몽골어의 문장 끝에 양태 첨사가 다양하게 나타나기 때문에 드러나는 차이라고 판단한다. 이에 대해서 3절에서 상세하게 기술하였다.

3. 두 언어 보조 용언 구성의 구성 체계의 대조

이 절에서는 제1부에서 다룬 한국어의 보조 용언 구성의 목록 및 남기심 외(2019)에서 제시한 예문을 바탕으로 몽골어의 보조 용언 구성과의 대응 관계를 대조해 보고자 한다.

3.1. 진행을 뜻하는 보조 동사 구성

: '-아/어 가다, -아/어 오다, -고 있다, -고 계시다' 및 '-j baix, -j yavax, -j irex, -j/n, -saar syyx'

(33) 가. 이제 청소를 다 해 간다.

　　나. 아침 햇빛이 점점 밝아 온다.

　　다. 지금 편지를 쓰고 있다.

　　라. 아버지께서 편지를 쓰고 계신다.

(33′) 가. Odoo tseverlegeeg bugdiig ni <u>dyysgaj yavna.</u>[41]

　　나. Ugluu narnii gerel baga bagaar <u>gereltej irne.</u>[42]

　　다. Odoo zaxia <u>bichij baina.</u>/<u>bichij syyna.</u>[43]

　　라. Aav zaxia <u>bichij baina.</u>/<u>bichij syyna.</u>[44]

　진행의 의미를 나타내는 보조 용언 구성을 보면, 한국어는 (33)의 예
문에서 알 수 있듯이 '-아/어 가다', '-아/어 오다'는 선행 용언의 동작
이나 상태가 지속되고 있음을 보인다. (33나)에서 '점점'이라는 부사어
와의 공기 결합이 이를 뒷받침한다. (33다)의 '고 있다'는 '쓰는' 동작의
진행을 표시한다. (33라)의 경우 '-고 있다'의 주체 높임 형태인 '-고
계시다'이다. 반면에 몽골어에는 진행의 의미를 나타내는 보조 용언 구
성은 '-j baix, -j yavax, -j irex, -n/j syyx'이다. (33가), (33나)의
'-아/어 가다', '-아/어 오다'는 -j yavax, -j irex 등에 대응된다. (33′
다), (33′라)에서는 몽골어에도 그대로 '-j baix, -n/j syyx'에 적용된
다. 그러나 (33라)의 경우 '고 있다'의 주체 높임 형태인 '고 계시다'인데

41　여기서부터 (예문 번호′)는 한국어 예문의 번역 대조를 뜻한다.
　　지금(명사) 청소(명사+목적격 조사) 다(명사+목적격 조사+삼인칭 재귀 어미) 끝나
　　다(본동사+보조적 연결 어미) 가다(보조 동사+현재 시제 어미).

42　아침(명사) 해(명사+관형격 조사) 빛(명사+주격 조사) 점점(부사+부사격 조사) 밝다
　　(본동사+보조적 연결 어미) 오다(보조 동사+현재 시제 어미).

43　지금(명사) 편지(명사) 쓰다(본동사+보조적 연결 어미) 있다(보조 동사+현재 시제
　　어미).

44　아버지(명사) 편지(명사) 쓰다(본동사+보조적 연결 어미) 있다(보조 동사+현재 시제
　　어미).

몽골어에 이에 대응되는 높임의 형태가 따로 없으므로 예사 표현과 동일하게 '-j baix'를 사용한다는 차이점이 있다. 어휘적인 면에서 'baix'의 높임 표현인 'saatax'라는 단어가 있지만 보조 동사로 사용되지 않는 것으로 보인다.

김효신(2018)에서 '가다'는 화자나 서술부 주체로부터 멀어져 가거나 객관적인 입장에서 진술하게 되는데 '오다'는 주체나 화자 쪽으로 가까워져 주관적인 입장에서 진술하게 된다고 하였다. 이처럼 이동 동사에서 전제가 되는 이러한 기본 개념은 보조 용언에서도 동일하게 적용되는데 '-아/어 가다'는 미래 지향적인 의미를, '-아/어 오다'는 과거 지향적인 의미를 지니게 된다고 하였다. 몽골어에서도 'irex'는 화자 쪽으로 가까워져 주관적이고, 'yavax'는 주체로부터 멀어져 가거나 객관적인 입장에서 진술되므로 두 언어에 '가다-yavax, 오다-irex'는 상적인 의미가 대응된다고 볼 수 있다.

3.2. 종결을 뜻하는 보조 동사 구성

: '-고 나다, -아/어 내다, -아/어 버리다, -고(야) 말다' 및 '-j orxix, -j dyysax'

(34) 가. 밥을 먹고 나서 어디로 가겠니?
    나. 진수는 마침내 자격증을 얻어 냈다.
    다. 인수는 운동장으로 나가 버렸다.
    라. 기어이 이루어 내고야 말겠다.
(34′) 가. Xooloo <u>idej dyysaad</u> xaashaa yavax ve?[45]
    나. Jin Su etsest ni erxiin bichig <u>olj avsan</u>.[46]

---

45 밥(명사+재귀 어미) 먹다(본동사+보조적 연결 어미) 끝나다(보조 동사+연결 어미) 어디(대명사) 가다(동사+관형사형 어미+의문형 첨사).

다. In Su bieiin tamirin talbai ryy <u>garch orxison</u>.[47]

라. Zaaval <u>buteej orxino</u>.[48]

한국어에서 [종결]의 의미를 나타내는 보조 용언 구성을 보면, (34)의 예문에서 보이듯이 '-고 나다, -아/어 내다, -아/어 버리다, -고(야) 말다'는 선행 용언의 동작이나 상태가 종결됨을 알 수 있다. (34나-라)에서 과거시제 선어말어미 '-았/었-'이 결합되어 동작이 종결된 것을 뒷받침한다. (34가)에서는 '나-+-아서/어서'의 경우 과거 시제 선어말 어미를 결합하지 못한다. 또한 이들은 동시 동작을 표시하는 후행 어미와 결합이 제약되며, 미완 동작의 중단 표현에도 사용이 불가능하다는 점에서 [종결] 또는 [완료]의 의미를 가진다는 것을 보여 준다.

반면에 몽골어에서 [종결]의 의미를 나타내는 보조 용언 구성은 '-j orxix, -j dyysax'이다. (34′가), (34′다), (34′라)에서 '-j dyysax, -j/ch orxix'는 몽골어에서 [종결]의 뜻을 나타내며 각각 대응된다. (34′나)의 경우 한국어의 '얻어 냈다'는 몽골어에 '-j avax(-아/어 가지다: 직역)'에 대응된다. 이의 뜻은 자기 자신에 대한 [수혜]의 의미이다.

3.3. 수혜를 뜻하는 보조 동사 구성

: '-아/어 주다, -아/어 드리다' 및 '-j ugux'

(35) 가. 조카에게 종이배를 만들어 주었다.

　　나. 선생님께 원고를 전달해 드렸다.

46　진수(명사) 마침내(명사+삼인칭 재귀 어미) 자격증(명사) 얻다(본동사+보조적 연결 어미) 받다(보조 동사+과거 시제 어미).

47　인수(명사) 운동장(명사+부사격 조사) 나가다(본동사+보조적 연결 어미) 버리다(보조 동사+과거 시제 어미).

48　반드시(접속어) 이루다(본동사+보조적 연결 어미) 버리다(보조 동사+미래 시제 어미).

(35′) 가. Zee duudee tsaasan ongots <u>xiij ugsun</u>.[49]

　　나. Bagshid ex xyviig <u>damjyylj uguv</u>.[50]

　한국어의 '주다'는 [수혜]를 기본 의미 기능으로 한다. [수혜]란 선행 동사의 동작에 대한 '유익성' 판단을 말한다. [수혜]의 의미를 나타내는 보조 용언 구성을 보면, 한국어에서는 (35가), (35나)의 예문에서 보이 듯이 '-아/어 주다', '-아/어 드리다'는 선행 용언의 주어에 '만들어 주는 것', '전달해 드리는 것' 등으로 유익을 제공하고 있음을 알 수 있다. (35나)의 경우 '-아/어 주다'의 상대 높임 형태인 '-아/어 드리다'이다.

　반면에 몽골어는 (35′가), (35′나)에서 보이는 것과 같이 보조 동사 구성 '-j ugux'는 '문장의 주어가 어떤 대상을 위해 무언가를 해 주다'라는 [수혜(benefactive)]의 의미를 나타낸다. 따라서 한국어의 '-아/어 주다'는 몽골어에도 그대로 적용된다. 몽골어에는 'ugux'의 높임 표현 형태인 'barix'[51] 형태도 있다. 하지만 'barix'는 보조 동사로 사용되지 않는다. 'barix'의 의미는 'ugux(주다)'의 높임 표현으로 사용되는 본동사이다. 다음 (36다)의 경우 문장이 성립되지만 '어떤 대상을 위해 무언가를 해 주다'라는 [수혜]의 의미를 나타내지 못하고 단순히 본동사 '주다'의 의미를 지니고 있다.

49　조카(명사+부사격 조사) 종이배(명사) 하다(본동사+보조적 연결 어미) 주다(보조 동사/과거 시제 어미).

50　교수(명사+부사격 조사) 원고(명사+목적격 조사) 전달하다(본동사+보조적 연결 어미) 드리다(보조 동사+과거 시제 어미).

51　기본 의미: 'barix(손에 쥐다)' /'mungu barix(관리하다)' - 돈을 관리하다/ 'deejlen xurteex(드리다)' - 귀히 드리다 / 'zoog barix' - 높여야 할 상대에게 음식을 드리다, 먼저 드리다. (『몽골어대사전』 검색일 2023.01.09.)

(36) 가. Bagshid ex xyviig <u>damjyylj bariv</u>.[52]

"선생님께 원고를 전달해 드렸다."

나. Bagshid ex xyviig <u>damjyylav</u>.[53]

"선생님께 원고를 전달했다."

다. Bagshid ex xyviig <u>bariv</u>.[54]

"선생님께 원고를 드렸다."

(37) 가. Eejid <u>tysalj uguv</u>.[55]

"어머니에게 도와 주었다."

나. *Eejid <u>tysalj bariv</u>.[56]

"어머니께 도와 드렸다."

(37)에서 'eej'는 높여야 할 대상이지만 (37나)에서 보이듯이 높임의 'bariv'를 사용하면 '주다'의 의미만을 표현하여 보조 동사로서의 '수혜'의 의미를 보여 주지 못한다. 이처럼 어휘적인 면에서 'ugux'의 높임 표현인 'barix'라는 단어가 있지만 보조 동사로 사용되지 않는 것으로 보인다.

3.4. 시행을 뜻하는 보조 동사 구성

: '-아/어 보다' 및 '-j uzex'

(38) 나도 한 번 입어 보았다.

(38′) Bi ch gesen neg ydaa <u>umsuj uzev</u>.[57]

---

52 교수(명사+부사격 조사) 원고(명사+목적격 조사) 전달하다(본동사+보조적 연결 어미) 드리다(보조 동사+과거 시제 어미).

53 교수(명사+부사격 조사) 원고(명사+목적격 조사) 전달하다(본동사+과거 시제 어미).

54 교수(명사+부사격 조사) 원고(명사+목적격 조사) 드리다(본동사+과거 시제 어미).

55 어머니(명사+부사격 조사) 돕다(본동사+보조적 연결 어미) 주다(보조 동사+과거 시제 어미).

56 어머니(명사+부사격 조사) 돕다(본동사+보조적 연결 어미) 드리다(보조 동사+과거 시제 어미).

(38)의 예문에서는 한국어 '-아/어 보다'가 시행의 양태적 의미를 나타내는 보조 동사 구성으로 사용된다. 몽골어에서 '-j uzex'는 [시도 (attempt)]의 양태적 의미를 나타내는 보조 동사 구성으로 그대로 적용된다. 손세모돌(1996: 239-243)에서 '-아/어 보다'의 문맥적 의미를 (39가)에서는 [경험], (39나)에서는 [가정], (39다)에서는 [완곡]의 의미를 지닌다고 하였다. 몽골어에서도 이들이 (39')처럼 '-j uzex, -aad uzeh' 등에 대응될 수 있다. 따라서 몽골어의 보조 동사 'uzex'의 경우에도 그 앞에 나타나는 연결 어미에 따라서 의미 분화를 해야 할 필요성이 있다. 가령 (39'나)의 경우 [가정]의 의미로, (39'다)의 경우 [완곡]의 의미로 해석할 수 있다.

(39) 가. 어제 윤희에게 전화 걸어 봤어.

나. 그 녀석이 권력만 잡아 봐라. 너 같은 것 안중에 없을걸.

다. 푸름아 장난감 여기다 넣어 봐.

(39') 가. Uchigdur Yun Hiruu ytsaar zalgaj uzsen.[58]

나. Ter zolig erx medel l bariad uzeg. Cham shig xuniig sonirxo-xgui.[59]

다. Purimaa, togloomoo iishee xiigeed uz.[60]

---

57 나(대명사) 도(보조사) 한번(수사) 입다(본동사+보조적 연결 어미) 보다(보조 동사+과거 시제 어미).

58 어제(명사) 윤희(명사+부사격 조사) 전화(명사+부사격 조사) 걸다(본동사+보조적 연결 어미) 보다(보조 동사+과거 시제 어미).

59 그(대명사) 녀석(명사) 권력(명사) 만(보조사) 잡다(본동사+보조적 연결 어미) 보다(보조 동사+허락형 종결 어미) 너(대명사) 처럼(접속어) 사람(명사+목적격 조사) 관심없다(동사+부정 어미).

60 푸름(명사+호격 조사) 장난감(명사+재귀 어미) 여기(대명사) 넣다(본동사+보조적 연결 어미) 보다(보조 동사+명령형 종결 어미).

3.5. 보유를 뜻하는 보조 동사 구성

: '-아/어 두다, -아/어 놓다, -아/어 가지다' 및 '-j avax, -j orxix'

(40) 가. 공책은 책상 위에 얹어 두었다.

나. 공책은 책상 위에 얹어 놓았다.

다. 그 책을 읽어 가지고 오시오.

(40′) 가. Devtriig shireen deer <u>tavij orxiv</u>.[61]

나. Devtriig shireen deer <u>tavij orxiv</u>.[62]

다. Ter nomig ynshij <u>avaad ireerei</u>./<u>ynshchixaad</u> ireerei.[63]

남기심 외(2019)에서 한국어의 '-어 두다', '-아/어 놓다'는 보유의 의미를 나타낸다고 하였다.[64] 이처럼 한국어에 보유의 의미를 뜻하는 보조 용언 구성들이 세 가지나 있는데 몽골어에 이에 대응되는 보조 용언 구성은 기존 연구들에 의하면 '-j avax, -j orxix'의 두 가지이다. 그러나 (40′가, 나)에서 보이듯이 한국어의 '(-아/어) 두다, (-아/어) 놓다'에 대응하는 몽골어의 '-j orxix'는 한국어의 [종결]의 의미를 뜻하는 '-아/어

---

61 공책(명사+목적격 조사) 책상(명사+부사격 조사) 얹다(본동사+보조적 연결 어미) 두다(보조 동사+과거 시제 어미).

62 공책(명사+목적격 조사) 책상(명사+부사격 조사) 얹다(본동사+보조적 연결 어미) 두다(보조 동사+과거 시제 어미).

63 그(대명사) 책(명사+목적격 조사) 읽다(본동사+보조적 연결 어미) 가지다(보조 동사 +보조적 연결 어미) 오다(본동사+명령형 종결 어미)/읽다(본동사+완료 동사태 어미 +보조적 연결 어미) 오다(본동사+명령형 종결 어미).

64 선행 연구들에 의하면 최현배(1937), 남기심·고영근(1985)에서 '놓다'와 '두다'를 미완료상으로, 박선옥(2005)에서 지속상으로 보고 있다. 또 강흥구(1999), 한송화 (2000)외 같이 완료와 미완료를 구분하지 않기도 한다. 한편 '놓다'는 완료상으로 보고 '두다'만 지속 즉, 미완료상으로 본 김영태(1997)의 논의도 있다. 반면에 '놓다', '두다'를 완료상으로 보는 논의로는 김성화(1990: 166~178), 장미라(2006: 37) 있다. 이호승 (2001: 219)에서 '-아/어 버리다', '-아/어 두다'를 완료상으로 보고 있다.

버리다'와도 대응되므로 의미가 분화된 보조 용언 구성이라 볼 수 있다. 몽골어의 [보유]의 의미를 뜻하는 '-j avax' 보조 용언 구성은 (40′다)에서 보듯이 '읽어 가지고'에 그대로 적용된다. 몽골어의 'avax'는 앞서 살펴본 보조 동사 'ugux'와는 정반대로 선행 주동사와의 결합에 의하여 '유익성'이 주어 자신을 향하는 것도 있다. 또한 (40′다)처럼 '(어)가지고'는 'ynshchixaad'의 '-aad'라는 어미와도 대응된다. 따라서 (40′다)에서 '책을 읽는 행위를 보유하는' 것을 함의한다.

3.6. 사동을 뜻하는 보조 동사 구성

: '-게 하다, -게 만들다' 및 (몽골어의) 사동형 어미

> (41) 가. 누구를 가게 하느냐?
>
>   나. 그 일을 잘 되게 만들었다.
>
> (41′) 가. Xeniig <u>yavyylax ve</u>?[65]
>
>   나. Ter ajlig sain <u>buteesen</u>.[66]

한국어에는 사동을 나타내는 보조 용언 구성으로 '-게 하다, -게 만들다'가 있다. 하지만 몽골어에 사동을 나타내는 보조 용언 구성이 없다. (41′가), (41′나)에서 볼 수 있듯이 사동형 어미 '-yyl/uul, -lga⁴, -ga⁴, -aa⁴'에 의해 나타낼 수 있다는 것이 큰 차이점이다. (41′가)에서 본동사 'yav'에 사동형 어미 '-yyl'를 결합한 형태에 대응되었다. (41′나)에서 본동사 'but'에 사동형 어미 '-ee'를 결합한 형태에 대응된다. 하지만 (41)의 경우에만 한국어의 보조 용언 구성의 사동 표현이 몽골어의 본동사의

---

65 누구(대명사+목적격 조사) 가다(본동사+사동형 어미+관형사형 어미+의문형 첨사).

66 그(대명사) 일(명사+목적격 조사) 잘(형용사) 이루다(본동사+사동형 어미+과거 시제 어미).

사동형 어미 활용을 통해 나타냈지만 몽골어에서도 보조 용언 구성의
활용을 통해서 사동 표현을 나타낼 수 있다. 다음 (42)의 경우에 보조
동사 'yav'에 사동형 어미 '-yyl'를 결합했는데 사동의 의미를 나타내고
있다. 몽골어의 이러한 문장을 한국어로 번역했을 때 (42)처럼 사동의
의미에 대응되기도 한다.

> (42) Bugd ajlaa xyrdan <u>dyysgaj yavyylav</u>.[67]
> "모두 일을 빨리 끝내 가게 했다."(직역) "모두 일을 빨리 끝냈다."(의역)

3.7. 피동을 뜻하는 보조 동사 구성

: '-아/어지다, -게 되다' 및 (몽골어의) 피동형 어미, '-x bolox'

> (43) 가. 눈부신 업적이 이루어졌다.
>
> 나. 나도 가게 된다.
>
> (43ʹ) 가. Nud gyalbam gaviyag <u>baigyylsan</u>.[68]
>
> 나. Bi ch gesen <u>yavax bolno</u>.[69]

한국어에는 피동을 나타내는 보조 용언 구성('-아/어지다, -게 되다')이
있다. 몽골어에는 피동을 나타내는 보조 용언 구성은 없고 (43ʹ가), (43ʹ
나)에서 보이듯이 사동형 어미 '-yyl'과 '-x bolox' 보조 동사 구성에 의해
나타낼 수 있다는 차이가 있다. 몽골어의 '-x bolox'는 [기동]의 의미를
나타낸다. '-x'는 관형사형 어미이며 'bolox'는 '되다'의 뜻이다. (43ʹ나)

---

67 모두(대명사) 일(명사+재귀 어미) 빨리(형용사) 끝나다(본동사+사동형 어미+보조적
연결 어미) 가다(본동사+사동형 어미+과거 시제 어미).

68 눈(명사) 부시다(동사+어미) 업적(명사+목적격 조사) 이루다(본동사+사동형 어미+
과거 시제 어미).

69 나(대명사) 도(보조사) 가다(본동사+관형사형 어미) 되다(보조 동사+미래 시제 어미).

에서 본동사 'yav'에 관형사형 어미 '-x'를 활용하고 보조 동사 'bolno'
가 미래 시제 어미를 결합한 구성이다. 한국어의 경우 관형사형 어미가
나타나는 구성은 의존 명사가 꼭 포함되어 있는데 몽골어는 의존 명사가
포함되어 있지 않다.

(43´가)에서 한국어의 '이루어지다'는 본동사 'baix'에 사동형 어미
'-yyl'를 결합한 형태에 대응되었다. (43´나)에서 한국어의 '가게 되다'
는 본동사 'yav'에 관형사형 어미 '-x'와 보조 동사 'bolno'가 결합한 형
태에 대응된다. 한국어의 피동 보조 용언 구성은 몽골어에서는 본동사의
사동형 어미를 통한 활용을 통해서도 나타날 수 있지만 보조 용언 구성
을 통해서 피동 표현을 나타내는 것, 그리고 피동형 어미를 통해 나타내
는 것 또한 가능하다. 다음 (44)의 경우에 보조 동사 'xar'에 피동형 어미
'-gd'를 결합하여 피동의 의미를 나타내고 있다. 몽골어의 이러한 문장
을 한국어로 번역했을 때 (44)처럼 피동의 의미에 대응되기도 한다.

(44) Duu <u>togloj</u> <u>xaragdav</u>.[70]
   "동생은 놀고 있는 것으로 보인다. (직역)"

3.8. 부정을 뜻하는 보조 동사/형용사 구성

: '-지 아니하다, -지 말다, -지 못하다' 및 (몽골어의) 부정의 선·후행 수식
사, '-j chadax(보조 동사 구성)+gui(부정 어미)'

(45) 가. 유미는 가지 아니한다. (않는다).
   나. 유미는 가지 말아라.
   다. 너는 오지 못한다.

---

70 동생(명사) 놀다(본동사+보조적 연결 어미) xar(보조 동사+피동형 어미+과거 시제
   어미).

(45′) 가. Yu Mi <u>yavaxgui</u>.[71]

　　나. Yu Mi <u>bitgii yavaarai</u>.[72]

　　다. ?Chi <u>irj chadaxgui</u>.[73]

　한국어에는 부정을 나타내는 '-지 아니하다, -지 말다, -지 못하다' 등의 보조 용언 구성들이 있다. 하지만 몽골어에는 부정을 나타내는 보조 용언 구성은 없고 (45′)에서 보이듯이 동사 앞이나 뒤에 놓이는 부정 첨사(수식사) 'es, ul, bitgii, buu' 및 부정 어미 '-gui'에 의해 표현된다. 몽골어에 (45′다)는 의미적으로 자연스럽지 않다. 몽골어에는 긍정의 보조 동사 구성 '-j chadax'는 있는데 부정의 보조 동사 구성('-j chadaxgui')는 없다.

　　(46) 가. 오늘은 날씨가 춥지 않다.

　　　　나. 그분은 별로 넉넉하지 못합니다.

　　(46′) 가. Unuudur tsag agaar <u>xuiten bish</u>.[74]

　　　　나. Ter xun tudii l <u>xangalyyn bish</u>.[75]

또, 형용사의 부정에서는 한국어에서 '-지 아니하다, -지 못하다'를 그대로 사용하는 반면 몽골어에서는 (46′)처럼 형용사 'xuiten' 뒤에 부정의 수식사 'bish'가 나타난다.

71　유미(명사) 가다(본동사+관형사형 어미+부정 어미).

72　유미(명사) 말다(부정 첨사-선행 수식사) 가다(본동사+명령형 종결 어미).

73　너(대명사) 오다(본동사+보조적 연결 어미) 못하다(보조 동사+부정 어미).

74　오늘(명사) 날씨(명사) 춥다(형용사) 않다(부정의 수식사).

75　그(대명사) 사람(명사) 별로(수식사/보조사) 만족하다(형용사) 않다(부정의 수식사).

3.9. 강세를 뜻하는 보조 동사 구성

: '-아/어 대다' 및 '-aad baix'

(47) 너무 놀려 대지 마라.

(47′) Denduu bitgii <u>shoolood bai</u>.[76]

한국어에는 강세를 나타내는 보조 용언 구성 '-아/어 대다'가 있다. 손세모돌(1996: 229)에서 보조 용언 '대다'의 기본 의미를 [강세]로 보았다. [강세]란 여러 번 반복되거나 정도성을 갖는 행위의 정도에 대한 말할이의 판단을 말하는데 그 행위의 정도가 강하다거나 지나치다는 것이라 하였다. 몽골어에는 (47′)에서 보이듯이 이에 대응하는 형태인 '-aad baix' 보조 용언 구성이 그대로 적용된다. 하지만 몽골어에는 [강세]의 의미는 한국어의 '대다'처럼 보조 용언에 의해서 나타나는 것보다 '-aad baix'의 연결어미 '-aad'에 의해서 나타나는 것으로 보인다. (47′)에서 'shoolood bai'의 경우 '-아/어 있다'에 대응하므로 선행하는 'shool'의 의미를 연결어미 '-ood'의 도움으로 강조하고 있다.

3.10. 짐작을 뜻하는 보조 동사 구성

: '-아/어 보이다' 및 (몽골어의) 본동사

(48) 그 꽃은 좋아 보인다.

(48′) Ter tsetseg <u>goyo xaragdana</u>.[77]

한국어에는 짐작을 나타내는 '-아/어 보이다'의 보조 용언 구성이 있

---

76 너무(접속어) 말다(부정의 선행 수식사) 놀리다(본동사+보조적 연결 어미) 있다(보조 동사+명령형 종결 어미).

77 그(대명사) 꽃(명사) 좋다(형용사) 보다(본동사+피동형 어미+현재 시제 어미).

다. 하지만 몽골어에는 (48)´에서 보이듯이 이에 대응하는 표현은 'goyo xaragdana'이다. 여기서 'goyo'는 '좋다'의 뜻을 가진 형용사이며 서술어 'xaragdana'를 꾸며 주는 수식사로 기능하고 있다. 즉 보조적 연결 어미를 활용하거나 전형적인 보조 용언의 구성을 형성할 수 없지만 몽골어에서는 체언 뒤에 일부 보조 용언이 나타날 수도 있다.

3.11. 당위를 뜻하는 보조 동사 구성

: '-아야/어야 하다' 및 '-x yostoi'

(49) 하루에 꼭 한 알씩 먹어야 한다.
(49´) Udurt zaaval neg shirxgiig <u>yyx yostoi</u>.[78]

한국어에는 당위를 나타내는 '-아야/어야 하다' 보조 용언 구성이 있다. 하지만 몽골어에는 (49´)에서 볼 수 있듯이 이에 대응하는 형태인 '-x yostoi' 형태가 있다. 하지만 이 형태는 선행 연구에서도 논의되지 않았으며 '-x'는 관형사형 어미지만 'yostoi'는 당위의 양태적인 의미를 뜻하는 첨사 또는 수식사로 취급하고 있다. 전형적인 보조 용언 구성과 그 특징이 달라서 보조 용언 구성으로 설정하기에는 논의가 필요하다. 이 구성에서 '-x'는 관형사형 어미지만 'yostoi'는 한국어의 '법이다'에 해당한다. 즉, 전체 구성이 한국어의 '먹어야 하는 법이다'에 해당한다. 따라서 'yos'는 '법'이라는 명사이므로 전형적인 몽골어의 보조 동사의 구성과 다르다.

---

78 하루(명사+부사격 조사) 꼭(접속어) 한(수사) 알(명사+목적격 조사) 마시다(본동사+ 관형사형 어미) 해야 하다(당위성 양태).

3.12. 시인을 뜻하는 보조 동사/형용사 구성

: '-기(는) 하다' 및 '-x ni tegex/tiim'(본용언 반복)

(50) 하루에 한 알씩 먹기는 했다.

(50′) Udurt neg shirxgiig <u>yyx ni yysan</u>.[79]

한국어에는 [시인]을 나타내는 보조 용언 구성 '−기(는) 하다'가 있다. 하지만 몽골어에는 (50′)에서 보이듯이 이에 대응하는 형태인 '-x ni tegex'가 있다. 이 형태의 구성은 관형사형 어미 '-x', 한국어의 보조사 '는'에 대응되는 'ni'. 한국어의 '하다'에 대응되는 'tegex'이다. 하지만 한국어에는 보조 동사 '하다'가 결합하여 의미를 대용할 수 있는 반면에 몽골어에는 본동사가 반복적으로 쓰이고 있다는 차이가 있다.

이에 대해서는 선행 연구에서는 언급되지 않았는데 [시인]의 의미를 뜻하는 '−x ni tegex'(대용형 본동사 반복)를 보조 용언 구성으로 접근하는 논의가 이루어질 필요가 있다. 한국어에서도 '먹기는 먹는다'와 같은 형태가 동일한 기능으로 나타나는 것처럼 몽골어에서도 동일하게 나타나므로 이러한 형태를 보조 용언 구성으로 보는 것도 가능할 수 있다. 하지만 후행 동사가 대용형 동사이므로 일정한 형태가 없어서 현재의 보조 용언 구성의 정의와 특성을 기준으로 하면 이러한 구성은 보조 용언 구성으로 설정하기에 무리가 있다.

(51) 그 집이 크기는 하다.

(51′) Ter baishin <u>tom n tom</u>.[80]

---

79   하루(명사+부사격 조사) 한(수사) 알씩(명사+목적격 조사) 마시다(본동사+관형사형 어미) 는(보조사) 마시다(보조 동사+과거 시제 어미).

80   그(대명사) 집(명사) 크다(형용사) 는(보조사) 크다(형용사).

마찬가지로 형용사에 대해서도, 한국어에는 [시인]을 나타내는 보조 용언 구성 '-기(는) 하다'가 있다. 하지만 몽골어에는 (51′)에서 보이듯 이에 대응하는 형태인 '-x ni tiim' 구성이 있다. 이 구성의 조성은 관형사형 어미 '-x', 한국어의 보조사 '는'에 대응되는 'ni', 한국어의 '그렇다'에 대응되는 'tiim'이다. 하지만 한국어에는 보조 동사 '하다'가 결합되어 의미를 대용하는 것이 가능한 반면에 몽골어에는 본용언인 형용사가 반복적으로 쓰인다는 차이가 있다.

3.13. 희망을 뜻하는 보조 형용사 구성

: '-고 싶다' 및 '-xiig xusex'

    (52)   금강산에 가고 싶다.

    (52′)   Kim Gan San yyl ryy <u>yavaxig xusne</u>.[81]

    (52″)   Kim Gan San yyl ryy <u>yavna</u>.[82]

    (52‴)   *Kim Gan San yyl ryy <u>xusne</u>.[83]

한국어에는 [희망]을 나타내는 보조 용언 구성 '-고 싶다'가 있다. 몽골어에는 보조 형용사가 없으며 (52′)에서 보이듯이 이에 대응하는 형태인 '-xiig xusex'의 형태가 있다. 'xusex'는 동사이며 한국어의 보조 형용사가 몽골어의 보조 동사에 대응되는 것이다. 하지만 이 구성에 대해서는 선행 연구에서 언급되지 않았는데 (52″), (52‴)처럼 보조 용언 구성의 판별 기준으로 검증해 보면 자립성이 없음을 확인할 수 있다. 하지

---

81   금강산(명사+부사격 조사) 가다(본동사+관형사형 어미+목적격 조사) 싶다(보조 동사+현재 시제 어미).

82   금강산(명사+부사격 조사) 가다(본동사+현재 시제 어미).

83   금강산(명사+부사격 조사) 싶다(보조 동사+현재 시제 어미).

만 (52′)의 주석에서 볼 수 있듯이 본동사 뒤에 관형사형 어미만 오는 것이 아니고 목적격 조사가 와야 한다. 즉, '본동사+어미+보조 동사' 구성에 격조사가 꼭 나타나야 한다는 조건이 있는데 이것은 일반적인 보조 용언 구성의 특징이 아니다. 이러한 형태적 조성을 제외한다면 보조 용언 구성으로 인정할 수 있을 것으로 보인다.

3.14. 추측을 뜻하는 보조 형용사

: '-(으)ㄴ가/나 보다, -(으)ㄴ가/나/(으)ㄹ까/… 싶다' 및 'bololtoi'(추측 양태)

> (53) 가. 저 건물이 동대문인가 보다.
>
> 　　나. 지금 생각하니 내가 잘못한 것이 아니었던가 싶다.
>
> (53′) 가. Ter barilga <u>Dyn De Mun bololtoi</u>.[84]
>
> 　　나. Odoo bodood uzexed bi byryy zuil xiisen yum <u>bish baigaa</u> <u>daa</u>.[85]

한국어에는 추측을 나타내는 보조 형용사 구성이 있다. 하지만 몽골어에는 추측을 나타내는 보조 형용사가 없고 선행하는 명사 뒤에 놓이는 추측의 뜻을 가진 'bololtoi, bish baigaa' 등의 첨사가 보조 동사에 대응된다. 'bololtoi, bish baigaa'의 의미는 한국어의 '-(으)ㄴ가/나 보다, -(으)ㄴ가/나/(으)ㄹ까/… 싶다'에 대응된다.

84　그(대명사) 건물(명사) 동대문(명사) 되다(추측 양태).

85　지금(명사) 생각하다(본동사+보조적 연결 어미) 보다(보조 동사+연결 어미) 나(대명사) 잘못(형용사) 것(명사) 하다(동사+과거 시제 어미) 것(명사) 아니다(부정의 수식사) 있다(보조 동사+관형사형 어미+양태 첨사).

3.15. 상태 지속을 뜻하는 보조 형용사 구성

: '-아/어 있다' 및 '-j baix'

    (54) 철수는 몸이 아파 종일 침대에 누워 있다.

    (54´) Chol Sugiin bie uvduud udurjin orondoo <u>xevtej baina</u>.[86]

  한국어에는 '눕다'라는 상태가 지속되고 있음을 표현할 때 '-아/어 있다'의 보조 형용사를 사용한다. 그러나 몽골어에 진행을 뜻하는 보조 동사 구성 '-j baix'가 그 기능을 그대로 수행한다.

  이상 3절에서 검토한 한국어 보조 용언 구성 32개 중에서 18개가 몽골어에도 각각 보조 동사 구성으로 사용되는 것을 확인하였다. 몽골어에는 보조 형용사가 없으므로 보조 동사와의 대조 위주로 기술하였다. 이상에서 논의한 두 언어의 보조 용언 구성을 대조하여 형태, 의미, 기능별로 정리해 보고자 한다. 먼저 형태를 대조한 결과 보조 용언 구성 목록을 제시하면 다음과 같다.

    (55) 가. 한국어와 몽골어에 모두 보조 용언 구성으로 사용되는 보조 용언
          구성: -j dyysax(-고 나다), -j avax(-아/어 내다), -j orxix(-
          아/어 버리다), -j yavax(-아/어 가다), -j irex(-아/어 오다),
          -j baix(-고 있다), -j orxix(-아/어 두다, -아/어 놓다), -j
          avax(-아/어 가지다), -j uzex(-아/어 보다), -x bolox(-게 되
          다), -aad baix(-아/어 대다), -aad baix(-아/어 쌓다), -j
          ugux(-아/어 주다), -n aldax(-아/어 대다), -j/saar syyx(-고
          앉다), -j aldax(-을 뻔하다)[87]

---

86 철수(명사+관형격 조사) 몸(명사) 아프다(동사+보조적 연결 어미) 하루종일(명사)
    침대(명사+부사격 조사+재귀 어미) 눕다(본동사+보조적 연결 어미) 있다(보조 동사
    +현재 시제 어미).

나. 한국어에만 있고 몽골어에 존재하지 않는 보조 용언 구성: -게
하다, -게 만들다, -아/어 지다, -지 아니하다, -지 못하다,
-지 말다, (-아야/어야) 하다, (-아/어) 보이다, (-기는) 하다,
-고 싶다, -(으)ㄴ가/나 보다, -(으)ㄴ가/나/(으)ㄹ까 싶다, -기
(는) 하다

다. 몽골어에만 있고 한국어에 존재하지 않는 보조 동사 구성: -j
chadax (-(으)ㄹ 수 있다), -j yadax (다하다), -j garax(-기
시작하다), -x gex(-라 말하다), -j medex (-(으)ㄹ 줄 알다)

두 언어의 '있다-baix, 되다-bolox, 나다-garax, 앉다-syyx, 오다
-irex, 버리다-orxix, 주다-ugux, 보다-uzex, 가다-yavax' 등은 서

---

87 검토한 대상에는 없었지만 그 외에도 [지속]의 의미를 나타내는 '-n/j/saar syyx(-고
앉다)', [과기]의 의미를 나타내는 '-j aldax(-(으)ㄹ 뻔하다)'를 보조 용언 구성으로
설정한 주장도 있다. 최현배(1937), 김기혁(1987)에서 각각 보조 용언 구성으로 설정
한 것을 제1부에서 재인용하였다.

(ㄱ) Eej mini edgesniig sonsood <u>bayarlaj syyna</u>.
어머니(명사) 내(1인칭 재귀 어미) 낫다(동사+관형사형 어미+목적격 조사) 듣
다(본동사+보조적 연결 어미) 기쁘다(본동사+연결 어미) 앉다(보조 동사+현
재 시제 어미).
"내 어머니가 나앗다는 것을 <u>듣고 기쁘다</u>."

(ㄴ) Jaaxan oxin <u>yilan aldav</u>.
꼬마(형용사) 애(명사) 울다(본동사+보조적 연결 어미) 뻔하다(보조 동사+과
거 시제 어미).
"꼬마 애가 <u>울 뻔했다</u>."

(ㄷ) Jaaxan oxin <u>yilj aldav</u>.
꼬마(형용사) 애(명사) 울다(본동사+보조적 연결 어미) 뻔하다(보조 동사+과
거 시제 어미).
"꼬마 애가 <u>울어 댔다</u>."

본동사가 (ㄴ)처럼 보조적 연결 어미 '-n'을 결합하는 경우에는 '-(으)ㄹ 뻔하다' 즉
[과기]의 의미를 나타내는 데 반해 (ㄷ)처럼 '-j'의 보조적 연결어미를 결합하는 경우
에 [강세]의 의미를 나타낸다.

로 대응하는 동사들이다. 또한 이들이 보조 동사로서 나타내는 의미 기능이 대체적으로 유사하다. 그러나 한국어에는 높임의 보조 용언이 있는데 몽골어에 높임의 보조 용언이 없다. 또한 '-아/어 보다'는 문맥 의미로 [경험], [가정], [완곡]의 의미를 지닌다. 몽골어에도 보조 동사 구성 '-j/aad uzex'의 경우 그 앞에 나타나는 연결 어미에 따라서 [가정]의 의미, [완곡]의 의미로 분화할 가능성이 있다는 점을 대조해 보았다.

기능 및 의미적인 면에서 보면 [완료], [진행], [보유], [시행]의 의미를 나타내는 보조 용언 구성들은 두 언어에 대응된다고 볼 수 있다. 그러나 한국어의 [사동], [피동], [부정]을 뜻하는 보조 용언 구성들의 경우 몽골어에는 이들은 보조 용언 구성이 아니라 사동형 어미, 피동형 어미, 부정 수식사 등에 의해 나타나므로 정확히 대응될 수 없었다. 그중에서 한국어의 '-게 되다'의 경우 몽골어의 보조 용언 구성 '-x bolox'에 대응되는데, 몽골어의 '-x bolox'는 [피동]이 아니라 [기동]의 뜻을 나타내는 보조 동사 구성이다.

한국어의 [당위], [짐작], [시인]을 뜻하는 양태 표현의 경우 몽골어에 대응되는 양태 보조 용언 구성을 확인하지 못하였다.[88] 다만 양태를 나타내는 첨사가 있는데 각각 대응되는 첨사들을 제시하였다. 한국어에서 [시인]의 의미를 나타내는 '-기는 하다'에 대응되는 '-x ni tegex'를 보조 용언 구성으로 설정할지에 대해서 논의가 필요하다고 본다. [강세]의 양태 의미를 나타내는 '-아/어 대다'에 대응되는 보조 용언 구성은 몽골어의 '-aad baix'이다. [수혜]의 의미를 뜻하는 '-아/어 주다'와 '-j ugux'는 서로 대응되는 보조 용언 구성들이다.

---

88 한국어의 보조 용언 구성 중 검토하는 대상에 제한해서 대조해 봤을 때 대응되는 양태 보조 용언 구성이 없었지만 앞의 〈표 1〉처럼 몽골어에서도 양태 보조 용언 구성들이 있다.

그 다음으로 한국어의 보조 형용사의 경우 몽골어에서 보조 형용사가 없으므로 대조하기에 한계가 있겠지만 [부정] 및 [추측]의 보조 형용사 구성은 앞에서 언급한 [부정] 및 [추측]의 보조 동사 구성과 마찬가지로 부정 수식사, 양태 어휘에 의해 나타나므로 정확히 대응될 수 없었다. 그러나 '-고 싶다'에 대응되는 '-xiig xusex', '-기는 하다'에 대응되는 '-x ni tiim' 형태들이 있는데 여기에서 '-xiig xusex'은 '-iig' 목적격 조사가 구성 안에 결합한다는 특징 때문에 더 깊은 논의가 필요하다고 본다. 위에서 대조한 보조 용언 구성을 표로 정리하면 아래와 같다.

〈표 6〉 한국어와 몽골어의 보조 용언 구성 대응[89]

의미 기능	한국어의 보조 용언 구성	몽골어의 대응 보조 용언 구성	그 외 대응 형태
시제나 동작상 (완료/ 종결)	-고 나다	-j dyysax	
	-어/아 내다	-j avax	
	-어/아 버리다	-j orxix	
	-고(야) 말다	-j orxix	
시제나 동작상 (진행)	-어/아 가다	-j yavax	
	-어/아 오다	-j irex	
	-고 있다/계시다,	-j baix, -n/j syyx	
시제나 동작상 (보유/이유)	-어/아 두다	-j orxix	
	-어/아 놓다	-j orxix	
	-어/아 가지다	-j avax	
시행	-어/아 보다	-j uzex	
사동	-게 하다		사동접미사 -yyl/uul, -lga⁴, -ga⁴, -aa⁴
	-게 만들다		사동접미사 -yyl/uul, -lga⁴, -ga⁴, -aa⁴
피동	-아/어지다		피동접미사 -gd, -d, -t
	-게 되다	-x bolox(기동의 의미)	
부정	-지 아니하다(않다)		부정 선·후행 수식사

---

89 여기에서 새롭게 설정할 가능성이 있는 보조 용언 구성을 이탤릭체로 표시하였다.

	-지 못하다		부정 선·후행 수식사
	-지 말다		부정 선·후행 수식사
양태(당위)	-아야/어야 하다		양태 첨사 관형사형어미 x+양태 첨사 'yostoi'
양태(짐작)	-어/아 보이다		양태 'bololtoi'
양태(시인)	-기(는) 하다		-x ni tegex
양태 (강세), (반복)	-어/아 대다	-aad baix/-n aldax	
	-아/어 쌓다	-aad baix	
수혜	-어/아 주다/드리다	-j ugux	
보조 형용사 시제나 동작성 (상태 지속의 의미)	-아/어 있다	-j baix	
	-아/어 계시다	-j baix	
부정	-지 아니하다(않다)		부정 선·후행 수식사
	-지 못하다		부정 선·후행 수식사
양태(희망)	-고 싶다		-xiig xusex
양태(추측)	-(으)ㄴ가/나 보다		양태 bololtoi
	-(으)ㄴ가/나/(으)ㄹ까 싶다		양태 bololtoi
양태(시인)	-기(는) 하다		-x ni tiim

아래에서는 몽골어에만 있는 보조 동사 구성에 대해 간단히 살펴보고
자 한다. '-j medex(-(으)ㄹ 줄 알다), -j chadax(-(으)ㄹ 수 있다), -j
yadax(다하다), -j garax(-기 시작하다), -x gex(-라 말하다)' 등은 한국어
에 대응되지 않는 몽골어의 보조 동사 구성들이다. 이들이 사용되는 예
문을 통해서 한국어와의 대응 관계를 살펴보면 다음과 같다.

(56) Margaash aadar boroo <u>orj medne</u>.[90]
　　 "내일 소나기 <u>올지도 모른다.</u>"

90　내일(명사) 소나기(명사) 오다(본동사+보조적 연결 어미) 모르다(보조 동사+미래 시
　　제 어미).

몽골어의 '-j medex'는 (56)처럼 [추측]의 양태적 의미를 나타내며 한국
어의 '-(으)ㄹ지도 모른다'형태와 대응된다. 몽골어의 [능력]의 의미를 나
타내는 '-j chadax(할 수 있다)', [어려움]을 나타내는 '-j yadax(다하다)'의
경우 본동사로 사용되지 않고 보조 동사 구성으로만 사용되는 것이 한국
어의 '-고 싶다'와 유사한 특징이다.

(57) Bid nar uuniig <u>xiij chadna</u>.[91]
  "우리는 이것을 <u>할 수 있다</u>."

(58) Uchigdur chamaig <u>xuleej yadav</u>.[92]
  "어제 너를 <u>힘들게 기다렸다</u>."

(59) Duu genet <u>ineej garav</u>.[93] (나랑게를(2007: 80-82)의 예를 수정)
  "동생이 갑자기 <u>웃기 시작했다</u>."

(60)에서 본동사 'yav'에 관형사형 어미 '-san'을 활용하여 보조 동사
'gev'가 통합 관계를 구성하고 있다. 이 문장이 나타내는 의미는 간접
인용이다. 이 구성에서 보면 관형사형 어미와 보조 동사 사이에 다른 요
소가 개입되지 않는 것을 볼 수 있다.

(60) Bat <u>yavsan gev</u>.[94]
  "Bat가 <u>갔다고 말하였다</u>."

---

91 우리(대명사+복수) 이것(대명사+목적격 조사) 하다(본동사+연결 어미) 수-있다(보
   조 동사+현재 시제 어미).

92 어제(명사) 너(대명사+목적격 조사) 힘들다(본동사+보조적 연결 어미) 기다리다(보
   조 동사+과거 시제 어미).

93 동생(명사) 갑자기(부사) 웃다(본동사+보조적 연결 어미) 시작하다(보조 동사+과거
   시제 어미).

94 Bat(명사) 가다(본동사+관형사형 어미) 하다(보조 동사+과거 시제 어미).

따라서 한국어에 대응되지 않는 몽골어 보조 용언 구성의 의미는 [추측], [능력], [어려움], [기동], [간접 인용]을 나타내는 보조 용언 구성이다. 이들은 몽골어에만 있고 한국어에는 없는 것으로 확인하였다.[95]

지금까지 살펴본 것처럼 한국어와 마찬가지로 몽골어에도 보조 용언 구성 체계가 존재한다. 한국어 보조 용언에는 보조 동사와 보조 형용사가 있는 반면에 몽골어의 경우 보조 동사만 있는 것이 특징적이다. 두 언어에서 모두 보조 용언 구성의 구조가 'V₁+어미+V₂'이며 대체적으로 자립성의 유무와 문법적 의미를 더해 주는 특징을 고려해서 보조 용언 구성을 정의하고 있다. 그러나 몽골어 보조 용언에 대한 연구에서는 좁은 개념으로 '불구 동사, 불완전 동사'라고 하는 동시에 '독립적인 어휘적 의미를 잃고 결합 관계에서 주요 동사의 문법적 의미를 나타내면서 결합 관계를 구성하는 동사를 보조 동사라 한다'라고 정의하였다. 이 글에서는 몽골어 문법에서 불구 동사로 간주하는 구성 일부를 보조 동사 구성이라는 개념하에서 기술하고 보조 동사에 포함되지 않는 불구 동사들을 보조 동사와 별개로 다루어야 한다고 본다. 또한 몽골어에서 체언 뒤에 일부 보조 동사가 결합하는 특징이 있는데 이러한 특징을 몽골어 보조 용언의 정의에 반영해야 할 필요성이 있다.

4. 나가기

이 글에서는 한국어와 몽골어의 보조 용언 구성에 대해 대조하였다. 그 결과 한국어와 몽골어의 보조 용언 구성 사이에 유사한 점도 있고

---

95 한국어에 그러한 기능을 나타내는 표현이 없다는 것이 아니라 그러한 기능이 보조 용언 구성을 통해서는 나타나지 않는다는 뜻이다.

차이점도 있다는 것을 확인하였다.

두 언어의 보조 용언 구성을 대조하여 형태, 통사, 의미, 기능별로 정리해 보면 다음과 같다. 먼저 형태적인 측면을 살펴보면 다음과 같은 대응되는 형태들이 있다.

(61) 한국어와 몽골어 보조 용언 구성의 대조

　　가. 한국어와 몽골어에 모두 사용되는 보조 용언 구성: -j dyysax(-고 나다), -j avax(-아/어 내다), -j orxix(-아/어 버리다), -j yavax(-아/어 가다), -j irex(-아/어 오다), -j baix(-고 있다), -j orxix(-아/어 두다, -아/어 놓다), -j avax(-아/어 가지다), -j uzex(-아/어 보다), -x bolox(-게 되다), -aad baix(-아/어 대다), -aad baix(-아/어 쌓다), -j ugux(-아/어 주다), -n aldax(-아/어 대다), -j/saar syyx(-고 앉다), -j aldax(-(으)ㄹ 뻔하다)

　　나. 한국어에만 있고 몽골어에 존재하지 않는 보조 용언 구성: -게 하다, -게 만들다, -아/어 지다, -지 아니하다, -지 못하다, -지 말다, -아야/어야 하다, -아/어 보이다, -기(는) 하다, -고 싶다, -(으)ㄴ가/-나 보다, -(으)ㄴ가/나/(으)ㄹ까 싶다, -기(는) 하다

　　다. 몽골어에만 있고 한국어에 보조 용언 구성으로 존재하지 않는 보조 동사 구성: -j chadax(-(으)ㄹ 수 있다), -j yadax (다하다), -j garax(-기 시작하다), -x gex(-라 말하다), -j medex (-(으)ㄹ 줄 알다)

또한 보조 용언 구성을 고찰하여 밝혀낸 특징은 다음과 같다. 형태적 특성을 살펴보면 다음과 같다. 한국어와 몽골어의 보조 용언의 의존성의 특성으로 보조 용언은 본용언과 함께 쓰인다는 것, 본용언과 어울려 쓰

일 때 의미가 드러나는 것 등을 확인하였다. 또한 두 언어의 보조 용언은 그 구성의 특징상 특정한 어미와 결합하는 점이 유사하다. 한국어의 본용언과 보조 용언을 이어 주는 연결 어미에는 부사형 어미, 관형사형 어미, 접속형 어미(연결 어미), 종결 어미가 있다. 그러나 몽골어에는 보조적 연결 어미와 관형사형 어미가 있다.

통사적 특성으로는 다음과 같은 특징들을 확인하였다. 한국어와 몽골어의 보조 용언의 위치는 문장 끝이나 중간에 나타난다. 문장 속에서 그 위치를 이동할 때, 반드시 '본용언+보조 용언'이 함께 움직여야 한다. 또한 한국어의 보조 용언은 시상 선어말 어미나 높임의 선어말 어미의 활용을 담당한다. 몽골어의 보조 용언은 부정의 표시 형태, 동사의 태 어미, 종결 어미 등으로 활용한다. 보조 용언의 문법적 특징의 경우 한국어의 보조 용언은 부사의 단독 수식을 받을 수 없고, 보조 용언은 부정의 단독 초점이 될 수 없고, 보조 용언은 거듭하여 출현할 수 있었다. 몽골어의 보조 용언은 다른 성분이 개입할 수 없고, 보조 용언은 거듭하여 출현할 수 있고, 부정의 단독 초점이 될 수 있는 것으로 보였다. 보조 용언의 유래를 대조한 것으로는 한국어와 마찬가지로 몽골어의 보조 동사들은 대부분 본동사에서 유래되어 여전히 본동사로도 사용된다는 점이 유사하다. 그러나 'chadax(할 수 있다)', 'yadax(다하다)' 등은 본동사로는 잘 쓰이지 않는다. 한국어에 '싶다'가 본동사로 잘 쓰이지 않는다.

보조 용언 구성의 의미 및 기능 대조를 살펴보면 다음과 같다. 한국어의 보조 용언 구성은 상, 양태, 사동, 피동, 부정의 기능을 나타낸다고 보았다. 몽골어 보조 동사 구성은 시제, 상, 양태를 나타낸다. 몽골어 보조 동사 구성은 한국어처럼 사동, 피동, 부정 등과 같은 기능을 표현하지 않는 것이 한국어와 다른 점이다. 몽골어에 시제를 보조 용언 구성의 도움으로 표시하는 것이 한국어와 다르다. 두 언어에 완료상, 진행상의 의미를 나타낼 때 보조 용언 구성을 사용하는 점이 유사하다. 또한 한국어와 몽골어의 보조 용언 구성이 양태의 역할을 한다. 두 언어의 [시행], [강세], [수혜], [희망]의 양태 표현이 유사하다. 그러나 한국어의 [당위], [짐작], [추측], [시인]의 양태 보조 용언 구성이 몽골어에는 없다. 한국어에서 [희망]의 의미를 나타내는 '-고 싶다'에 대응하는 '-xiig xusex'를 보조 용언 구성으로 설정할 수 있다는 가능성을 제시하기도 하였다.

이러한 의미 및 유형론적 대조 연구를 통해서 보조 용언 구성과 보조 용언의 언어 보편적인 특성을 파악하는 데 도움을 줄 수 있을 것으로 기대한다.

12장

'-아/어지다'의 아랍어 대응 표현 연구

1. 들어가기

이 글은 보조 용언 구성 '-아/어지다'의 통사와 의미적 특징을 살펴보며 '-아/어지다' 구성의 아랍어 대응 표현을 분석하는 데에 목적이 있다. 남수경(2011)에서는 '-아/어지다'는 결합하는 선행 용언의 범주 및 문맥에 따라 [피동], [상태 변화], [능력], [무의도]와 같이 다양한 의미를 지닌다고 하였다. 하나의 형태가 여러 의미와 기능을 가지고 있기 때문에 외국인 학습자들에게 가르칠 때도 쉬운 일이 아닌 것으로 판단된다. 특히 한국어와 아랍어는 유형론적으로 다른 두 언어이다. 아랍어에는 보조 용언 체계가 없고 '-아/어지다'가 가지고 있는 여러 의미에 표현할 수 있는 하나의 형태는 없으나 피동의 범주가 존재하고 '-아/어지다'의 의미를 대응하는 표현이 여러 가지가 있다. 따라서 '-아/어지다'의 아랍어 대응 표현에 대해 체계적으로 논의하고 아랍어에서 그 표현이 나타내는 의미와 기능이 무엇인지를 파악할 필요가 있다. 이를 통해서 보조 용언 구성 '-아/어지다'가 실제 문헌에서 아랍어로 어떻게 바꾸어 번역했는지를 분석하며 두 언어의 대응 관계를 밝히면 한국어 교육에도 도움을 줄 수 있을 것으로 기대한다.

이 글은 한국어 보조 용언 구성 '-아/어지다'를 연구 대상으로 삼으며 『소금』이라는 한국 소설을[1] 연구 자료로 삼는다. 아랍어와 한국어를 전공하고 있는 한국인과 아랍인 번역가가 이 작품을 번역했기 때문에 번역 수준이 높고 전문성이 있다고 판단되어 연구 자료로 선정하였다. 이 소설에는 '-아/어지다'가 54회 나타났는데 선행 용언은 형용사, 타동사, 자동사가 모두 나타났다. '-아/어지다'의 용례가 소설에서 어떤 의미로 나타났는지 분석한 뒤 선행 용언별로 아랍어 대응 표현의 유형을 제시할 것이다. 그리고 그 유형에 따라 그 대응 표현이 아랍어에서 어떤 범주인지, 어떤 의미가 있는지, 한국어 '-아/어지다'와 동일한 의미인지를 기술하고자 한다. 이에 2절에서는 보조 용언 구성 '-아/어지다'의 관련 선행 연구를 바탕으로 '-아/어지다'의 통사적·의미적 특징을 간략하게 살펴보고 3절에서는 한국 소설 『소금』에서 나타난 '-아/어지다' 용례의 의미가 무엇인지를 제시한다. 4절에서는 아랍어로 번역된 소설에 나타난 '-아/어지다'의 아랍어 대응 표현이 무엇인지, 어떤 의미인지를 분석한다.

2. '-아/어지다'의 통사적·의미적 특징

'-아/어지다'는 다른 보조 용언 구성과 비슷한 통사적인 특징을 지닌다.

---

1 이 소설은 강경애의 중편 소설로 1934년 월간 『신가정』에 연재되어 출판되었다. 『소금』은 이집트 아인샴스대학교 한국어학과를 졸업한 모함메드 갈랄과 2015년 한국외국어대학교를 졸업하고 법률 및 의료 분야에서 번역가로 활동하고 있는 김가후가 아랍어로 번역했고 2020년에 'SEFSAFA PUBLISHING HOUSE'에 의해 출판되었다. 원작의 저작권은 저작자 사후 70년이 지나면 소멸된다. 또한 번역원고의 저작권은 이집트 저작권법 또는 지식재산권법에서 연구 목적으로의 저작물 이용을 제한하고 있지 않으므로 번역가 또는 출판사의 허가 없이도 인용하여 사용 가능하다.

오민석(2006: 38-43)에서 논의했듯이 '*고기가 구워서 졌다'와 같이 '-아/
어지다'의 구성과 선행 용언과의 사이에 '-서'와 같은 다른 요소가 개재될
수 없다. 김선혜(2019: 508)에서 논의했듯이 선행 용언의 대용이나 선행
용언과 보조 용언 구성 전체의 대용은 가능하지만 보조 용언만은 대용이
불가능한데 보조 용언만의 대용이 불가능하다는 것은 다른 일반 용언과
구별되는 특징이라고 했다. '*소고기가 새까맣게 구워졌다. 돼지고기도
구워 그랬다.'처럼 '-아/어지다'의 구성만은 대용화가 불가능하다. 또한
김선혜(2019: 509)의 언급처럼 보조 용언 구성은 선행 용언이나 보조 용언
의 공백화가 둘 다 불가능하므로 '*소고기가 구워, 돼지고기도 싫어졌다.'
처럼 선행절에서 보조 용언이 생략됐을 때 비문이 된다. 마지막으로는
'*고기가 졌다, 구워.'와 같이 선행 용언은 '지다'에 후행할 수 없다. 즉
선어말 어미는 항상 보조 용언과 결합하며 선행 용언과 보조 용언의 순서
가 고정되어 있다. 이에 따라서 '-아/어지다'는 비분리성, 대용화, 공백화,
도치의 기준에 따라 전형적인 보조 용언 구성과 동일한 양상을 보여 준다[2].

한편 의미적인 특징과 관련하여 '-아/어지다'는 많은 논의에서 주로
피동법으로 다루어 왔으며 특히 타동사와 결합할 때 피동 의미로 해석된다.

(1) 새로운 사실이 김 박사의 연구진에 의해 <u>밝혀졌다</u>.

(남기심 외 2018: 477)

---

[2] 선행 연구에 따르면 '-아/어지다'의 범주에 대한 이견이 많았다. 보조동사로 보는
    입장으로 최현배(1937), 남기심·고영근(1985), 서정수(1994/1996) 등이 있고 접미
    사로 보는 입장으로 이강로(1967) 등이 있고, 상위 술어로 보는 입장으로 임홍빈
    (1978), 동사 결합 구성으로 보는 입장으로 강현화(1998), 단어 형성 전용 요소로
    보는 입장으로 김창섭(1996) 등이 있다. '-아/어지다'의 범주에 대한 논의가 여기에
    서의 연구 대상은 아니기 때문에 깊게 들어가지 않지만 보조 용언 구성과 같은 통사
    적인 특징을 가지고 있으므로 보조 용언 구성으로 본다.

(1)과 같이 '-아/어지다'가 타동사 '밝히-'에 결합하는 것이고 이 문장을
위해 '김 박사의 연구진이 새로운 사실을 밝혔다'를 대응 능동문으로 설
정할 수 있다. 새로운 사실이라는 주어가 제힘으로 행하는 것이 아니라
남의 행동, 즉 김 박사의 연구진에 의해서 밝혀지는 행위가 된 것이라서
피동 의미를 가진다는 것은 분명하다. 그런데 '-아/어지다'는 자동사나
형용사와 결합할 때는 의미상 피동으로는 해석하기가 어렵다. 이와 관련
해서 박재연(2007), 남수경(2011)의 논의가 대표적이다.

> (2) 가. 날씨가 <u>추워졌다</u>.
>   나. 욕심을 버리니까 마음이 조금씩 <u>편안해지네요</u>.
>
> (남수경 2011: 185)

(2가, 나)에는 '-아/어지다'가 형용사 '춥-'와 '편안하-'에 결합하는 것
이고 이 두 문장은 대응 능동문이 없으며 [피동] 의미를 가지지 않는다.
남수경(2011: 186)에 따르면 'X'라는 형용사에 해당하는 요소가 'become
X'와 같은 의미를 갖는 동사로 된 것이다. 즉 [상태 변화]로[3] 해석된다.
또한 우인혜(1997)에서는 '이 신이 닳아졌다'와 같이 '-아/어지다'가 자
동사 '닳-'와 결합했을 때는 [상태 변화]를 의미한다고 하였다. 이에 따
라서 '-아/어지다'가 형용사나 일부 자동사와 결합할 때는 [피동] 의미

---

3 박재연(2007)의 논의에서 '기동상'이라는 용어를 사용했는데 남수경(2011: 1860)에
   따르면 Haspelmath(1987, 1990)에서는 상태 변화(fientive), 특히 상태 표현으로부
   터 '됨(becoming)'의 과정을 파생한다. 이것은 또한 종종 "inchoative"라고 불린다.
   반사동(anticausative)과 기동상(inceptive, 참조: inchoate 'beginning')과의 혼동
   을 피하기 위해 이 글에서는 (라틴어 fieri 'become'에서 온) "fientive"를 사용한다.
   또한 박혜진(2018: 57-58)에 따르면 [상태 변화]는 사태의 변화를 의미하는 것으로
   그 변화 자체에 초점이 있는 것이라면 '기동상'은 행위나 사건, 사태의 시작점에 초점
   이 있는 것이다.

가 아니라 [상태 변화]의 의미를 가지고 있다는 것을 알 수 있다. 그뿐만 아니라 맥락에 따라 [무의도]의 의미도 나타낸다.

(3) 가. 느린 걸음이 아님에 불구하고 저절로 걸음이 빠르게 <u>걸어졌다</u>.
　　 나. 그런 자리에는 다시는 안 가려고 해도 자꾸 <u>가진다</u>.
　　 다. 젊은이들 집에선 산나물이 잘 안 <u>먹어져요</u>.

(박재연 2007: 287-288)

(3가, 나)는 '-아/어지다'가 자동사 '걷-', '가-'에 결합하는 것이고 (3다)는 타동사 '먹-'에 결합하는 것인데 주어가 행위에 대한 의도를 가지고 있지 않다. (3가)에서 부사어 '저절로'와 잘 호응한다는 점이 '-아/어지다'가 [무의도]의 의미를 가지고 있다는 것을 뒷받침한다.

(4) 가. 근데 너무 졸리면 안 <u>일어나지잖아요</u>.
　　 나. 신발이 커서 빨리 안 <u>뛰어졌어</u>.
　　 다. 영희가 철수에게 <u>업어진다</u>.

(박재연 2007: 277-278)

(4가, 나)는 '-아/어지다'가 자동사와 결합하는 예인데 박재연(2007)에 따르면 [능력]의[4] 의미로 해석된다. (4가)에서는 일어나고 싶어도 너무 졸려서 일어날 능력이 없고 (4나)에서도 빨리 뛰고 싶어도 신발이 크다는 이유로 뛸 능력이 없다. 한편 (4다)에는 '-아/어지다'가 타동사와 결합하는 것인데 [피동]의 의미를 가지고 있으면서 영희를 업을 수 있는

4　박재연(2007)에서는 '-아/어지-'를 '-(으)ㄹ 수 있-'과 비교하면서 '-아/어지-'는 행위자의 실제적 능력만을 나타내되 그 능력이 외부의 영향을 받는 것임과 그 실현성까지 함의하는 특수한 능력 표현이라고 했다.

철수의 '능력'을 부가적으로 나타낼 수 있다.

3. 소설 『소금』에서의 '-아/어지다'의 사용 양상 및 분석

이 절에서는 『소금』에서 '-아/어지다'가 어떻게 출현되어 있는지를 관찰하고 예문을 분석하고자 한다. 소설에서 '-아/어지다'의 빈도는 54회로[5] 나타났다. 그리고 '-아/어지다'의 선행 용언 중 형용사가 23회로 가장 높게 나타났다. 이어 타동사가 20회로 나타났고 자동사가 11회에 그쳤다. 이를 정리하자면 다음 〈표1〉과 같다.

〈표 1〉 '-아/어지다' 선행 용언의 사용 빈도

선행 용언	형용사	타동사	자동사
출현 빈도	23	20	11
비율 %	42.6%	37%	20.4%

〈표 1〉을 보면 '-아/어지다'의 대표적인 기능은 타동사와 결합할 때 주로 [피동]을 나타내는 것으로 알려져 있지만 실제 사용에서는 타동사보다 형용사와 결합하는 경우가 더 많다. 그런데 자동사와 결합하는 경우는 20.4%를 차지한다는 점에서 타동사나 형용사와 결합하는 것에 비해 제한적인 것을 알 수 있다.

그리고 다음의 〈표 2〉에서 제시하듯이 소설에서 '-아/어지다'가 형용

---

5   '떨어지다'는 9회로 나타났고 '쓰러지다'는 2번, '미끄러지다'는 2번, '흐트러지다'는 1회로 나타났다. '떨어지다'는 '떨다'의 의미가 '-아/어지다'와 결합한 다음에 의미가 멀어진 것으로, 여기에서는 보조 용언 구성이 아니라 접미사로 보고 분석에서 제외했다. 그리고 '쓰러지다, 미끄러지다, 흐트러지다'는 하나의 단어로 굳어진 것이기 때문에 제외했다.

사와 결합하는 경우에는 '뜨끔하다'가 3회로 가장 높게 나타났고 이어 '튼튼하다'는 2회로 나타났다. 타동사와 결합하는 경우에는 '넘다'와 '찢다'가 3회로 가장 많이 나타났고 '끊다', '다물다', '뚫다', '만지다'는 각각 2회로 나타났다. 자동사와 결합하는 경우에는 '삐다', '벌다'가 2회로 가장 많이 나타났다. 그중에 '잊혀지다'는 피동사에 '-아/어지다'가 결합하는 '이중 피동 구성'으로 1회 나타났다.

〈표2〉 소설 『소금』에서 나타난 '-아/어지다' 선행 용언의 품사별 상위 빈도

형용사	빈도	타동사	빈도	자동사	빈도
뜨끔하다	3	넘다	3	삐다	2
튼튼하다	2	찢다	3	벌다	2
느리다	1	끊다	2	변하다	1
냉랭하다	1	다물다	2	닳다	1
검다	1	뚫다	2	낫다	1
가뿐하다	1	만지다	2	잊혀지다	1
굵다	1	흩다	1	쭈뼛하다	1
흐릿하다	1	쪼개다	1	옮다	1
적다	1	쏟다	1	글썽글썽하다	1
날카롭다	1	잇다	1		
답답하다	1	끄다	1		
무둑하다	1	기다리다	1		
무겁다	1				
붉다	1				
뻘겋다	1				
아득하다	1				
아뜩하다	1				
피곤하다	1				
희미하다	1				
화끈하다	1				

먼저 '-아/어지다'와 결합하는 형용사는 기존 논의와 같이 주로 [상태 변화]의 의미를 가진다. 『소금』에서 나온 '형용사+-아/어지다'의 일부

예는 다음과 같다.

> (5) 가. 생각이 차츰 <u>희미해지</u>며 졸음이 꼬박꼬박 왔다
>   나. 여기까지 말했을 때 그는 가슴이 <u>뜨끔해지</u>며 말문이 꾹 막히었다.
>   다. 팥알과 팥알로 시선이 옮아지는 그는 눈이 <u>피곤해지</u>며 참새 소리
>   가 한층 더 뚜렷이 들린다.
>   라. 그리고는 매워서 눈이 <u>뻘게지</u>고 이맛가에서는 주먹 같은 땀 방울
>   이 맺히곤 하였다.
>   마. 그때와 흡사하게도 그의 신경이 <u>날카로워지</u>는 것을 느꼈다.

위의 예문들과 같이 '희미하다', '뜨끔하다', '피곤하다', '뻘겋다', '날카롭
다'의 상태로 변화를 의미하는 것이다. 한편 박혜진(2018: 52)에서는 '-아/
어지다'가 특히 심리 형용사와 결합할 때 '주어 의도 없음'의 의미가 느껴
지기도 한다고 했다. 이러한 경우도 다음과 같이 『소금』에서 나타났다.

> (6) 웬일인지 숨이 막히고 <u>답답해지</u>며 암만 소리를 질러도 나오지도 않거
>   니와 약간 나오는 목소리도 물결과 바람결에 묻혀버리곤 하였다.

(6)과 같이 '냉랭하다'와 '답답하다'의 심리 상태는 이유도 없고 주어의
의도도 없이 자동적으로 발생하는 것을 알 수 있다. (5)에서는 상태가
외부 이유로 인한 것이고 (6)에서는 원인을 알 수 없는 것인데 둘 다 주
어가 의도적으로 변화시키지 않고 변화된 것이다.
 '-아/어지다'와 결합하는 타동사는 주로 [피동] 의미가 드러나고 대응
능동문을 설정할 수 있다. 『소금』에서 나온 '타동사+-아/어지다'의 일
부 예는 다음과 같다.

(7) 가. 나중에는 고무신이 <u>찢어져</u> 조 뿌리나 수수 뿌리에 턱턱 걸려 한참 씩이나 진땀을 <u>뽑</u>으면서도 여전히 버리지는 못했다.

나. 그 봄이 다 지나도 돌아오기는 고사하고 소식조차 <u>끊어지고</u> 말았다.

다. 팡둥이 온대야 그에게 그리 기쁠 것도 없건만 어쩐지 그는 팡둥이 <u>기다려지고</u> 그리웠다.

위의 예문과 같이 주어가 제힘으로 행하는 것이 아니라 남의 행동에 의해서 그 행위가 일어난 것이다. 그런데 타동사가 '-아/어지다'와 결합할 때는 [피동] 의미뿐만 아니라 맥락에 따라서 [무의도] 또는 [능력]의 의미가 나타날 수 있다.

(8) 가. 거짓으로만 들리던 봉식의 죽음이 새삼스럽게 더 걱정이 되며 가슴이 <u>쪼개지는</u> 듯하였다.

나. 그리고 말을 할 수 없이 입이 <u>다물어지며</u> 손발이 후들후들 떨린다.

다. 그는 입이 벌어지다가 가슴이 무둑해지며 그만 입이 <u>다물어지고</u> 말았다.

라. 손을 들어 만지면 <u>만져질</u> 듯이 …… 그는 얼른 손등을 꽉 물었다.

마. 무슨 장사? …. 하며 그는 무심히 <u>만져지는</u> 소금덩이를 입에 넣으니 어느덧 입 안에는 군물이 스르르 돌며 밥이라도 한술 먹었으면 싶게 입맛이 버쩍 당긴다.

(8가)에서는 [피동] 의미는 물론이고 [무의도] 의미도 느껴진 것이다. 특히 '가슴이 쪼개지는 듯했다'라는 문장 앞에 '나도 모르게'를 추가하면 [무의도]의 의미가 더 잘 드러낸다. (8나, 다)에서는 [무의도]와 [능력]의 의미가 느껴지나 맥락을 고려하면 '무의도'의 의미가 더 드러나는 것으로 판단된다. 그리고 (8라, 마)의 '만져지다'는 '만질 수 있다'로 바꿀 수 있으므로 피동 의미뿐만 아니라 [능력]의 의미도 느껴진다.

자동사와 결합한 '-아/어지다'는 『소금』에서 나온 예를 분석했을 때 [능력], [무의도], [상태 변화], [피동] 등의 여러 의미가 드러났다.

(9) 가. 그의 목구멍은 찢어지는 듯 눈물이 쑥 <u>삐어졌다</u>.

나. 그의 눈에는 눈물이 <u>글썽글썽해졌다</u>.

다. 애기는 우는 것도 좀 <u>나아지고</u> 오줌이며 똥도 누겠노라고 낑낑대었다.

라. 봉염이는 솥가에서 <u>닳아져서</u> 보기 싫게 된 그의 손톱을 들여다보면서 아까 팡둥의 얼굴을 생각했다.

마. 아니 영원히 <u>잊혀지지</u> 않을 것이다.

(9가, 나)는 [무의도] 의미로 보이는데 행위자의 의도 없이 눈물이 삐는 것과 눈물이 글썽글썽하는 것으로 해석된다. (9다)는 [상태 변화]와 [능력]의 의미가 드러난다. 물론 주어인 '애기'의 의지와 상관없이 나아졌기 때문에 [무의도]의 의미도 느껴졌지만 '우는 것도 나을 수 있고'로 바꿀 수 있으므로 [능력]에 더 가깝다고 생각된다. (9라)에서는 손톱이 닳지 않았던 상태에서 닳아 있는 상태로 변화된 것으로 해석돼 [상태 변화]의 의미를 나타낸다. (9마)의 '잊혀지다'는 피동사 '잊히다'에 다시 '-아/어지다'가 결합한 '이중 피동 구성'인데 이때는 [무의도], [능력], [상태 변화]의 의미로 보기 어렵고 [피동] 의미가 강조된다.

4. '-아/어지다'의 아랍어 대응 표현

이 절에서는 소설 『소금』의 번역본에서 나타난 '-아/어지다'의 아랍어 대응 표현의 유형을 제시하고 아랍어로 어떻게 번역됐는지, 어떤 범

주인지, 어떤 의미인지를 분석하고자 한다. 선행 용언에 따라 '타동사
+-아/어지다', '자동사+-아/어지다', '형용사+-아/어지다'로 나눠서
각각 아랍어 대응 표현을 분석하고자 한다.

4.1. '타동사+ -아/어지다'의 아랍어 대응 표현

앞서 언급하였듯이 '-아/어지다'가 타동사에 붙으면 주로 [피동]의 의
미를 가지고 있고 [무의도]나 [능력]의 의미도 부가적으로 덧붙일 수 있
다. 아랍어에는 피동 범주가 있더라도 『소금』에 나타난 '타동사+-아/어
지다'는 피동사로 번역되지 않고 다시 해당 피동사의 능동사로 변화하거
나 명사로 표현하거나 생략하는 것으로 다르게 표현되었다.

먼저 능동사로 변화하는 것은 12회로 가장 높게 나타났다.

> (10) 가. 입이 다물어지며 …
>
> التصق-ت شفتا-ها
>
> aːltasˤaqa-t   ʃafa-ta-ha
>
> stick-PST.3.SG-F   lipNOM-F.DU.-her.PRON.GEN
>
> '그녀의 입술은 붙어 있었다'
>
> 나. 고무신이 찢어져 …
>
> انقطع الحذاء المطاطي
>
> aːnqatˤaʕa   al-ħiðaʔ-u   al-matˤˤatˤˤ-i
>
> cutPST.3.SG   DEF-Shoe-NOM   DEF-rubber-GEN
>
> '고무신이 터졌다'

(10가)에서는 '입을 다물다' 대신에 '입술이 붙다'라는 표현으로 번역됐고
'التصق'(aːltasˤaqa '붙다')는 Ⅷ형 'افتعل'의 패턴 첨가동사이다.[6] 이병학(2014
: 662)에 따르면 이 동사는 원형동사 동작의 영향이나 결과를 받는 의미

즉 [피동] 의미를 가진다. 파생된 Ⅷ형 동사는 자동사여서 'شفتاها'(ʃafa

taha '그녀의 입술')이 주어로 나타났다. 이 문장에서는 이 동작을 주어 제힘으

로 행하는 것이 아니라 어떤 이유로 자발적으로 발생하기 때문에 [피동]

의미와 [무의도] 또는 [자발]의 의미가 드러난다. (10나)에서는 '고무신'이

아랍어에도 'الحذاء المطاطي'(alħiðaʔu almatˤatˤi '고무신') 주어로 나타났으나

동사는 피동사가 사용되지 않고 Ⅶ형 'انفعل'의 패턴 첨가동사가 사용되

었는데 이병학(2014: 659)에 따르면 이 동사는 원형동사 동작의 영향이나

결과를 받는 의미, 즉 [피동] 의미를 가지며 파생된 Ⅶ형 타동사는 자동사가

된다. 이에 (10나)에서도 [피동] 의미와 [무의도] 또는 [자발]의 의미가

드러난다. 즉 (10)에는 피동사가 쓰이지 않고 [피동] 의미를 가지고 있는

해당 동사의 첨가동사가 쓰인다.

> (11) 가. 그의 목구멍은 <u>찢어지는</u> 듯 …
>
> شعرت أن حلقها يتمزق
>
> | ʃaʕara-t | ʔna | ħalqa-ha | <u>yatamazaq</u> |
> |---|---|---|---|
> | feelPST.3.SG-F | that-PREP | throatACC-herPRON.GEN | tearPRS.3M.SG |
>
> '그녀는 목이 찢어지는 것을 느꼈다'
>
> 나. 아버지가 총에 맞아 <u>넘어진</u> 것을 …
>
> أن أباه سقط بعد تعرضه لطلق ناري
>
> | ʔna | ʔaba-h | <u>saqat</u> |
> |---|---|---|
> | that-PREP | fatherACC-hisGEN | fallPST.3M.SG |
>
> | baʕd | taʕarudˤih | li- | tˤalaq nari: |
> |---|---|---|---|
> | afterADV | exposureGEN-hisPRON.GEN | toPREP | gunshotGEN |

---

6   이병학(2014: 642)에 따르면 원형동사에 자음이 추가되어 일정한 패턴을 가진 다른
    동사가 될 때 이를 첨가동사라 하며 원형동사와 첨가동사 사이에 의미의 연관성을
    가지게 된다. 첨가동사에서는 3자음 원형동사에서 파생된 첨가동사와 4자음 원형동
    사에서 파생된 첨가동사가 있으며 3자음 원형동사에서 파생된 첨가동사는 Ⅱ형 동사
    에서 X형 동사까지 9가지가 있다.

'아버지가 총에 맞아 쓰러졌다'

다. 하반신이 <u>끊어지는</u> 듯 …

كأن نصفها السفلى ينفصل عن جسدها

ka?ana   nis^cfa-ha   al-sufli
as ifPREP   halfACC-herPRON.GEN   DEF-lowerGEN

yanfasil   ^can   ʒasadi-ha
separatePRS.3M.SG   fromPREP   bodyGEN-herPRON.GEN

'그녀의 하반신이 그녀의 몸에서 분리된 듯'

라. <u>이어지던</u> 이 말!

ذلك الخطاب الذي استمر

ðalik   al-xit^cab   alaði   ?stamara
thisPREP   DEF-speech   thatPRON   continuedPST.3M.SG

'계속된 이 말'

마. 가슴이 <u>쪼개지는</u> 듯하였다.

كاد قلبها يتصدع

kada   qalbu-ha   yatas^cada^c
almostPST.3M.SG   heartNOM-herPRON.GEN   crackPRS.3F.SG

'그녀의 마음은 거의 부서질 뻔했다'

(11가-마)에서는 '타동사+-아/어지다'가 아랍어로는 능동사로 대응되었다. Hassan(1987: 111)에 따르면 피동사는 주어를 모르거나 희미할 경우에 사용된다. 그런데 위의 예문들에는 동작주가 이미 언급되어 있기 때문에 피동문으로 바꿀 이유가 없다. (11가)에는 '찢어지다'는 능동사 'يتمزق'(yatamazaq '찢다')로 대응되었는데 'يتمزق'에 선행하는 단어가 동작주인 'حلقها'(halqa-ha '목구멍')이기 때문에 아랍어에서 피동사로 표현되면 어색해진다. 이 문장에서는 'يتمزق'(yatamazaq '찢다')는 Ⅴ형 'يتفعل'의 패턴 첨가동사인데 역시 [피동] 의미를 가지며 이에 이 동사들은 자동사가 된다(이병학 2014). (11가)에서는 찢는 동작이 생략된 주어인 '목구멍'의 힘으로 일어나는 것이 아니라 어떤 다른 이유에 의해 된 것으로 인식되기 때문에

[피동] 의미와 [무의도] 또는 [자발]의 의미가 나타난다. (11나)에서 '넘어지다'는 자동사 '**سقط**'(saqat '넘어지다')로 번역되고 동사 앞에 '아버지'가 언급되어서 주어가 생략됐다. 이 문장에서 주어는 총을 맞아서 넘어지는 것이기 때문에 [피동] 의미와 [무의도]의 의미가 느껴진다. (11다)에 나타나는 '끊어지다'의 아랍어 대응 표현은 '**ينفصل**'(yanfasil '끊어지다')이고 '하반신'이라는 주어는 이미 동사 앞에 언급되어서 생략됐다. '**ينفصل**'(yanfasil '끊어지다')은 Ⅶ형 '**انفعل**'의 패턴 첨가동사인데 원형동사 동작의 영향이나 결과를 받는 의미, 즉 [피동] 의미를 가지며 '봉염의 어머니'의 의도와 상관없이 그렇게 된 것이므로 [무의도]의 의미도 나타났다. (11라, 마)도 마찬가지인데 (11라)에는 Ⅹ형 '**استفعل**'의 패턴 첨가동사로 쓰이고 (11마)에서는 Ⅴ형 '**تفعل**'의 패턴 첨가동사가 쓰였으며 둘 다 [피동]의 의미를 가지고 있다. 한국어 피동사는 아랍어에서 원형동사 동작의 영향이나 결과를 받는 첨가동사가 쓰여서 자동사가 되고 한국어 문장의 주어가 아랍어 문장에서도 계속 주어로 유지되며 맥락을 통해 [피동] 의미가 드러난다.

그리고 '타동사+ -아/어지다'는 명사로 표현되기도 하였는데 4회 나타났다.

(12). 가. 소식조차 <u>끊어지고</u> 말았다.

أخباره منقطعة

ʔaxbar-hu   <u>munqatˁiʕata</u>
newsNOM-hisPRON.GEN   cut-offNOM

'그의 소식이 없음'

나. 그는 팔둥이 <u>기다려지고</u> 그리웠다.

شعر بالاشتياق له مع طول انتظارها

taʃʕur   bi-   al-ʔʃtiaq   la-hu
feelPRS.3F.SG   for-PREP   DEF-cravingGEN   toPREP-himPRON.GEN

maʕ   tˁul   aːintiðˤari-ha
withADV   lonqGEN   waitGEN-herPRON.GEN

'그녀는 오랜 기다림으로 그를 그리워한다'

다. 넘어지려는 몸을 바로 잡으려했다.

حاولت تثبيت جسدها الذي كان على وشك السقوط

ħawala-t	taθbit-a	ʒasad-i-ha	alaði
tryPST.3.SG-F	stabilizing-ACC	body-GEN-herPRON.GEN	thatPRON

kana	ʕala	waʃak	al-suqutˤ
wasPST.3M.SG	toPREP	closeGEN	DEF-fallingGEN

(12가)에는 '끊어지다'는 'منقطعة'(munqatˤiʕata)로 표현됐는데 Ⅶ형 'انفعل'
의 패턴 첨가동사의 수동분사이다. 수동분사는 아랍어에서 [피동] 의미를
가지고 있다. 이에 이 문장은 아랍어로 번역됐을 때 피동사가 쓰이지 않아도
명사(수동분사)가 쓰였기 때문에 [피동] 의미가 나타난다. 그런데 (12나,
다)에는 (12가)와 달리 '기다려지다'와 '넘어지다'가 명사(동명사) 'انتظار'
(aːintiðˤar 'waiting')와 'السقوط'(al-suqut 'falling')로 표현됐는데 이때는 [피
동] 의미가 나타나지 않았다.

또한 '타동사+-아/어지다'는 맥락을 고려해서 생략하는 경우가 있는
데 4회 나타났다.

(13). 가. 군데군데 <u>뚫어진</u> 갈자리 구멍을 손끝으로 어루만지며 …

كانت تحسس فراغات الحصيرة بأناملها

kanat	tataħasas	faraɣ-at	al-ħasˤira
wasPST.3.SG-F	touchPRS.3F.SG	spaces-PL.ACC	DEF-matGEN

bi-ʔnamil-i-ha
withPREP-fingersGEN-herPRON.GEN

'그녀는 손가락으로 갈자리 구멍을 만지고 있었다'

나. 그는 한숨을 땅이 <u>꺼지도록</u> 쉬며 …

تنهدت من أعماق جوفها

tanahada-t	min	ʔʕmaq	ʒawfi-ha
sighPST.3.SG-F	fromPREP	deepGEN	abdomenGEN-herPRON.GEN

'그녀는 깊은 마음에서 한숨을 쉬었다'

(13가)의 '뚫어지다'는 아랍어에서는 생략됐는데 'فراغات'(faraɣat '구멍')
이 제시되므로 맥락을 통해서 이해가 되며 번역되어 나타나는 경우에는
오히려 문장이 어색해진다. 그리고 (13나)의 '한숨을 땅이 꺼지도록 쉬다'는
아랍어에는 'تنهدت'(tanahadat), 즉 '한숨을 쉬다'라고만 번역됐다. '땅이 꺼
지도록 (한숨 쉬다)'는 한국어에는 한숨을 크게 쉴 때 비유적으로 자연스럽게
쓰이지만 아랍어로 직역하면 문장이 어색해진다. 그 대신에 '크게 쉬다'라는
의미가 'من أعماق جوفها'(min ʔʕmaq ȝawfi-ha '그녀의 깊은 마음에서')로 표현
됐다. 『소금』에서 '타동사+-아/어지다'의 아랍어 대응 표현은 다음의 〈표
3〉과 같이 정리할 수 있다.

〈표 3〉 '타동사+ -아/어지다'의 아랍어 대응 표현

	아랍어 대응 표현	빈도 (회)	비율
타동사+'-아/어지다'	능동사로 변화	12	60%
	명사로 변화	4	20%
	생략	4	20%
	합계	20	100%

정리하자면 '타동사+-아/어지다'의 아랍어 대응 표현은 모든 경우에
피동사로 번역되지 않았다. 아랍어에서 피동문은 주어를 모르거나 희미
할 경우에 사용되기 때문이다. 따라서 한국어 피동사는 아랍어의 능동문
으로 번역될 경우, 해당 원형동사 동작의 영향이나 결과를 받는 의미를
가지고 있는 첨가동사로 사용된다. 한국 문장의 주어가 아랍어 문장에서
도 계속 주어로 나타난다면 맥락을 통해 [피동] 의미와 [무의도] 또는
[자발]의 의미가 드러난다. 특히 V형, Ⅶ형, Ⅹ형의 첨가동사가 사용되
면 [피동] 의미가 나타난다. 한편 명사로 변화하는 경우에는 '수동분사'
로 쓰이면 [피동] 의미가 나타났으나 그렇지 않을 경우에는 [피동] 의미
가 나타나지 않는다. 또한 앞에 이미 언급되었거나, 직역할 경우 아랍어

에서 표현이 어색해지는 경우에는 생략될 수 있다. 이때에는 물론 [피동] 의미가 나타나지 않는다.

4.2. '형용사+-아/어지다'의 아랍어 대응 표현

'-아/어지다'에 형용사가 선행하면 주로 [상태 변화]의 의미가 나타난 다. 그런데 아랍어에는 [상태 변화]를 표현하는 일대일 대응 표현이 없 으므로 주로 복합 표현으로 번역되었다. 다시 말해서 '형용사+-아/어지 다'의 아랍어 대응 표현은 '동사+명사', '동사+동사', '동사+전치사+명 사', '동사+부사'형으로 나타나는데, 즉 다른 동사의 도움을 받아 의미를 전달한 것이다. 복합 표현은 23회 중에서 17회로 가장 많이 쓰였다.

(14) 가. 가슴이 무둑해지며 …

شعرت بغصة في قلبها

ʃaʕara-t	bi-ɣasʕa	fi	qabali-ha
feelPST.3.SG-F	ofPREP-agonyGEN	inPREP	heartGEN-herPRON.GEN

'그녀는 마음속에서 비통을 느꼈다'

나. 가슴이 뜨끔해지며

شعرت الأم يوخز في صدرها

ʃaʕara-t	al-ʔum-u	bi-waxz	fi
feelPST.3.SG-F	DEF-mother-NOM	ofPREP-twingeGEN	inPREP

sʕadri-ha
chestGEN-herPRON.GEN

'어머니는 가슴에서 따끔거림을 느꼈다.

다. 가슴이 뜨끔해지며 …

شعرت يوخزة في قلبها

ʃaʕara-t	bi-waxz	fi	qabali-ha
feelPST.3.SG-F	ofPREP-twingeGEN	inPREP	heartGEN-herPRON.GEN

'그녀는 마음속에서 따끔거림을 느꼈다'

라. 가슴이 <u>뜨끔해지곤</u> 했다.

شعر بوخزة قوية فى قلبها

taʃʕur	bi-waxz	qawiat-an	fi
feelPRS.3F.SG	ofPREP-twingeGEN	strongACC	inPREP qabali-ha

heartGEN-herPRON.GEN

'그녀는 가슴에서 따끔거림을 강하게 느꼈다.'

마. 온몸이 <u>화끈해지도록</u> …

شعرت أن النار تشتعل فى كل جنباتها

ʃaʕara-t	ʔna	al-nar-a	taʃtaʃil
feelPST.3.SG-F	that-PREP	DEF-fire-ACC	buringPRS.3F.SG

fi	kol-i	ʒanab-at-i-ha
inPREP	all-GEN	sides-PL.-GEN-herPRON.GEN

'그녀는 온 몸에 불이 타는 것을 느꼈다.'

(14)에서 제일 많이 사용된 동사는 'شعر'(ʃaʕara '느끼다')인데 이 동사의 도움을 통해 [상태 변화]의 의미가 표현된다. 아랍어의 'شعر'(ʃaʕara '느끼다') 동사는 주로 '전치사+명사'나 'أن'(ʔna)+명사+동사'의 구조가 후행한다. (14가-라)는 '전치사+명사'의 구조가 후행하고 (14마)는 'أ ن'(ʔna)+명사+동사'의 구조가 후행했다. (14가)에서 '무둑해지다'의 대응 표현은 'شعر'(ʃaʕara '느끼다')+전치사 'ب'(bi)+명사 'غصة'(ɣasʕa '비통')'인데 '무둑하다'라는 느낌이 이전에는 없었으나 이제부터는 느껴지게 되기 때문에 [상태 변화]의 의미가 전달된 것으로 판단된다. (14나-라)의 '가슴 이 뜨끔해지다'는 아랍어에서 'شعر'(ʃaʕara '느끼다')+전치사 'ب'(bi)+명사 'وخزة'(waxz '따끔거림')로 번역됐는데 '뜨끔하다'라는 느낌이 없었다가 생긴 것이기 때문에 [상태 변화]의 의미가 드러나게 된다. (14마)에는 '화끈해지 다'는 'شعر'(ʃaʕara '느끼다')+'أن'(ʔna)+ 명사 'النار'(al-nar '불')+동사 'تشتعل'(taʃtaʃil '타다')로 표현됐고 앞 예문과 마찬가지로 [상태 변화]의 의미가

나타났다.

(15) 가. <u>냉랭해진</u> 것만 같았다.

أصبحت جافة وباردة

ʔasˤbaha-t	ʒafat-an	wa-baridat-an
becomePST.3.SG-F	dry-ACC	andPREP-cold-ACC

'그녀는 정답지 않고 차가워졌다'

나. 전보다 얼굴이 <u>검어지고</u> ....

أصبح وجهه أكثر سوادا

ʔasˤbaha	waʒh-u-hu	ʔakθar	sawad-an
becomePST.3M.SG	face-NOM-hisPRON.GEN	more.ELA.	darker-ACC

'얼굴이 더 검어졌다'

다. 돌이 <u>굵어지며</u> ....

أصبحت .... أكثر سمكا

ʔasˤbaha-t ...	ʔakθar	sumak-an
becomePST.3.SG-F	more.ELA.	thicker-ACC

'더 굵어졌다'

(15)에 사용된 동사는 'أصبح'(ʔasˤbaha '되다')인데 이 동사를 이용함으로써 [상태 변화]의 의미가 나타난다. (15가)의 '냉랭해지다'는 아랍어에서는 'أصبح'(ʔasˤbaha '되다')+두 명사'جافة'(ʒafatan '정답지 않음') 및 'باردة'(baridatan '차가움')로 표현되었다. 동사 'أصبح'(ʔasˤbaha '되다')를 사용함으로써 '냉랭하다'라는 상태로 변화하게 된 것을 의미한다. (15나, 다)에는 동사 'أصبح'(ʔasˤbaha '되다') 뒤에 '우선급 명사(elative)+명사'가 사용되기 때문에 (14)의 예문보다 변화 자체에 초점이 더 분명하게 맞춰진다. (15나)의 '검어지다'는 'أصبح'(ʔasˤbaha '되다')+우선급 명사 'أكثر'(ʔakθar '더')+명사 'سواد'(sawadan '검음')로 번역되었는데 'أصبح'(ʔasˤbaha '되다')+우선급 명사 'أكثر'(ʔakθar '더')를 사용함으로써 이미 검은 얼굴이 된 시점에 얼굴이 검어지

기 전의 시점과 비교하여 발화한 것이기 때문에 변화 자체에 초점이 있는 [상태 변화]의 의미가 드러난다. (15다)도 마찬가지다.

(16) 가. 눈이 <u>피곤해지며</u> ….

بدأ الإرهاق يتسلل إلى عينيها

bad?a	al- ?irhaq-u	yatasalal
startPST.3M.SG	DEF-exhaustion-NOM	creepPRS.3M.SG

?ila	ʕajna-i-ha
intoPREP	eye-GEN-herPRON.GEN

'피로가 그녀의 눈에 스며들기 시작했다'

나. 생각이 차츰 <u>희미해지며</u> …

بدأت هذه الأفكار تتلاشى تدريجيا

bad?a-t	haðih	al-?afkar-i	tatalaʃa
startPST.3.SG-F	thisPRON	DEF-thoughts-GEN	fadePRS.3F.SG

tadriʒi-an
graduallyADV-ACC

'이 생각은 차츰 사라지기 시작했다'

(16)에 사용된 동사는 'بدأ'(bad?a '시작하다')인데 [기동상]의 의미가 나타난다. (16가)의 '피곤해지다'의 아랍어 대응 표현은 'بدأ'(bad?a '시작하다')+명사 'الإرهاق'(al?irhaqu '피로')이고 (16나)의 '희미해지다'의 아랍어 대응 표현은 'بدأ'(bad?a '시작하다')+동사 'تتلاشى'(tatalaʃa '사라지다')인데 두 예문에는 '피곤하다'와 '희미하다'라는 상태가 시작되는 시작점에 초점이 있다.

(17) 가. 그의 몸은 <u>가뿐해질</u> 것 같다.

سيعيد الحيوية إلى جسدها

sa-juʕid	al-ħajawi-a	?ila
FUT-restore.3M.SG	DEF-vitality-ACC	toPREP

ʒasadi-ha
body-GEN-herPRON.GEN

'그녀의 몸에 활력을 회복한다.'

나. 몸이 다소 <u>튼튼해진</u> 봉염의 어머니는 …

حصلت أم بونغ يووم التي <u>استعادت عافيتها</u> قليلا

ḥasˤala-t	ʔum-u	jwwm	alati
getPST.3.SG-F	mother-NOM	bongyeom	thatPRON

aːistaʕada-t	ʕafiat-a-ha	qalil-an
restorePST.3.SG-F	health-ACC-herPRON.GEN	littleADV-ACC

(17가)에서 동사 'يعيد'(juʕid '회복하다')+명사 'الحيوية'(alħajawia '활력')는 '가뿐해지다'의 아랍어 대응 표현이고 (17나)에서 동사 'استعاد'(aːistaʕadat '회복하다')+명사 'عافيتها'(ʕafiataha '건강–힘')는 '튼튼해지다'의 아랍어 대응 표현이다. 이 표현을 통해서 '가뿐하다'와 '튼튼하다'의 상태를 다시 얻게 된 것으로 해석할 수 있기 때문에 [상태 변화]의 의미가 나타났다고 본다.

(18) 가. 마당이 <u>붉어지도록</u> …

<u>باحة البيت تحول للون الأحمر</u>

baħat	al-bajt-i	tataħawal	li-lawn-i
yard-ACC	DEF-house-GEN	turnPRS.3F.SG	toPREP-color-GEN

al-ʔaħmar
DEF-redGEN

'마당을 붉게 변했다'

나. 불안은 <u>적어지나</u> …

<u>هدأ قليلا</u> ذلك القلق

hadʔa	qalil-an	ðalik	al-qalaq-i
calmdownPST.3M.SG	littleADV-ACC	thatPRON	DEF-anxiety-GEN

'그 불안이 조금 가라앉았다'

(18가)의 '붉어지다'는 동사 'تحول'(tataḥawal '변하다')+전치사 'J'(li)+명사 'لون الأحمر'(lilawni alʔaḥmar '빨간 색')로 번역되었는데 동사 'تحول'(tataḥawal '변하다')를 통해서 [상태 변화]의 의미가 분명하다. 그리고 (18나)의 [적어지다]는 동사 'هدأ'(hadʔa '가라앉다')+부사 'قليلا'(qalilan '조금')로 번역되었는데 이 문장도 이 복합 표현을 통해서 불안에 대한 느낌이 더 적어진다는 상태로 변화한다는 것을 의미한다.

'-아/어지다'에 선행하는 형용사는 5회 자동사로 바뀌어 번역되었다. 다음 예문에서 '형용사+-아/어지다'는 형용사가 동사로 바뀌어서 맥락을 통해 [상태 변화]의 의미가 드러났다.

(19) 가. 밥술이 차츰 <u>느려지다가</u> ....

سرعة المعلقة تتباطأ تدريجيا

surʕat-u	al-mʕlaqat-i	<u>tatabatˤʔ</u>	tadriʒi-an
speed-NOM	DEF-spoon-GEN	slowdownPRS.3F.SG	graduallyADV-ACC

'숟가락의 속도가 차츰 느려진다'

나. 발길이 <u>무거워졌다.</u>

تثاقلت خطوات

<u>taθaqala-t</u>	xutˤw-at-u
slackPST.3.SG-F	steps-PL.-NOM

'발길이 느려진다'

다. 숨이 막히고 <u>답답해지며</u> ....

ضاقت أنفاسها واختنقت

dˤaqa-t	ʔanfas-u-ha
confinedPST.3.SG-F	breath-NOM-herPRON.GEN

<u>wa-aːxtanaqa-t</u>
andPREP-suffocatePST.3.SG-F

'그녀는 숨이 막히고 답답해졌다'

라. 어머니는 정신이 <u>흐릿해졌다가</u> ....

شتت تركيز الأم

ta∫ata-t   tarkiz-u   al-ʔum-i
distractPST.3.SG-F   focus-NOM   DEF-mother-GEN

'엄마의 집중력이 흐릿해졌다'

(19가)의 '느려지다'는 아랍어 번역에서는 Ⅵ형 'تفاعل'의 패턴 첨가동사
'تباطأ'(tatabatˤʔ '느려지다')가 쓰였고 동사에 현재형을 표시하는 접두사
'ت'(ta)가 붙었는데 밥술의 속도가 느린 상태에서 더 느려진다는 의미를
가지고 있어서 [상태 변화]의 의미가 나타난 것으로 판단된다. (19나)의
'무거워졌다'는 아랍어 번역에서는 Ⅵ형 'تفاعل'의 패턴 첨가동사 'تثاقل'
(taθaqala '느려지다')가 쓰였고 발길이 무겁지 않은 상태에서 점점 무거워지
는 상태로 변하는 것으로 해석되므로 [상태 변화]의 의미가 드러난다.
(19다)의 '답답해지다'는 아랍어 번역에는 Ⅷ형 'افتعل'의 패턴 첨가동사
'اختنق'(aːxtanaqa '답답해지다')가 쓰였고 어떤 이유로 답답한 상태로 변하는
것을 의미하므로 [상태 변화]의 의미가 드러난다. (19라)의 '흐릿해지다'는
아랍어 번역에는 Ⅱ형 'تفعل'의 패턴 첨가동사 'شتت'(ta∫atat '흐릿해지다')
가 쓰였고 정신이 흐릿하다는 상태로 된다는 의미를 가지는 문장이라
[상태 변화]의 의미가 전달된다.

또한 '-아/어지다'에 선행하는 형용사가 아랍어로 번역되었을 때 명
사로 변화하는 것이 1회 나타났다. 밑의 (20)에서 '날카로워지다'의 아
랍어 대응 표현은 명사 'تحفز'(tahafuzi '자극')이며 이 문장에서는 [상태
변화]의 의미가 명사 'تحفز'(tahafuzi '자극')을 통해 드러난 것이 아니라
'شعر'(∫a∫ara '느끼다') 동사에 의해 드러났다.

(20) 그의 신경이 날카로워지는 것을 느꼈다.

شعر بتحفز كل أعصاب جسده

ʃaʕara   bi-taħafuz-i   kul-i
feelPST.3M.SG   ofPREP-stimulation-GEN   all-GEN

ʔaʕsab-i   ʒasad-h-i
nerves-GEN   body-hisPRON.GEN-GEN

'온 몸의 신경이 자극되는 것을 느꼈다'

소설 『소금』의 아랍어 번역에서 '형용사+-아/어지다'의 대응 표현은
〈표 4〉와 같다.

〈표4〉 '형용사+ -아/어지다'의 아랍어 대응 표현

	아랍어 대응 표현	빈도 (회)	비율
형용사+'-아/어지다'	복합 표현	17	74%
	자동사로 변화	5	22%
	명사로 변화	1	4%
	합계	23	100%

종합하자면 '형용사+-아/어지다'는 아랍어에서 [상태 변화]를 표현하
는 일대일 대응 표현이 없기 때문에 여러 방식으로 바꿔 표현될 수 있다.
그중에서 복합 표현이 제일 많이 사용된 것인데 'شعر'(ʃaʕara '느끼다'),
'أصبح'(ʔasˁbaha '되다'), 'بدأ'(badʔa '시작하다'), 'يعيد'(juʕid '회복하다'), 'تحوّ
ل'(tataħawal '변하다') 등과 같은 동사의 도움을 받아 [상태 변화]를 표현했다.
그런데 한국어에서 [상태 변화]를 의미하는 '형용사+-아/어지다'는 행위나
사건, 사태의 시작점보다 사태 변화 자체에 초점이 있는 것이라서 사태의
시작점에 초점이 있는 'بدأ'(badʔa '시작하다')를 제외한 나머지 복합 표현
으로 [상태 변화]의 의미가 정확히 전달된다. 또한 자동사로 바꾸어 번역하
면 맥락을 통해 [상태 변화]의 의미가 드러난다. 그러나 명사로 바꾸어
번역하면 명사를 통해서 [상태 변화]의 의미가 드러나지 않는다.

4.3. '자동사+-아/어지다'의 아랍어 대응 표현

'-아/어지다'가 자동사와 결합하면 [무의도]나 [능력]의 의미를 지니고 경우에 따라 [상태 변화]의 의미도 나타날 수 있다. 『소금』에 나타난 '자동사+-아/어지다'의 아랍어 대응 표현 중 능동사로 변화하는 것이 11회 중에서 9회로, 가장 높게 사용되었다.

(21) 가. 그는 눈물이 쑥 삐어졌다.

انهمرت الدموع من عينه

a:nhamara-t   al-dumuʕ   min   ʕaynay-h-i
flowPST.3.SG-F   DEF-tears-NOM   fromPREP   eye-hisPRON.GEN-GEN

'그의 눈에서 눈물이 흘러내렸다.'

나. 그의 눈에는 눈물이 글썽글썽해졌다.

اغرورقت عيناه بالدموع

a:ɣrawraqa-t   ʕayna-hi   bi-al-dumuʕ
fillPST.3.SG-F   eye-NOM hisPRON.GEN   withPREP-DEF-tearsGEN

'그의 눈은 눈물로 가득 찼다'

다. 머리끝이 쭈뼛해지며 ….

أطراف شعر رأسها تتصب

ʔatʕraf   ʃaer   rʔsi-ha   tantasʕib
ends-NOM   hair-GEN   headGEN-herPRON.GEN   standupPRS.3F.SG

'그녀의 머리카락 끝은 곧게 서있다'

라. 벌어지는 다리와 다리를 모으는 수가 없었다.

لم تتمكن من جمع قدميها اللتين تباعدتا

lam   tatamakan   min   ʒamʕi   qadam-ay-ha
notPREP   canPRS.3F.SG   romPREP   gatherGEN   legGEN-DU-herPRON.GEN

alla-ta-yn   tabaʕada-ta
thatPRON.F.DU.GEN   separatePST.3F.DU

'그녀가 멀어져 있는 두 발을 모을 수 없었다.'

(21가)의 '삐어지다'는 아랍어에서는 Ⅶ형 'انفعل'의 패턴 첨가동사 'انهمر'

(aːnhamara '흘러내리다')로 바뀌 표현되고 그 동사가 자동사이므로 그 뒤에
'الدموع'(al-dumuʃ '눈물')이 주어로 나타났다. 아랍어 문장에서는 화자의 의
도 없이 눈물이 흘러내렸다는 의미로 해석되어 [무의도]의 의미가 드러난
다. 그리고 Ⅶ형 첨가동사를 사용함으로써 [피동] 의미도 나타났다. (21
나)의 '글썽글썽해지다'는 아랍어 문장에서 '눈이 눈물에 빠졌다'라는 비
유적인 표현으로 번역되었는데 'اغرورق'(aːɣrawraqa '~로 차다')가 자동사
이고 'عيناه'(ʃaynahi '그의 눈')가 주어이며 이 문장에서도 화자의 의도와 상관
없이 눈물이 흘렀다는 의미로 해석되어 [무의도]의 의미가 나타났다. (21
다)의 '쭈뼛해지다'의 아랍어 대응 표현은 Ⅷ형 'ينتصب'의 패턴 첨가동사
'تنتصب'(tantasˤib '서 있다')이고 '머리끝'은 동사 앞에 이미 언급되어서 주어가
생략되었는데 이 문장에서도 화자의 의도와 상관없이 머리끝이 쭈뼛하게
되므로 [무의도] 의미가 나타난다. (21라)의 '벌어지다'는 Ⅵ형 'تفاعل'의
패턴 첨가동사 'تباعدتا'(tabaʃada-ta '멀어지다')로 표현되고 '다리'는 동사
앞에 이미 언급되어서 주어가 생략되었는데 아랍어 문장에서도 맥락을
통해서 화자의 의도와 상관없이 다리가 벌어졌다는 뜻이 되므로 [무의도]
의미가 나타났다.

(22) 가. 시선이 <u>옮아지는</u> 그는 …

تنقل نظرها

tanqal　　　　　naðʔar-a-ha
transferPRS.3F.SG　gaze-ACC-herPRON.GEN

'그녀의 시선을 옮긴다'

나. 그는 입이 <u>벌어지다가</u> …

فتحت فمها

fataħa-t　　　fam-a-ha
openPST.3F.SG　mouth-ACC-herPRON.GEN

'그녀의 입을 열었다'

(21)의 예문에는 자동사가 쓰여서 [무의도]의 의미가 드러나나 (22가,
나)에는 타동사가 쓰여서 [능력]의 의미가 드러났다. (22가)의 '옮아지
다'의 아랍어 대응 표현은 'نقل'(tanqal '옮다')이고 주어가 생략되었으며
'시선'이 목적어가 된다. 아랍어 문장에서는 그녀가 자기 시선을 옮긴다
는 의미로 해석되기 때문에 [능력]의 의미가 느껴진다. 그리고 (22나)의
'벌어지다'는 타동사 'فتح'(fataha '열다')로 표현되고 주어가 생략되고 '입'
이 목적어가 된다. 이에 아랍어 문장에는 그녀가 입을 벌리는 것을 의미
하기 때문에 [능력]의 의미로 해석된다.

> (23) <u>잊혀지지</u> 않을 것이다.
>
> لن تنسى هذا الصوت
>
> | lan | tansaa | haða | al−sˤawt |
> |-----|--------|------|----------|
> | notPREP | forgetPRS.3F.SG | thisPRON.ACC | DEF-voice.GEN |
>
> '그 소리를 잊지 못할 것이다'

(23)의 '잊혀지다'는 피동사에 다시 '-아/어지다'가 결합하는 '이중 피동
구성'인데 주로 피동 의미가 강조되나 아랍어 문장에는 타동사 'تنسى'
(tansaa '잊다')가 사용되었기 때문에 [피동] 의미가 드러나지 않았다.
　'자동사+-아/어지다'는 능동사로 변화하는 것 이외에도 명사로 변화
하는 것과 복합 표현으로 각각 1회 쓰였다.

> (24) 가. 애기는 우는 것도 좀 <u>나아지고</u> …
>
> صار بكاء الطفلة أقل
>
> | sˤar | bukaʔ | al−tˤiflat−i | ʔaqal−a |
> |------|-------|-------------|---------|
> | becomePST.3M.SG | cry-NOM | DEF-child-GEN | less-ACC |
>
> '어린 소녀의 울음이 덜 되었다'
>
> 나. <u>닳아져서</u> … 손톱을 들여다보면서 …

تنظر إلى أظافرها المتآكلة

tanðˤur	aːila	ʔaðˤafir-i-ha	al-mutakilat
lookPRS.3F.SG	toPREP	nails.GEN-herPRON.GEN	DEF-Worn-GEN

'그녀의 낡은 손톱을 본다.'

(24가)의 '나아지다'는 동사 'صار'(sˤar '되다')+우선급 명사 'أقل'(ʔaqala '더 적어짐')로 표현되었는데 아랍어 문장에서는 '동사+우선급 명사'의 사용을 통해 [상태 변화]의 의미가 드러난다. 한국어 문장에서는 [능력]과 [상태 변화]의 의미가 드러나지만 아랍어로 번역된 문장에서는 [능력]의 의미보다 [무의도]의 의미가 더 느껴진다. 한편 (24나)의 '닳아지다'는 행위자 명사 'المتآكلة'(almutakilat '낡음')으로 표현됐는데 아랍어 문장에서는 손톱이 닳아진 상태로 변하고 이 변화는 화자의 의도와 상관없이 된 것이기 때문에 한국어 문장에서 나타난 의미처럼 [상태 변화]와 [무의도]의 의미가 드러난다. 『소금』에서의 '자동사+-아/어지다'의 아랍어 대응 표현은 다음의 〈표 5〉와 같이 정리할 수 있다.

〈표5〉 '자동사+-아/어지다'의 아랍어 대응 표현

	아랍어 대응 표현	빈도 (회)	비율
자동사+'-아/어지다'	능동사로 변화	9	82%
	복합 표현	1	9%
	명사로 변화	1	9%
	합계	11	100%

정리하자면 '자동사+-아/어지다'는 아랍어로 번역하면 여러 방식으로 대응될 수 있는데 능동사로 변화하는 경우에는 타동사냐 자동사냐에 따라 의미가 달라진다. 즉 아랍어의 능동문으로 바뀔 때 자동사가 쓰이면 [무의도]의 의미가 드러나지만 타동사가 쓰이면 [능력]의 의미가 드러난다. 그리고 '이중 피동 구성'인 '잊혀지다'는 아랍어로 바꿔 표현할 때는 타동사

로 바뀌며 [피동] 의미가 드러나지 않는다. 또한 복합 표현이나 행위자 명사로 번역되면 [상태 변화]와 [무의도]의 의미가 드러난다.

5. 나가기

이 글은 『소금』이라는 한국 소설에서 보조 용언 구성 '-아/어지다'의 아랍어 대응 표현을 분석하는 데에 목적이 있다. 이 글에서는 '-아/어지다'의 통사적·의미적 특징을 살펴보고 이를 바탕으로 『소금』에 나타난 '-아/어지다'의 예문을 분석하며 사용 양상을 관찰했다. 소설에서 '-아/어지다'의 사용 빈도가 54회로 나타났는데 '-아/어지다'의 선행 용언은 형용사가 23회, 타동사가 20회, 자동사가 11회 나타났다. 또한 '-아/어지다'가 아랍어로 어떻게 번역됐는지, 아랍어 대응 표현의 의미가 무엇이었는지를 분석하였고, 그 결과는 다음과 같이 요약할 수 있다.

첫째, '타동사+-아/어지다'의 아랍어 대응 표현은 피동사로 번역되지 않았으나 능동사로 변화하는 경우에는 해당 원형동사 동작의 영향이나 결과를 받는 의미를 가지고 있는 첨가동사로 나타났고 한국어 문장의 주어가 아랍어 문장에서도 주어로 나타나면 맥락을 통해 [피동] 의미와 [무의도] 또는 [자발]의 의미가 드러났다. 한편 명사로 변화하는 경우에는 '수동분사' 형태로 쓰이면 [피동] 의미가 나타났으나 '동명사' 형태로 쓰이면 [피동] 의미가 나타나지 않았다. 또한 앞에 이미 언급되거나 직역할 경우 아랍어 표현이 어색해지는 경우에는 주어 성분을 생략할 때가 있었다.

둘째, '형용사+-아/어지다'의 아랍어 대응 표현은 주로 복합 표현으로 많이 나타났는데 'شعر'(ʃaʕara '느끼다'), 'أصبح'(ʔasˤbaha '되다'), 'بدأ'(badʔa '시작하다'), 'يعود'(juʕid '회복하다'), 'تحول'(tataħawal '변하다') 등과 같은 동사

의 도움을 받아 [상태 변화]를 표현했다. 또한 자동사로 바꾸어 번역하는 경우도 있는데 맥락을 통해 [상태 변화]의 의미가 드러났다. 그러나 명사로 바꾸어 번역하는 경우에는 명사를 통해서는 [상태 변화]의 의미가 드러나지 않고 한국어 문장의 서술어가 '느끼다'였기 때문에 'شعر'(ʃaʕara '느끼다') 의 동사의 도움을 받아 [상태 변화]의 의미가 드러났다.

셋째, '자동사+-아/어지다'의 아랍어 대응 표현은 능동사로 번역되어 사용되었다. 그런데 아랍어에서 능동문으로 바뀔 때 자동사가 쓰이면 [무의도]의 의미가 드러나나 타동사가 쓰이면 [능력]의 의미가 드러났다. 그리고 '이중 피동 구성'인 '잊혀지다'는 아랍어 문장에서 능동사로 바꾸어 번역됐을 때는 [피동] 의미가 드러나지 않았다. 그리고 복합 표현이나 행위자 명사로 번역되면 [상태 변화]와 [무의도]의 의미가 드러났다.

이 글은 실제 번역 자료를 이용하여 '-아/어지다'의 아랍어 대응 표현을 분석하였다는 점에서 의의를 찾을 수 있다. 그러나 사용한 번역 소설은 '-아/어지다'의 사용 빈도가 54회밖에 나타나지 않았으므로 다소 아쉬운 점이 있다. 더 정확하고 객관성을 가지고 있는 결과를 위해 앞으로 더 많은 번역본을 이용하여 분석하는 것이 향후의 연구 과제로 남는다.

• 부록

축약어

1	first person		INDEF	indefinite
2	second person		GEN	genitive
3	third person		M	masculine
ACC	accusative		NOM	nominative
ADJ	adjective		PRS	present tense
ADV	adverb		PST	past tense
DEF	definite		SG	singular
DU	dual		PRON	pronoun
F	feminine		PREP	preposition
FUT	future			

• 아랍어 음역

Arabic Script	IPA symbol
자음	
أ ‏ـ‏ الهمزة	ʔ
ب	b
ت	t
ث	θ
ج	ʒ
ح	ħ
خ	x
د	d
ذ	ð
ر	r
ز	z
س	s
ش	ʃ
ص	sˤ
ط	tˤ
ض	dˤ

ظ	ðˤ
ع	ʕ
غ	ɣ
ف	f
ق	q
ك	k
ل	l
م	m
ن	n
ه	h
و	w
ي	j
모음	
ا	aː
ي	iː
و	uː
tanween fatha(대격)	a
tanween damma(주격)	i
tanween kasra(속격)	u

13장

중국인 학습자를 위한
'-게 되다' 구성에 대한 연구

1. 들어가기

한국어의 '-게 되다' 구성은 한국어의 일상생활에서 자주 사용되는 중요한 표현이다.[1] 특히 보조 용언 구성으로 '변화, 피동'의 의미 기능과 '공손'의 담화·화용적 기능이 있는데 국어학에서는 이러한 기능들을 중심으로 많이 논의되어 왔다. 본용언에 형용사나 동사가 모두 올 수 있지만 형용사의 경우 결합이 제약되기도 한다. '형용사+-게 되다'는 '형용사+-아/어지다'와 같은 상태 변화를 나타내지만 일부 형용사는 '형용사+-게 되다'에서 '-아/어지다'가 개재되어야 한다는 논의도 있고 '형용사+-아/어지다'가 더 자연스럽기도 하다. 이외에도 '되다'에 대한 '형용사+-게'의 수식 여부에 따라 '형용사+-게 되다'가 보조 용언 구성인지를 상정할 여지도 있다. 그러나 한국어 교육 현장에서 이들 표현 사이에 변

---

[1] 2010년에 배포된 세종 말뭉치를 Bigram 통계에 따라 검색했을 때 '-게 되다'는 3,718,950개가 검색되었는데 사용 빈도는 42위로 나타났다.(http://kkma.snu. ac.kr/statistic) Bigram은 연속된 두 개의 단어를 하나의 단어로 인식하는 프로그램으로 연속된 n개의 단어를 하나의 단어로 이용하는 것을 n-gram 이라 한다.

별을 주지 않는다면 한국어 학습자들이 실제 언어생활에서 '-게 되다'의 의미 표현을 구분하여 이해하거나 생산하는 데 어려움이 있을 것이기 때문에 '-게 되다' 구성에 대해 한국어 교육 현장에서 어떻게 교수되고 있는지를 고찰할 필요가 있다. 이에 우선 한국어 교재에서 목표 항목으로서의 '-게 되다' 구성이 어떻게 제시되고 해당 표현의 다양한 기능들이 교재에 잘 수용되어 있는지 확인할 것이다. 그리고 실제 응용 현황을 확인하고자 학습자 말뭉치를 통해서 학습자들이 '-게 되다' 구성을 실제로 어떻게 사용하고 있는지도 고찰할 것이다. 학습자들이 생산해 낸 '-게 되다' 구성이 나타난 문장들에서 어떠한 통사적 특징과 어휘적 특징이 있는지를 고찰함으로써 학습자들이 '-게 되다'를 어떻게 사용하고 있는지를 확인하고자 한다. 또한 한국어 교재 분석 결과와 모어 화자의 '-게 되다' 사용 양상들을 서로 비교하여 공통점과 차이점을 확인함으로써 한국어 교육에 시사점을 줄 것이다.

2. 모어 화자의 사용 양상 검토

'-게 되다' 구성에 대한 한국어 교육에서의 사용 실태를 조사하기 전에 먼저 국어학적 논의들을 통해 모어 화자의 사용 양상을 검토하고자 한다. 국어학 연구에서 '-게 되다'는 보조 용언 구성으로서 본용언 자리에는 형용사나 동사가 모두 올 수 있다고 보고 있다. 기존 연구에서 '-게되다'를 보조 동사로 설명하는 경우는[2] 대부분 동사와 결합할 때인데 그

---

2 '-게 되다'에 대한 기존연구는 크게 두 가지로 나눌 수 있다. 하나는 이를 보조 동사로 설명하는 입장이고 다른 하나는 불완전 동사로 설명하는 입장이다. '-게 되다'를 보조 동사로 설명한 연구로는 최현배(1937), 민현식(1993), 류시종(1996), 고영근

예가 한정되어 있어 형용사와 결합한 경우에 처리가 명확하게 드러나지 않았다. 고영근(2004)에서는 형용사와 결합한 '되다'를 보조 동사로 간주하였으며 대개 피동 표현으로 변화, 피동의 의미 기능을 다루었다. 그러나 문장에서 '-게 되다' 구성이 '동사+-게 되다'처럼 동사와 결합하기보다는 '형용사+-게 되다'의 경우 처리가 더 복잡한 것으로 보인다.

우선 '-게 되다'는 주로 상태 변화를 나타내는 것으로 설명되고 있는데 우인혜(1993: 449-460)에서는 '형용사+-게 되다'가 '형용사+-아/어지다'와 같이 '기동'을 나타내는 것으로 설명하였다. 김건희(2006: 317)에서도 '형용사+-게 되다'는 '-아/어지다'와 같은 상태 변화를 나타낸다고 언급하였다. 반면에 김선영(2015)에서는 '-게 되다'는 상태 변화를 나타내는 기능이 '-아/어지다'와 달리 특정 형용사에 국한된다고 지적했다. 일부 형용사의 경우 '-게 되다'와 결합하여 상태 변화를 나타내는 것이 제약되기도 한다. 이때 '-아/어지다'가 개재되어야 하기 때문이다. 즉 일부 형용사는 문맥에 따라 '형용사+-게 되다'보다 '형용사+-아/어지게 되다'로 나타나는 것이 더 자연스럽다.

(1) 가. 이번에는 파마가 예쁘게 됐어.
　　나. 못 본 사이에 많이 {??/*예쁘게 됐어, 예뻐졌다}.
(2) 가. 잎이 점점 노랗게 됐다.
　　나. 재정지출을 늘리면서 정부 역할이 {*크게, 커지게} 됐다.〉커졌다
　　다. 거름을 주었더니 며칠 사이에 꽃나무의 키가 {??커지게 됐다, 커졌다}.

(김선영 2015: 20, 35)

(1), (2)에 제시된 바와 같이 형용사와 '되다'의 결합은 제약이 생겨서 이

(2004) 등을 들 수 있으며 불완전 동사로 설명한 연구로는 한송화(1991), 성연숙(2003) 등을 들 수 있다.

들 간에 '-아/어지다'가 개재되기도 함을 보여주고 있다. (1가)에서 '예 쁘게 됐어'는 자연스러운 데 반해 (1나)에서는 그렇지 못하다는 점에서 상태 변화를 나타내는 '예쁘게 되다'는 사용에 제약을 보인다. (2가)에서 '노랗게'는 '되다'에 선행하여 상태 변화를 나타낼 수 있으나 (2나)에서는 '크다'는 '크게'가 아닌 '커지게'로 쓰여야 한다는 것을 보여줬다. 이를 통해 상태 변화를 나타내는 '형용사+-아/어지다'는 복잡한 양상을 보여 그 사용 조건이 단순치 않은 것을 알 수 있다. (1), (2)처럼 이러한 복잡 한 양상이 생긴 원인을 생각해 보면 '되다'의 기능이 보다 세분화되면서 구체적인 용법에 따라 '형용사+-게'와의 통합 양상이 달리 나타나기 때 문인 것으로 보인다.

위 예문을 보면 (1가)의 '되다'는 새로운 사물의 형성을 의미하는 데 반해 (2가)에서는 대상의 변화를 나타낸다는 것을 알 수 있다. 이러한 용법의 차이로 인해 (1가)와 (2가)의 '되다' 앞에 선행하는 '형용사+-게' 는 서로 다르게 해석된다. 김선영(2015)에서 상태 변화를 나타내는 '형용 사+-게 되다'는 '되다'의 구체적인 용법에 따라 두 가지로 나누어짐을 확인하였는데 하나는 대상의 속성 변화를 나타내는 '노랗게 되다'류이며 다른 하나는 새로운 상황의 이루어짐, 곧 상황 변화를 나타내는 '가능하 게 되다'류라고 제시하고 있다[3].

---

3   김선영(2015)에서는 '형용사+-게 되다'의 형용사의 의미 특징을 모어 화자 말뭉치를 통해 조사하고 다음과 같은 결과를 도출했다. 각각은 아래와 같이 의미적으로 변형될 수 있는데 (ㄱ)에서 변화를 겪은 대상은 '잎'이 되는데 잎이 속성의 변화를 겪은 것이다. 따라서 '잎이 노랗게 됐다는 의미적으로 '노란 잎이 됐다'에 가깝다. 반면에 (ㄴ)에서 변화를 겪은 대상은 해외여행을 둘러싼 '상황'이 되는데 이에 따라 '해외여행이 가능하 게 됐다'는 '해외여행이 가능한 상황이 됐다'로 바꿔 말할 수 있을 것이다.
    (ㄱ) 잎이 노랗게 됐다. ≒ 노란 잎이 됐다.
    (ㄴ) 해외여행의 자율화로 이제는 저렴한 가격으로 해외여행이 가능하게 됐다.
        ≒ 저렴한 가격으로 해외여행이 가능한 상황이 됐다.

한편 '되다'가 발생적이며 가변적인 상황을 나타낼 수 있는 형용사와 통합될 때에도 제약이 있다는 것에서 문제점이 있다. (2나)에서는 '정부의 역할이 크다'가 나타내는 상황을 발생적이며 가변적인 것으로도 볼 수 있으나 '-게 되다'와 직접 통합되지 못한다. 대신 '정부의 역할이 커지다'가 '-게 되다'와 통합된다. (2나)의 '되다'는 '-아/어지다' 뒤에 결합되어 '형용사+-아/어지다' 구성인 동사에 결합된 것이다. 이러한 '-아/어지다' 구성인 '형용사+-아/어지게 되다'의 경우 '-아/어지게 되다' 형식도 외부 영향과의 관련성이 높게 인식되는 상황에 사용되는 것으로 나타나지만 수용성의 차이는 살펴봐야 한다.

(2나)에서 '커지게 됐다', '커졌다'는 모두 자연스럽게 쓰인 반면 (2다)에서 '커지게 됐다'는 '커졌다'에 비해 쓰임이 어색하게 느껴진다. '커지게 됐다'의 수용성의 차이는 대상 명사의 가변성과 관련을 맺는 것으로 해석된다. (2나)의 '정부 역할'은 행위성 명사로, 외부의 영향에 의해 쉽게 변화될 수 있는 반면 (2다)의 '꽃나무'는 구체 명사로 쉽게 변화되지 않으므로 '커지게 되다'의 사용이 어색하게 느껴진다고 할 수 있다(김선영 2015: 35-36). 가변적인 상황을 나타내는 것으로 빈번하게 사용되더라도 (1나)에서 '예뻐지다'와 달리 '예쁘게 되다'는 상태 변화를 나타내는 것으로는 잘 쓰이지 않는 것처럼 이것이 외부 영향에 의한 것으로 관련성이 쉽게 드러나지 않으면 '-게 되다'와의 결합이 잘 이루어지지 않는다. 또한 김선영(2015)에서 지적했듯이 색채 변화는 비교적 명확하고 즉각적으로 감지될 수 있다는 특성으로 인해 외부 영향과의 관련성이 높게 인식되어 다른 속성 형용사와 달리 '되다'와의 통합 빈도가 높게 보이는 반면 크기나 모양을 나타내는 '길다, 높다, 크다' 등은 외부 조건에 민감하게 반응하지 않고 '-아/어지다'가 개재된 형식으로 실현된다.

이상 논의한 것을 종합해 보면 보조 용언 구성 '-게 되다'는 가변적

상황에서 외부 영향을 잘 받지 않으며 '형용사+-게 되다' 대신 '형용사
+-아/어지다'와 결합이 더 많다. 따라서 '-아/어지다', '-게 되다' 모두
상태 변화를 나타내나 어떠한 의미 차이가 있는지를 고려할 필요가 있다
다. 고영근(2004), 김선영(2015) 등의 논의를 종합해 보면, '-게 되다'는
외부의 영향으로 인해 일어나는 변화의 예정된 결과를 강조하고 있는
반해 '-아/어지다'는 변화하는 과정을 강조하고 있다고 할 수 있다. 이
밖에 피동적인 의미를 갖는 '-게 되다' 표현에는 단순히 피동 의미를 나
타내는 것 외에 공손성의 담화적 기능을 더 가지는데, 능동이 아닌 피동
표현을 빌어 공손한 태도를 보이는 것이다. 이러한 표현은 주로 1인칭
주어를 가진 문장에서 나타나는데, 실제 언어생활에서 화자의 언어 책략
으로 매우 널리 쓰이는 공손 표현 가운데 하나이다.[4]

　'형용사+-게 되다' 처리에 있어 또 다른 문제로는 '형용사+-게'의 수
식 여부에 따라 달리 처리해야 한다는 것이다. 즉 문장에서 부사어는 이
의 수식을 받는 용언의 구체적인 용법과 상응하여 일정한 의미 부류로
사용이 제한되기도 하는 것으로 보이기 때문에 '형용사+-게 되다' 구성
에서 '되다'에 대한 '형용사+-게'의 수식 여부도 다져봐야 한다. (1가)에
서 '되다'의 수식이 가능한 '형용사+-게'는 일정한 의미 부류로 한정되
는 데 반해 (2가)에서는 그렇지 못한 것으로 보이기는 하지만 '노랗게'와
달리 '예쁘게', '크게'의 수식이 제한되는 점은 형용사의 의미 특성만으
로 쉽게 설명되지 않는다.

(3)　가. 나는 영희를 나쁘게 여겼다.　　　　　　　(유현경 2006: 101)
　　　나. 밥이 맛있게 되었다.

4　'-게 되다'를 공손 표현으로 보는 견해는 이해영(1996), 구현정(2004), 정미진(2014)
　　등에서 볼 수 있다.

(4) 가. 잎이 점점 노랗게 됐다. 〉 노래졌다.
     나. *잎이 됐다.
     다. 잎이 점점 {노랗게, 노란 색이, 노란 색으로} 되었다.

(3가)에서 '나쁘게'가 결과 상태를 나타내며 '여겼다'를 한정하는 것과 마찬가지로 (3나)에서 '맛있게'도 결과 상태를 나타내며 '되었다'를 한정하고 있다. 그러나 '형용사+-게 되다'가 언제나 이처럼 부사절과 이의 수식을 받는 동사의 구성으로 해석될 수 있는지 확언하기 어렵다. '형용사+-게'가 '되다' 앞에 오는 경우 그 성격이 이질적인 것으로 다루어지기도 하였다. (4가)의 '노랗게 됐다'는 '노래졌다'로 대체될 수 있으며 '노랗게 되었다'는 (4나)에 제시된 바와 같이 '노랗게'가 생략되면 온전한 문장이 되지 않는다. 이는 (3나)의 '맛있게 되었다'에서 '맛있게'는 생략될 수 있고 '밥이 되었다'만으로도 문장이 성립된다는 것과 다르다. 따라서 (3나)에서의 '되었다'가 본동사임을 드러낸 반면에 (4가)의 '되다'는 (3나)에서와 달리 보조 동사일 가능성이 제기된다. 하지만 '잎이 노랗게 되었다'는 보조 동사 구성과 유사한 특성을 보임에도 불구하고 '되다'의 선행 성분이 '형용사+-게'만으로 한정되지 않아 보조 동사 구성과는 차이를 보인다. (4가)에서 '노랗게'는 (4다) '잎이 점점 {노랗게, 노란 색이, 노란 색으로} 되었다.'에서 제시한 바와 같이 다른 유형의 보어로 교체될 수 있기 때문이다. 이러한 점에서 '잎이 노랗게 되다'는 '밥이 맛있게 되다'와 마찬가지로 '노랗게'가 '되다'를 수식하는 부사절로 기능한다. 또한 다음 (5)에서 보여주듯이 '노랗게 되다'의 경우 후행 서술어 '되다'만이 부정될 수 있으며 생략이 가능하다. 따라서 이때의 '형용사+-게 되다' 구성은 보조 용언 구성으로 보기가 어렵다.

(5) 가. 잎이 점점 {노랗게, 노란 색이, 노란 색으로} 되었다.

나. 가을의 문턱에 들어섰지만 잎은 아직 노랗게 안 됐다.

다. 가을의 문턱에 들어서니 잎은 노랗게, 열매는 빨갛게 됐다.

이상의 논의를 통해 '-게 되다' 구성에 대한 모어 화자의 사용 양상들을 검토했다. 먼저 '동사+-게 되다'는 기존 논의들처럼 보조 용언 구성으로 보고 '변화, 피동'의 의미 기능과 '공손'의 담화·화용적 기능이 있다는 것이 확인되었다. 한편 '형용사+- 게 되다'의 경우 '동사+-게 되다'보다 복잡한 특성을 보여줬다. 일부 형용사가 결합이 제약되고 '되다' 앞에 오는 '형용사+-게'가 그 성격이 이질적이기 때문에 '동사+-게 되다'와 달리 처리해야 할 필요가 있다는 것을 알 수 있다. 이러한 경우 '-게 되다'가 보조 용언 구성으로 상정하기가 어렵다. 일부 형용사가 제약된 경우 '-아/어지다'가 개재된 구성인 '형용사+-아/어지게 되다'는 대상 명사의 가변성, 외부 영향 관련성, 변화 즉각적 감지 가능성에 따라 수용성 차이가 있으므로 '동사+-게 되다'에 속해 함께 묶어 보는 것이 아니라 따로 제외시켜서 볼 필요가 있다는 것을 알 수 있다. 그리고 '-아/어지다'와 모두 상태 변화를 보여주지만 차이가 있다는 것도 확인되었다. 이러한 검토 결과는 한국어 교육에서 '-게 되다' 구성을 교수할 때 주의할 점을 제공해 줄 수 있다고 본다.

따라서 한국어 교육에서의 '-게 되다' 구성에 대한 교수 학습 방안을 마련하기 위해 아래에서는 '-게 되다' 구성에 대해 한국어 교재 분석과 학습자 말뭉치 분석을 통해 한국어 교육의 사용 실태를 조사할 것이다. 이러한 조사 결과에서 모어 화자의 사용 양상들이 얼마나 반영될지 확인할 것이다. 이를 바탕으로 한국어 학습자들이 '-게 되다' 구성을 잘 이해하도록 교수 학습 방안에 의견을 제시해 볼 것이다.

3. 한국어 교재 분석

3.1. 각 교재의 분석 결과

한국어 교육 과정에서 '-게 되다'의 교육 실태를 파악하기 위하여 한국어 교육 현장에서 사용되는 교재를 살펴봄으로써 교재에서 '-게 되다'를 어떻게 다루고 있는가를 고찰할 것이다. 이를 통해 교실 현장에서의 교육 내용을 짐작할 수 있다. 또한 모어 화자의 '-게 되다' 사용 양상과 비교하여 한국어 교육에서 실제 용법을 얼마나 반영하고 있는지를 확인하기 위한 것이다. 이 글에서는 한국어 교재 가운데 연세대학교의 『연세 한국어』(2011), 고려대학교의 『재미있는 한국어』(2008), 이화여자대학교의 『이화 한국어』(2010), 서강대학교의 『서강 한국어』(2008)를 대상으로 '-게 되다'의 교육 양상을 살펴봤다.[5] 이들 교재는 6등급의 숙달도 단계에 따라 발간된 통합 교재다. 그리고 현재 여러 한국어 교육 기관에서 널리 사용되고 있다는 공통점을 갖는다.

<표 1> 연세대학교의 『연세대』 '-게 되다'의 제시 단계와 설명 양상

제시 단계	2급 7과
단원의 목표 기능	전화로 약속 취소하기 (해당 단원의 제목: 약속을 지키지 못하게 되었어요.)
문법 설명	-게 되다: It is used with an action verb to show the result happened regardless of the speaker's intention. Normally it is used in a situation where the result was done by someone else's influence, or by the influence of the time.
예문 제시	일 **때문에** 외국에 가게 되었어요. 열심히 연습**해서** 한국말을 **잘** 하게 되었어요. **이제** 한국에 대해서 **잘** 알게 되었어요. 그 사람은 자동차 사고**로 이제는** 걷지 **못하게** 되었어요.

5　이하에서 이 교재들은 각각 『연세대』, 『고려대』, 『이화여대』, 『서강대』로 부르기로 한다.

연습 활동	왕웨이: **작년부터** 무역 회사에서 일했다. 한국말을 잘 해서 한국 회사에 취직했다. 한국 친구가 많**아서** 한국말을 잘한다. 친구가 소개해 준 원룸에서 살고 있다. 사진 동호회에서 여자 친구를 만났다. 보기: 가. 왕웨이 씨는 **언제부터** 무역 회사에서 일하게 되었어요? 나. **작년부터** 무역 회사에서 일을 하게 되었어요. 연습 (1) 가: 왕웨이 씨는 **어떻게** 한국 회사에 취직하게 되었어요? 나:＿＿＿＿＿＿ (2) 가: 왕웨이 씨는 **어떻게** 한국말을 잘하게 되었어요? 나:＿＿＿＿＿＿ (3) 가: 왕웨이 씨는 어떻게 원룸에 살게 되었어요? 나:＿＿＿＿＿＿ (4) 가: 왕웨이 씨는 어떻게 여자 친구를 만나게 되었어요? 나:＿＿＿＿＿＿
대화문 제시	가: 리에 씨, 무슨 일이에요? 나: 죄송하지만 약속을 지키**지 못하**게 되었어요. –후략_

〈표 1〉의 연세대학교의 『연세대』 '-게 되다'의 제시 단계와 설명 양상을 통해 알 수 있듯이 2급 문법 항목으로 '-게 되다'의 의미 기능에 대한 정보는 '그것은 화자의 의도와 상관없이 일어난 결과를 보여 주기 위해 행위 동사와 함께 사용된다. 보통 그것은 다른 사람의 영향이나 그 시대의 영향에 의해 결과가 이루어진 상황에서 사용된다.'라고 제시되고 있다. 이에 따라 동사만 결합된다는 것, 이루어진 결과를 보여준다는 것만 명시적으로 강조한 반면 '변화'의 의미나 '피동적인 성격을 갖는다'라는 용법은 제시되지 않은 것을 알 수 있다.

제시한 예문과 연습 활동을 보면 결합 정보의 제시에 있어 앞에 온 용언은 동사밖에 없는 것으로 나타났다. 그리고 '~ 때문에, -아서/어서,

(으)로' 등 원인 표현과 공기하는 것을 보여 주면서 화자의 의도와 상관없이 일어난 결과를 의미한 것을 제시하였다. 또한 시간성 수식어 '이제, ~부터' 등과 호응하는 것은 그 전 시간대의 영향에 의해 그 후 시간대에 어떠한 결과가 이루어진다는 것을 보여 주고 있다. 혹은 부사어 '잘', 부정 표현 '-지 못하다' 등과 함께 능력의 변화를 보여 주기는 하지만 변화라기보다는 이루어진 결과를 강조하고 있다. '이전과 완전히 다른 현재의 상황'으로 '이제 한국에 대해서 잘 알게 되었어.'처럼 예문 제시에서 한 번만 나타났기 때문이다. 또한 이러한 예문이나 연습 활동에서는 피동성과 관련된 언급과 예문 제시가 없다.

그리고 담화 상황에서 공손의 기능을[6] 하는 것은 대화문 제시에서 발견할 수 있는데 화자가 약속을 지키지 못하는 명제에 '-게 되다'를 붙이고 자신의 의지와 상관없다는 것으로 대화 상대자의 체면을 손상하지 않는 전략으로 공손성을 보이고 있다. 그러나 구체적인 설명이 없어서 교사가 교수 시 공손성에 대해 설명하지 않으면 학습자들이 스스로 알아내야 한다. 또한 이러한 용법은 여기에서만 제시하고 다른 예문과 연습 활동을 보면 공손성과 관련해서는 별다른 특징을 드러내지 않은 것으로 보인다. 특히 연습 활동에서의 '어떻게 V-게 되었어요?'라는 질문에 대해 답하는 대화 연습이 높은 빈도로 나타나 선행절은 원인 표현이 사용되어야 한다는 것을 강조함을 제시하고 있다. 이는 현 상황이 결과적으로 발생하게 된 이유를 표현하는 상황의 용법을 보이는 것이다.

---

6   '-게 되다'를 공손 표현으로 보는 견해는 이해영(1996), 구현정(2004), 정미진(2014) 등에서도 볼 수 있는데 '-게 되다'의 공손성은 능동이 아닌 피동성을 빌어 공손한 태도를 보이는 것이다. 이러한 표현은 주로 1인칭 주어를 가진 문장에서 나타나는데, 실제 언어생활에서 화자의 언어 책략으로 매우 널리 쓰이는 공손 표현 가운데 하나이다.

〈표 2〉 고려대학교의 『고려대』 '-게 되다'의 제시 단계와 설명 양상

제시 단계	2급 12과
단원의 목표 기능	한국 생활에 대해 말하기, (원래의) 계획과 (지금의) 결과에 대해 말하기
문법 설명	-게 되다 is attached to a verb stem, indicating that a certain condition or other person's behavior leads to a certain situation.
예문 제시	가. 한국어 공부는 어때요? 나. **처음에는** 한국말로 인사도 못 **했는데 이제는** 한국말을 잘 하게 되었어요. 가. 한국 음식을 잘 먹네요. 나. **처음에는** 잘 못 **먹었는데 이제는** 김치도 **잘** 먹게 되었어요. 가. 발음이 아주 좋아진 것 같은데 어떻게 공부했어요? 나. 영화를 보면서 따라하**니까** 어려운 발음도 **잘** 하게 되었어요. 가. 집에 일이 생**겨서** 고향에 돌아가게 되었어요. 나. 이렇게 갑자기 가**게 돼서** 너무 섭섭해요. 나중에 꼭 다시 오세요. 가. 요즘도 링링 씨하고 자주 연락해요? 나. 서로 **바쁘니까** 요즘은 전화도 **잘 안** 하게 돼요. 가끔 이메일을 보내요. 가. 한국 음식을 좋아해요? 나.＿＿＿＿＿ 가. 한국말을 아주 잘 하네요. 나.＿＿＿＿＿
연습 활동	〈보기〉와 같이 연습하고, 여러분은 한국에 와서 **무엇이 달라졌는지** 친구와 함께 묻고 대답해 보세요. 〈보기〉 한국 음식을 잘 못 먹다, 매운 음식도 잘 먹다 가. 한국 생활이 힘들지 않아요? 나. **처음에는** 한국음식을 **잘 못** 먹어서 힘들었는데 지금은 매운 음식도 잘 먹게 되었어요. 1 한국어를 하나도 못 하다, 한국 사람하고도 이야기 **할 수 있다** 2 한국어가 전혀 들리지 않다, 한국 노래도 조금 이해하다 3 제 한국어 발음이 나쁘다, 어려운 발음도 **잘 할 수 있다** 4 아는 사람이 한명도 없다, 여러 나라의 친구를 사귀다 5 혼자서 사는 것이 외롭다, 혼자 있는 시간을 즐기다 6 집을 몰라서 집에만 있다, 지하철을 타면 어디든지 **갈 수 있다**
대화문 제시	-전략- 가: 한국 음식을 좋아해서 다행이에요. 그런데 처음부터 한국 음식을 좋아했어요?

	나: 아니요, **처음에는** 매운 음식을 잘 **못** 먹어서 좀 고생했어요. **그런데 이제** **는** 매운 음식을 제일 좋아하게 되었어요.
	_-후략_
	한국에 온 지 이제 육 개월이 되었습니다. 처음에는 한국말도 못 하고 아 는 사람도 없어서 무척 힘들었습니다. 고향에 돌아가고 싶었습니다. 　한국어를 잘 하게 되면 일찍 고향에 돌아갈 수 있을 것 같았습니다. 그래서 나는 열심히 공부하기로 했습니다. 노력한 덕분에 한국어 실력도 늘고 한국 생활도 **익숙해졌**습니다. 그리고 한국어로 이야기**할 수 있게 되면서** 한국 친구 도 많이 생겼습니다. 한국 친구들하고 공부도 하고, 놀러도 다니면서 한국 생활은 점점 **즐거워졌**습니다. 지금은 한국에서 사는 것이 아주 행복합니다.

〈표2〉 고려대학교의 『고려대』 '-게 되다'의 제시 단계와 설명 양상에서 제시한 것과 같이 2급 문법 항목으로 '-게 되다'에 관한 문법 설명에서 는 동사의 어간에 붙어서 어떤 상태나 다른 사람의 행동이 어떤 상황으 로 이어짐을 설명하고 있다. 따라서 동사만 결합된다는 것, 변화나 피동 성, 공손성 관련 용법의 명시적인 제시가 없다는 것을 알 수 있다. 이에 따라 단원의 목표 기능은 '(원래의) 계획과 (지금의) 결과에 대해 말하기'인 데 이에 상응하게끔 연습 활동에서는 한국에 와서 무엇이 달라졌는지에 대해 말하는 연습을 제시하고 있으며 '처음에는 잘 못 V-아서/어서 A- 았/었는데 지금/이제는 V-게 되었어요.'의 변화 의미를 드러내는 패턴 을 많이 제시하고 있다. 그리고 예문 제시나 대화문 제시에서도 같은 패 턴이 보인다. 원래 할 수 없던 것을 이제 할 수 있다는 것을 드러내기 위해 '-(으)ㄹ 수 있다'가 '-게 되다'에 선행함으로써 못했던 것이 가능한 상황으로 이어짐을 표한다는 것이다. 즉 '이전과 완전히 다른 현재의 상 황'을 제시하는 용법을 보이고 있다. 또한 예문 제시에서 이밖에 '-아서/ 어서, -(으)니' 등 원인 표현을 선행절에서 공기하는 것을 제시하기도 한 다. 이러한 경우는 다른 외부적인 요인으로 발생한 결과를 나타낼 때 사 용하는 것을 보여 준다는 것이다. 그리고 '-게 되다'에 후행 결합하는

연결 어미로는 대화문 제시에서 '-(으)면서'를, 예문 제시에서는 '-아서/
어서'를 제시해 선행절에서의 상황을 이어짐을 나타내면서 후행절의 상
황이 발생한 것으로 제시되어 있으나 한 번만 나타났으며 다른 공기 양
상보다 매우 적게 나타났다.

〈표 3〉 이화여자대학교의 『이화여대』 '-게 되다'의 제시 단계와 설명 양상

제시 단계	2급 13과
단원의 목표 기능	하숙집 아주머니에게 부탁하는 대화 듣기, 기숙사 시설에 대한 정보 얻기
문법 설명	V+-게 되다 is used to show another person's action or a situation due to an external reason, different to the will or hope of the subject.
예문 제시	다음은 어떤 일의 결과와 원인입니다. '-게 되다'를 사용해서 말해 보세요. -결과: 회사가 문을 닫았다, 사무실을 옮겼다, 면접시험을 급하게 봤다, 휴가에 여행을 **못** 갔다, 여자 친구하고 헤어졌다, 아르바이트를 그만두었다 -원인: 수출이 안 되다, 싸고 좋은 사무실을 구하다, 회사에서 갑자기 연락이 오다, 같이 가기로 연락이 오다, 부모님이 만나는 걸 반대하시다, 회사에 취직이 되다
연습 활동	여러분의 **의지와 관계없이 다른 상황 때문에** 어떤 일을 할 때가 있지요? 그때 어떻게 말할까요?
대화문 제시	(말하기) 여러분의 **생각이나 의지와 관계없이 다른 상황 때문에** 어떤 일을 할 때가 있지요? 그때 어떻게 말할까요? 가. 나타샤 씨, 이사 가세요? 나. 네. 남편 직장 **때문에** 외국에 가게 됐어요. (듣기) -전략- 아주머니: 별말을 다 하네요. 그런데 부탁할 일이 뭔데요? 얀: 사실은 옆방에 사는 사람 때문에요. 그 사람은 밤에 텔레비전을 항상 크게 틀어요. **그래서** 공부에도 방해가 되고 잠도 **자주** 깨게 돼요. -후략-

〈표 3〉의 이화여자대학교의 『이화여대』에서의 '-게 되다'의 제시 단계
와 설명 양상이 보여 주듯이 2급 문법 항목으로 '-게 되다'의 문법 설명
에서는 대상자의 의지나 희망과는 다른 외부적인 이유로 다른 사람의

행동이나 상황을 나타낼 때 사용한다고 제시할 뿐만 아니라 동사만 온다
는 것을 명시적으로 보여 준다. 또한 예문 제시나 연습 활동, 대화문 제
시에서도 모두 화자의 의지나 생각과 관계없이 다른 외부적인 상황 때문
에 일어나는 경우 발생한 사태에 '-게 되다'가 붙게 된 것을 제시하고
있다. 또한 선행절에서는 원인 표현을 사용하거나 '그래서'와 같은 인과
를 연결하는 접속 부사와 공기하는 것을 보여 주기도 한다. 그러나 '-게
되다'의 '변화, 피동, 공손'의 용법을 명시적으로 제시하지 않은 것으로
보인다.

〈표 4〉 서강대학교의 『서강대』 '-게 되다'의 제시 단계와 설명 양상

제시 단계	2급 9과
단원의 목표 기능	한국생활 경험 말하기, 격려하기, 오랜만에 만 난 사람과 인사하기
문법 설명	별책 부록에 따로 제시
연습 활동	가. 앤디 씨는 한국문화에 대해서 잘 아시는 것 같아요. 나. **전에는** 한국문화를 잘 몰랐**는데** 한국어를 배운 **다음에** 이해하게 됐어요. 가: 주말에 보통 뭐 하세요? 나: 운전을 배우**기 전에는** 주말에 집에만 있**었는데 요즘**은 여행을 자주 _____(다니다) 가: 사진을 많이 찍으세요? 나: 네, 카메라를 산 **다음부터** 사진을 **많이**_____(찍다) 가: 언제부터 그 가수를 좋아했어요? 나: 콘서트에 갔다 온 **다음부터** 그 가수를 ___(좋아하다) 가: 요리를 자주 하세요? 나: 혼자 살기 시작한 **후부터** 자주 ___(만들다) 저는 <u>어렸을 때는</u> 피아노 치는 것을 싫어했**는데 지금**은 좋아하<u>게 됐어요.</u> XX 씨는 어렸을 때 어땠어요? 문장 연결하여 대화 완성하기

	문화가 다르다, **많이** 이해하다 한국말을 잘 **못하다**, 잘 하다 듣기가 어렵다, 알아듣다 음식이 입에 안 맞다, **잘 먹을 수 있다** 회사 일을 잘 모르다, **잘 할 수 있다**
대화문 제시	가: 앤디 씨, 처음 한국에 왔을 때 어떠셨어요? 나: **처음** 한국에 왔을 때에는 문화가 달라서 힘들었어요. 가: 지금도 힘드세요? 나: 아니요, **지금은 많이** 이해하게 됐어요.
제시 단계	**4급 2과**
단원의 목표 기능	설명하기
문법 설명	별책 부록에 따로 제시
연습 활동의 〈보기〉	가. **어떻게 해서** 한국어를 공부하게 됐어요? 나. 한국 영화에 관심이 있**어서** 한국어를 공부하게 됐어요.
대화문 제시	-전략- 가: 언제부터 동호회에 나갔어요? 나: 얼마 안 됐어요. 몇 달 전에 대학로에 갔다가 우연히 사물놀이 공연을 봤는데, 그때 저도 해 보고 싶은 마음이 생겼어요. **그래서** 가입하게 됐어요. -후략-

〈표 4〉 서강대학교의 『서강대』에서의 '-게 되다'의 제시 단계와 설명 양상을 보면 '-게 되다'에 관한 용법은 2급과 4급 단계의 문법 항목으로 따로 제시되어 있다는 것을 알 수 있다. 문법 설명은 없지만 연습 활동과 대화문 제시를 통해 '-게 되다'가 자주 쓰이는 패턴을 알 수 있다. 공통적으로는 앞에 온 본용언은 모두 동사이고 형용사는 나타나지 않았다. 또한 자주 쓰이는 패턴은 2급에서는 시간성 표현 '-기 전에', '처음에는', '~ 전에는'이 선행절에 나타나며 후행절에는 '지금', '이제'를 사용하면서 '이전과 완전히 다른 현재의 상황'을 표현하고 있다는 것을 제시하고 있다. 그리고 이와 비슷하게 시간적 표현 '-(으)ㄴ 후부터', '-(으)ㄴ 다음부터'와 공기하고 있는 것을 보여 줌으로써 '이전과 완전히 다른 현재의 상황'의 '-게 되다'의 용법을 보이고 있다. 한편 4급에서는 2급과 달리 어떤 일의 결과와 원인을 '-게 되다'를 사용하여 말하도록 유도하고 있

다는 것을 알 수 있다. 따라서 원인 표현과 공기하는 것으로 보인다. 이처럼 2급에서의 '이전과 완전히 다른 현재의 상황'의 용법은 변화의 의미와 가깝고 4급에서는 외부적인 요인으로 이루어진 결과를 제시하는 것은 피동의 의미와 가깝다고 할 수 있는데도 불구하고 '-게 되다'의 '변화, 피동, 공손'의 의미를 명시적으로 제시하지 않았다.

3.2. 각 교재의 비교 분석

이상 내용에 대한 공통점과 차이점을 다음 〈표 5〉과 같이 정리할 수 있다.

〈표5〉 각 교재 내용 정리 및 비교

제시 단계	『연세대』	『고려대』	『이화여대』	『서강대』	
	2급	2급	2급	2급	4급
단원의 목표기능	약속 취소하기	(원래의) 계획과 (지금의) 결과에 대해 말하기	부탁하는 대화 듣기 정보 얻기	경험 말하기, 격려하기, 오랜만에 만난 사람과 인사하기	설명하기
문법 설명	그것은 화자의 의도와 상관없이 일어난 결과를 보여주기 위해 행위 동사와 함께 사용된다. 보통 그것은 다른 사람의 영향이나 그 시대의 영향에 의해 결과가 이루어진 상황에서 사용된다.	동사의 어간에 붙어서 어떤 상태나 다른 사람의 행동이 어떤 상황으로 이어짐을 나타낸다.	V + - 게 되다 대상자의 의지나 희망과는 다른 외부적인 이유로 다른 사람의 행동이나 상황을 나타낼 때 사용한다.	-	-
예문 제시 구문	①[원인-결과]: '~ 때문에/어서 V게 되었어요' ②[현재 상황 강조]	①[원인-결과]: ㉠~(으)니까/어서 V게 되었어요. ㉡~(으)니까/어서 요즘은 V게 돼	'원인-결과'에 있어 '-게 되다'를 사용하게 함 (구문은 명시하지 않았다.)	-	-

	㉠'이제는 잘 V게 되었어요.' ㉡'이제는 V지 못하게 되었어요.'	②[과거에 비해 현재의 변화 결과를 강조하기] '처음에는 잘 못V아/어서 A았/었는데 지금/이제는 ~V게 되었어요.' ③[결과 강조]: '이렇게 V게 돼서 ~.'			
연습 활동 구문	①[결과를 강조하면서 그의 원인을 물어보고 대합하기] '-어떻게 V게 되었어요? -[원인-결과]: '원인+ V게 되었어요.' ②[결과를 강조하면서 그의 발생 시점을 물어보고 대답하기] '-언제부터 V게 되었어요? -(시간 표현)부터 V게 되었어요.'	①[과거에 비해 현재의 변화 결과를 강조하기] 무엇이 달라졌는지에 대답: '처음에는 잘 못V아/어서 A았/었는데 지금/이제는 ~V(+-ㄹ 수 있)게 되었어요.'	자기의 의지와 관계없이 다른 상황 때문에 어떤 일을 할 때에 대해 말하게 함 (구문은 명시하지 않았다.)	①[과거에 비해 현재의 변화 결과를 강조하기] ㉠'전에는/어렸을 때는 ~었는데 요즘은/지금은 V게 되다' ㉡'-ㄴ 후부터/-ㄴ 다음부터/-ㄴ 다음에 V게 되다' ㉢'많이, 잘, 자주, 부정 표현, ㄹ 수 있다'와 공기를 제시하면서 변화 결과를 강조한다.	①[결과를 강조하면서 그의 원인을 물어보고 대합하기] '-어떻게 해서 V게 되었어요? -[원인-결과]: -어서 V게 되었어요.'
대화문 제시 구문	③공손성: 죄송하지만 V지 못하게 되었어요.	①[과거에 비해 현재의 변화 결과를 강조하기] '처음에는 잘 못V아/어서 A았/었어요. 그런데 이제는 ~V게 되었어요.' ②[변화 결과 강조] V+ㄹ 수 있게	자기의 의지와 관계없이 다른 상황 때문에 어떤 일을 할 때에 대해 말하게 함: ①원인-결과: ㉠'~ 때문에 V게 되었어요' ㉡'그래서 자주 V게 돼요.	①[과거에 비해 현재의 변화 결과를 강조하기] '지금은 많이 V게 됐어요.'	①[생긴 결과 강조] '그래서 V게 되었어요.'

		되면서~ ③ 'A + - 어지다' 도 제시했지만 'A + - 어지게 되다' 의 제시가 없으며 구별도 명시하지 않았다.			

위에서 살펴본 것을 정리하면 우선 '-게 되다'에 대해 제시 단계는 『서강대』는 2급과 4급에서 '단원의 목표 기능'에 따라 따로 제시되어 있다는 것 외에 나머지 세 종류의 교재는 모두 공통적으로 2급에서 한 번만 제시되므로 '-게 되다' 구성은 초급 문법이라는 것이 확인됐다. 그리고 문법 설명을 보면 본용언 결합에 있어 공통적으로 본용언 자리에 동사만 오는 것이 제시되어 있다. 이것은 형용사와 동사에 모두 결합하는 모어 화자 사용 양상과 다르게 나타났다.

'-게 되다'의 의미는 이전과 다른 상황이나 현재 상황이 다른 요인에 의해 이루어진 것으로만 제시하고 있다. 공통적으로 명시적인 '변화, 피동, 공손' 용법의 언급이 없다. 네 교재는 공통적으로 다른 요인에 의해 현 사태의 결과가 이루어진다는 설명을 하며 그에 따른 결과를 강조하였다. 또한 '예문 제시, 연습 활동, 대화문 제시'를 보면 제시된 문장 패턴이나 공기 요소들은 '이전과 완전히 다른 현재 상황' 용법을 보여 주는 경우 시간성 표현과의 공기가 드러나고 '처음에는 ~았/었는데 지금/이제는 V-게 되었어요.'라는 문장 패턴이 많이 보인다. 그리고 '현 상황이 결과적으로 발생하게 된 이유를 표현하는 상황'과 같은 대화에서도 원인 표현과 공기하면서 '-게 되다'가 후행하는 구조를 보이고 있다. 이러한 실제 응용에서는 공통적으로 문장에서의 사태에 결합된 'V-게 되다'를 통해 일어난 결과를 강조한다는 특성을 보여주고 있다는 것이 확인된다.

뿐만 아니라 네 종류의 교재는 공통적으로 '예문 제시, 연습 활동이나 대화문 제시'에서 '-게 되다'에 선행하는 사태에 부사어 '잘', '많이', '조금', '잘 못', '잘 안' 등을 높은 빈도로 제시하고 있는 것으로 보인다. 그리고 '-(으)ㄹ 수 있게 되다'처럼 능력을 나타내는 우언적 구성 '-(으)ㄹ 수 있다'가 선행하는 것, '-지 못하게 되다'처럼 부정 표현 '-지 못하다'가 선행하는 것도 높은 빈도로 나타났다. 이들은 '이전과 완전히 다른 현재 상황' 용법을 함의하는 것으로 보인다. 또한 후행 결합 요소를 보면 공통적으로 주로 과거 시제 '-았/었-'과 결합하는 것을 제시하고 있음을 알 수 있다.

한편 차이점은 『연세대』에서만 공손성과 관련한 용법을 드러낸다는 것이다. 그리고 후행 결합을 보면 『고려대』에서 가장 많은 양상을 보여 주고 있는데 과거 시제 '-았/었-' 외에는 현재 시제도 보여주며 원인을 나타내는 연결 어미 '-아서/어서'와 동시에 일어남을 나타내는 연결어미 '-(으)면서'에 결합된 것으로 제시하였다. 또한 『고려대』에서만 '형용사+-아/어지다'에 대해 구체적인 비교는 따로 제시하지 않았지만 대화문 제시에서는 포함되어 있다.

즉, 한국어 교육에서 '-게 되다'는 보조 용언 구성으로 처리하고 있으며 본용언 자리에 동사만 올 수 있다는 2급 문법 항목이라는 것을 짐작할 수 있다. 그리고 다른 요인에 의해 현 사태가 결과로 이루어짐을 나타내고 있다는 의미 기술과 문장에서의 사태에 결합된 'V게 되다'를 통해 일어난 결과를 강조한다는 용법 특성은 2절에서 검토된 모어 화자 사용 양상 'V-게 되다'에 대한 논의와 일맥상통한다고 할 수 있다. 하지만 형용사에 결합된 경우 제시가 없으면서 '형용사+-게 되다', '형용사+-아/어지게 되다'의 결합 정보가 제시되지 않고 '형용사+-아/어지다'와의 구별도 없다. '형용사+-게 되다'의 의미 기능도 반영되지 않았다. 이러한 점을 고려하면 한국어 교육에서는 2절에서 검토된 '-게 되다'의 실제 사용 양상들과 거리가 있는 것으로 보인다. 그리고 공손성과 관련한 특징이 분명히 제시되지 않는다는 점에서도 '-게 되다' 구성에 대한 모어 화자의 사용 양상을 한국어 교육에서 잘 반영하지 못하고 있다는 것을 알 수 있다. 따라서 4절에서는 학습자 말뭉치를 통해 국내에서 한국어를 학습하고 있는 중국인 한국어 학습자들이 '-게 되다' 구성에 대해 실제로 어떻게 받아들이고 있는지를 고찰할 것이다. 즉 교재 분석 결과처럼 그대로 받아들이고 있을지 아니면 다르게 나타날지 확인할 것이다.

4. 학습자 말뭉치에 나타난 중국인 학습자의 '-게 되다' 분석

앞서 논의했듯이 실제 응용에 있어 한국어 교육에서의 '-게 되다' 제시 현황이 모어 화자의 '-게 되다' 사용 양상과 거리가 있다는 것을 알 수 있다. 이 절에서는 한국어 학습자들이 실제 '-게 되다'를 사용하는 데에 어떠한 특징을 보여주고 있는지 고찰하겠다. 그리고 앞서 3절의 한국어 교육에서의 제시 현황과 2절의 '-게 되다'에 대한 기술과 비교하여 공통점과 차이점을 밝혀보도록 하겠다.

이 글에서는 학습자의 모국어, 언어 학습 환경 등의 영향을 감소시키기 위해 한국 국내에서 학습하고 있는 중국어가 L1인 중국인 한국어 학습자를 대상으로 하였다.[7] 또한 3절에서의 교재 분석 결과에 따르면 '-게 되다'는 주로 2급에서 제시되기 때문에 2급 학습자로 지정하여 검토

---

7   학습자 언어를 추출할 때 학습자 L1의 차이가 L2의 사용 양상에 미칠 영향을 낮추기 위해 국적을 중국, 모국어를 중국어로 지정하였다. 중국어에서 광둥어, 오어, 민남어 등은 제외했다. 그리고 학습 환경의 요인을 고려하여 국내를 설정했다.

하였다. 이 글에서는 국립국어원에서 공개된 한국어 학습자 말뭉치를[8] 기반으로 형태 주석 말뭉치 검색에서 문형 검색을 통해 '-게 되다'의 용례를 추출했다. 문어의 용례만 살펴본 결과, 추출한 표본은 81개, 문장은 97건이다.

　분석 기준은 앞선 논의에 따라 '-게 되다'에 선행 결합 요소, 즉 본용언 자리에 오는 요소와 후행 결합 요소에 따라 분석하는 것이다. 따라서 시간성 표현, 선행절 어미, 접속 부사 등에 따라 분석했다. 이외에 자주 나타나는 구조나 요소가 있다면 추가적으로 표시하여 분석하였고, 분석 결과물의 예시는 다음과 같다.

표본 번호	용례	접속 부사	인칭	시간성 표현	선행절	주어	수식어	본용언	보조용언 구성	후행	후행 결합 요소	후행 절
	어요.]											
20562	그래서 병원에 [가게 됐다.]	그래서						가다_V		게 됐다.	었다.	
5266	그래서 이제 열심히 공부하면 한국말 [잘하게 될 것] 같다.	그래서		이제	면			잘하다_V		게 될 것 같다.	ㄹ 것 같다.	
4914	그래서 저는 경북대학교 어학원에서 한국어를 [공부하게 되었어요.]	그래서	저는					공부하다_V		게 되었어요.	었어요.	
4795	그래서 제 공항는 지금부터 너무 많이 심면 제 고향 공기가 [좋게 될 거예요.]	그래서		지금부터	면	제 고향 공기가		좋다_A		게 될 거예요.	ㄹ 거예요.	
5267	그래서 제가 "어떻게 한국말을 이렇게 [잘하게 됐어요?]	그래서	제가					잘하다_V		게 됐어요?	었어요?	
1712	그래서 좋은 선생님은 [어떻게 되는가?]	그래서						어떻다_A		게 되는가?	는가?	
3790	그래서 지금도 같이 [살게 됐어요.]	그래서		지금도				살다_V		게 됐어요.	었어요.	
15773	그러나 웃음 치료를 통해 긍정적인 태도를 [가지게 되면 치료] 결과가 좋아집니다.	그러나		를 통해				가지다_V		게 되면	면	가 좋아집니다.

〈그림 1〉 학습자 말뭉치 '-게 되다'의 용례 분석 양상

　학습자 말뭉치의 '-게 되다' 용례 분석 결과, 우선 '-게 되다'에 선행 결합 요소를 보면 동사(71개) 외에는 명사(2개), 형용사(18개), 우언적 구성 '-(으)ㄹ 수 있다'(3개), 부정 표현 '-지 못하다'(2개)와 '-지 않다'(1개)

8　이 자료는 국립국어원 〈한국어 학습자 말뭉치 나눔터〉 누리집에서 확인할 수 있다. (https://kcorpus.korean.go.kr/index/goMain.do, 2021년 04월 08일 수정 내용 반영).

가 있다. 동사와 결합된 용례가 압도적으로 나타났다. 이는 교재에서 결합 정보에 대해 동사만 제시해 준다는 것과 관련이 있다. 그럼에도 불구하고 본용언 자리에 오는 요소를 보면 주로 '동사+-게 되다'가 온다는 것 외에 '형용사+-게 되다'도 적지 않게 보인다. 또한 '동사+-게 되다'에서는 '형용사+-아/어지게 되다' 결합 양상은 발견되지 않았다. 이러한 양상은 앞선 '동사+-게 되다'만 제시하고 있다는 한국어 교재 분석 결과와 차이가 있다는 것을 알 수 있다. 그 원인은 모어 화자 사용 양상의 영향을 받았기 때문인 것으로 추측된다. 분석 대상자는 중국인 한국어 학습자이므로 중국어의 대응 표현의 영향[9] 때문인 것으로 추측할 수 있다. 변화를 나타낼 때 '형용사+-게 되다'로 사용하게 되면 중국어의 '变得'으로 표현된다. 하지만 이때는 '형용사+-아/어지다'도 같은 대응 표현으로 나타난다. 이러한 점을 고려했을 때는 중국인 학습자들이 단순히 대응 표현을 외우는 방식으로 학습하면 혼란을 겪게 될 것이다. 따라서 '형용사+-게 되다'와 '형용사+-아/어지다'의 의미 차이를 학습자에게 강조할 필요가 있다. 엄밀히 말하면 같은 상태 변화의 한국어 대응 표현이지만 강조하고 있는 점이 다르기 때문에 차이를 학습자에게 비교하여 교수할 필요가 있다.

---

9   왕용리·김선정(2020)은 한국어 보조 용언 구성과 이에 대응되는 중국어 표현을 연구했다. 그중에서 보조 용언 구성 '-게 되다'에 대해 다음과 같은 논의가 있다. 보조 용언 구성 '-게 되다'는 외부적인 영향으로 인해 어떤 상황에 이르게 되거나 바뀌었음을 나타내는 표현이다. 즉, 어떤 상황에서 다른 상황으로 변화하였음을 나타내고 보조 용언 구성 '-게 되다' 앞에 형용사가 있는 경우에는 중국어의 '变得'으로 표현된다. 앞에 동사가 있는 경우에는 중국어에 대응되는 표현이 없다.
    (ㄱ) 소파를 바꾸었더니 집안 분위기가 다르게 되었어요.
        换了沙发以后，家里的氛围变得不一样了。
    (ㄴ) 결국 박 사장은 회사의 문을 닫게 되었다.
        结果朴社长的公司倒闭(关门)了。

아래에서는 중국인 한국어 학습자들이 '-게 되다' 구성의 사용 양상을 '형용사+-게 되다', '동사+-게 되다' 등, 후행 결합에 따라 분석할 것이다.

4.1. '형용사+-게 되다'의 용례 분석

〈표 6〉에서 살펴볼 수 있듯이 학습자 말뭉치에서의 '형용사+-게 되다'의 용례들은 총 19개가[10] 있는데 약 20%를 차지했다. 이러한 결합 양상은 2절의 모어 화자의 '-게 되다' 사용 양상과 비슷한 반면에 3절의 교재 분석 결과와는 다르다. 〈표 6〉에서의 용례 특성에 따라 다시 정리한 구체적인 분석은 다음과 같다.

〈표 6〉 학습자 말뭉치에서의 '형용사+-게 되다'의 용례

용례
[**이렇게** 되면 공기가] 아주 좋겠어요.
고향에서 길이 **복잡하지** [**않게** 되면 나는] 좋겠어요.
고향이 공기가 [**좋게** **되**면 좋겠어요.]
고향이 백화점이 [**많게** **되**면 좋겠어요.]
그래서 제 공향는 지금부터 나무 많이 심면 제 고향 공기가 [**좋게** **될**거 예요.]
그래서 좋은 선생님은 [**어떻게** 되는가?]
그리고 **베이징**이 [**깨끗하게** **되**었어요.]
근데 **친구**를 더 [**예쁘게** **되**려고 화장도] 많이 했다.
나 고향 공기가 [**좋게** **되**면 좋겠어요.]
나의 실수에 대해서 자세히 생각했는데 실수를 안 하면 [편하게 된다.]
날씨가 좋기 **때문에** 기분도 [**좋게** **되다**.]
모두 [**이렇게** 되면 좋겠어요.]
몸이 많이 [**좋게** 돼요.]
베이징이 [**깨끗하게** **되**면 좋겠어요.]
앞으로 [**어떻게** 되면 내] 고향은 안 좋겠어요.

---

10 '-지 않게 되다'가 1개인데 앞에 형용사와 결합했기 때문에 여기에서 '형용사+-게 되다'의 용례로 본다. 그래서 합쳐서 총 19개로 나왔다.

일기예보에서 날씨가 [**어떻게** 되는지 보여] 줍니다.
하지만 저는 즈거운 [하게 됩니다.]
학교의 이야기를 하고 친구가 빨리 나았으면 좋겠다고 **해서 기분이** [섭섭하게 되었다.]
행복한 표정을 웃으**면** 모두가 [행복하게 됩니다.]

먼저 '되다'에 대한 '형용사+-게'의 수식 여부에 따른 이질적인 성격으로 이러한 '-게 되다' 구성이 모두 보조 용언 구성인 것으로 볼 수는 없다. 특히 (6)에서 '이렇다', '어떻다'와 결합할 때 굳어진 표현으로 '이렇게 되다', '어떻게 되다'처럼 보조 용언 구성으로 상정하기 어렵다. (8다)는 '좋은 선생님은 어떻게 해서 되는가?'의 의미에서 보조 용언 구성이 아닌 것으로 판단된다.[11]

> (6) 가. 이렇게 되면 공기가 아주 좋겠어요.
> 나. 모두 이렇게 되면 좋겠어요.
> 다. 그래서 좋은 선생님은 어떻게 되는가?
> 라. 앞으로 어떻게 되면 내 고향은 안 좋겠어요
> 마. 일기예보에서 날씨가 어떻게 되는지 보여 줍니다.

또한 대상 명사의 가변성, 외부 영향 관련성, 변화 즉각적 감지 가능성에 따라 '형용사+-게 되다'가 잘 수용되는지 확인하고자 〈표 6〉에서의 용례들을 (7)과 (8)처럼 제시했다. 그 결과, (7)과 (8)을 보면 (7)의 경우 대상 명사는 '몸', '공기', '길', '백화점', '베이징', '저', '친구' 등 외부 영향으로 쉽게 변화되어서 가변성이 높다고 할 수 있다. (7)에서의 문장들이 가변적인 상황을 나타내는 것으로 사용되더라도 모두 외부 영향을 명시하지 않고 변화 즉각적 감지 가능성도 낮기 때문에 이 문장들

---

11 아래의 모든 용례는 학습자들의 용례를 그대로 가져온 것이다.

에서의 형용사들이 '-게 되다'와 결합되는 것이 어색하다고 느껴진다. 따라서 이러한 경우 '-아/어지다'를 사용하는 것이 더 타당하다고 본다. (8)의 경우 '기분', '공기' 등 대상자가 외부 영향에 의한 가변성도 높고, '-아서/어서'의 선행절 원인 표현과 조건 표현 '-(으)면' 등으로 외부 영향도 명확히 드러나는데도 불구하고 이 문장들에서의 형용사들이 '-게 되다'와 잘 어울리지 않는다. 이 문장들에서 기술한 변화는 감지되기 어렵고 외부 조건에 민감하게 반응할 것으로 가정되지 않는다는 점에서 '-아/어지다'가 개재된 형식으로 실현되는 것이 더 자연스럽다. 그리고 (8)의 문장들에서 외부 영향이 명확히 드러났기 때문에 변화의 결과에 대해 더 강조하게 된다. 그래서 '형용사+-아/어지다'보다는 '형용사+-아/어지게 되다'가 쓰인다.

(7) 가. **몸**이 많이 <u>좋게</u> 돼요.
　　나. 고향이 **공기**가 <u>좋게</u> 되면 좋겠어요.
　　다. 나 고향 **공기**가 <u>좋게</u> 되면 좋겠어요.
　　라. 고향에서 길이 <u>복잡하지 않게</u> 되면 나는 좋겠어요.
　　마. 고향이 **백화점**이 <u>많게</u> 되면 좋겠어요.
　　파. **베이징**이 <u>깨끗하게</u> 되면 좋겠어요.
　　사. 그리고 **베이징**이 <u>깨끗하게</u> 되었어요.
　　아. 하지만 **저**는 <u>즐겁게</u> 됩니다.
　　자. 근데 **친구**를 더 <u>예쁘게</u> 되려고 화장도 많이 했다.

(8) 가. 나의 실수에 대해서 자세히 생각했는데 실수를 안 하**면** <u>편하게</u> <u>된다</u>.
　　나. 날씨가 좋기 **때문에** 기분도 <u>좋게</u> 되다.
　　다. 학교의 이야기를 하고 친구가 빨리 나았으면 좋겠다고 **해서** 기분이 <u>섭섭하게</u> 되었다.
　　라. 그래서 제 공향는 지금부터 나무 많이 심면 제 고향 공기가 <u>좋게</u>

되거 예요.
마. 행복한 표정을 웃으면 모두가 <u>행복하게 됩</u>니다.

따라서 이러한 중국인 학습자들의 사용 양상을 고려했을 때 '형용사
+-게 되다'의 사용에 학습자들이 어려움이 있다는 것을 알 수 있다. 또
한 한국어 교재에서 '형용사+-게 되다'의 용법에도 반영할 필요가 있다
는 것을 시사한다. 그리고 한국어 교육 현장에서는 '형용사+-게 되다'뿐
만 아니라 '형용사+-아/어지다', '형용사+-아/어지게 되다'의 용법을
비교하여 공통점과 차이점을 드러내게 교수하는 것이 필요하다는 시사
점을 얻을 수 있다. 특히 중국인 학습자들에게는 이들의 대응 표현이 모
두 중국어의 '變得'으로 표현되기 때문에 자세히 구별하지 않으면 혼란
을 겪게 되기 때문이다.

4.2. '동사+-게 되다'의 용례 분석

한편 '동사+-게 되다'의 결합 양상은 76개가[12] 있는데 약 78%가 차지
했다. 3절의 한국어 교재에서의 '-게 되다' 교육 내용을 분석한 바와 같
이 주로 '이전과 완전히 다른 현재 상황' 용법을 보여주며 시간성 표현과
공기하는 것으로 나타났다. 이중에서는 (9)와 같이 현재 상황과 다른 미
래 상황을 표현하는 것도 있다. 그러나 (9가)에서 미래 사태를 과거 시제
로 끝냈다는 학습자 오류가 보인다. 이는 현행 한국어 교재에서 '이전과
완전히 다른 현재 상황' 용법만 제시함에 따라 공기하는 시제 표현은 주
로 '과거'로 제시되기 때문인 것으로 짐작할 수 있다. 이러한 점을 감안

---

12 우언적 구성 '-(으)ㄹ 수 있다'(3개), 부정 표현 '-지 못하다'(2개)가 앞에 동사와 결
     합한 거라서 여기에서 포합시켰다. 따라서 동사와 결합 양상의 용례 수는 총 76개로
     나왔다.

했을 때 교육 현장에서는 '동사+-게 되다'의 용법 제시에 있어 '현재 상황과 다른 미래 상황'을 표현하는 것도 함께 이루어야 한다.

(9) 가. <u>나중에</u> 많이 공부하면 한국문화가 잘 <u>알게 됐어요</u>.
　　 나. <u>나중에</u> 한국어를 잘하<u>게 되었을</u> 때 일본어 배운다.
　　 다. 지금 나는 집안일과 요리도 잘 못 하는데 <u>미래</u> 다 잘하<u>게 됩니다</u>.

그리고 '다른 요인에 의해 현 사태가 결과로 이루어짐'의 용법의 경우 교재에서 제시된 것처럼 원인 표현과 공기하는 것을 잘 반영하고 있을 뿐만 아니라 이외에 조건 표현 '-(으)면', 목표 표현 '-기 위해서'와 같이 다양하게 다른 요인으로 제시하고 있다는 것으로 관찰된다. 이를 통해 학습자들이 외부의 영향으로 인한 변화의 예정된 결과를 강조할 때 '-게 되다'를 사용한다는 것을 파악함을 암시한다.

(10) 가. 그래서 이제 열심히 공부하<u>면</u> 한국말 잘하게 될 것 같다.
　　 나. 그리고 서울에 여행하<u>면</u> 한국 문화가 많이 알게 된다.
　　 다. 그리고 친구와 같이 노래방에 가<u>면</u> 노래를 같이 부르고 관계 잘하게 되 것 같다.
　　 라. 나는 진짜 모르지만 생각하<u>면</u> 결혼 생활을 되게 됩니다.
　　 마. 나중에 많이 공부하<u>면</u> 한국 문화가 잘 알게 됐어요.
　　 바. 의사가 일주인만 입원하<u>면</u> 집에 가게 된다고 했다.
　　 사. 저는 자전거를 타<u>면</u> 오 분이 걸리게 됐어요.
　　 아. 철수가 '열심히 공부하고 연습했으<u>면</u> 잘하게 될 거예요!'
　　 자. 한국에 와서 한국어 공부하기 때문에 한국어 노래를 부르<u>면</u> 말하기 잘하게 되었다.
　　 차. 빨리 <u>낫기 위해서</u> 담배를 피우지 않고 채소를 많이 먹게 되었다.

4.3. 후행 결합 양상 분석

이어서 '-게 되다'에 후행 결합 요소를 보면 현행 한국어 교재에서는 주로 과거 시제 '-았/었-'과 결합하는 것을 제시하고 있음과 달리 과거와 공기하는 것 외에 (11)처럼 추측 표현 '-(으)ㄹ 것 같다', '-(으)ㄹ 수 있다', '-(으)ㄹ 거에요', 희망 표현 '-(으)면 좋겠다'와 공기하는 것도 보인다. 이러한 공기에서의 '-게 되다'의 의미를 생각해 보면 모두 '현재와 완전히 다른 미래 상황'을 표현하고 있다는 것을 알 수 있다. 이를 통해 한국어 학습자들은 교재에서 제시된 '이전과 완전히 다른 현재 상황'을 표현하는 용법에서 '현재와 완전히 다른 미래 상황'을 표현하는 것으로 확장한다는 것을 짐작할 수 있다. 하지만 앞서 분석했듯이 미래 상황을 강조할 때 여전히 과거 시제와 결합된 '-게 되었다'로 쓰고 있는 오류를 보이므로 이러한 다른 후행 결합에 대한 확장적인 연습이 필요하다는 시사점을 얻을 수 있다.

(11) 가. 그래서 이제 열심히 공부하면 한국말 잘하<u>게 될</u> 것 같다.
　　나. 그리고 친구와 같이 노래방에 가면 노래를 같이 부르고 관계 잘하<u>게 되</u> 것 같다.
　　다. 아마 그때 한강을 더 좋아하<u>게 될</u> 수 있다.
　　라. 한국어가 잘하<u>게 될</u> 수도 있다.
　　마. 철수가 '열심히 공부하고 연습했으면 <u>잘하게 될 거예요!</u>'
　　바. 그리고 너무 많이 하<u>게 되면 좋겠어요</u>.
　　사. 저도 빨리 한국말을 잘하<u>게 됐으면 좋겠어요</u>.

이처럼 2급 중국인 학습자들이 생산한 문장들에서 '-게 되다'에 선행 결합 요소와 후행 결합 요소에 따라 그들의 용법과 공기 요소들을 분석했다. 3절에서 분석한 한국어 교재의 교육 내용과 차이가 있다는 것을 알 수 있다. 중국인 학습자들의 실제 사용 양상에서는 교재에서 보여 주지 않았지만 '형용사+-게 되다'의 사용 양상이 발견된다. 하지만 이러한 '형용사+-게 되다'의 사용에 대해 '형용사+-게'가 '되다'를 수식하는 구성도 있어 보조 용언 구성의 특성에 대한 이해가 어떻게 되어 있는지 더 확인할 필요가 있다. 또한 학습자들이 '형용사+-게 되다'와 '형용사+-아/어지다', '형용사+-아/어지게 되다'의 사용에 혼동함을 보여 줬다. 즉, 이들을 자세히 구별하는 데에 어려움이 있다는 것을 알 수 있다. 이를 통해 한국어 교육 현장에서는 교수나 학습에 '형용사+-게 되다' '형용사+-아/어지다', '형용사+-아/어지게 되다' 구별이 필요하다는 것을 시사한다. 그리고 중국인 학습자의 경우 단순히 대응 표현 '變得'만 제시하지 말고 변화의 과정을 강조하는 '형용사+-아/어지다'와의 구별로 '형용사+-게 되다'에 대한 변화의 결과를 강조함의 특성을 보여 줌으로써 정확하게 이해하게 하는 것이 바람직하다.

한편 의미에서는 '다른 요인에 의해 현 사태가 결과로 이루어짐'의 용법의 경우 교재에서 제시된 것처럼 원인 표현과 공기하는 것을 잘 반영하고 있을 뿐만 아니라 보다 다른 공기도 보여 주면서 다양하게 다른 요인으로 제시하고 있다는 것으로 관찰된다. 이러한 점에서 외부 영향으로 인한 발생한 결과를 강조하는 용법은 상대적으로 쉽게 받아들일 수 있다. 또 변화 표현에 있어 '이전과 완전히 다른 현재 상황'을 표현하는 용법에서 황장된 것으로 '현재와 완전히 다른 미래 상황'에 사용도 발견된다. 하지만 미래 상황을 표현할 때 '-게 되었다' 과거 시제로 끝난 오류가 보인다. 이는 교재에서 과거 시제만 이루고 있다는 영향을 받기 때문이라고 할 수 있다. 따라서 교수 시 후행 결합에 대해 지나치게 과거 시제만 강조하지 않는 것은 유의해야 한다. 지나치게 '-게 되었다'로 연습하면 굳어진 구조로 인식하게 될 가능성이 크기 때문이다. 또한 이때는 교재에서의 용법을 확장해서 더 나아가 '현재와 완전히 다른 미래 상황'을 표현하는 용법을 가르치는 동시에 공기하는 시제나 다양한 추측 표현도 함께 보여 주는 것이 '-게 되다'에 대한 이해나 정확한 생산에 도움이 될 것이다. 이외에도 공손성에 관련된 용례를 발견하지 못했으므로 학습자들이 '-게 되다'의 공손성에 대해 이해하고 있는지는 다시 확인할 필요가 있다.

5. 나가기

이 글에서 한국어 학습자들이 한국어 보조 용언 구성 '-게 되다'를 잘 사용하게 하기 위해 국어학 연구를 통해 모어 화자 사용 양상을 검토했으며 이를 바탕으로 한국어 교육에서의 사용 실태를 조사했다. 교재 분석과 학습자 사용 양상 분석을 통해 '-게 되다'의 특성에 대해 교수와 학습의 실제 응용 면에서 모어 화자 사용 양상들이 얼마나 반영되어 있는지를 보였다. 모어 화자 사용 양상에 따라 한국어 교재 분석 결과, 학습자 사용 양상 분석 결과들을 서로 비교하면서 한국어 교육의 실제 응용에서는 모어 화자 사용 양상을 모두 반영하지 못했다는 것이 발견된다. 또한 중국인 학습자의 경우 학습자 용례 중에서 결합 양상이 한국어 교재에서의 제시된 결합 양상과 일치하지 않는 것으로 보인다. 특히 '형용사+-게 되다'는 교재에서 제시되지 않지만 중국인 학습자 용례에서는 많이 발견되었는데 오류도 많았다. 이러한 원인으로는 중국어 대응표현 때문인 것으로 추측된다. 따라서 한국어 교수 학습 방안을 마련하기 위해 분석 결과를 정리하면서 교수·학습에 유의할 점을 제의해 보았다. 이를 정리하면 다음과 같다.

먼저 한국어 교재의 교육 내용에서 '-게 되다'는 2급 문법 항목으로 제시되는데 보조 용언 구성으로 '동사+-게 되다'만 보여주고 있다는 점에서 2절의 모어 화자 사용 양상과 거리가 있는 것으로 보인다. 그리고 의미 기술에 있어서는 국어학에서 흔히 논의하고 있는 '변화, 피동, 공손'에 대해 명시적인 언급이 없으며 피동 의미라기보다는 '다른 요인에 의해 현 사태가 결과로 이루어짐'을 제시하고 있다. 연습 활동이나 예문, 대화문 제시에서는 이외에 '이전과 완전히 다른 현재 상황'을 표현하는 용법도 드러나고 있다. 공손성은 한 교재에서만 보이는데도 불구하고 명시적으로 제시해 주지 않았다.

다음으로 이러한 교육 내용을 바탕으로 한국어 학습자들이 '-게 되다' 구성을 어떻게 받아들이고 있는지를 확인한 결과, 중국인 학습자들의 용례들에 대해 결합 양상을 보면 한국어 교재에서 제시되지 않는 '형용사+-게 되다'의 사용 양상이 보인다. 그리고 가변적인 상황을 나타내는 것으로 사용될 경우 '형용사+-게 되다', '형용사+-아/어지게 되다', '형용사+-아/어지다'의 수용성 차이 때문에 오류가 많이 발생하여 어려움을 겪고 있다는 것을 알 수 있다. 이에 학습자에게 이들의 차별을 명확히 보여 줄 필요가 있다는 시사점을 얻을 수 있다. 이외에도 '되다'에 '형용사+-게'의 수식 여부에 따라 보조 용언 구성인지를 상정하기 어렵다는 것도 보였다. 그래서 보조 용언 구성의 특성에 대해 이해하고 있는지를 다시 확인하는 것이 필요하며, 더 정확하게 파악하게 하기 위해서는 목표 표현을 제시할 때 보충 지식처럼 유사 표현과 비교하여 제시하는 것도 필요할 것이다. 한편 '동사+-게 되다'의 사용 양상에서 피동 의미라기보다는 다른 외부의 영향이나 원인, 조건 등으로 인해 일어나는 결과를 강조하는 데에 사용이 많이 보인다. 또한 한국어 교재에서 제시하지는 않았지만 '-게 되다'의 확장 용법으로 '현재와 완전히 다른 미래 상황'

을 표현하고 있다는 양상이 발견된다. 이와 같이 학습자가 스스로 확장할 수 있는 측면에서 변화의 의미가 잘 수용된다는 것을 알 수 있다. 종합해 보자면 외부의 영향으로 인해 일어난 변화의 결과를 강조한다는 특성을 명시해 주면 학습자들이 보다 쉽게 정확히 파악하고 사용하게 하는 데 도움이 될 것이다. 그리고 이렇게 외부의 영향으로 인해 일어난 변화의 결과로 제시함으로써 피동적인 의미를 갖는 '-게 되다' 표현에 공손성의 담화적 기능을 가진다는 것과 더 자연스럽게 연결이 된다. 즉 능동이 아닌 피동성을 빌려 공손한 태도를 보이기 때문에 외부의 영향으로 인해 일어난 변화를 강조하는 것이다. 이러한 표현은 주로 1인칭 주어를 가진 문장에서 나타남을 강조할 필요도 있다. 이 밖에 후행 결합 요소를 보면 3절에서 분석했듯이 교재에서는 거의 과거 시제만 제시했기 때문에 '현재와 완전히 다른 미래 상황'을 표현할 때도 과거 시제와 결합한 '-게 됐다'가 오류로 나타났다. 따라서 교육 현장에서 지나치게 '-게 됐다'만 제시하지 않아야 한다.

마지막으로 공손성에 대해 학습자 말뭉치를 통해 확인하기 어렵기 때문에 추후 연구로 남겠다. 그럼에도 불구하고 한국어 교재 분석을 통해 현행 한국어 교육에서는 '-게 되다'의 공손성을 잘 반영하지 않았다는 점에서 학습자들도 이를 잘 이해하지 못하고 있을 것이라고 짐작할 수 있다. 따라서 이를 보완하기 위해서는 교사가 교수 시 추가적으로 설명하는 것이 필요하다. '약속 취소하기' 등 담화에서 상대방의 체면을 손상시키지 않는 효과가 있다는 것을 설명하는 것이다.

이처럼 모어 화자 사용 양상에서 출발하여 현행 한국어 교육에서의 사용 실태를 조사함으로써 현행 한국어 교육의 교육 내용이 언어 현실과 거리가 있다는 것을 밝혔다. 또한 이러한 거리를 좁혀 한국어 학습자들이 한국어 보조 용언 구성 '-게 되다'에 대해 잘 이해하고 응용할 수 있게 하기 위해 교수 학습에 주의점도 제시해 봤다. 이러한 제의는 앞으로 한국어 교육 현장에서 '-게 되다'에 대해 실제 교수·학습에 있어 교수 방안 마련에 도움이 될 것이다. 그리고 앞으로 한국어 교재 편찬이나 현장 교수에 유의점을 조명했다는 점에서 의의가 있다.

참고문헌

▌논문 및 단행본

[국문]

강명윤(1992), 『한국어 통사론의 제문제』, 한신문화사.

강미희(2022), 「한국어 피동에 대응하는 아랍어 동사 대조 연구」, 한국외국어대학교 석사학위논문.

강신(2003), 「현대몽골어 보조동사구문에 관한 연구」, 『몽골학』 15, 한국몽골학회, 21-52.

강영리(2016), 「'-ㄹ까'의 의향 용법에 대한 연구」, 서울대학교 석사학위논문.

강현화(1996), 「동사 연결 구성의 다단계성에 관한 연구: 'V어 V' 구조를 중심으로」, 연세대학교 박사학위논문.

강현화(1998), 『국어의 동사연결 구성에 대한 연구』, 한국문화사.

강현화(2007), 「한국어 표현문형 담화기능과의 상관성 분석 연구 -지시적 화행을 중심으로-」, 『이중언어학』 34, 이중언어학회, 1-26.

강현화(2017), 「한국어 교육 문법 항목의 담화 기능 연구 - 코퍼스를 통한 귀납적 분석을 중심으로 -」, 『언어와 문화』 13(2), 한국언어문화교육학회, 27-52.

강현화(2022), 『한국어 문법 교육론』, 소통.

강흥구(1999), 「국어 보조 동사의 통사·의미론적 연구」, 충남대 박사학위논문.

고광모(2015), 「추측을 나타내는 '-은가 보-, -은가비-, -은갑-'과 보조형용사 구문 '-을까 보-'의 발달」, 『언어학』 73, 한국언어학회, 3-33.

고영근(2004), 『한국어의 시제 서법 동작상』, 태학사.

고영근·구본관(2008), 『우리말 문법론』, 집문당.

고영근·구본관(2008/2018), 『우리말 문법론(개정판)』, 집문당.

교육인적자원부(2002), 『고등학교 '문법' 교사용 지도서』, 서울대학교 국어 교육 연구소.

교육인적자원부(2002), 『고등학교 '문법'』, 서울대학교 국어 교육 연구소.

구본관·박재연·이선웅·이진호·황선엽(2015), 『한국어 문법 총론 1: 개관, 음운, 형태, 통사』, 집문당.

구종남(2001), 「합성형 보조용언에 대하여」, 『국어문학』 36, 국어문학회, 141-159.

구종남(2013), 『보조용언의 의미와 문법』, 도서출판 경진.

국립국어원(2005), 『(외국인을 위한) 한국어 문법 2 : 용법 편』, 커뮤니케이션북스.

권순구(2004), 「국어 보조용언의 연구」, 충남대학교 박사학위논문.

김건희(2006), 「형용사의 부사적 쓰임에 대하여 – '-이'와 '-게' 결합형을 중심으로 –」, 『형태론』 8(2), 형태론, 313-337.

김경열(2021), 「추측 표현의 유형과 통사적 특성」, 『한국어문교육』 37, 고려대학교 한국어문연구소, 225-255.

김기혁(1987), 「국어 보조동사 연구」, 연세대학교 박사학위논문.

김동훈(2021), 「보조용언의 범주와 의미 구성 연구: 개념적 혼성 이론을 기반으로」, 강릉원주대학교 박사학위논문.

김두봉(1916), 『조선말본』, 새글집.

김두봉(1922), 『깁더 조선말본』, 새글집.

김민국(2017), 「기능·유형 문법에 기반한 한국어 구문 연구 –연재훈(2011) 『한국어 구문 유형론』 깊이 읽기–」, 『언어사실과 관점』 42, 연세대학교 언어정보연구원, 323-365.

김백련(2005), 『조선어단어론』, 사회과학출판사.

김병건(2016), 「한국어 평가양태에 대한 연구」, 『국제어문』 70, 국제어문학회, 7-28.

김서형(2014), 「'-게 되다'의 의미 기능과 한국어 교육」, 『Journal of Korean Culture』 27, 한국어문학국제학술포럼, 53-76.

김석득(1992), 『우리말 형태론: 말본론』, 탑출판사.

김선영(2015), 「'형용사+-게 되다'에 대한 일고찰」, 『언어』 40(1), 한국언어학회, 19-39.

김선혜(2019), 「'보조용언'이라는 문법 범주에 대한 재고」, 『한글』 80, 한글학회, 501-529.

김선혜·남신혜(2019), 「수여동사 기원 보조동사 '주(다)'의 의미와 통사」, 『우리어문연구』 64, 우리어문학회, 265-294.

김성화(1990), 『현대 국어의 상 연구』, 한신문화사.

김수경(1954), 『조선어 문법: 어음론, 형태론』, 교육도서출판사.

김승곤(1996), 『현대 나라 말본: 형태론』, 박이정.

김영태(1998), 「보조용언의 양태 의미」, 『우리말글』 16, 우리말글학회, 1-16.

김영희(1993), 「의존 동사 구문의 통사 표상」, 『국어학』 23, 국어학회, 159-190.

김옥희(2005), 『조선어품사론』, 사회과학출판사.

김종록(2008), 『(외국인을 위한) 표준 한국어 문법』, 박이정.

김지은(1998), 『우리말 양태용언 구문 연구』, 한국문화사.

김진웅(2017), 「화용적 추론에 기반한 환유의 해석」, 『한글』 315, 한글학회, 5 -33.

김창섭(1996), 『국어의 단어형성과 단어구조 연구』, 태학사.

김태엽(2001), 『국어 종결어미의 문법』, 국학자료원.

김효신(2018), 「한국어 상 보조용언 '가다'와 '오다'의 문법화 연구 – 문법화 정도를 중심으로」, 『담화와 인지』 25(4), 담화인지언어학회, 31-53.

김흥수(1983), 「'싶다'의 동사 의미특성」, 『관악어문연구』 8, 서울대학교 국어국문학과, 157-190.

나랑게를(2007), 「한국어·몽골어의 보조용언 비교 연구」, 서울시립대학교 석사학위논문.

남기심·고영근(1985), 『표준국어문법론』, 탑출판사.

남기심·고영근·유현경·최형용(2019), 『(새로 쓴) 표준국어문법론』, 한국문화사.

남수경(2007), 「한국어 피동문의 문법적 연구」, 서울대학교 박사학위논문.

남수경(2011), 「'-어지다' 意味 考察에 대한 試論 –類型論的 觀點에서–」, 『어문연구(語文研究)』 39(3), 한국어문교육연구회, 175-202.

남신혜(2019), 『한국어 상적 보조용언 구성의 용언 결합 양상』, 신구문화사.

도재학(2014), 「우언적 구성의 개념과 유형에 대하여」, 『국어학』 71, 국어학회, 259-304.

둥호연(2020), 「한국어 '-어지다'의 중국어 대응 양상 연구–형용사 결합형을 중심으로–」, 동국대학교 석사학위논문.

류시종(1995), 「한국어 보조용언 범주 연구–원형이론적 접근–」, 서울대학교 박사학위논문.

류시종(1996), 「보조 용언의 원형적 특성」, 『한글』 234, 한글학회, 105-132.

모시어(2019), 「한국어 보조동사 '놓다'와 '두다'의 중국어 대응 양상 연구」, 동국대학교 석사학위논문.

민현식(1993), 「현대국어 보조용언 처리의 재검토」, 『어문논집』 3, 숙명여자대학교, 53-97.

민현식(1999), 『국어 문법 연구』, 역락.

박덕유(2006), 「한국어와 몽골어의 동사상에 대한 비교 연구 –상(相) 대립의 통사론적 표현을 중심으로–」, 『이중언어학』 32, 이중언어학회, 191-225.

박선옥(2005), 『국어 보조동사의 통사와 의미 연구』, 역락.

박재남(2013), 「구어에서 해라체 서술형 종결어미 "-다"의 의미적 특성」, 『한국어와 문화』 13, 숙명여자대학교 한국어문화연구소, 171-200.

박재연(1999), 「"종결어미와 보조용언의 통합 구문"에 대한 재검토」, 『관악어문연구』 24, 서울대학교 국어국문학과, 155-182.

박재연(2006), 『한국어 양태 어미 연구』, 태학사.

박재연(2007), 「보조용언 구성 '-어지-'의 양태 의미에 대하여」, 『국어학』 50, 국어학회, 269-293.

박재연(2014), 「한국어 환유 표현의 체계적 분류 방법」, 『한국어의미학』 45, 한국어의미학회, 1-30.

박종갑(1986), 「의문법 어미의 종류에 따른 의문문 유형의 의미기능」, 『한민족어문학』 13, 한민족어문학회, 397-419.

박진호(1994), 「통사적 결합 관계와 논항구조」, 서울대학교 석사학위논문.

박진호(2003), 「한국어 동사와 문법요소의 결합 양상」, 서울대학교 박사학위논문.

박진호(2011), 「시제, 상, 양태」, 『국어학』 60, 국어학회, 289-322.

박창영(2017), 「종결어미 뒤에 결합한 '싶다'의 기능에 대한 구문 기반 연구」, 『한글』 318, 한글학회, 119-146.

박현수(2008), 「수사학의 3분법적 범주: 은유, 환유, 제유」, 『한국근대문학연구』 17, 한국근대문학회, 295-323.

박혜진(2018), 「'-어지다'의 의미 기능 연구」, 연세대학교 석사학위논문.

박혜진(2020), 「'-을까 보-' 구성의 통사와 의미」, 『한국어의미학』 67, 한국어의미학회, 25-51.

배수자(2007), 「현대국어 보조용언 연구」, 창원대학교 박사학위논문.

백낙천(1999), 「국어 보조용언의 위상과 특성」, 『동국어문론집』 8, 동국대 국어국문학과, 203-227.

변정민(2008), 「의문형 어미와 통합하는 보조용언 연구」, 『한국어학』 40, 한국어학회, 223-249.

서정수(1990), 『국어 문법의 연구 II』, 한국문화사.

서정수(1994), 『국어 문법』, 뿌리깊은나무.

서정수(1994/1996), 『국어 문법(수정증보판)』, 한양대학교 출판원.

성광수(1999), 『한국어 문장표현의 양상』, 월인.

성연숙(2003), 「'되다' 구문 연구」, 연세대학교 석사학위논문.

성호현(2018), 「'-겠-'과 '(-을)것이다'의 추정 용법과 주관성에 대하여」, 『한글』 79(3), 한글학회, 661-692.

손세모돌(1996), 『국어 보조 용언 연구』, 한국문화사.

손혜옥(2016), 「한국어 양태 범주 연구」, 연세대학교 박사학위논문.

송병구(2012), 「현대 몽골어 보조동사의 특성과 분류」, 『몽골학』 34, 한국몽골학회, 235-259.

송영숙·신은경·심상순·이소영(2013), 『한국어 교사를 위한 문형 예문집』, 박이정.

송재목(1998), 「할하 몽골어 보조동사구문에 대하여」, 『언어학』 23, 한국언어학회, 79-111.

송하춘(2013), 『한국현대장편소설사전 1917-1950』, 고려대학교출판부.

안주호(2004), 「한국어 추측 표현의 통사 의미 연구」, 『새국어교육』 68, 한국국어교육학회, 97-121.

안희제(2017), 「국어 서술어 구성에 대한 연구」, 서울대학교 박사학위논문.

양명희·이선웅·안경화·김재욱·정선화·유해준(2018), 『(외국인을 위한) 한국어 문법과 표현 : 중급 : 조사·표현·어미』, 집문당.

양명희·이선웅·안경화·김재욱·정선화·유해준(2018), 『(외국인을 위한) 한국어 문법과 표현 : 초급 : 조사·표현·어미』, 집문당.

양정석(2007), 「보조동사 구문의 구조 기술 문제」, 『한국어학』 35, 한국어학회, 65-120.

엄정호(1999), 「동사구 보문의 범위와 범주」, 『국어학』 33, 국어학회, 399-428.

엄정호(2003), 「'-고 싶다' 구문의 격 교체」, 『국어학』 41, 국어학회, 169-195.

오민석(2006), 「한국어 보조용언 '지다'의 연구」, 서울대학교 석사학위논문.

왕용리·김선정(2020), 「한국어 보조용언과 이에 대응되는 중국어 표현 연구」, 『문화교류와 다문화교육』 9(5), 한국국제문화교류학회, 423-449.

왕초옥(2017), 「한국어 '형용사+-어지다'의 중국어 대응 양상 연구」, 동국대학교 석사학위논문

우인혜(1993), 「"되다"와 "지다"의 비교 고찰」, 『한국학논집』 23, 한양대학교 동아시아 문화연구소, 439-466.

우인혜(1997), 『우리말 피동 연구』, 한국문화사.

유방(2018), 「『표준국어대사전』의 'X어지다'류 합성 동사에 대한 고찰」, 『한민족어문학』 82, 한민족어문학회, 121-139.

유연(2015), 「한국어 '[X]ADJ+-어지다'의 의미 연구」, 『국어학(國語學)』 74, 국어

학회, 339-365.

유현경(2000), 「국어 형용사의 유형에 대한 연구」, 『국어학』 36, 국어학회, 221-258.

유현경(2006), 「형용사에 결합된 어미 '-게' 연구」, 『한글』 273, 한글학회, 99-123.

유현경(2010), 「동사 '두다'와 '놓다'구문의 논항 배열 연구」, 『우리말글』 50, 우리말글학회, 55-81.

유현경·한재영·김홍범·이정택·김성규·강현화·구본관·이병규·황화상·이진호(2018), 『한국어 표준 문법』, 집문당.

유혜령(2005), 「학교문법의 보조적 연결어미에 대하여」, 『청람어문교육』 30, 청람어문교육학회, 275-304.

유혜원(2000), 「'아/어지다'의 의미 기능 연구」, 『어문논집』 41, 민족어문학회, 453-480

윤현애(2011), 『한국어 피동 표현의 담화 기능 연구』, 연세대학교 석사학위논문.

이강로(1967), 「파생 접사 '-지'의 형태론적 연구」, 『인천교육대학교논문집』 2, 인천교육대학교, 1-16.

이관규(1998), 「보조 동사의 논항 구조」, 『국어교육』 96, 한국어교육학회, 273-296.

이관규(1999/2003), 『학교 문법론(개정판)』, 도서출판 월인.

이규호(2010), 『학교문법』, 한국외국어대학교 출판부.

이금희(2021), 「감정양태 설정과 감정양태 표현 양상-보조용언 구성을 중심으로」, 『담화와 인지』 28, 담화·인지언어학회, 211-230.

이기동(1991), 「동사 되다의 의미분석」, 『동방학지』 71-72, 연세대학교 국학연구원, 205-231.

이기종(1993), 「짐작·추측 구문 논의를 위한 몇 가지 전제」, 『한남어문학』 19, 한남대학교 한남어문학회, 261-292.

이민우(2012), 「유의어 동사 '놓다'와 '두다'의 사용 양상 비교 분석」, 『어문론집』 51, 중앙어문학회, 59-89.

이민우(2014), 「말뭉치 자료를 이용한 유의어의 역사적 변화 양상 분석 -'놓다'와 '두다'를 중심으로-」, 『한말연구』 34, 한말연구학회, 235-264.

이병학(2014), 『종합 아랍어 문법 제1권 -어형과 품사편-』, 문예림.

이선웅(1995), 「현대국어의 보조용언 연구」, 서울대학교 석사학위논문.

이선웅(2012), 『한국어 문법론의 개념어 연구』, 도서출판 월인.

이선웅·오규환(2017), 「형태소의 식별과 분류」, 『국어학』 81, 국어학회, 263-294.

이성하(2008), 「문법화 연구에서의 구어의 의의」, 『언어과학연구』 47, 언어과학회, 209-235.

이성하(2016), 『문법화의 이해(개정판)』, 한국문화사.

이승욱(2001), 「문법화의 단계와 형태소 형성」, 『국어학』 37, 국어학회, 253-283.

이은섭(2021), 「'-고 싶-' 구문의 성격에 대한 재고」, 『어문학』 151, 한국어문학회, 3-36.

이익섭·채완(1999), 『국어문법론강의』, 학연사.

이정민(2020), 「한국어 동사 연결 구성 연구」, 『문창어문논집』 57, 문창어문학회, 57-100.

이정훈(2010ㄱ), 「보조용언 구문의 구조와 대용 현상」, 『한국어학』 49, 한국어학회, 319-344.

이정훈(2010ㄴ), 「보조용언 구문의 논항 실현과 술어-논항 관계」, 『어문논집』 45, 중앙어문학회, 175-192.

이주행(2017), 『(외국어로서의) 한국어 문법 교육론』, 보고사.

이주행(2019), 『알기 쉬운 한국어 문법론: 신정판』, 역락.

이지연(2018), 「한국어 양태 표현 연구」, 연세대학교 박사학위논문.

이태영(1988), 『국어 동사의 문법화 연구』, 한신문화사.

이태환·김진호·김선희·이수연(2010), 『외국인을 위한 한국어 문법 : 의미 기능편. 1』, 박이정.

이태환·김진호·김선희·이수연(2010), 『외국인을 위한 한국어 문법 : 의미 기능편. 2』, 박이정.

이호승(2001), 「국어의 상 체계와 보조용언의 상적 의미」, 『국어학』 38, 국어학회, 210-239.

이호승(2009), 「[V-어+지다], [V-어+하다] 구성과 복합서술어」, 『어문연구』 62, 어문연구학회, 77-98.

임동훈(2008), 「한국어의 서법과 양태 체계」, 『한국어 의미학』 26, 한국어 의미학회, 211-248.

임동훈(2021), 「부차 개념의 통사적 실현과 보조동사 구문」, 『국어학』 97, 국어학회, 59-88.

임병민(2009), 「국어의 보조용언 연구」, 원광대학교 박사학위논문.

임채훈(2009), 「事件 好否 評價 樣態性 表現 硏究 -意味 體系 設定 및 表現 項目

提示를 中心으로-」, 『어문연구』 37(2), 한국어문교육연구회, 55-81.

임호빈·홍경표·장숙인(1997), 『(외국인을 위한)한국어 문법』, 연세대학교 출판부.

임홍빈(1978), 「국어 피동화의 의미」, 『진단학보』 45, 진단학회, 95-115.

임홍빈·장소원(1995), 『국어 문법론1』, 한국방송대학교 출판부.

장미라(2006), 「한국어 보조 용언의 상적·양태적 의미 기능과 통사적 특징 - "놓다, 두다, 버리다, 내다, 말다, 치우다"를 중심으로 -」, 『배달말』 38, 배달말학회, 33-60.

전후민(2015), 「혼잣말 종결어미 연구」, 『한민족어문학』 70, 한민족어문학회, 5-34.

정렬모(1946), 『신편 고등 국어문법』, 한글문화사.

정순기(1988/2010), 『조선어의 보조적단어에 대한 연구』, 사회과학출판사.

정순기(2005), 『조선어형태론』, 사회과학출판사.

정언학(2006), 『상 이론과 보조 용언의 역사적 연구』, 태학사.

정혜선(2010), 「종결어미와 통합하는 '보다' 구문에 대하여 - '-ㄴ가 보다', '-ㄹ까 보다'를 중심으로」, 『국어학』 59, 국어학회, 45-66.

조남(2013), 「보조용언 구성 '-어지다'의 의미 연구」, 아주대학교 석사학위논문.

조미희(2013), 「문법화의 관점에서 본 국어의 상 보조 용언 연구」, 연세대학교 석사학위논문.

조선문화어문법규범편찬위원회(1984/2011), 『조선문화어문법규범』, 사회과학출판사.

조선민주주의인민공화국(1960), 『조선어문법1: 어음론, 형태론』, 언어문학연구소.

조선어문연구회(1949), 『조선어문법』, 문화출판사.

조지연(2015), 「현대국어 보조용언 구성 연구 기초 연구 1」, 『국제어문학회 학술대회 자료집』 2015(1), 국제어문학회, 172-189.

진가리(2018), 「한국어 보조용언 연구」, 울산대학교 박사학위논문.

최란(2021), 「'-어지-'의 양태 의미와 문법화」, 『한국어 의미학』 73, 한국어의미학회, 1-29.

최윤곤(2007), 『(외국어로서의) 한국어 구문표현 연구』, 한국문화사.

최재희(1996), 「국어 의존동사 구문의 통사론-`싶다, 보다, 하다`를 중심으로-」, 『한글』 232, 한글학회, 183-210.

최현배(1937), 『우리말본』, 연희전문학교 출판부.

최현배(1937/1971), 『우리말본(마지막 고침)』, 정음사.

최현배(1937/1991), 『우리말본(16번째 판)』, 정음문화사.

키타무라 타다시(1998), 「보조용언의 판별 기준에 대한 고찰」, 『한국어교육』 9(1), 국제한국어교육학회, 201-228.

한송화(1991), 「불완전 풀이씨에 대한 연구」, 『국어문법의 탐구 IV』, 태학사, 9-37.

한송화(2000), 『현대 국어 자동사 연구』, 한국문화사.

허웅(1983), 『국어학: 우리말의 오늘·어제』, 샘문화사.

허웅(1983/2012), 『국어학: 우리말의 오늘·어제(중판)』, 샘문화사.

허웅(1995), 『20세기 우리말의 형태론』, 샘문화사.

허철구(2016), 「보조용언 구문의 화자 선택적 이중 구조」, 『배달말』 59, 배달말학회, 42-78.

호광수(1994), 「보조용언의 범위 설정에 대한 고찰」, 『인문과학연구』 16, 조선대학교 인문과학연구소, 19-38.

호광수(1999), 「국어 보조용언 구성 연구」, 조선대학교 박사학위논문.

호광수(2003), 『국어 보조용언 구성 연구』, 역락.

[영문]

Bybee, J. L. (1985). *Morphology: A study of the relation between meaning and form*. Amsterdam: Benjamins.

Bybee, J. L., R. D. Perkins & W. Pagliuca (1994). *The Evolution of Grammar: Tense, Aspect, and Modality in the Languages of the World*. Chicago: University of Chicago Press.

Comrie, B. (1976). *Aspect: An introduction to the study of verbal aspect and related problems*. Cambridge: Cambridge University Press.

Edwards, P. (1967). *The Encyclopedia of Philosophy*. New York: Macmillan Co.

Haliday, M. A. K. (1985/1994). *An Introduction to Functional Grammar*. London: Edward Arnold.

Haspelmath, M. (2000). *Periphrasis*. Berlin: De Gruyter Mouton.

Heine, B. (1993). *Auxiliaries: Cognitive forces and grammaticalization*. New York: Oxford University Press.

Hopper, P. J. & E. C. Traugott (1993/2003). *Grammaticalization* (2nd ed.). New York: Cambridge University Press. (김은일·박기성·채영희 역(1999), 『문법화』, 한신문화사.)

Hopper, P. J. (1991). On some principles of grammaticalization. In: Elizabethe C. T. & B. Heine (eds.). *Approaches to Grammaticalization.* Amsterdam: John Benjamins. 17-35.

Jespersen, O. (1924). *The philosophy of grammar.* London: Allen and Unwin.

Kövecses, Z. (2010). *Metaphor: A Practical Introduction* (2nd ed.), New York: Oxford University Press.

Kuryłowicz, J. (1965). The Evolution of Grammatical Categories. *Diogenes* Vol.13 No.51. 55-71.

Kuteva, T., Bernd, H., Bo, H., Haiping, L., Heiko, N. & Seongha, R. (2019). *World Lexicon of Grammaticalization* (2nd ed.). Cambridge: Cambridge University Press.

Lessau, D. A. (1994). *A Dictionary of Grammaticalization* 3. Bochum: Universitätsverlag Dr. N. Brockmeyer.

Lyons, J. (1977). *Semantics* 2. Cambridge: Cambridge University Press.

Palmer, F. R.(1986/2001), *Mood and Modality* (2nd ed.). Cambridge: Cambridge University Press.

Smith, C. S. (1991). *The Parameter of Aspect.* Dordrecht: Kluwer Academic Publishers.

Street, J. C. (1963). *Khalkha Structure.* Indiana: Indiana University.

Vendler, Z. (1967). *Linguistics in Philosophy.* Ithaca: Cornell University Press.

[몽골어]

Byambasan, Ts., Ts. Unurbayan, B. Purev-Ochir, J. Sanjaa & Ts. Janchivdorj (1987), *Orchin tsagiin mongol xelnii ug zuin baigyylalt,* Ulaanbaatar.

Luvsanvandan, Sh. (1987). *Orchin tsagiin mongol xelnii ug zuin baigyylalt.* Ulaanbaatar.

Munkh-Amgalan, Yu. & K. Shin (2014), *Orchin tsagiin mongol xelnii buteever sydlal,* Ulaanbaatar.

Tumurtogoo, D., G. Tsetsegdari, J. Sanjaa, D. Battsogt, Ts. Unurbayan, L. Jymdaan, B. Purev-Ochir, A. Tsog-Ochir, U. Munkhdolgor, Sh.

Battugs, U. Ariynbold, Ts. Oyun, Z. Ganbold, G. Sukhbat, G. Batzaya & D. Erdenesan(2008), *Orchin tsagiin mongol xel*, Ulaanbaatar.

Unurbayan, Ts., (1998), *Orchin tsagiin mongol xelnii ug zui*, Ulaanbaatar.

Unurbayan, Ts., L. Jymdaan, M. Saryyl-Erdene, & J. Ganbaatar (2022), *Mongol xel sydlal IX boti Ug zui*, Ulaanbaatar.

[아랍어]

Galal, M. & K. Kim (2020), *Sogeum*, SEFSAFA PUBLISHING HOUSE. (1934년 5월부터 10월까지 잡지 『신가정』에 강경애가 연재한 「소금」을 아랍어로 번역한 책.)

Hasan, A. (1987). *Al-Nahw Al-Wafi*. Cairo: Dar Al-Maarif.

[프랑스어]

Holt, J. (1943). *Études d'aspect*. Acta Jutlandica.

Meillet, A. (1912). L'évolution des formes grammaticales. Scientia Vol.12 No.26. 384-400.

[러시아어]

Pagba, T. (2008), *Orchin tsagiin mongol ytga zoxioliin xelnii tyslax ba dytmag uil ug*, Ulaanbaatar.

▌사전

국립국어원, 『표준국어대사전』(웹버전: https://stdict.korean.go.kr/main/main.do)

몽골 대통령실, 『몽골어대사전(Монгол хэлний их тайлбар толь)』 (웹버전: https://mongoltoli.mn/)

▌한국어교재

고려대학교 한국어문화교육센터(2008), 『재미있는 한국어 1』, 교보문고.

고려대학교 한국어문화교육센터(2009), 『재미있는 한국어 2』, 교보문고.

서강대학교 한국어교육원(2007), 『(New) 서강 한국어 : 읽기 말하기 : student's

book 5A』, 서강대학교 국제문화교육원 출판부.

서강대학교 한국어교육원(2008), 『(New) 서강 한국어 : 문법 말하기 듣기 읽기 쓰기 : student's book 1A』, 서강대학교 국제문화교육원 출판부.

서강대학교 한국어교육원(2008), 『(New) 서강 한국어 : 문법 말하기 듣기 읽기 쓰기 : student's book 1B』, 서강대학교 국제문화교육원 출판부.

서강대학교 한국어교육원(2008), 『(New) 서강 한국어 : 문법 말하기 듣기 읽기 쓰기 : student's book 2A』, 서강대학교 국제문화교육원 출판부.

서강대학교 한국어교육원(2008), 『(New) 서강 한국어 : 문법 말하기 듣기 읽기 쓰기 : student's book 3B』, 서강대학교 국제문화교육원 출판부.

서강대학교 한국어교육원(2011), 『(New) 서강 한국어 : 문법 말하기 듣기 읽기 쓰기 : student's book 2B』, 서강대학교 국제문화교육원 출판부.

서강대학교 한국어교육원(2011), 『(New) 서강 한국어 : 문법 말하기 듣기 읽기 쓰기 : student's book 3A』, 서강대학교 국제문화교육원 출판부.

서강대학교 한국어교육원(2013), 『(New) 서강 한국어 : 읽기 말하기 : student's book 5B』, 서강대학교 국제문화교육원 출판부.

서강대학교 한국어교육원(2014), 『(New) 서강 한국어 : 읽기 : student's book 6』, 서강대학교 국제문화교육원 출판부.

서강대학교 한국어교육원(2015), 『(New) 서강 한국어 : 말하기 : student's book 6』, 서강대학교 국제문화교육원 출판부.

서강대학교 한국어교육원(2015), 『(New) 서강 한국어 : student's book 4A』, 서강대학교 국제문화교육원 출판부.

서강대학교 한국어교육원(2015), 『(New) 서강 한국어 : student's book 4B』, 서강대학교 국제문화교육원 출판부.

서울대학교 언어교육원(2013), 『서울대 한국어 1A~2B,』, 문진미디어.

서울대학교 언어교육원(2015), 『서울대 한국어 3A~6B』, 투판즈.

연세대학교 한국어학당(2011), 『연세 한국어 1』, 연세대학교 한국어학당 출판부.

연세대학교 한국어학당(2011), 『연세 한국어 2』, 연세대학교 한국어학당 출판부.

연세대학교 한국어학당(2012), 『(외국인을 위한)한국어 문법 연습: 고급』, 연세대학교 대학출판문화원.

연세대학교 한국어학당(2012), 『(외국인을 위한)한국어 문법 연습: 중급』, 연세대학교 대학출판문화원.

연세대학교 한국어학당(2012), 『(외국인을 위한)한국어 문법 연습: 초급』, 연세대학교 대학출판문화원.

연세대학교 한국어학당(2018), 『(새)연세한국어 어휘와 문법 1-1』, 연세대학교 대학출판문화원.

연세대학교 한국어학당(2018), 『(새)연세한국어 어휘와 문법 1-2』, 연세대학교 대학출판문화원.

연세대학교 한국어학당(2019), 『(새)연세한국어 어휘와 문법 2-1』, 연세대학교 대학출판문화원.

연세대학교 한국어학당(2019), 『(새)연세한국어 어휘와 문법 2-2』, 연세대학교 대학출판문화원.

연세대학교 한국어학당(2019), 『(새)연세한국어 어휘와 문법 3-1』, 연세대학교 대학출판문화원.

연세대학교 한국어학당(2019), 『(새)연세한국어 어휘와 문법 3-2』, 연세대학교 대학출판문화원.

연세대학교 한국어학당(2020), 『(새)연세한국어 어휘와 문법 4-1』, 연세대학교 대학출판문화원.

연세대학교 한국어학당(2020), 『(새)연세한국어 어휘와 문법 4-2』, 연세대학교 대학출판문화원.

연세대학교 한국어학당(2021), 『(새)연세한국어 어휘와 문법 5-1』, 연세대학교 대학출판문화원.

연세대학교 한국어학당(2021), 『(새)연세한국어 어휘와 문법 5-2』, 연세대학교 대학출판문화원.

연세대학교 한국어학당(2021), 『(새)연세한국어 어휘와 문법 6-1』, 연세대학교 대학출판문화원.

연세대학교 한국어학당(2021), 『(새)연세한국어 어휘와 문법 6-2』, 연세대학교 대학출판문화원.

이화여자대학교 언어교육원(2010), 『이화 한국어 1-1~2-2』, 이화여자대학교 출판부.

찾아보기

저자소개

유현경   연세대학교 국어국문학과 교수
yoo@yonsei.ac.kr

박효정   연세대학교 국어국문학과 BK21 교육연구단 박사 후 연구원
bokkung@yonsei.ac.kr

박혜진   연세대학교 국어국문학과 박사 수료
hjp1010@yonsei.ac.kr

가르드잡 바야르마 연세대학교 국어국문학과 박사 과정
gbayar@daum.net

김지영   연세대학교 국어국문학과 박사 과정
rlawud22@gmail.com

다르위시 살마   아인샴스대학교 한국어학과 강사
salmasalah_92@hotmail.com

범홍   연세대학교 국어국문학과 박사 과정
fanhong925@gmail.com

정해윤   연세대학교 국어국문학과 박사 과정
hyc93@naver.com

오세원   연세대학교 국어국문학과 박사 과정
robebt12099@naver.com

천성호   연세대학교 국어국문학과 박사 수료
cheon1624@naver.com

김미선   연세대학교 국어국문학과 박사 과정
with138@yonsei.ac.kr

이수빈   연세대학교 국어국문학과 박사 과정
sb84@yonsei.ac.kr

고희준   연세대학교 국어국문학과 석사 과정
nanasera@naver.com

한국 언어·문학·문화 총서 **16**

한국어 보조 용언 구성 연구

2023년 2월 28일 초판 1쇄 펴냄

저 자 유현경·박효정·박혜진·가르드잡 바야르마·김지영·다르위시 살마
　　　　범홍·정해윤·오세원·천성호·김미선·이수빈·고희준
펴낸이 김흥국
펴낸곳 보고사

등록 1990년 12월 13일 제6-0429호
주소 경기도 파주시 회동길 337-15 보고사
전화 031-955-9797(대표)
　　　02-922-5120~1(편집), 02-922-2246(영업)
팩스 02-922-6990
메일 kanapub3@naver.com / bogosabooks@naver.com
http://www.bogosabooks.co.kr

ISBN 979-11-6587-446-9 94710
　　　979-11-5516-424-2 94080 (세트)

ⓒ유현경·박효정·박혜진·가르드잡 바야르마·김지영·다르위시 살마
　범홍·정해윤·오세원·천성호·김미선·이수빈·고희준, 2023

정가 35,000원